GC Carstensen Verlag

D1717691

Factfinder-Serie

Frank Pieper

Das P.A. Handbuch

Praktische Einführung in die
professionelle Beschallungstechnik

Factfinder-Serie

Herausgeber der Factfinder-Serie:
Gunther Carstensen

Verlag, Herausgeber und Autor machen darauf aufmerksam, daß die im
vorliegenden Buch genannten Markennamen und Produktbezeichnungen
in der Regel patent- und warenrechtlichem Schutz unterliegen. Die
Veröffentlichung aller Informationen und Abbildungen geschieht mit
größter Sorgfalt. Dennoch können Fehler nicht ausgeschlossen werden.
Verlag, Herausgeber und Autor übernehmen aus diesem Grund für
fehlerhafte Angaben und deren Folgen weder eine juristische
Verantwortung noch irgendeine Haftung, sind jedoch für Ver-
besserungsvorschläge und Korrekturen dankbar.

Copyright © 1996, 2001, 2005
by GC Carstensen Verlag, München
Titelgestaltung: Design-Box
Lektorat: Ernst Schillert
Korrektur: Michael Ableitner
Fotomaterial: Archiv des Autors
Quellenhinweis: Abb. 4.9 (Titel links), 16.6
(Titel rechts oben), 16.8 Uwe Sprafke
Printed in Austria
ISBN 3-910098-32-0
3. überarbeitete Auflage

Inhaltsverzeichnis

15 Zubehör, Werkzeug und das „Drumherum"   317

16 Die Praxis   335

Vorwort

Ursprünglich aus der Kino- und ELA-Technik hervorgegangen, hat sich die Konzertbeschallung zu einem eigenständigen Industriezweig entwickelt. Dies belegt einerseits die Menge des auf dem Markt befindlichen P.A.-Equipments, sowie die Vielzahl großer und kleiner Firmen, die Beschallung als Dienstleistung anbieten. Umso absurder ist die Tatsache, daß es eine allgemein anerkannte Ausbildung zum P.A.-Techniker bisher nicht gibt. Lediglich ein, zwei Großverleiher führen mit bewährten Mitarbeitern firmeninterne Weiterbildungen durch, darüber hinaus bieten Rundfunk, sowie private Schulen tontechnische Ausbildung an. Aus diesem Grund handelt es sich bei den in der Beschallungsbranche tätigen Leuten meistens um Elektriker, Musiker mit Nebenjobs oder einfach nur um interessierte Personen, die durch irgendeinen Zufall mal mit einer Band oder einem Verleih in Kontakt gekommen sind. Fast alle haben als Stagehands angefangen, Boxen und Cases geschleppt, die Anlagen verkabelt, Fehler gesucht, Wartungsarbeiten durchgeführt und sich ihr Wissen auf diese Weise autodidaktisch in der Praxis angeeignet.

Damit man – ganz besonders bei technischen Problemen – bei einem P.A.-System stets den vollständigen Überblick behält, ist jedoch zusätzliches Knowhow erforderlich: Mit den Kennzeichen und Auswirkungen von Problemen mit Beschallungssystemen ist man durch praktische Erfahrungen ja vertraut, um aber die Ursachen und Hintergründe schnell und sicher deuten zu können, bedarf es einer speziellen Mischung aus akustischem, musikalischem, elektrotechnischem und tontechnischem Fachwissen, welches sich durch die praktische Arbeit nur schwer erlernen läßt. Genau dies ist der Punkt, wo das vorliegende Buch weiterhelfen soll. Die Vermittlung von Grundlagen anhand praktischer Beispiele: Zunächst sind die wichtigsten akustischen Grundlagen an der Reihe, danach werden die Einzelkomponenten einer P.A. ausführlich behandelt. Hinweise zur Wartung und für die Praxis sind weitere Schwerpunkte. Eine Audio-CD rundet schließlich die Sache ab.

Neben dem professionellen Bereich der großen P.A.-Systeme haben in den letzten Jahren auch die Klein-P.A.s enorm an Bedeutung gewonnen. Die technische Entwicklung ist nicht stehengeblieben, so daß sich die wegen ihres dürftigen Sounds einst so berüchtigten Gesangsanlagen zu leistungsfähigen Beschallungssystemen für kleinere Anlässe gemausert haben. Dies und die Tatsache, daß die bereits auf dem Markt befindliche Literatur dieses Gebiet eher stiefmütterlich behandelt, war der Anstoß für die gleichberechtigte Beachtung der Klein-P.A.s in diesem Buch. Somit soll auch den Musikern, die sich bei ihren Auftritten selbst um die Beschallung kümmern müssen, ein wertvolles Hilfsmittel zur Seite gestellt werden.

Im Anhang habe ich mich unter „Wissenswertes um die Eletrotechnik" bemüht, elektrotechnische Grundlagen so nahe wie möglich am Thema P.A. zu vermitteln. Erfahrungsgemäß besteht nämlich gerade hier ein großer Wissensbedarf. Dies liegt daran, daß die Leute der Praxis mit herkömmlicher elektrotechnischer Fachliteratur nur wenig anfangen können, da diese zu allgemein und meist auch zu theoretisch verfaßt ist – es ist schwierig, die richtigen Bezüge zum Thema P.A.-Praxis herzustellen.

Für Anregungen, Mithilfe und sonstige Unterstützung ganz herzlich danken möchte ich Hans-Jürgen Ackerstaff, Gunther Carstensen, Uli Eichner, Peter Elsässer, Thomas Kastner, Ivo König, Jens Pieper, Heinz Rebellius, Christoph Rocholl, Kai Schwirzke, Stefan Schalling, Ernst Schillert und Günter Zierenberg. Für die Unterstützung mit Bildmaterial danke ich Uwe Sprafke und den Firmen AKG, beyerdynamic, Dynacord, Electro-Voice, Hughes & Kettner, Mark IV Audio, Musik Produktiv, Target und Trius.

Frank Pieper   *Dezember 1995*

Vorwort zur zweiten, überarbeiteten Auflage

Knapp fünf Jahre sind seid dem Erscheinen der ersten Auflage des P.A.-Handbuches Anfang 1996 vergangen – eine Zeit, in der die Branche sowohl in technischer wie auch in beruflicher Hinsicht nicht stehen geblieben ist. Gab es damals noch keine offiziell anerkannte Fachausbildung, so hat sich dies nicht zuletzt auch durch beharrliches Einwirken des VPLT, des „Vereins für Professionelle Licht- und Tontechnik" („www.vplt.de"), glücklicherweise geändert. Die Ausbildung zur Fachkraft für Veranstaltungstechnik umfasst unter anderem die Sparten Lichttechnik, Video, Projektion, Veranstaltungslogistik und natürlich auch Tontechnik und Beschallung – Grund genug, den Praxisteil dieses Buches deutlich zu erweitern und auch einen Abschnitt über reine Sprachbeschallung hinzuzufügen. Ein Großteil der von Beschallungsfirmen getätigten Arbeit verteilt sich nämlich auf so genannte „Industriejobs", meist Firmenpräsentationen in Hotels, Messestand-Beschallungen, Konferenzen etc.

Des Weiteren habe ich die Inhalte neu und übersichtlicher strukturiert. Wichtige Themen wie beispielsweise Mikrofon- und Drahtlostechnik sind nun in eigenen, ausführlichen Kapiteln dargestellt. Im Sinne der vielen selbst beschallenden Musiker hat die ausführliche Beachtung von Klein-P.A.-Systemen nach wie vor Bestand.

Neben den bereits im ersten Vorwort Genannten möchte ich für Inspiration, Mithilfe und sonstige Unterstützung bei der Erstellung dieser zweiten Auflage ganz herzlich danken: Joachim Birner, Stefan Fischer, Bernd Friedel, Norbert Hilbich, Thomas Reußenzehn, Christoph Sehmen, Hans und Lothar Stamer und den Firmen Audio Export, Audio Pro Marketing, Audio Rent Clair Brothers, EVI-Audio, Fischer Amps, HK-Audio, IMG Stageline, JBL, K.M.E., Mackie, Musik Produktiv, Schallwand, Sennheiser, Sinus Event-Technik, Sirius Schalltechnik, t.c. electronic, Westfalensound und Yamaha.

Frank Pieper *November 2000*

P.S.: Wenn Sie Fragen, Anregungen und sonstige Mitteilungen zum Thema haben und über einen Internetzugang verfügen, schicken Sie mir eine E-Mail. Die Adresse lautet: padoc1000@aol.com. Oder Sie wenden sich an den Verlag unter www.gccarstensen.com.

Vorwort zur dritten, überarbeiteten Auflage

Die letzten viereinhalb Jahren lang prägten zwei Trends die Beschallungstechnik und sind in der nun vorliegenden, dritten überarbeiteten Neuauflage des P.A. Handbuches entsprechend berücksichtigt: Im Boxensektor hat das Line-Array-Konzept den Durchbruch geschafft. Eignete sich dieses zunächst nur für Großbeschallungen, entwickeln die Hersteller zunehmend auch kleinere und handlichere Line-Array-Systeme, um sich auch den Markt der kleineren Industrie- und Konzertveranstaltungen und die dort tätigen Verleihfirmen als Kunden zu erschließen.

Die zweite große Neuerung ist das digitale Live-Mischpult. Angesichts der großen Skepsis und der Vorbehalte, die viele Praktiker bei diesem Thema noch vor einigen Jahren an den Tag legten, hat sich das Digitalpult doch überraschend schnell in der Branche etablieren können. Mittlerweile ist bereits die zweite technische Generation dieser Geräte auf dem Markt, und die meisten der anfänglich noch vorhandenen Kinderkrankheiten gehören mittlerweile der Vergangenheit an.

Des Weiteren habe ich die vollständige Überarbeitung des P.A. Handbuches natürlich zum Anlass genommen, die Struktur einzelner Kapitel weiter zu verbessern und überall neue Ideen und Erfahrungen einfließen zu lassen. Besonders die Themen „Endstufen" und „In Ear Monitoring" sind davon betroffen. Auch wurden sämtliche Abbildungen überarbeitet und auf den neuesten Stand gebracht. Die das Buch ergänzende Audio-CD liegt nun in vollständig moderierter Form vor.

Zusätzlich zu den bereits weiter vorne Genannten möchte ich mich noch ganz herzlich bei der Firmen Kling & Freitag und SD-Systems für zur Verfügung gestelltes Bildmaterial, sowie bei Joachim Heinz „Eroc" Ehrig (www.eroc.de) für Fotos und Infos über die Grobschnitt-P.A. bedanken. Vielen Dank auch für die zahlreichen E-Mails aus der Leserschaft, deren Hinweise und Vorschläge mir sehr nützlich sind.

Frank Pieper   *März 2005*

P.S.: Wenn Sie Fragen, Anregungen und sonstige Mitteilungen zum Thema haben und über einen Internetzugang verfügen, schicken Sie mir unter www.frankpieper.com oder an „padoc1000@aol.com" eine E-Mail. Oder wenden Sie sich an den Verlag unter www.gccarstensen.com. Des Weiteren treffen Sie mich auch im PA-Forum (www.pa-forum.de) unter dem Nicknamen „derautor".

Akustisches am Anfang

1 Grundlagen der Akustik

Ganz gleich, ob Sie als Musiker oder als „P.A.-Mensch" mit Musik bzw. Beschallung zu tun haben – hilfreich, wenn nicht sogar absolut notwendig für den sinnvollen Umgang mit Beschallungsanlagen sind einige Grundkenntnisse der Akustik. Daher steht das erste Kapitel ganz im Zeichen von Schwingungen, Schall, Wellenlänge, Frequenz und Phasenlage.

1.1 Schwingungen

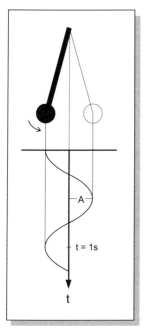

Der Begriff der Schwingung ist nicht ausschließlich nur der Akustik vorbehalten. Unter Schwingungen versteht man ganz allgemein ständig wiederkehrende Vorgänge wie z. B. die Bewegung eines Uhrpendels, die Auslenkungen einer Lautsprechermembran oder auch den Verlauf von Wechselstrom. Es handelt sich somit um einen allgemeinen physikalischen Begriff. Ständige Auslenkungen um eine definierte Ruhelage herum kennzeichnen die Bewegung eines schwingenden Körpers (Abbildung 1.1). Wird dieser Vorgang in Abhängigkeit von der Zeit dargestellt, ergibt das einen wellenförmigen Verlauf mit abwechselnd positivem und negativem Vorzeichen.

Abb. 1.1: Ein Pendel schwingt mit einer Frequenz von einem Hertz um eine definierte Ruhelage, wenn für eine komplette Schwingung die Zeit t = 1 s benötigt wird. Die Amplitude A beschreibt die Maximalauslenkung

Ein kompletter Schwingvorgang besteht immer aus zwei Auslenkungen, einmal dem „Wellenberg" und schließlich dem „Wellental". Für eine genaue Beschreibung ist die Angabe der Frequenz und der Amplitude erforderlich. Die Frequenz – gemessen in Hertz – gibt über die Anzahl der Schwingungen pro Sekunde Auskunft. Die Amplitude beschreibt dagegen die maximale Auslenkung, also den Abstand des oberen bzw. des unteren Umkehrpunkts von der Nulllinie.

1.2 Schall

Schwingt eine Lautsprechermembran, werden durch die Vor- und Rückwärtsbewegungen die umgebenden Luftmassen ebenfalls in Bewegung versetzt. So entstehen der Schwingung entsprechende Schwankungen des Luftdrucks, die sich in Form von Wellen von der Membran aus weg bewegen (Abbildung 1.2).

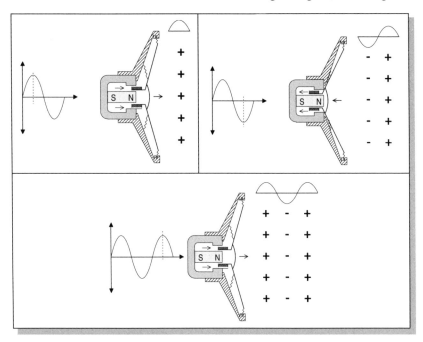

Abb. 1.2: Luftverdichtung vor einer Lautsprechermembran. Besitzt das anliegende Signal positive Polarität, bewegt sich die Membran nach vorne – die Luft wird verdichtet (+). Bei negativer Polarität geht die Membran zurück, es entsteht Unterdruck (–). Der Überdruck ist inzwischen aber „weitergewandert". Gleiches geschieht mit dem Unterdruck, wenn sich die Membran wieder vorbewegt

Diese wellenförmige Ausbreitung von akustischen Informationen in einem elastischen Medium wird allgemeinhin als Schall bezeichnet. Für die P.A.-Technik ist natürlich das Medium Luft am wichtigsten – der sich darin ausbreitende Schall wird analog als Luftschall bezeichnet. Schallausbreitung ist aber auch in anderen Medien möglich, z. B. als Körperschall in festen Stoffen oder im Wasser.

Charakteristisch für Schallwellen ist die Schwingfrequenz (= Tonhöhe), die Wellenlänge und die Schallgeschwindigkeit. Die Geschwindigkeit einer sich ausbreitenden Schallwelle ergibt sich aus dem zurückgelegten Weg und der dazu benötigten Zeit. In der Praxis entspricht der Weg dem Abstand des Hörers von der Schallquelle.

Die Schallgeschwindigkeit ist hauptsächlich vom Ausbreitungsmedium und von der herrschenden Temperatur abhängig: Bei 20° Celsius beträgt sie in Luft exakt 343,8 m/s, bei 0° Celsius nur noch 331,8 m/s. Als Richtwert wird allgemeinhin 340 m/s angenommen.

Die Berechnung der Wellenlänge erfolgt schließlich durch Division der Schallgeschwindigkeit durch die Frequenz. Als Bezeichnung wird allgemein der griechische Buchstabe λ (Lambda) verwendet:

$$\lambda = \frac{c}{f}$$

λ = Wellenlänge in Meter
c = Schallgeschwindigkeit in Meter/Sek.
f = Frequenz in Hertz

1.3 Schalldruck und Schalldruckpegel

Die Stärke der von einer Schallquelle ausgehenden Luftdruckschwankungen steht in direktem Zusammenhang mit der Amplitude der erzeugenden Schwingung. Je größer die Auslenkungen einer Lautsprechermembran, umso stärker wird die umgebende Luft verdichtet. Diese Verdichtung bezeichnet man als Schalldruck. Die Stärke des Schalldrucks ist für die vom Gehör wahrgenommene Lautstärke eines Schallereignisses in großem Maße mitverantwortlich.

Lautstärke ist ein sehr subjektiver Begriff – jeder Mensch empfindet diesbezüglich anders. Um die Wahrnehmung von Schall durch den Menschen wissenschaftlich in Form von Durchschnittswerten zu erfassen, sind umfangreiche Versuche mit einer ganzen Reihe von Testpersonen erforderlich. Die untere Hörschwelle des Menschen wurde nach entsprechenden Tests an Versuchspersonen bei einem Schalldruck von 0,00002 Pascal (2×10^{-5} Pa) festgelegt. Gelangt ein Schallereignis exakt mit diesem Schalldruck an das Trommelfell eines durchschnittlichen Menschen, so kann dieser es gerade noch wahrnehmen. Ähnlich ist man bei der Ermittlung der oberen Hörschwelle verfahren: Die Schmerzgrenze des Durchschnittsmenschen liegt bei einem Schalldruck von etwa 150 Pascal.

Das menschliche Gehör ist somit in der Lage, eine Schalldruckspanne von sieben Zehnerpotenzen (entspricht dem Faktor 10.000.000) zu verarbeiten. Diesen gewaltigen Bereich in Pascal anzugeben, hieße ständig unhandliche Zahlen mit vielen Ziffern und Nachkommastellen zu schreiben. Daher zieht man in einem solchen Fall die bequemere, leichter überschaubare Dezibel-Skala vor (siehe Abbildung 1.3). Beim Dezibel (dB) handelt es sich um ein logarithmisches Maß, welches Pegel in Abhängigkeit von einer Bezugsgröße beschreibt. Um zu verdeutlichen, dass es sich eindeutig um Schalldruckpegel handelt, folgt der Bezeichnung „dB" das Kürzel „SPL" („Sound Pressure Level"). „dBs" werden darüber hinaus auch bei der Angabe von Spannungs- oder Leistungspegeln verwendet (siehe Anhang A8).

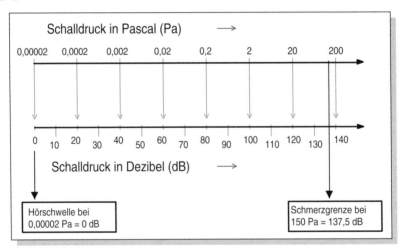

Abb. 1.3: Gegenüberstellung von Schalldruckwerten in Pascal und Dezibel

Die Dezibeleinteilung bezüglich des menschlichen Gehörs sieht nun folgendermaßen aus: Als Bezugsschalldruck hat man die durch Experimente ermittelte, untere Hörschwelle bei 0,00002 Pa als 0 dB SPL definiert. Für sämtliche Schalldrücke oberhalb dieser Schwelle können Sie den zugehörigen dB-Pegel mit der folgenden Formel ermitteln. Die obere Schmerzgrenze von 150 Pa entspricht beispielsweise einem Pegel von 137,5 dB SPL.

$$L = 20 * \log\left(\frac{P}{P_0}\right)$$

L : absoluter Schallpegel in dB SPL
P_0: Bezugsschalldruck von 0,00002 Pascal
P: Schalldruck der zu berechnenden Schallquelle in Pascal
log: Zehneralgorithmus

Verdoppelt eine Schallquelle den abgegebenen Schalldruck, entspricht dies einer Pegelsteigerung von +6 dB SPL. Allerdings wird diese vom Menschen nicht als „doppelt so laut", sondern lediglich als „etwas lauter" empfunden! Um das Gefühl verdoppelter Lautstärke hervorzurufen, muss der Schalldruckpegel um etwa 10 dB SPL steigen. Beachten Sie in diesem Zusammenhang beim Betrieb einer P.A., dass Sie hierfür stets die zehnfache Verstärkerleistung einsetzen müssen!

Folgende Tabelle listet einige Geräusche des täglichen Lebens plus deren Schalldruckwerte auf. Dabei handelt es sich lediglich um Richtwerte, gemessen in unmittelbarer Umgebung der Schallquelle(n):

Hörschwelle	0	dB SPL
ruhiges Zimmer	10 – 30	dB SPL
Flüstersprache	30 – 40	dB SPL
Musik im Hintergrund	50	dB SPL
Gespräch	60	dB SPL
Verkehrsgeräusche	70 – 90	dB SPL
Konzert	90 – 110	dB SPL
Presslufthammer	110	dB SPL
startender Düsenjet	130	dB SPL

Track 2 soll aufzeigen, wie sich unterschiedliche Pegel lautstärkemäßig bemerkbar machen. Zum Einstellen der maximalen Abhörlautstärke dienen die ersten 30 Sekunden: Hier liegt der Pegel der Musiksequenz an der oberen Grenze der CD, er beträgt maximal 0dB. Quasi als Referenz liegt damit am Verstärker der höchstmögliche Signalpegel an. Die nun eingestellte Lautstärke bitte nicht mehr verändern! Die Musik beginnt erneut, allerdings beträgt der Maximalpegel jetzt nur noch -30 dB. Alle fünf Sekunden steigert sich dies um 3 dB – so lange, bis wieder 0 dB erreicht sind. Auch hier erweist sich eine Pegelanzeige zur optischen Kontrolle als vorteilhaft. Abschließend noch eine Demonstration zur verdoppelten Lautstärke: Sprunghaft ändert sich der Pegel dreimal um 10 dB. Dies entspricht jeweils einer ungefähren Verdopplung der vom Gehör wahrgenommenen Lautstärke. Nebenbei sei noch erwähnt, dass sich die vom Verstärker abgegebene Ausgangsleistung bei jedem dieser Sprünge verzehnfacht.

1.4 Wahrnehmung von Schall durch das menschliche Gehör

Schallwellen mit Frequenzen unterhalb 16 Hz und oberhalb 20.000 Hz sind für den Menschen unhörbar. Sie werden als Infra- bzw. als Ultraschall bezeichnet. Das menschliche Gehör nimmt den dazwischenliegenden Frequenzbereich wahr, diese Werte gelten genau genommen aber nur für Neugeborene. Mit zunehmendem Alter lässt besonders bei hohen Tönen das Wahrnehmungsvermögen des Gehörs stark nach.

1.4.1 Gehörschädigung

An dieser Stelle sei eindringlich darauf hingewiesen, dass andauernde Gehörbelastung – etwa durch Maschinenlärm oder zu laute Musik – diesen Prozess erheblich beschleunigt. Bei Jugendlichen durchgeführte Studien registrieren zunehmend Gehörprobleme, die hauptsächlich auf zu lautes Abhören von Musik über Kopfhörer zurückzuführen sind. Laute Diskotheken und Konzerte sowie Nichtbeachtung von Lärmschutzvorschriften am Arbeitsplatz tun ein Übriges.

Dass nach einem lauten Konzert die Ohren „nicht so richtig wollen" und man neben einem unangenehmen Pfeifen die Umgebungsgeräusche bloß „wie durch Watte hindurch" wahrnimmt, diese Erfahrung hat wohl jeder schon einmal gemacht. Normalerweise legt sich diese Hörminderung nach einigen Stunden wieder, und es hat den Anschein, als haben sich die Ohren vollkommen regeneriert. Tatsächlich treten aber dadurch bereits Hörschädigungen ein, die als Spätfolgen meist erst einige Jahre später zu Tage treten. Besonders professionelle Musiker und Techniker, die auf Tour fast jeden Tag erheblicher Schallbelastung ausgesetzt sind, sollten sich diesen Sachverhalt immer wieder vor Augen führen. Das Gehör ist ein unersetzliches Kapital – Taubheit führt unweigerlich zur Berufsunfähigkeit! Ohrenstöpsel oder Watte sind lange Jahre milde belächelt worden – in diesem Punkt heißt es umdenken! Aus gesundheitlichen Gründen gehören derartige Utensilien immer ins Gepäck oder in den Werkzeugkoffer.

1.4.2 Frequenzabhängigkeit

Neben dem Schalldruck ist auch die Frequenz eines Schallereignisses für die vom Ohr wahrgenommene Lautstärke verantwortlich. Diese Zusammenhänge sind in den Fletcher/Munson-Kurven in Abbildung 1.4 dokumentiert:

Um bei verschiedenen Frequenzen stets die gleiche Lautstärke wahrzunehmen, benötigt das Gehör unterschiedlich hohe Schalldrücke. Im Fletcher/Munson-Diagramm liegt der tiefste Punkt jeder Kurve im Präsenzbereich bei knapp 4 kHz. Folglich besitzt das Ohr an dieser Stelle die höchste Empfindlichkeit – der erforderliche Schalldruck ist hier nämlich am geringsten. Zu den hohen und tiefen Frequenzen hin steigen die Kurven an, die Empfindlichkeit des Gehörs lässt allmählich nach, so dass für gleiches Lautstärkeempfinden nun höherer Schalldruck erforderlich ist.

Die Tatsache, dass viele übereinander angeordnete Kurven vorhanden sind, kennzeichnet eine weitere Eigenart der menschlichen Ohren: Die Empfindlichkeit gegenüber verschiedenen Frequenzen ist vom Schallpegel abhängig! Bei leisen Geräuschen (0 – 50 dB SPL) ist das Gehör für tiefe Frequenzen unempfindlich. Aus diesem Grund besitzen viele Hifi-Verstärker die so genannte „Loudness"-Taste, die es ermöglicht, die Bässe stark anzuheben. Das Klangbild bei leiser Hintergrundmusik wird dadurch gehörrichtig korrigiert. Laute Musik (80 – 100 dB SPL) nimmt das Ohr dagegen ausgeglichener wahr, so dass eine extra Bassanhebung (meistens) nicht mehr erforderlich ist.

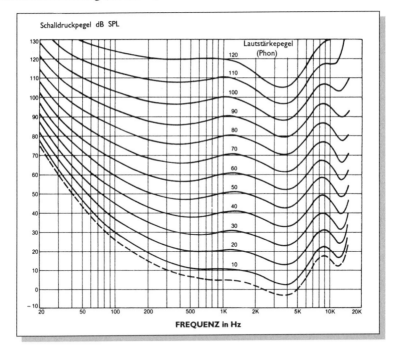

Abb. 1.4: Fletcher/Munson-Diagramm

Ständig wird vom Bass-, vom Mitten- und vom Hochtonbereich geredet, wobei auch die jeweiligen Frequenzen meist explizit genannt werden. Sich aber genau vorzustellen, „wie hoch" oder „wie tief" z. B. 1000 Hertz nun denn tatsächlich klingen, ist ohne Erfahrung hingegen kaum möglich. Aus diesem Grund bringt **Track 3** den gesamten Audiobereich zu Gehör. Sinnvoller Nebeneffekt: Solange die Abhörlautstärke während des Abspielens konstant bleibt, können Sie auch die frequenzabhängige Lautstärkewahrnehmung des menschlichen Gehörs eindrucksvoll nachvollziehen. Um unsere Ohren lautstärkemäßig nicht zu überfordern, erklingt zunächst 20 s lang ein Referenzton mittlerer Frequenz, mit welchem Sie die Abhörlautstärke Ihrer Stereoanlage auf ein angenehmes Maß einstellen. Die Klangregelung kommt in neutrale Position, die Bassanhebung wird mit der „Loudness"-Taste ausgeschaltet. Diese Einstellungen bitte nicht mehr verändern! Fein raus sind übrigens diejenigen, deren CD-Player eine Pegelanzeige besitzt. Auch wenn einige der nun folgenden Frequenzen unhörbar sind, lässt sich deren Existenz zumindest doch optisch nachvollziehen.

Los geht's mit 20 Hz: Dies ist definitionsgemäß die untere Grenze des Audiobereiches, zu der durchschnittliche Boxen kaum hinunterreichen. Selbst bei hochwertigen Abhörlautsprechern ist meist nicht mehr als das akustische Erahnen einer tieffrequenten Schwingung möglich – Sie können sie eher an der stark auslenkenden Tieftönermembran erkennen. Vorsicht mit den Boxen, bitte nicht lauter drehen! Wer's absolut nicht lassen kann, der stelle bei den nächsten Frequenzen den Lautstärkeregler wieder auf den alten Wert zurück.

Schon besser hörbar sind danach die 50 Hz: Diese Frequenz dürfte den meisten Lesern und Zuhörern als Netzbrumm ein leidvoller Begriff sein. Verdoppelt hat sich die Tonhöhe bei 100 Hz – in diesem Bereich werden für gewöhnlich Subwoofer-Signale abgetrennt. Als nächstes erklingen 250 Hz – die Trennfrequenz für klassische Basssysteme wie W-Bin oder Eliminator. Schließlich ein Sweep von 250 Hz bis zum Kammerton a, dessen Frequenz 440 Hz beträgt.

Bekannt durch Funk (Sendepause) und Fernsehen (Testbild) sind die 1000 Hz, die bei Audioequipment fast ausnahmslos als Mess- und Bezugsfrequenz verwendet werden. Danach ertönen 2000 und 3000 Hz. Schließlich 4000 und 5000 Hz: Hier hat das menschliche Gehör die höchste Empfindlichkeit, so dass diese Frequenzen im Vergleich zu 100 Hz – trotz konstantem Pegel auf der CD und hoffentlich gleich gebliebener Lautstärke – deutlich lauter zu hören sein müssten. 6000 Hz erklingen – wir befinden uns bereits im Hochtonbereich. Danach erhöht sich der Ton auf 7000, 8000, 9000 und schließlich 10000 Hertz. Letztere sind im Vergleich zum Mittenbereich in der wahrgenommenen Lautstärke nun schon deutlich leiser geworden, was in der nachlassenden Empfindlichkeit der Ohren zu hohen Frequenzen hin begründet ist.

Im Abstand von 1000 Hz geht es weiter aufwärts – zunächst bis 15 und dann bis 20 kHz, und Sie haben Gelegenheit, die eigene obere Hörgrenze zu erkunden. Stellt sich diese wider Erwarten recht früh ein, sollten Sie die Anlage nicht über Gebühr lauter drehen, denn dies bringt Verlorengegangenes nicht zurück. Dass Sie nichts mehr hören, bedeutet nämlich noch lange nicht, dass eventuell vorhandene Haustiere wie z. B. Hunde auch nichts mehr wahrnehmen. Hohe Lautstärken, besonders bei diesen Frequenzen, sind für Tiere eine Qual.

1.5 Schallausbreitung

1.5.1 Raumakustik

Ähnlich wie sich Wasserwellen von der Eintauchstelle eines Steins auf der Oberfläche fortbewegen, können Sie sich auch die Ausbreitung von Schallwellen vorstellen. Da Lautsprecherboxen bekanntlich Richtwirkung besitzen, sucht man kreisförmige Ausbreitung hier allerdings vergebens: Der größte Teil des erzeugten Schalls wird (sinnvollerweise) von der Vorderseite in Form einer dreidimensionalen „Schallkeule" abgestrahlt. Gilt es nun, das Klangbild einer Anordnung von Lautsprecherboxen zu beurteilen, spielen die Eigenschaften des Abhörraums – die Akustik – eine erhebliche Rolle. Auf Hindernisse auftreffende Schallwellen ergeben nämlich Reflexionen, die sich mit dem nachfolgenden Direktschall überlagern und so das Klangbild beeinträchtigen können. In diesem Zusammenhang spricht man auch von einem durch Reflexionen verursachten Diffusschallfeld. Je geringer der Anteil des Diffusschallfelds am wahrgenommenen Schall, umso besser ist in den meisten Fällen das klangliche Ergebnis.

Wie kann man nun die Reflexionen von Schallwellen verhindern? Zunächst ist es nützlich zu wissen, dass stets ein Teil der auf ein Hindernis auftreffenden Schallenergie absorbiert wird. Dieser Teil ist von der Oberflächenbeschaffenheit abhängig. Glatte Wände und Decken aus Stein und Beton absorbieren sehr wenig Schall, folglich ist in einer leeren Halle der Anteil an störenden Reflexionen sehr groß. Wesentlich besser bezüglich der Absorption des Diffusschallfelds schneiden „raue" Oberflächen wie Holzverkleidungen oder gar Vorhänge ab. Letztere besitzen Falten und Ausbuchtungen, welche die direkten Schallwellen absorbieren bzw. zerstreuen. Den gleichen Effekt bewirken übrigens auch die häufig anzutreffenden Eierkartons bzw. ähnlich geformte SAS-Matten an Wänden und Decken von Probe- oder Aufnahmeräumen.

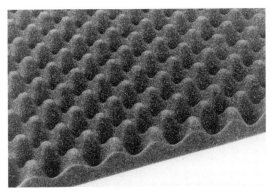

Abb 1.5: SAS-Matte für Schalldämpfungsmaßnahme

Wird ein Raum zur Verbesserung der Akustik mit derartigen „Schallschluckern" ausgestattet, spricht man von Schalldämpfung. Gerne verwechselt wird dieser Begriff mit der Schalldämmung, also mit Isolationsmaßnahmen, die das Austreten von Schall aus einem Raum verhindern sollen. Dies ist mit Eierkartons alleine jedoch nicht zu realisieren, denn deren Dämmungseigenschaften sind sehr schlecht. Wirksame Schalldämmung erfordert teilweise sehr aufwändige bauliche Veränderungen wie doppelte Wände, doppelte Böden, Doppelglasfenster usw.

Zu beachten ist, dass Schalldämpfung immer frequenzabhängig funktioniert. Dabei wirken sich die genannten Absorber vornehmlich auf höhere Frequenzen aus. Reflexionen im Bassbereich sind sehr viel schwieriger zu dämpfen, denn diese benötigen aufwändige und größere „Bassfallen" (Helmholtz-Absorber), deren optimale Abmessungen und Positionierungen Sie anhand von Messungen und Berechnungen für jeden Raum individuell bestimmen müssen. Aus diesem Grund ist derartiges meistens nur in professionellen Aufnahmeräumen und in Konzertsälen anzutreffen.

1.5.2 Gleichphasige Schallwellen

Neben der Raumakustik beeinflussen natürlich auch die Lautsprecherboxen selbst das Klangbild. Dies gilt besonders, wenn zwecks höherer Lautstärke mehrere Boxen parallel zum Einsatz kommen. Jeweils gleiche Schallwellen werden dann von mehreren, räumlich versetzten Lautsprechern abgestrahlt. Bei der Überlagerung in der Luft entsteht eine Resultierende, deren Auslenkung sich aus der Addition der Einzelamplituden aller beteiligten Wellen ergibt. Der einfachste Fall – nur Wellen mit gleicher Frequenz und Amplitude – ist in Abbildung 1.6 skizziert:

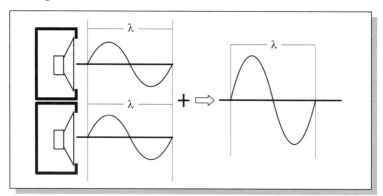

Abb. 1.6: Die Überlagerung zweier gleichphasiger Wellen gleicher Frequenz und Amplitude – abgestrahlt von zwei nebeneinander postierten Lautsprechern – ergibt doppelte Auslenkung bei der Resultierenden

Die Auslenkungen der beiden zueinander gleichphasigen Wellen sind in Zeit und Richtung exakt miteinander gekoppelt. Aus diesem Grund ergibt die Überlagerung eine Welle gleicher Frequenz mit stets doppelter Amplitude und gleicher Phasenlage. Die maximale Auslenkung dieser Resultierenden entspricht folglich der Addition der beiden maximalen Einzelamplituden.

1.5.3 Phasenverschobene Wellen

Wie in Abbildung 1.7 zu sehen, existiert bei zueinander phasenverschobenen Wellen ein zeitlicher Verzug in den Auslenkungen. Dieser Verzug wird in Grad angegeben. Läuft eine Welle der anderen um eine Auslenkung bzw. um den zeitlichen Abstand einer Halbwelle hinterher, so spricht man von 180° Phasenverschiebung. 90° entsprechen folglich einer halben Auslenkung, 270° anderthalb Auslenkungen. Gleichphasigkeit wie in Abbildung 1.6 liegt bei 0° Versatz vor, bei 360° sind die Wellen wieder deckungsgleich, so dass dies „dem Fall 0°" entspricht.

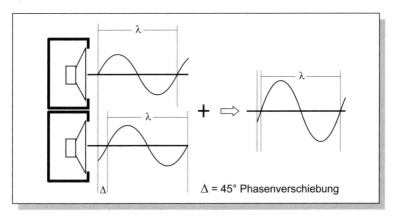

Abb. 1.7: Phasenverschobene Wellen gleicher Frequenz und Amplitude ergeben bei Überlagerung stets geringere Auslenkungen, als das bei gleichphasiger Überlagerung der Fall ist

Werden phasenverschobene Wellen gleicher Frequenz überlagert, so addieren sich zu positiven Einzelamplituden zwangsläufig auch negative Auslenkungen (Abbildung 1.7). Die Resultierende ergibt daher nicht mehr die maximal mögliche Auslenkung, es entstehen immer geringere Amplituden als bei der Überlagerung ohne Phasenverschiebung. Außerdem weicht die Resultierende in der Phasenlage von beiden Einzelwellen ab.

In der Praxis entstehen Phasenverschiebungen hauptsächlich durch reflektierte Schallwellen und natürlich auch durch versetzte Lautsprecher.

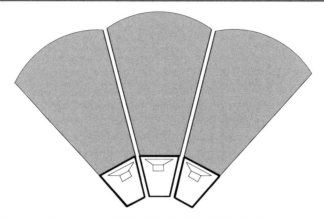

Diese Lautsprechergruppe strahlt ideal ab. Die Schallfelder der Boxen überschneiden sich nicht, folglich kommt es zu keinerlei Phasenverschiebungen in der Luft. Leider ist derartiges in der Praxis nicht zu erreichen.

Die Praxis sieht also eher so aus: Die Schallfelder der Boxen überlagern sich, in den doppelt schraffierten Bereichen kommt es zu Überlagerungen von phasenverschobenen Schallwellen, was Lautstärkeschwankungen und Klangverfälschungen hervorruft.

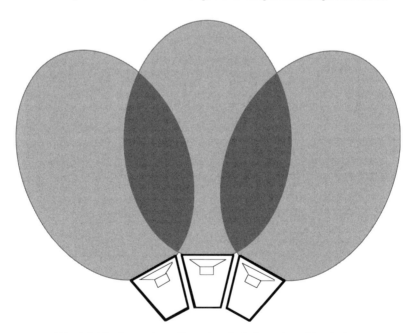

Abb. 1.8: Ideales und annähernd realistisches Abstrahlverhalten einer Lautsprechergruppe

Ein Beispiel dazu zeigt Abbildung 1.8: Um einen möglichst großen Bereich akustisch auszuleuchten, werden mehrere Lautsprecherboxen gewöhnlich zu Clustern zusammengebaut bzw. nebeneinander aufgestellt und parallel geschaltet. Da sich die Abstrahlcharakteristiken der Boxen in einem solchen Verbund jedoch immer überlappen, werden die in der unteren Zeichnung dunkel schraffierten Bereiche quasi „doppelt versorgt". Aufgrund unterschiedlich langer Schallwege überlagern sich die Wellen hier mit Phasenverschiebungen, was Einbußen in der Lautstärke und Klangverfärbungen durch Frequenzauslöschungen zur Folge hat. Aus diesem Grund sind die Hersteller bemüht, die Hauptabstrahlrichtungen ihrer Boxen zu optimieren, so dass möglichst die in der oberen Zeichnung zu sehende Idealcharakteristik entsteht. Da eine Box jedoch immer auch zur Seite und nach hinten Schallenergie abstrahlt, ist Überlappung mit den benachbarten Boxen in der Praxis leider nicht zu vermeiden. Für den Anwender wichtig zu wissen ist natürlich der optimale Winkel von Box zu Box, der die geringste Überlagerung ergibt. Durch die trapezförmige Bauweise vieler Gehäuse ist dieser meist vorgegeben.

1.5.4 Wellenauslöschung

Der Extremfall der Phasenverschiebung heißt 180°, Abbildung 1.9 gibt darüber Aufschluss. Werden zwei Wellen mit 180° Phasenverschiebung und gleichen Amplituden überlagert, löschen sich die Signale vollständig aus!

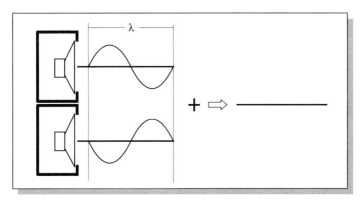

Abb. 1.9: Werden zwei gegenphasige Wellen gleicher Frequenz und Amplitude überlagert, kommen Wellenberge über Wellentäler zu liegen – die Wellen löschen sich gegeneinander aus

Diese Gefahr besteht vor allem beim Verdrahten mehrerer Lautsprecher innerhalb einer Box bzw. bei der Verwendung parallel geschalteter Boxen. Gegenphasig betriebene Lautsprecher vollführen immer entgegengesetzte Auslenkungen der

Membranen, und die dabei erzeugten Schallwellen kompensieren sich aufgrund verdrehter Phasenlage in der Luft! Besonders gut hörbar ist dieser Effekt im Bassbereich. Um dort ordentlich Schalldruck zu produzieren, werden bei großen P.A.-Anlagen pro Seite mehrere Bassboxen plus Endstufen einfach parallel geschaltet. Befinden sich darunter gegenphasig gepolte Lautsprecher, klingen die tiefen Frequenzen saft- und kraftlos. Obwohl gegenüber einer einzelnen Box mehr Leistung eingesetzt wird, ist das Klangbild schwach und mittenlastig. Erst durch Umpolen der betroffenen Lautsprecher verschwindet dieser Effekt, und es ergibt sich die gewünschte Verstärkung.

Wenn Sie sich bezüglich der phasenrichtigen Zusammenschaltung der Lautsprecher bzw. der Boxen nicht sicher sind, hilft ein einfacher Test: Die Signaleingänge der Boxen werden nacheinander kurz mit einer Batterie (Monozelle oder 9 V-Block) verbunden, worauf die Auslenkungen der Lautsprechermembranen alle in die gleiche Richtung gehen müssen. Erkannte Ausreißer polen Sie einfach um. Besonders bei der Verwendung von dazu geliehenen Boxen kann eine kurze Überprüfung während des Aufbaus späteren Ärger über schlechten Sound vermeiden.

Nur bedingt anwendbar ist dieser Test bei Mehrwegeboxen mit integrierten Frequenzweichen. Die Batterie liefert Gleichstrom, der von den Kondensatoren der Frequenzweichen abgeblockt wird. Meistens reagiert dann nur der Basslautsprecher. Generell ist aber davon auszugehen, dass eine Mehrwegebox vom Hersteller intern richtig verkabelt wurde. Die richtige Phasenlage bezüglich einer zweiten Box kann somit alleine durch die Bewegung des Tieftöners erkannt und gegebenenfalls durch einfaches Umpolen des Lautsprecherkabels geändert werden.

Dass eine verpolte Lautsprecherleitung den Bassbereich ordentlich Lautstärke kosten kann, demonstriert **Track 4**: Zwei identische, übereinander platzierte Boxen geben die gleiche Musik wieder, die mit einem davor stehenden Mikrofon aufgenommen wird. Durch Betätigen eines Schalters ändert sich die Polarität einer Lautsprecherleitung, so dass die Boxen abwechselnd in Phase und phasengedreht arbeiten. Letzteres veranlasst bevorzugt die tieffrequenten Schallwellen, sich gegenseitig auszulöschen, was an der Bassdrum und den tiefen Anteilen der Snare besonders deutlich zu hören ist. Aber auch das Klavier verschwindet bei „out of phase" fast gänzlich, lediglich ein geringer Rest des (künstlichen) Hallanteils ist noch zu hören.

1.5.5 Kammfiltereffekte

Wenn Sie jetzt den Gedanken der Wellenauslöschung noch ein wenig weiterspinnen, gelangen Sie zu den Kammfiltereffekten: Kammfiltereffekte sind ein natürliches Phänomen bei der Schallausbreitung. Genau genommen handelt es sich dabei um periodisch wiederkehrende Frequenzauslöschungen, die aus der Überlagerung gleicher Schallwellen mit unterschiedlichen Phasenlagen – verursacht beispielsweise durch Reflexionen – resultieren. Da das Klangbild einer P.A. von Kammfiltereffekten negativ beeinflusst wird, sollte an deren Existenz möglichst immer nur die ungünstige Raumakustik schuld sein. Richtig schlimm wird es nämlich, wenn „künstliche", also vom Anwender verursachte Frequenzauslöschungen noch hinzukommen. Hauptsächliche Verursacher von Kammfiltereffekten in P.A.-Anlagen sind Schallquellen, die unbeabsichtigt in benachbarte Mikrofone übersprechen. Darüber hinaus können manchmal auch falsch aufgestellte Lautsprecherboxen und fehlerhaft eingestellte Zeitverzögerungen in den Controllern für die Frequenzauslöschungen verantwortlich sein. Zur Verdeutlichung hierzu folgender Versuch:

Abbildung 1.10 zeigt zwei völlig identische Lautsprecherboxen mit ausgeglichenem Frequenzgang. Die Boxen sind exakt übereinander aufgebaut, so dass sich die Membranen der Lautsprecher in einer Ebene befinden. Die Endstufe liefert einen verstärkten Sinuston mit einer Frequenz von 1 kHz, und durch Parallelschaltung bekommen beide Lautsprecher das gleiche Signal geliefert. Die vom Zuhörer wahrgenommene Schallwelle entsteht aus der Überlagerung der Membranbewegungen beider Lautsprecher, wobei der gelieferte Schalldruck gegenüber dem eines Einzellautsprechers annähernd doppelt so groß ist (+6 dB SPL).

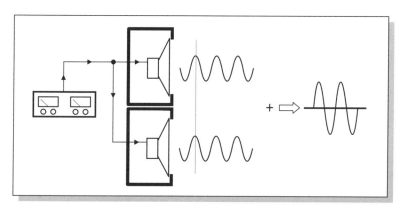

Abb. 1.10: Korrekter Aufbau von Lautsprecherboxen. Die Lautsprechermembranen befinden sich auf einer Ebene, alle Frequenzen werden zueinander gleichphasig abgestrahlt

Bei einer Schallgeschwindigkeit von 340 m/s beträgt die Wellenlänge der 1 kHz-Schallwelle gemäß Gleichung 1.1 auf Seite 22 exakt 34 cm. Werden die beiden Boxen aus Abbildung 1.10 nun um die halbe Wellenlänge (17 cm) versetzt aufgebaut, überlagern sich die beiden abgestrahlten Schwingungen mit 180° Phasenverschiebung. Das Ergebnis ist in Abbildung 1.11 zu sehen: Durch die längere Schalllaufzeit der oberen Welle wird die Resultierende in der Luft ausgelöscht. In der Praxis äußert sich dies durch drastische Verminderung der Lautstärke bei einem Kilohertz. Dass der Ton noch leise wahrnehmbar ist, liegt lediglich daran, dass auch bei identischen Boxen das Abstrahlverhalten immer noch etwas unterschiedlich ausfällt. Eine hundertprozentige Auslöschung ist in der Praxis daher sehr selten.

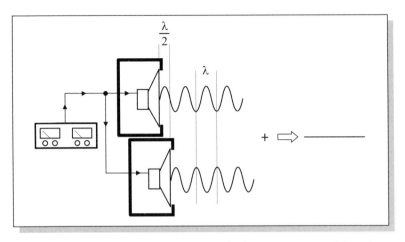

Abb. 1.11: Falscher Aufbau von Lautsprecherboxen. Versetzt aufeinander gestellte Gehäuse ergeben periodisch wiederkehrende Frequenzauslöschungen. Der Versatz der Boxen entspricht dabei stets der halben Wellenlänge der ersten ausgelöschten Frequenz

Wenn Sie nun die Frequenz des Testsignals erhöhen und den gesamten Hörbereich überstreichen, wiederholt sich dieser Effekt bei allen ungeraden Vielfachen der Grundfrequenz! Auslöschungen entstehen demnach bei 3 kHz, bei 5 kHz, bei 7 kHz usw. Exakt an diesen Stellen ergibt sich für die überlagerten Schwingungen nämlich erneut 180° Phasenverschiebung. Ein vorher ausgeglichener Frequenzgang enthält nun in konstanten Abständen steile Einbrüche, dazwischen verstärken sich die überlagerten Schallwellen (Abbildung 1.12). Mit etwas Fantasie erinnert dieser Verlauf an die Zinken eines Kamms, daher die Bezeichnung „Kammfiltereffekt".

Für die Praxis bedeutet dies, dass Sie baugleiche, miteinander parallel geschaltete Boxen exakt übereinander aufbauen müssen. Vorsicht bei Boxen von verschiedenen Herstellern: Werden unterschiedliche Gehäuse miteinander kombiniert, ist „Kante auf Kante" unter Umständen der falsche Weg, denn die

Einbautiefen der Lautsprecher können hier voneinander abweichen, so dass sich trotzdem Versatz ergibt. Die Boxen müssen auf jeden Fall derart aufeinander gestellt sein, dass die Lautsprechermembranen möglichst in einer Ebene zu liegen kommen.

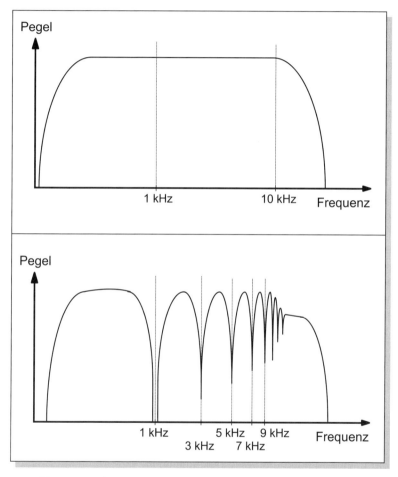

Abb. 1.12: Ein linearer Frequenzgang (oberes Abbildung) erhält durch Kammfiltereffekte steilflankige Einbrüche. Skizziert ist der Frequenzgang des vorherigen Beispiels mit den versetzten Boxen. Das Klangbild verfärbt durch den Kammfilter besonders im Mittenbereich

Nehmen mehrere Mikrofone aus verschiedenen Positionen eine einzelne Schall-quelle auf, besteht ebenfalls die Gefahr ungewollter Kammfiltereffekte. Die unterschiedlichen Abstände zwischen den Mikrofonen und der Schallquelle produzieren voneinander abweichende Schalllaufzeiten. Das am weitesten entfernte Mikrofon erhält den Schall als letztes, die erzeugten Signale sind dadurch nicht gleichphasig zueinander. Die Kammfiltereffekte entstehen dann beim Zusammenmixen der Signale im Mischpult.

Dass hierfür schon zwei Mikrofone genügen, ist manchmal bei Fernsehtalkshows eindrucksvoll zu hören. Der besseren Optik wegen tragen die Teilnehmer ansteckbare Lavaliermikrofone. Befinden sich zwei Gesprächspartner unmittelbar gegenüber, nehmen die Mikrofone auch jeweils die Stimme des Anderen auf, was sich in auffälligen, mittig-hohlen Klangverfärbungen äußert. Für Spezialisten: Das hört sich dann etwa so an, wie wenn ein Flanger kurzzeitig „mittendrin" stehenbleibt. Noch auffälliger wird das Ganze, wenn sich eine Person während des Sprechens ihrem Nachbarn zuwendet. Aufgrund des sich rasch ändernden Abstands ertönt ein deutlicher „Flanger"-Effekt, also eine Verschiebung der Kammfilterfrequenzen.

 Was passiert, wenn man die Lautsprecher parallel geschalteter Boxen beim Aufbau nicht exakt in eine Ebene bringt, demonstriert **Track 5**. Zwei identische „12/2er" P.A.-Boxen sind an einem Endstufenausgang parallel geschaltet, erhalten also beide das gleiche Signal. Vor den Boxen befindet sich in ca. drei Metern Abstand ein Mikrofon, das den abgestrahlten Schall aufnimmt. Da sich zur Demonstration eines Kammfilters ein Rauschsignal besonders gut eignet, wird die Endstufe zunächst mit einem Rauschgenerator gespeist.

Die Boxen stehen anfangs „Kante auf Kante", sind also richtig aufgebaut. Nach ca. zehn Sekunden verschiebt ein Helfer die obere Box zuerst langsam nach hinten, so dass die Lautsprecher nicht mehr in einer Ebene liegen. Die Folge: Im Rauschsignal sind drastische, nach Phasing klingende Verfärbungen auszumachen, die betroffenen Frequenzen ändern sich mit zunehmendem Abstand. Bewegt sich die Box wieder vorwärts, kehrt der Effekt um, bis bei „Kante auf Kante" wieder der ursprüngliche Klang erreicht ist.

Tückischer ist die Praxis: Da falsch aufgebaute Boxen natürlich konstanten Versatz aufweisen, ergibt sich ein fest stehender Kammfilter ohne Änderung der Frequenzen. Diesen mit dem Gehör zu entlarven ist gar nicht so einfach – vor allem dann nicht, wenn man dieses Phänomen überhaupt nicht kennt. Für den schlechten Klang muss dann sehr schnell das Equipment oder besser noch die Raumakustik herhalten!

Zwecks Praxisbezug und zum besseren Verständnis wird das gleiche Experiment mit einer Musiksequenz wiederholt. Fazit: Auch hier ergeben sich deutliche Klangveränderungen. Diese mit einem Equalizer „ausbügeln" zu wollen, ist ein hoffnungsloses Unterfangen. Daher sollten Sie es sich zur Gewohnheit machen, schon beim Aufbau auf die richtige Anordnung der Boxen zu achten.

Leise wird laut

2 Unterschiedliche P.A.- Konzepte

2.1 Allgemeines

Die Bezeichnung „P.A." stammt aus dem englischen Sprachgebrauch – sie steht als Abkürzung für „**P**ublic **A**ddress", also für eine Möglichkeit, akustische Ereignisse durch geeignete technische Ausrüstung einer größeren Menschenmenge hörbar zu machen. Hierfür gibt es – je nach Art der zu verstärkenden Schallereignisse und der Größe des Publikums – unterschiedliche Konzepte, die sich grob in zwei Kategorien einordnen lassen:

Reine Sprach/Ansagesysteme, so genannte „ELAs" (**E**lektroakustische **A**nlagen) sind nur zur Verbreitung von Information in Form von Sprache konzipiert. Sie dienen der Beschallung von Fußballstadien, Kongresszentren, Veranstaltungshallen, Industrieanlagen, Gebäuden u.v.m. und sind meistens vor Ort fest installiert. Zur adäquaten Übertragung von Live-Musik in Konzertlautstärke eignen sie sich aufgrund spezieller Frequenzgänge und zu geringen Ausgangsleistungen im Allgemeinen nicht! Die leistungsstarke, möglichst unverfälschte Wiedergabe von Musikinstrumenten erfordert speziell für diesen Zweck entwickelte Komponenten, die in Musiker- und Veranstaltungskreisen allgemein als „die P.A." bezeichnet werden.

Womit die zweite Kategorie von Beschallungsanlagen angesprochen ist: P.A.-Systeme zur Konzertbeschallung bzw. zur Musikübertragung. Hier kennzeichnend ist die Tatsache, dass es sich fast immer um transportable Systeme handelt, die für die Dauer einer Veranstaltung vor Ort aufgebaut werden. Je nach Auslegung der Boxen (Frequenzgang und Belastbarkeit), Endstufen (Ausgangsleistung) und Mischpulte (Kanalzahl) können Sie entweder alle oder nur einen Teil der Instrumente über die P.A. verstärken.

2.2 Etwas Geschichte...

Die Entwicklung von Beschallungstechnik begann bereits in den zwanziger Jahren des vergangenen Jahrhunderts. Zu den Pionieren zählen vornehmlich amerikanische Firmen wie Western Electric, Altec Lansing, RCA und Electro Voice. Aber auch der deutsche Hersteller Neumann setzte 1928 mit dem Kondensatormikrofon „CMV3" – der berühmten „Neumann-Flasche" – einen weltweiten Standard. Zu Beginn der 1920er Jahre konstruierte man zunächst nur einfache Mikrofon/Lautsprecheranlagen zur Beschallung von Hörsälen. Einige Jahre später verursachte dann die rasante Verbreitung des Tonfilms rege Nachfrage nach einigermaßen leistungsfähigen Beschallungssystemen, denn plötzlich sah man sich mit dem Problem konfrontiert, die damaligen Kinopaläste mit manchmal bis zu tausend Sitzplätzen ausreichend mit Schall versorgen zu müssen. Weil zu dieser Zeit die Verstärker wenig Leistung und die Lautsprecher nur geringe Wirkungsgrade besaßen, nahm man sich das Prinzip des Grammofon-Schalltrichters zum Vorbild und optimierte die Boxengehäuse entsprechend, um das Maximum an Schalldruck herauszuholen.

Abb. 2.1: Voice of the Theatre von Altec Lansing

Die Grundideen praktisch aller später populär gewordenen Hornsysteme wie etwa das „4560", das Altec „Voice Of The Theatre", das „W-Bin" oder die „Rutsche" stammen aus dieser Zeit. Und auch das Prinzip der so genannten dezentralen Beschallung wurde bereits damals angewendet: Anstatt nur links und rechts der Leinwand Lautsprecher vorzusehen, verteilte man in großen Kinos weitere Boxen im Saal und auf den Rängen, um eine einigermaßen gleichmäßige akustische Ausleuchtung zu erzielen. Mit der damals sehr teuren Röhrentechnik konnten bei weitem nicht so leistungsstarke Verstärker gebaut werden, wie das heutzutage mit Transistoren möglich ist. Aus diesem Grund mussten entsprechend viele Lautsprecher aus eingangsseitig parallel geschalteten Verstärkern leistungsangepasst gespeist werden. Aus diesem Konzept ist dann später die bereits angesprochene ELA-Technik hervorgegangen (siehe Abbildung 2.1).

Den nächsten wichtigen Schritt in der Entwicklung von P.A.-Systemen löste die Popularisierung der elektrischen Gitarre in den frühen fünfziger Jahren aus, die letztlich den Grundstein für die heutige Rock- und Popmusik gelegt hat. Für die Konzertbeschallung taugliche P.A.-Anlagen gab es zu dieser Zeit keine, folglich spielten die wie Pilze aus dem Boden schießenden Rock'n Roll- und Beat-Bands damals nur mit der Instrumentenbackline und akustischem Schlagzeug. Für den Gesang waren mehr oder weniger obskure Instrumentenverstärker oder „ELA-mäßige" Mikrofonanlagen zuständig.

In den sechziger Jahren erschienen schließlich die ersten transportablen Gesangsanlagen auf dem Markt. Mit Hilfe der damals neuartigen Transistortechnik wurde es erstmals möglich, leistungsstärkere Endstufen in einigermaßen akzeptablen Größen- und Preisdimensionen zu bauen, als sie die alten Röhrengeräte bieten konnten. Auch die Mischpulte wurden um einiges kompakter und zuverlässiger, und man ging allmählich dazu über, nicht nur den Gesang, sondern auch die Instrumente auf der Bühne mit Mikrofonen abzunehmen. Dennoch war man mit der Beschallung von Großkonzerten noch einige Jahre lang völlig überfordert, wie beispielsweise Filmdokumente von den Auftritten der Beatles in US-Stadien belegen. Auf den Rängen ein Hexenkessel von mehreren Zehntausend Besuchern, während die Band unter Flutlicht eine auf dem Spielfeld improvisierte Bühne betritt und dort nur mit der Instrumentenbackline und einigen Mikrofonen das Konzert bestritt. Der Ton wurde über die dafür völlig ungeeignete Stadionanlage auf die Ränge übertragen, wo er im Gekreisch des Publikums zwangsläufig unterging. Nicht viel anders sah es bei den Hallenkonzerten dieser Zeit aus. Der Legende nach soll die Tatsache, dass es keine adäquaten P.A.- und Monitorsysteme gab, die dem Geräuschpegel der überdrehten Menge Paroli bieten konnten, für die Beatles letztlich den Ausschlag gegeben haben, sich von der Bühne ins Studioleben zurückzuziehen. Auch die zur selben Zeit aufkommenden Open-Air-Rockfestivals wurden wegen unzureichender Beschallungsanlagen klanglich nicht selten vom Winde verweht, wie beispielsweise der bekannte „Woodstock"-Dokumentarfilm aus dem Jahre 1969 belegt.

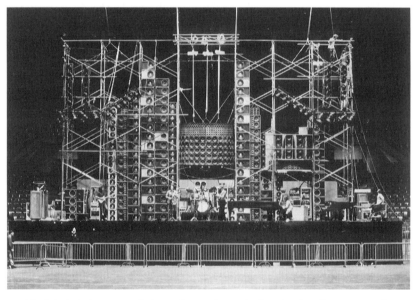

Abb. 2.2: P.A.-System auf einem Open-Air-Festival zu Beginn der 1970er Jahre (oben), darunter die berühmte „Wall Of Sound"-P.A. der Gruppe Grateful Dead aus dem Jahre 1974

In den frühen 1970er Jahren war es auf Großkonzerten dann üblich, Unmengen von skurril anmutenden Boxen auf teilweise recht abenteuerliche Weise zu gigantischen Türmen aufeinanderzustapeln. Der Arbeitsaufwand war erheblich: Geeignetes Fluggeschirr, Kettenzüge und Motoren gab es noch nicht, also mussten zusätzliche Gerüste errichtet werden, die das Gewicht der Boxen tragen oder die Türme zumindest stützen und absichern konnten. Es war die Zeit der Experimente und der Innovationen fernab industrieller Massenproduktion, in der auch die Gründungen der meisten heute renommierten Verleihunternehmen stattfanden. All das heute so selbstverständliche P.A.-Zubehör wie etwa DI-Boxen musste durch Erfahrungen praktisch erst erfunden werden. Viele Entwickler und Tüftler gingen mit den damals verfügbaren Lautsprechern und Mitteln der elektronischen Verstärkung neue Wege. Einige der damaligen Systeme wie beispielsweise das berühmte „Wall Of Sound" der amerikanischen Westcoast-Band Grateful Dead waren Unikate, andere wurden lediglich als Kleinserien in Eigenregie gefertigt. Jeder Frequenzbereich hatte zunächst seinen eigenen Boxentyp: Für die Bässe kamen große gefaltete Hörner wie das W-Bin zum Einsatz, für die Tiefmitten meist 12"-bestückte Kurzhornboxen oder aber auch Direktstrahler, während für die Hochmitten und Höchstfrequenzen breit fächernde Hörner oder aber auch Hochtonaufsätze mit einer großen Anzahl nebeneinander angeordneter Tweeter zuständig waren.

Abb. 2.3: P.A.-Eigenbau von Udo Klempt-Gießing für die deutsche „Kraut-Rock"-Gruppe Grobschnitt, 1975

Einige Jahre später kombinierte man die Mitten- und Hochtöner dann zu kompakteren Fullrange-Boxen. Deren Gehäuse waren erstmals so konstruiert, dass man sie mit wirtschaftlich vertretbarerem Zeit- und Arbeitsaufwand auf- und abbauen und im LKW transportieren konnte, als das zuvor der Fall war. Neue Werkstoffe, Technologien und Konzepte ermöglichten in den kommenden Jahren schließlich den Bau immer leistungsfähigerer P.A.-Komponenten: Schaltnetzteil-Endstufen und Lautsprecher mit Neodymium-Magneten bieten heutzutage wesentlich bessere Leistungs/Gewichts/Volumenverhältnisse als vor 25 Jahren, was auch für die mittlerweile weit verbreiteten Line Array-Boxensysteme gilt. Und auch die sprunghaften Fortschritte in der Digitaltechnik haben über die 1980er und 1990er Jahre hinweg für große Veränderungen in der P.A.-Technik gesorgt: Digitale Signalprozessoren, die als Controller und Effektgeräte arbeiten, sowie volldigitale und speicherbare P.A.-Mischpulte sind heute Realität.

2.3 Beschallungskonzepte

2.3.1 ELA-Technik

Das Prinzip der ELA-Technik beruht darauf, einen Saal, ein Gebäude oder ein Gelände durch miteinander kombinierbare Einzellautsprecher dezentral zu beschallen. Eine solche Anlage ist fast immer fest installiert, die Kabelwege zwischen dem Sprechplatz und einzelnen Lautsprechern betragen oft mehrere hundert Meter.

Ältere ELA-Systeme arbeiten noch vollständig analog. Wird eine Anlage neu geplant oder ein bestehendes System umgebaut, kommt heutzutage aber fast nur noch digitale Signal- und Netzwerktechnik zum Einsatz. Die zu übertragenden Signale werden gleich an der Quelle digitalisiert und – je nach Größe der zu beschallenden Lokalität – von einem Zentralrechner in einen oder mehrere Netzwerkstränge verteilt. Jede hier angeschlossene Lautsprecherbox besitzt ein Interfacemodul mit fester Adresse, so dass sich einzelne Parameter wie etwa die Wiedergabelautstärke bequem und individuell über den Rechner fernsteuern lassen.

Des Weiteren wandelt das Interface auch die digitalen Audiodaten zur Verstärkung durch die integrierte Endstufe in die analoge Ebene zurück. Besonders die aufwändigen ELA-Systeme profitieren von den Vorteilen der digitalen Steuerung: Alle beteiligten Lautsprecher lassen sich zu beliebigen Gruppen zusammenfassen. Einmal abgespeichert ist das Umkonfigurieren ein Vorgang, der mit wenigen Klicks in Sekundenschnelle erledigt ist. Auch die Schallpegel einzelner Zonen können dem Anlass entsprechend programmiert, gespeichert und schnell geändert werden.

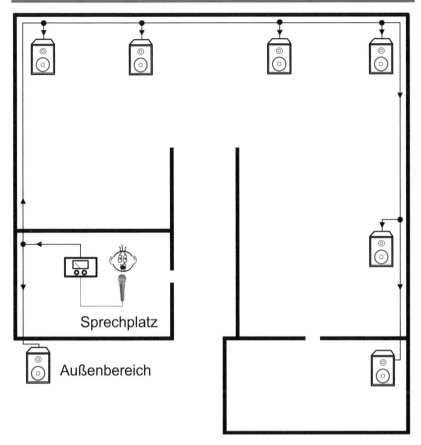

Abb. 2.4: Prinzip einer ELA: Von einem zentralen Ort aus wird ein weit verzweigtes Netz dezentraler Lautsprecher versorgt

Analoge ELA-Systeme arbeiten ebenfalls mit vernetzten Lautsprechern. Die hier benutzten Verbindungskabel transportieren jedoch das bereits auf Leistung verstärkte Signal der Endstufe. Wegen der langen Kabelwege ist es zwecks Minimierung der Verluste notwendig, zwischen Verstärker und Lautsprecher(n) eine elektrische Leistungsanpassung durchzuführen, was mit Übertragern geschieht. Jeder Kabelstrang wird von einem Verstärker gespeist, der seine Maximalleistung über einen Ausgangsübertrager bei einer festgelegten Spannung von 70,7 oder 100 V (daher auch der Begriff „100 V-Technik") abgibt. Die Lautsprecher erhalten ihre Signale ebenfalls über vorgeschaltete, mit ins Boxengehäuse integrierte Eingangsübertrager. Bis zum Erreichen der maximalen Verstärkerleistung lassen sich beliebig viele Einheiten dazuklemmen. Außerdem können Sie bei dieser Methode unterschiedlich leistungsfähige Lautsprecher problemlos parallel schalten – Überlastung ist wegen der zum jeweiligen Lautsprecher passenden Eingangsübertrager ausgeschlossen. Für weit verzweigte, analog arbeitende Lautsprechersysteme ist dieses Konzept sehr sinnvoll, daher wurde es von den Anfangstagen bis heute nahezu unverändert übernommen. Schwierig erweist sich allerdings die Übertragung von größeren Ausgangsleistungen, dies funktioniert nur mit sehr großen, schweren und teuren Übertragern. Aus diesem Grund wurde bei der Entwicklung von P.A.-Systemen für die Konzertbeschallung ein anderer Weg beschritten.

2.3.2 Die klassische Gesangsanlage

Die klassische Klein-P.A. schlechthin, die „Gesangsanlage", benutzt zur Wiedergabe zwei Stativboxen, und für das Mischen und Verstärken der Signale ist ein Powermischer zuständig. Der Begriff leitet sich aus der bevorzugten Anwendung ab: Gesang spielt die Hauptrolle, akustische Instrumente und Keyboards können Sie ebenfalls damit übertragen. Je nach Art der Musik wird eine solche Anlage vorzugsweise im Proberaum und in kleinen Räumlichkeiten bis ca. 200 Personen benutzt. Das Mischpult bzw. der Powermischer einer Gesangsanlage steht für gewöhnlich mit auf der Bühne und wird dort von den Musikern bedient.

Die Vorteile: Eine solche Anlage ist relativ preisgünstig und lässt sich leicht transportieren bzw. auf- und abbauen. Extra Helfer und Tontechniker sind nicht erforderlich. Allerdings können Sie als Musiker während des Konzerts den Klang im Saal von der Bühne aus nur schwer beurteilen, dafür ist einige Erfahrung nötig. Eine mit dem Programm vertraute Person, die sich während der Darbietung im Publikum befindet und hin und wieder Korrekturtipps gibt, ist aus diesem Grund besonders wichtig.

Die bei einer Gesangsanlage verwendeten Boxen sowie die zur Verfügung stehende Endstufenleistung erlauben es nicht immer, basshaltige Instrumente wie etwa Bassdrum oder E-Bass befriedigend wiederzugeben. Daher wird die Gesangsanlage meistens parallel zu den Instrumentenverstärkern und zum akustischen Schlagzeug benutzt und in der Lautstärke diesen angepasst. Diese Art der Direktbeschallung erfordert in Sachen Lautstärke von allen beteiligten Musikern Disziplin. Üblicherweise gibt das Schlagzeug einen Mindestpegel vor, und die anderen Instrumente inklusive der Gesangsanlage orientieren sich im Interesse eines ausgewogenen Gesamtsounds daran. Mit fortschreitender Spieldauer besteht jedoch immer die Gefahr, dass sich die Musiker in der Lautstärke gegenseitig hochziehen. Gerät das Ganze aus den Fugen, ist dies nicht immer im Sinn des Publikums und des Veranstalters – besonders dann nicht, wenn der Musik eher begleitende als dominierende Funktion zugedacht war und sich die Lautstärke eigentlich nur auf einen bestimmten Teil des Raums (z. B. Tanzfläche) beschränken sollte.

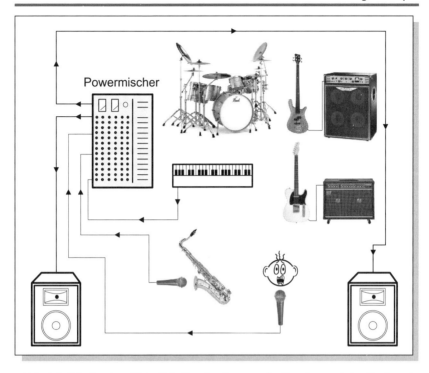

Abb. 2.5: Prinzip einer Klein-P.A. Nur der Gesang, das Saxofon und das Keyboard laufen über den Powermischer und die Boxen

Die verfügbare Ausgangsleistung eines Powermischers liegt je nach Ausführung zwischen 100 und 700 Watt pro Kanal. Bei den Boxen handelt es sich um Zwei- bzw. Dreiwege-Systeme, die – der besseren Schallabstrahlung der hohen Frequenzen wegen – meistens auf Hochständern platziert sind. Diese Boxenständer bestehen heutzutage aus Kunststoff und Leichtmetall (z. B. Ruka, König & Meyer) und versehen ihren Dienst genauso zuverlässig wie ihre älteren Ganzmetallkollegen. Zum Aufsetzen der Lautsprecher auf die Trägerstange dienen in die Boxengehäuse eingelassene Flansche, welche auf 35 mm Durchmesser genormt sind. Neuere Fabrikate bieten hier zwei Aufnahmen, so dass neben horizontalem Aufbau auch leichte Neigungen der Boxen (10°) nach vorne möglich sind. Auf diese Weise gelangt der Schall der Hochtöner besser ins Publikum und wird nicht sinnlos gegen die Raumdecke gestrahlt, von wo er als Klang verschlechternde Reflexion zurückkommt.

Als besonders praktischer Kompromiss zwischen Transportvolumen und Wiedergabequalität erweisen sich so genannte 12/2er Bassreflexboxen. Neben dem Gesang können Sie damit sowohl akustische Instrumente, als auch elektronische Keyboards zufrieden stellend wiedergeben. Nachteilig ist allerdings die etwas eingeschränkte Basswiedergabe. Die Zahlen in der Bezeichnung besagen, dass es sich hierbei um Zweiwege-Boxen mit einem 12-Zoll (12")-Tieftöner handelt. Neben den Bässen deckt dieser auch den unteren Mitten-bereich mit ab. Die hohen Frequenzen übernimmt ein Hochtöner, der mittels passiver Frequenzweiche vom Bass abgetrennt wird. Je nach Ausführung liegt die Trennfrequenz zwischen 1,5 und 3 kHz. Der besseren Schallverteilung wegen benötigen Hochtöner ein vorgesetztes Horn, welches bei 12/2er Boxen meistens 90 x 60° Abstrahlcharakteristik besitzt. Damit können Sie auf relativ kurze Entfernung ein breites Schallfeld erzeugen. Das ist für kleine Räumlich-keiten also ideal.

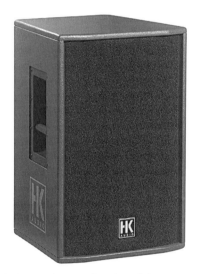

Abb. 2.6: Praktische 12"/1"-Box für eine Klein-P.A.: HK-Audio LR 112

Bei den Musikern mittlerweile aus der Mode gekommen ist die 15/3er Box. Nachteilig sind hier die größeren Abmessungen und das höhere Gewicht. Als Alternative zur 12/2er bietet die 15/3er jedoch eine höhere Belastbarkeit und ausgeprägtere Basswiedergabe, weswegen sie sich in der mobilen DJ-Szene nach wie vor behauptet. Die Arbeit des 15"-Tieftöners endet je nach Ausführung schon bei 500 – 800 Hz. Den oberen Mittenbereich übernimmt in der Regel ein 6,5 oder 8"-Lautsprecher, und ab ca. 2 – 3 kHz ist dann der Hochtöner an der Reihe. Als dritte Variante können Sie auch 15/2er Boxen verwenden, die etwas „bassiger" als die 12/2er und etwas transportfreundlicher als die 15/3er ausfal-len. Doch Vorsicht: Besitzt die Box nur einen 1"-Hochtöner, liegt dessen Trennfrequenz konstruktionsbedingt recht hoch. Der 15"-Basslautsprecher muss nun einen beträchtlichen Mittenanteil mitverarbeiten, was für das Klangbild nicht unbedingt vorteilhaft ist (Stichwort „Partialschwingungen", siehe Kapitel 11). 2"-Hochtöner dagegen gestatten anhand ihrer größeren Horngeometrien tiefere Grenzfrequenzen und eignen sich besser. Fazit: In gute 15/2er Boxen muss der Hersteller viel Entwicklungsarbeit investieren und qualitativ hochwertige Lautsprecher einbauen, was sich zwangsläufig im Preis niederschlägt. Billige 15/2er klingen daher meistens nicht besonders.

2.3.3 Klein-P.A.s mit passiven Subwoofern

Der erste Schritt, die eben beschriebene Gesangsanlage etwas „aufzupeppen", besteht darin, zusätzlich zu den beiden Stativboxen einen oder zwei Subwoofer vorzusehen. Diese können Sie nicht nur als akustische, sondern auch als mechanische Fundamente nutzen, indem Sie die Boxenstative durch höhenverstellbare Trägerstangen ersetzen und diese in die an den Oberseiten der Bässe vorhandenen Flansche einsetzen – die Tops werden nach wie vor oben aufgepflanzt. Dies spart besonders in kleinen Räumlichkeiten eine Menge Platz und vermittelt auch eine „aufgeräumte" Optik. Weiterer Vorteil: Sie benötigen bloß zwei zusätzliche Lautsprecherkabel, um Ihre Tops an die dafür vorgesehenen Durchschleifausgänge der Bassboxen anzuschließen. Im Inneren der Bässe sind den Lautsprechern (15" oder 18"-Ausführungen) passive Frequenzweichen (Tiefpässe) vorgeschaltet, die ab ca. 100 Hz alle höheren Frequenzen bedämpfen.

Da derartig tiefe Frequenzen vom menschlichen Gehör in der Richtung nicht zu orten sind, können Sie die Subwoofer ohne Beeinträchtigung des Klangs auch optisch „verstecken" (z. B. unter Podesten oder in einer Raumecke). Darüber hinaus ist es möglich, bei wenig Platz oder eingeschränkten Transportmöglichkeiten nur einen einzigen Subbass monofon zu verwenden, während die Ständerboxen wie gehabt in Stereo arbeiten. Hierfür gibt es Basslautsprecher mit Doppelspulen (z. B. von Seeburg/Acoustic Line oder K.M.E.), welche die beiden Stereokanäle mechanisch bzw. magnetisch auf eine Membran addieren. Vorteil: Die Signale bleiben elektrisch getrennt und dadurch für die Mitten/Höhen in Stereo erhalten.

Genauso ist eine Bassbox mit zwei Lautsprechern für diese Art „Stereobetrieb" modifizierbar: Ändern Sie die meist parallel ausgeführte Verdrahtung, und legen Sie die Anschlüsse einzeln auf die vier Kontakte der ohnehin vorhandenen Speakon-Buchse, wobei allerdings die korrekte Polung zu beachten ist. Verdrehte Phasen sorgen dafür, dass sich die Membranen entgegengesetzt bewegen – Auslöschung der Bassanteile in der Luft ist die Folge. Das Gleiche passiert Ihnen bei den Doppelspulen auf elektrisch-magentischer Ebene, wenn Sie hier die Polung nicht einhalten.

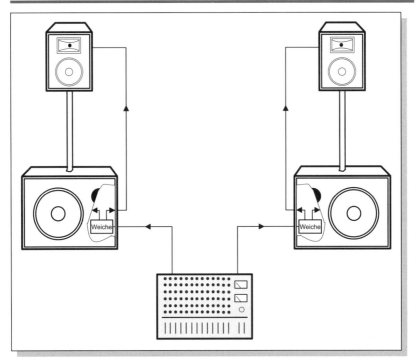

Abb. 2.7: Anschluss von passiven Subwoofern: Die Lautsprechersignale des Powermischers gelangen auf die Passivweichen der Bassboxen. Von dort geht je ein Bass-Signal zum Tieftöner, die Mitten/Höhen bzw. gelegentlich auch das Fullrange-Signal werden in die Topteile geschickt

Apropos Auslöschungen: Da Stereosignale in Pegel und Phase stets voneinander abweichen, bedeutet dies für den Bassbereich sowieso einen gewissen Grad an Auslöschung. Besonders wenn beide Lautsprecher in einem Gehäuse sitzen bzw. beide Bassboxen dicht beieinander oder übereinander aufgestellt sind, ist das der Fall. Aus diesem Grund eignet sich ein Monosignal für den Subbass meistens besser.

Neben der Erweiterung eines Fullrange-Boxenpaares durch Subwoofer gibt es natürlich auch Mini-P.A.s, die von Anfang an mit Bassboxen designt sind und ohne nicht mehr zufrieden stellend arbeiten, weil es sich bei den Tops nur um 10/2er oder gar 8/2er Konstellationen handelt. Diese können natürlich nur den Mitten/Hochtonbereich adäquat wiedergeben – für den Bass sind die zugehörigen Woofer zwingend erforderlich.

Abb. 2.8: Passive Klein-P.A. PS 5 mit Doppelspulen-Subbass von K.M.E.

2.3.4 Klein-P.A.s mit aktiven Subwoofern

Die eben beschriebene passive Subwoofer-Variante birgt leider auch einige
Nachteile, die bei aktiver Trennung und Ansteuerung der Bässe mit zusätzlichen
Endstufen nicht auftreten. Zunächst einmal geht in den passiven Weichen
Leistung in Form von Wärme verloren, was bei knapp bemessener Ausgangs-
leistung eines Powermischers schon mal zum Problem werden kann. Auch die
Steilflankigkeit der passiven Filter lässt zu wünschen übrig (nähere Erläuterun-
gen hierzu in Kapitel 9). Bässe und Tops strahlen einen relativ breiten Frequenz-
bereich gemeinsam ab. Die Angleichung der Lautstärken von Subwoofer und
Ständerboxen funktioniert nur bedingt mit Vorwiderständen, was weitere
Leistungsverluste und auch Verschiebungen der Weichen-Trennfrequenzen
verursacht. Ein solches System funktioniert also nur dann zufrieden stellend,
wenn der Hersteller diese Abstimmung durch Auswahl wirkungsgradähnlicher
Lautsprecher bereits vorgenommen hat. Beachten Sie beim Kauf unbedingt die
Bass/Mitten/Höhen-Balance, indem Sie die Anlage mit unterschiedlichen Laut-
stärken Probe hören!

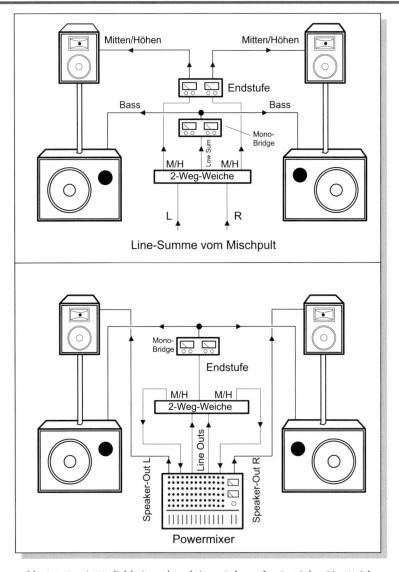

Abb. 2.9: Zwei Möglichkeiten des aktiven Subwoofer-Betriebs: Die Weiche bearbeitet die vom Mixer kommenden Line-Signale, jeder Frequenzweg hat einen eigenen Endstufenkanal (oberes Bild). Einen Powermischer können Sie integrieren, indem Sie die Weiche zwischen die Line-Out- und Power-Amp-In-Buchsen schalten. Die Mitten/Hochtonsignale kommen zum Powermischer zurück und werden dort verstärkt

Alle diese Nachteile vermeidet die aktive Beschaltung, zu sehen in Abbildung 2.9: Eine aktive Frequenzweiche teilt vor (!) den Endstufen das fertig gemischte Line-Signal pro Kanal in einen Hoch- und einen Tieftonweg auf. Um genügend scharfe Trennung zwischen Bässen und Höhen zu erhalten, arbeiten die Filter der Aktivweiche mindestens mit 18, besser mit 24 dB/Oktave Flankensteilheit. Wenn Sie – wie in Abbildung 2.9 oben zu sehen – einzelne Endstufen benutzen, ist die Verkabelung einfach. Aber auch einen Powermischer können Sie hierfür verwenden, sofern dieser Master-Inserts oder „Power Amp Input"-Buchsen besitzt. Meistens ist Letzteres der Fall. Sie entnehmen die fertig gemischte Summe über die „Line Out"-Buchsen und führen sie zur externen Frequenzweiche. Deren Hochtonsignale kommen wieder zum Powermischer zurück, nämlich auf besagten „Power Amp Input". Die hier eingesteckten Klinkenstecker trennen den internen Signalweg auf, so dass die Endstufen des Powermischers jetzt nur noch die Mitten/Höhen „auf Leistung" verstärken und an die Ständerboxen weitergeben. Anders die Bass-Signale: Diese gelangen von der Weiche über extra Endstufenkanäle zu den Subwoofern. Von Vorteil ist es, wenn die Weiche hier eine Mono-Summierung („Low Sum") beider Kanäle durchführen kann, denn dies vermeidet Auslöschungen und sorgt in den meisten Fällen für ein druckvolleres Klangbild im Bass.

Abb. 2.10: Aktive Klein-P.A. „L.U.C.A.S." von HK-Audio. Drei Endstufenkanäle pro Basswürfel erlauben zusätzlich noch den Betrieb zweier Topteile

Die „Line Out – Power Amp In"-Lösung bietet den Vorteil, dass Sie die Lautstärke von Bässen und Tops gemeinsam mit dem Masterfader des Powermischers regeln können. Insert-Wege sitzen normalerweise „Pre-Fader" – hier müssen Sie den Bassanteil dann immer an der Weiche oder der Endstufe gesondert einstellen, was ungünstig ist.

Frequenzweiche, Endstufe und Lautsprecher gibt es natürlich auch als so genannte aktive Subwoofer zusammen in einem Gehäuse zu erstehen, wie sich auch aktive Topteile bei Bands immer größerer Beliebtheit erfreuen. Preislich gesehen sind aktive P.A.-Anlagen auf jeden Fall attraktive Lösungen, denn der Kauf der Einzelkomponenten plus Kabel und Transporttrack schlägt erfahrungsgemäß höher zu Buche und erfordert auch mehr Transportkapazität.

Professionelle Verleihfirmen setzen dagegen eher auf die letztgenannte Lösung. Neben der Flexibilität besteht der unbestrittene Vorteil von Einzelkomponenten auch darin, dass bei einem Defekt das betroffene Gerät einfach auszutauschen ist – der Rest bleibt einsatzfähig und liegt nicht in der Servicewerkstatt brach.

2.4 Groß-P.A.s

Große Hallen und Publikumszahlen erfordern entsprechend leistungsfähigere Beschallungssysteme. Eine große P.A. entspricht im Grunde einer riesigen HiFi-Anlage mit bis zu mehreren zehntausend Watt Verstärkerleistung pro Seite. Sinnvollerweise setzt sich ein solches System baukastenartig aus kombinierbaren Einzelkomponenten zusammen. Auf diese Weise sind Sie bezüglich des Leistungsbedarfs und des zu beschallenden Volumens flexibel – die Gesamtleistung kann durch parallele Erweiterung mit zusätzlichen Boxen und Endstufen sehr einfach dem Veranstaltungsort angepasst werden.

Wie viel Leistung wird in der Praxis benötigt und installiert? Wie bereits erwähnt, hängt dies im Wesentlichen von der Art der Musik und der gewünschten Lautstärke ab. Für Bandauftritte in Kneipen oder sonstigen kleinen Räumlichkeiten ohne Komplettabnahme der Instrumente genügen 200 – 500 Watt Ausgangsleistung pro Seite. Für eine Tanzveranstaltung in einem Bürgerhaus oder einer mittelgroßen Turnhalle sollten Sie mindestens 2 x 1000 Watt veranschlagen – Techno-Feten oder Rockkonzerte in gleicher Hallengröße oder in Clubs erfordern ob des gewünschten „Drucks" das Vier- bis Achtfache. Je größer der Veranstaltungsort, umso mehr Leistung wird installiert. Bei P.A.-Anlagen für große Open-Airs in Fußballstadien oder auf Freigelände sind hunderttausend Watt pro Seite keine Seltenheit.

Abb. 2.11: P.A. für mittelgroße Events. Die GAE „Director"-Topteile können sowohl geflogen, wie auch klassisch gestackt werden

Angesichts dieser Zahlen schüttelt „Otto Normalverbraucher" meistens nur verständnislos mit dem Kopf – sind die 100 Watt im heimischen Wohnzimmer doch oft schon Anlass genug für Mieterbeschwerden. Vergessen Sie in diesem Zusammenhang jedoch nicht, dass ein P.A.-System Signale verzerrungsfrei wiedergeben muss, deren Dynamik locker das Zehnfache einer fertig gemasterten und entsprechend komprimierten Popmusik-CD beträgt! Die meisten der vorhandenen „Watts" werden daher nur zum sauberen Abbilden kurzzeitiger Impulsspitzen in Anspruch genommen – die durchschnittliche Leistungsabgabe liegt weit unterhalb der möglichen Spitzenleistung! Die stets praktizierte Überdimensionierung einer P.A. hat also lediglich die Aufgabe, genügend Headroom, sprich Aussteuerungsreserve, bereitzustellen. Außerdem produzieren gering belastete Lautsprecher weniger Verzerrungen – eine große, gering ausgesteuerte Anlage klingt daher besser als ein kleineres System, das sich ständig an der oberen Leistungsgrenze befindet.

Gegenüber einer Klein-P.A. ist es mit einer solchen Anlage ausnahmslos möglich, sämtliche Instrumente über die Lautsprecher wiederzugeben. Wie zuvor auch, laufen die Bühnensignale an einem Sammelpunkt, dem Mischpult, zusammen. Dieses Pult steht jedoch nicht mehr auf der Bühne, sondern (idealer-

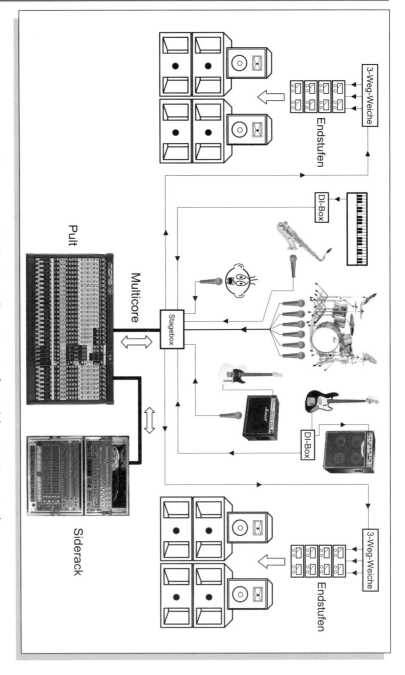

Abb. 2.12: Vereinfachte Darstellung einer Groß-P.A. (ohne Monitorsystem)

weise) in der Mitte des Publikums, wo es während der Show ständig von einem Tontechniker bedient wird. Dieser stimmt die Signalpegel aufeinander ab, bearbeitet die einzelnen Kanäle klanglich, versieht sie individuell mit Effekten und sorgt dafür, dass alle Instrumente adäquat zu hören sind. Schließlich münden alle Mischpulteingänge auf einer Stereo-Summe, deren Signale Leistungsendstufen so weit verstärken, dass Lautsprecher damit betrieben werden können.

Die Beschallung des Publikums geschieht über links und rechts neben der Bühne platzierte Boxentürme oder Line-Arrays. Abhängig von der Breite füllen zusätzliche Centerboxen akustische Löcher in der Mitte direkt vor der Bühne auf, und für weiter weg befindliche Tribünenränge gibt es oft noch eine Delay-Line. Aktive Frequenzweichen teilen den zu übertragenden Frequenzbereich in drei, manchmal sogar vier Wege auf, jeder dieser Bereiche wird dann individuell verstärkt und über speziell dafür optimierte Lautsprecherkomponenten abgestrahlt. Deren Abmessungen fallen sehr unterschiedlich aus: Wegen den großen Wellenlängen tiefer Frequenzen erreichen Bassboxen leicht Kühlschrankformate, während Hochtöner mit sehr viel weniger Platz auskommen. Um für das menschliche Gehör ein ausgeglichenes Klangbild zu erhalten, gehen Sie von folgender Leistungsverteilung aus: Die tiefen Frequenzen benötigen immer die meiste Endstufenarbeit – ca. 70% der Gesamtleistung einer P.A. fließen in die Bassboxen. Der Mittenbereich „schluckt" 20 – 25%, die restlichen 5 – 10% bekommen die Hochtöner zugeführt.

Die Boxen werden normalerweise gestackt, also aufeinander gestapelt, wobei man die Bassboxen zu unterst, die Hochtöner ganz obenauf platziert. Mittlerweile zum Standard professioneller Veranstaltungen ist das „Fliegen" vorzugsweise der Mitten/Hochtonboxen avanciert. In seitliche P.A.-Tower gehängt oder mit in das Lichtrig integriert, strahlen diese dann schräg nach unten auf das Publikum. Da eine eng stehende Menschenmenge (= akustisch raue Oberfläche) den von oben her einfallenden Schall sehr gut zerstreut und absorbiert, ergeben sich weitaus weniger Reflexionen als bei gerade gestackten Boxen, die einen beträchtlichen Teil der Hochtonenergie über die Köpfe der Leute hinweg frontal gegen die hintere Hallenwand strahlen. Auch die Lautstärkeverteilung über der beschallten Fläche fällt bei geflogenen Boxen deutlich gleichmäßiger aus. Das für den Flugbetrieb von Lautsprechern erforderliche Traversensystem dürfen Sie jedoch nur in Hallen einsetzen, deren Decken für die erforderlichen Befestigungen (Flugpunkte) auch die statischen Voraussetzungen erfüllen. Andernfalls müssen Sie ein komplett bodengestütztes Rig, einen so genannten „Ground Support", einsetzen. Qualifiziertes Fachpersonal, „Rigger" genannt, übernehmen den Aufbau. Aufgrund des finanziellen Mehraufwands kommen meistens nur bekanntere Acts der Konzertszene und Veranstaltungen etablierter Firmen (Messen, Präsentationen) aus der Industrie in den Genuss einer geflogenen P.A.

Abb. 2.13: In den frühen 1990er Jahren waren geflogene Cluster-Systeme wie die R/T-Serie von HK-Audio (oberes Bild) weit verbreitet. Mittlerweile setzt die Branche zunehmend auf kosteneffektivere Line-Arrays wie L-Acoustics „VDOSC" (unten)

3 Die direkte Abnahme von Audiosignalen

Ganz am Anfang des P.A.-Signalwegs stehen die zu verstärkenden Schallquellen auf der Bühne, meist Stimmen und Musikinstrumente, deren rein akustische Klänge für die P.A.-Wiedergabe zuerst in elektrische Signale umgewandelt werden müssen. Dies geschieht mit Hilfe von Mikrofonen und Tonabnehmern und wird im nächsten Kapitel, Mikrofontechnik, erläutert. Vorher wollen wir jene Instrumente betrachten, die ihre Sounds rein elektronisch erzeugen, beispielsweise die Keyboards. Hier liegt das für die Lautsprecherwiedergabe benötigte Signal bereits in elektrischer Form vor und kann daher bequem direkt ins Mischpult geschickt werden. Diese so genannte Direktabnahme bietet den großen Vorteil, dass Sie die entsprechenden Instrumente vollständig voneinander getrennt auf das Mischpult bekommen, denn im Gegensatz zur Mikrofonabnahme gibt es kein lästiges akustisches Übersprechen zwischen den einzelnen Quellen bzw. Kanälen.

3.1 Wozu DI-Boxen?

Allerdings funktioniert das direkte Einstöpseln eines E-Basses oder eines Keyboards nur dann zufrieden stellend, wenn das Mischpult in unmittelbarer Nähe mit auf der Bühne steht. Sobald größere Entfernungen zu überbrücken sind, muss das Signal technisch aufbereitet werden, und genau hier kommt die DI-Box (DI = „**D**irect **I**njection") ins Spiel. Kaum ein anderes P.A.-Zubehörteil hat die Prädikate „Helferlein" oder „aus der Not heraus erfunden" so sehr verdient wie dieser nützliche Signalanpasser. Hintergrund: Als in den späten 1960er Jahren die Rufe nach adäquaten Beschallungssystemen für Konzertveranstaltungen immer lauter wurden, kochte jeder Hersteller in Sachen technische Standards, also Wahl der Stecker, Belegung der Buchsen, Signalpegel usw.

zunächst mal sein eigenes Süppchen, frei nach dem Motto: „Mein System ist das Beste, und ich werde mich schon durchsetzen". Einheitliche Richtlinien oder gar Normen gab es nicht, so dass der Aufbau einer P.A., bestehend aus mehreren markenfremden Komponenten, damals fast immer mit einer Lötorgie und jeder Menge Improvisationskunst einher ging. Schnell kristallisierte sich heraus, dass für die langen Kabelstrecken zwischen Bühne und F.o.H.-Mischpult symmetrische Signalführung am besten funktioniert. Auf der Bühne jedoch herrscht für gewöhnlich ein kunterbuntes Durcheinander unsymmetrischer Leitungen mit unterschiedlichsten Signalpegeln, Impedanzen und auch verschiedenen Erdpotenzialen. Die Notwendigkeit, diese alle unter einen Hut, sprich störungsfrei und im gleichen Format auf das Mischpult zu bekommen, führte schließlich zur Entwicklung der DI-Box, wie man sie heute kennt und wie sie von den Bühnen nicht mehr wegzudenken ist.

Abb. 3.1: Weit verbreitet: die passive DI-Box „DIB 100" von IMG Stage Line

3.1.1 Signalsymmetrierung

Die wohl wichtigste Aufgabe einer DI-Box besteht darin, unsymmetrische Signale von elektroakustischen Gitarren, E-Bässen, Verstärker Line-Outs oder Keyboards zu symmetrieren und so Störeinstrahlungen auf der langen Kabelstrecke zwischen Bühne und F.o.H.-Mischpult vorzubeugen. Symmetrierung können Sie sich in etwa so vorstellen, dass im Inneren der DI-Box eine um 180° phasengedrehte Kopie des Eingangssignals erzeugt wird, die dann zusammen mit dem Original über den dreipoligen XLR-Ausgang und ein dort angeschlossenes, zweiadrig-abgeschirmtes Audiokabel zum Mischpultkanal gelangt. Dort angekommen, sitzt hinter dem XLR-Eingang ein so genannter Differenzverstärker, der erst die Phasendrehung auf der einen Ader wieder rückgängig macht und dann die Pegel beider Adern addiert, so dass gegenüber dem unsymmetrischen Ursprungssignal immer der doppelte Pegel (+6 dB) zur Verfügung steht.

Der wesentlich wichtigere Vorteil dieser Methode liegt jedoch in der Unterdrückung von Störgeräuschen: Weil der Differenzverstärker des Mischpulteingangs nur gegenphasige Signale weiterleitet, werden unterwegs ins Kabel eingestreute und am Pulteingang gleichphasig erscheinende Störspannungen gegeneinander ausgelöscht – nur das in der DI-Box entsprechend hergerichtete gegenphasige Nutzsignal bleibt übrig!

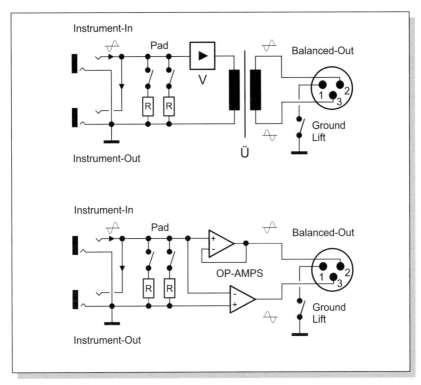

Abb. 3.2: Blockschaltbild einer aktiven DI-Box mit Übertrager (oben) und Operationsverstärkern (unten). Bei geschlossenen Pad-Schaltern leiten die Widerstände einen Teil des Signals gen Masse ab, was Pegeldämpfung bewirkt

Die beiden üblichen Methoden, die Symmetrierung im Inneren der DI-Box vorzunehmen, zeigt Abbildung 3.2: Wird die 180°-Phasendrehung mit Hilfe von Operationsverstärkern erzeugt, spricht man von servo-symmetrischer Signalführung. Wesentlich häufiger kommt jedoch ein Übertrager zum Einsatz. Dieses nach dem Prinzip des Transformators funktionierende Bauteil besitzt zwei elektrisch voneinander isolierte Drahtspulen, die auf einen gemeinsamen Eisenkern gewickelt sind. Wird eine Spule vom Eingangssignal durchflossen, entsteht ein Magnetfeld, das den Kern magnetisiert und in der zweiten Spule eine

Spannung induziert. Je nach Qualität des Übertragers (Frequenzgang) handelt es sich dabei um eine mehr oder weniger exakte Kopie des Eingangssignals.

3.1.2 Galvanische Trennung

Arbeitet eine DI-Box mit einem solchen Übertrager, entsteht wegen der Übertragung via Magnetfeld auf der Ausgangsseite ein Signalkreis, der mit dem Eingang keinen direkten elektrischen Kontakt und somit auch keinen gemeinsamen Bezugspunkt mehr besitzt. Diesen Zustand bezeichnet man als galvanische Trennung. Dank dieser Trennung und der symmetrischen Signalführung können Sie mit Hilfe des Ground-Lift-Schalters die Signalmasseverbindung zwischen dem Ein- und dem Ausgang der DI-Box auftrennen, ohne das Signal zu unterbrechen! Notwendig ist das immer dann, wenn aufgrund von Doppelerdung und unterschiedlichen Erdpotenzialen Brummschleifen mit entsprechenden Geräuschen im Signalweg entstehen. In diesem Zusammenhang spricht man auch von erdfrei-symmetrischer Signalführung (siehe auch Kapitel 5 und Anhang A5).

DI-Boxen ohne Übertrager stellen übrigens keine echte galvanische Trennung bereit. Zwar sorgen die Operationsverstärker für eine rückwirkungsfreie Entkopplung zwischen Eingang und Ausgang, aus elektrischer Sicht ist aber immer ein direkter, wenn auch hochohmiger Übergang vorhanden.

3.1.3 Impedanzwandlung

Eine weitere wesentliche Aufgabe der DI-Box besteht letztlich darin, Impedanzverhältnisse zu wandeln und so die elektrische Anpassung zwischen Signalquelle und -eingang herzustellen. Jeder Gitarrist und Bassist kennt das Problem: Wird zwischen Instrument und Verstärker ein minderwertiges oder zu langes Klinkenkabel verwendet, belastet dies die hochohmigen Tonabnehmer passiver elektrischer Gitarren und Bässe stark kapazitiv, so dass Klangverfälschungen in Form von Pegel- und Höhendämpfungen auftreten. Erst recht ist das der Fall, wenn die Instrumente direkt auf das lange P.A.-Multicore gesteckt werden. Eine unmittelbar hinter dem Instrument zwischengeschaltete DI-Box mit hochohmigem Eingang und niederohmigem Ausgang unterbindet diesen Effekt durch Impedanzwandlung.

Voraussetzung dafür sind allerdings Spulen mit unterschiedlichen Windungszahlen auf der Primär- und der Sekundärseite des Übertragers. Wie es damit bestellt ist, können Sie am Übersetzungsverhältnis erkennen: Ein gängiger Wert von 10:1 etwa besagt, dass die Primärspule zehn Mal so viele Windungen besitzt wie die Ausgangsseite. Dies hat zur Folge, dass sich die Ausgangsspannung des Übertragers gegenüber dem Eingang um den Faktor 10 verkleinert. Die Impedanz hingegen wird mit dem Quadrat des Übersetzungsverhältnisses, also um den Faktor 100 niederohmiger. Eine Verbesserung der Anpassung durch Herabsetzen der Impedanz, durchgeführt mit einem passiven Übertrager, kostet demnach immer Signalpegel!

3.2 Passive oder aktive DI-Boxen?

Was sind die Vor- und Nachteile passiver und aktiver DI-Boxen, und worin liegen die Unterschiede? Wie bereits erwähnt, arbeiten passive Ausführungen immer mit einem Übertrager und benötigen keinerlei weitere Elektronik oder gar Stromversorgung. Folglich ist die Handhabung auf der Bühne sehr einfach – hohe Zuverlässigkeit, Pegelfestigkeit, Wartungsfreiheit und nicht vorhandenes Eigenrauschen sind weitere gewichtige Argumente. Schwache Signalquellen hingegen leiden unter der Herabsetzung des Pegels, die sich zugunsten der gewonnenen Niederohmigkeit des Signals nicht vermeiden lässt.

Passive DI-Boxen gibt es im Musikalienhandel und auch bei den einschlägigen Elektronik-Versandhäusern mittlerweile schon für zwischen 10 und 20 Euro zu erstehen; doch Vorsicht! Häufig ist bei diesen Billigangeboten aus fernöstlicher Produktion die innere Verarbeitung schlecht ausgeführt! Die Gehäuse und Buchsen entsprechen in Sachen Stabilität keinen roadtauglichen Kriterien und auch die verwendeten Übertrager lassen in der Übertragungsqualität oft zu wünschen übrig. Sind die Eingänge zu niederohmig ausgelegt, so dass hochohmige Signalquellen wie direkt angeschlossene Gitarren und (passive) Bässe in den Höhen klanglich beschnitten werden, können Sie derartige DI-Boxen nur in Verbindung mit niederohmigen Quellen wie etwa Keyboards sinnvoll einsetzen.

Kostenfaktor Nr. 1 einer DI-Box ist immer der Übertrager. Namhafte Hersteller wie Palmer, Hauffe oder Lundahl kosten das Drei- bis Vierfache des eingangs genannten Betrags, und dies hat seine Berechtigung, wenn man bedenkt, dass in hochwertigen, geschirmten Übertragern jahrelange Entwicklungsarbeit und viel Know-how steckt, das sich im Gegensatz zu elektronischen Schaltungen auch nicht so einfach durch bloßes Auseinandernehmen und Analysieren des Produkts kopieren lässt.

Im Gegensatz zur passiven DI-Box arbeitet eine aktive Version immer mit einem zusätzlichen internen Transistor- bzw. Operationsverstärker, der dem Übertrager üblicherweise vorgeschaltet ist. Einige hundert Kiloohm Eingangswiderstand bei niederohmigem Ausgang sind für einen solchen Verstärker kein Problem, so dass die eingangs genannten Soundprobleme mit direkt angeschlossenen, hochohmigen Signalquellen beim Einsatz einer aktiven DI-Box nicht mehr auftreten. Der dem Verstärker folgende Übertrager sorgt nur noch für die galvanische Trennung und die Symmetrierung. Weil der Verstärker die Impedanzwandlung schon durchgeführt hat, spricht nichts dagegen, hier Übertrager mit

1:1-Übersetzung zu verwenden, womit auch das Problem des herabtransformierten Ausgangspegels beseitigt ist. Und zum Betreiben langer Audioleitungen können manche aktive DI-Boxen bzw. Split-Systeme auch zusätzliche Vorverstärkung realisieren. Dies bringt den großen Vorteil, dass die Eingangsstufen der am anderen Kabelende jeweils angeschlossenen Mischpultkanäle nicht so weit aufgedreht werden müssen.

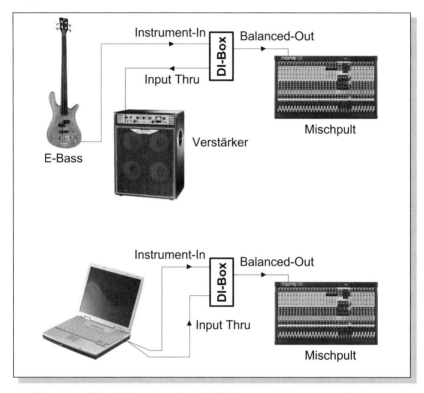

Abb. 3.3: Zwei typische Anwendungsfälle für DI-Boxen: Das Signal von einem E-Bass wird symmetriert und zum P.A.-Mischpult geschickt. Die dem Eingang der DI-Box parallel geschaltete „Input Thru"-Buchse versorgt gleichzeitig den Bühnenverstärker. Soll auf einer kleinen Vortragsveranstaltung der Ton eines Laptop-Computers auf die monofone P.A. geschaltet werden, können Sie die „Input Thru"-Buchse auch als zusätzlichen Eingang zweckentfremden und so auf recht einfache Weise ein Monosignal erzeugen

Rauschen und mögliche Einstreuungen auf der Kabelstrecke zwischen Bühne und Pult fallen dann weniger ins Gewicht. Voraussetzung dafür ist natürlich möglichst rauscharme Elektronik bereits in der DI-Box! Eine Grundregel der elektrischen Signalübermittlung besagt nämlich, dass die Eigenschaften des ersten Verstärkers einer Signalkette deren Übertragungsqualität am nachhaltigsten beeinflusst. Befindet sich am Anfang ein über Gebühr rauschender Verstärker, sind sämtliche weiteren Bemühungen um einen optimalen Signal/Rauschabstand (korrekte Anpassungen, richtige Signalverstärkung am Gain-Regler) hinfällig. Die Erfahrung zeigt aber, dass selbst preisgünstige DI-Boxen diese Vorgabe mittlerweile problemlos erfüllen – rauscharme Elektronik ist nicht mehr so ein großer Kostenfaktor wie noch vor ein paar Jahren.

Wichtig: Aktive DI-Boxen benötigen immer Stromversorgung, die entweder mittels interner Batterie oder eben durch Phantomspeisung vom Pult bereitgestellt werden muss. Letztere ermöglicht höhere Aussteuerbarkeit der Elektronik und dadurch bessere Signalqualität, weshalb Sie sie dem Batteriebetrieb grundsätzlich vorziehen sollten. Für den Mischbetrieb geeignete Geräte schalten beim Anliegen von Phantompower die Batterie automatisch ab – angezeigt wird dies durch eine zuerst blinkende LED, die dann auf Dauerlicht umschaltet. Ein kleines Schaltnetzteil sorgt dafür, dass die Nutzung der Phantomspeisung auch bei offenem Ground-Lift-Schalter funktioniert (der Kabelschirm wird als Minuspol benötigt, siehe Abschnitt 13.3).

3.3 Ausstattung von DI-Boxen

Weil DI-Boxen häufig am Bühnenboden nahe der zu übertragenden Signalquelle platziert werden, sind roadtaugliche Gehäuse, die auch mal den einen oder anderen Fußtritt aushalten, absolute Pflicht. Bewährt haben sich massive Gussausführungen mit abschraubbaren Bodenplatten (Alphatone, Palmer), Schachtelgehäuse aus gebogenem dicken Stahlblech (IMG Stage Line) oder gezogene Aluprofile mit Gummiecken (BSS, Behringer, LD-Systems). Alternativ zur einzelnen DI-Box gibt es auch 19"-Rackausführungen, die bis zu vier unabhängige Einheiten beherbergen.

Was die Bedienelemente angeht, gehören Klinkeneingang und symmetrischer XLR-Ausgang, ferner ein Pad- und ein Ground-Lift-Schalter zur Grundausstattung. Auch auf eine zweite „Input Link"-Buchse sollten Sie Wert legen, denn dann können Sie das Signal von einem E-Bass oder einer akustischen Gitarre mit einem weiteren Instrumentenkabel wie gewohnt auf den Bühnenverstärker schicken. Für gewöhnlich sind Eingang und Durchschleif-Ausgang parallel miteinander verlötet, und gelegentlich gesellt sich hier auch noch ein unsymmetrischer XLR-Eingang hinzu. Der Pad-Schalter dient zum Absenken des Eingangspegels. Hochpegelige Line-Outs von Röhrenverstärkern oder Kopfhörerausgänge (die gelegentlich ja auch mal für solche Zwecke in Anspruch genommen werden) sind nämlich meist mühelos in der Lage, den Verstärker und/oder den Symmetriertrafo einer DI-Box zu übersteuern bzw. in die Sättigung zu fahren. Beides erzeugt Verzerrungen, und der zu hohe Pegel kann unter Umständen den Eingangsverstärker des nachfolgenden Mischpultkanals zerstören. Also wird durch Betätigen des Pad-Schalters direkt hinter der Eingangsbuchse ein Dämpfungsglied in Form eines Spannungsteilers aktiviert, das für gewöhnlich 20 dB Absenkung bereitstellt.

Abb. 3.4: Professionelle aktive DI-Box „AR 133" von BSS

Auch der direkte Anschluss eines Endstufenausgangs an eine DI-Box ist manchmal möglich. Für diese Anwendung muss der Pad-Schalter aber unbedingt eine zusätzliche -40 dB-Stellung bieten, um sichere Reduktion des noch höheren Lautsprecherpegels zu gewährleisten. Manche DI-Boxen besitzen auch eine extra für diesen Zweck beschaltete und mit der Bezeichnung „Speaker" versehene Eingangsbuchse.

4 Mikrofontechnik

„Es gibt kaum schlechte Mikrofone, nur viele Mikrofone am falschen Platz!" Wenn man die für den P.A.-Betrieb ungeeigneten Billigmikrofone der einschlägigen Elektronik-Versandhäuser konsequent ignoriert, bringt dieses Zitat das Wesentliche bereits auf den Punkt!

Das Angebot auf dem Markt ist riesengroß, und die dort vertretenen Modelle unterscheiden sich in Funktionsweise, Richtcharakteristik, Frequenzgang, Empfindlichkeit und Baugröße zum Teil erheblich. Diese in der Praxis alle auszuprobieren ist kaum realisierbar, andererseits müssen Sie für guten P.A.-Sound bereits an der Quelle die richtige Mikrofonauswahl treffen. Aus diesem Grund existiert in den Köpfen der Techniker eine über lange Jahre entstandene, inoffizielle „Bestenliste" an Mikrofontypen, die auf Erfahrungen beruht. Auch jeder Branchenneuling orientiert sich automatisch daran, weil gewisse Mikrofone immer wieder auf den Ridern (Bühnenanweisung) angefordert werden und die Mikrofonbestände vieler Verleihfirmen dementsprechend bestückt sind.

Diese Tatsache birgt natürlich ein gehöriges Maß an Konservativität: Einige wenige, teilweise auch schon recht betagte Modelle von drei, vier Herstellern haben sich zu Standards entwickelt, während unbekanntes, oftmals sogar besseres Material sich mit dem Etikett ewiger „Geheimtipp" begnügen muss oder es nur mit großem Werbe- und Endorsement-Aufwand schafft, auf den Bühnen Fuß zu fassen.

Grundsätzlich gilt: Für den P.A.-Betrieb finden hauptsächlich dynamische Ausführungen Verwendung, seit einigen Jahren werden aber auch zunehmend Kondensatormikrofone eingesetzt. Beide Mikrofontypen sind einfach in der Anwendung und arbeiten zuverlässig, daher hat sie die Industrie in den letzten Jahren auch konsequent weiterentwickelt und speziell auf den Bühneneinsatz abgestimmt.

4.1 Dynamische Mikrofone

Dynamische Mikrofone arbeiten nach dem elektrischen Induktionsprinzip. Genau genommen gibt es hier zwei Unterarten, nämlich die Tauchspulen- und die Bändchenausführungen. Aufgrund mechanischer Empfindlichkeit spielen Bändchenmikrofone im rauen Bühnenalltag keine Rolle. Wenn hier vom dynamischen Mikrofon gesprochen wird, ist eigentlich immer die Tauchspulenausführung gemeint.

Wie der Name es bereits vermittelt, enthält die Kapsel des Tauchspulenmikrofons eine freischwingend aufgehängte Membran mit einer daran befestigten Induktionsspule, welche in das Feld eines Dauermagneten eintaucht. Auftreffende Schallwellen versetzen Membran und Spule in Schwingungen. Diese Bewegung im stationären Magnetfeld induziert in den Drahtwindungen eine Wechselspannung, die ein elektrisches Abbild des Schalls darstellt. Dieses elektrodynamische Prinzip findet in umgekehrter Richtung auch beim Lautsprecher Anwendung (siehe Kapitel 11). Der Widerstand der Spule ist frequenzabhängig und beträgt normalerweise 150 – 600 Ohm bei einer Bezugsfrequenz von 1 kHz. Das mit einer solchen Spule gewonnene, niederohmige und symmetrische Signal kann bei richtiger Anpassung ohne Klangverluste auch über lange Kabelwege direkt ins Mischpult geschickt werden. Tauchspulenmikrofone sind somit passive Signalquellen. Sie arbeiten ohne zusätzliche Stromversorgung, was ihre Anwendung besonders vereinfacht.

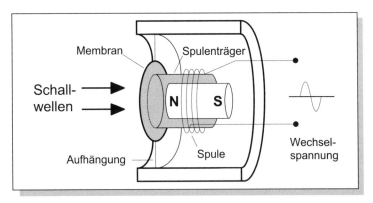

Abb. 4.1: Prinzip des Tauchspulenmikrofons: Bei auftreffendem Schall schwingen Membran und Spule im Feld eines fixierten Dauermagneten. Ein elektrisches Abbild des Schalls entsteht in Form von Wechselspannung an den Spulenenden

4.2 Kondensatormikrofone

Kondensatormikrofone funktionieren nach dem elektrostatischen Prinzip: Die schwingfähige Membran ist Teil eines Plattenkondensators, genau genommen stellt sie eine der beiden Kondensatorplatten dar. Auftreffende Schallwellen bewirken Veränderungen des Plattenabstandes, was zu entsprechenden Kapazitätsschwankungen führt. Um diese auswerten zu können, wird der Kondensator zuvor mit einer Gleichspannung – der so genannten Kapselvorspannung – aufgeladen. Ein nachgeschalteter Verstärker wandelt die verursachten Kapazitätsänderungen in Signalspannung um und bringt auch die Impedanz in den üblichen niederohmigen Bereich (200 Ohm). Kapsel und Elektronik benötigen Stromversorgung, weshalb zum Betrieb eines Kondensatormikrofons immer eine interne Batterie oder Phantomspeisung über die Audioleitung nötig ist. Ein vor die Membran gespannter, schalldurchlässiger Gazeschirm verhindert darüber hinaus das Eindringen von Staub und Schmutzpartikeln, die die Funktion der Kapsel beeinträchtigen.

Trotz hervorragender Klangqualitäten blieben Kondensatormikrofone im P.A.-Einsatz lange außen vor, denn die damaligen Modelle waren einfach zu unhandlich und anfällig für mechanische Beschädigungen. Dieses Bild hat sich inzwischen aber grundlegend gewandelt: Durch den Einsatz moderner Elektronik sind die Abmessungen der Gehäuse auf die der dynamischen Kollegen geschrumpft, und auch in Sachen Stabilität können neuere Entwicklungen ohne Weiteres mithalten.

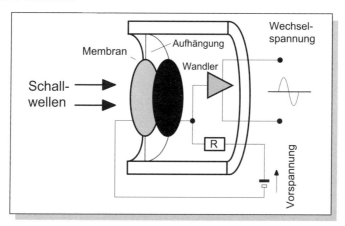

Abb. 4.2: Prinzip des Kondensatormikrofons: Die Membran und die fixierte Gegenelektrode (schwarz) sind elektrisch aufgeladen. Kapazitätsänderungen durch Schallwellen bewirken Änderungen im Stromfluss, die der Verstärker als Signalspannung über dem Widerstand R abgreift

Früher noch mechanisch anfällig und nicht alterungsbeständig, erweist sich der Einsatz von Elektreten im Kondensatormikrofonbau inzwischen als zuverlässige und preisgünstige Technologie. Elektrete sind Kunststoffe, die – ähnlich wie ferromagnetische Werkstoffe – einmal aufgebrachte elektrische Ladungsverschiebungen dauerhaft speichern können. Wird die starre Gegenelektrode der Kondensatorkapsel mit einer dauerpolarisierten Elektretfolie beschichtet, dehnt sich deren Potenzialunterschied auf die unmittelbar parallel davor angeordnete Membran aus – von außen zugeführte elektrische Aufladung ist nicht mehr erforderlich. Lediglich der Vorverstärker benötigt noch Strom. Dies verlängert die Lebensdauer interner Mikrofonbatterien natürlich deutlich bzw. verringert die Belastung der Phantomspeisung. Früher bauten Elektrete ihre bei der Herstellung quasi „eingefrorene" Spannung allmählich ab – die Kapseln wurden nach einiger Zeit unbrauchbar. Heute hat man dieses Problem im Griff, so dass fast alle Kondensatormikros der unteren bis mittleren Preisklasse inzwischen mit Elektret-Kapseln arbeiten.

4.3 Dynamisch contra Kondensator

Welcher Mikrofontyp für welche Schallquelle? Um das zu beurteilen, sind die jeweiligen Vor- und Nachteile im Folgenden gegenübergestellt.

Bezüglich Impulstreue und Linearität des Frequenzgangs sind dynamische Ausführungen den Kondensatormikrofonen klar unterlegen, wobei Letzteres kein Nachteil sein muss. „Verbogene" Frequenzgänge heben bestimmte Frequenzbereiche im Klangbild hervor bzw. vernachlässigen andere, was je nach Art der aufzunehmenden Schallquelle durchaus sinnvoll sein kann. Harmonieren Schallquelle und Mikrofon miteinander, klingt es meist besser, als wenn bestimmte Soundvorstellungen durch starke Klangfilterung aufgeprägt werden.

Was die Impulstreue angeht, so vermag die verhältnismäßig schwere Membran/Spulenkonstruktion eines dynamischen Mikrofons impulsartigen Schallereignissen nicht präzise zu folgen. So werden besonders die Einschwingphasen derartiger Klänge weich gezeichnet und in Extremfällen sogar völlig verschluckt. Das Membrangewicht ist auch der Grund für die etwas verhaltene Wiedergabe von hohen Frequenzen. Bevorzugt wird der Bass- und der untere Mittenbereich – das Resultat sind warme runde Klangbilder. Dynamische Mikrofone sind sehr übersteuerungsfest und liefern auch bei hohem Schalldruck noch verzerrungsfreie Signale. Weitere Vorteile liegen in der Robustheit, der einfachen Handhabung und dem simplen Funktionsprinzip, das günstige Preise bei der Herstellung erlaubt.

Kondensatormikrofone dagegen produzieren sehr transparente, frequenzmäßig ausgeglichene Klangbilder. Die leichte Membran kann auf impulsförmige

Schallereignisse (z. B. Beckenschläge) leicht reagieren, was hohe Impulstreue garantiert. Außerdem werden hohe Frequenzen klar und deutlich übertragen. Bei einigen hochwertigen Modellen geht diese Beschaffenheit aber mit erhöhter Windempfindlichkeit einher, so dass der Einsatz im Freien ohne Windschutzkappen nicht möglich ist. Eindringende Feuchtigkeit quittieren Kondensatorkapseln mit knackenden, prasselnden Störgeräuschen. Auch schlägt die geringere Schalldruckbelastbarkeit negativ zu Buche, wobei neuere Entwicklungen gegenüber früher schon gewaltig aufgeholt haben. Dennoch: Zu hohe Pegel übersteuern Kapsel und interne Vorverstärker und erzeugen Verzerrungen – zuschaltbare Dämpfungsglieder bringen hier Abhilfe. Vorsicht ist beim Umgang mit einem Kondensatormikrofon stets geboten: Während bei dynamischen Ausführungen höchstens mal der Korb eindellt, kann ein Sturz vom Stativ eine empfindliche Kondensatorkapsel schnell außer Gefecht setzen. Weitere Nachteile: Kondensatormikros sind teurer als dynamische und von externer Phantomspeisung abhängig.

4.4 Richtwirkung

4.4.1 Warum Richtwirkung?

Die wichtigste Eigenschaft eines Bühnenmikrofons, egal ob dynamisch oder Kondensator, lautet „Richtcharakteristik"! Unter der Richtcharakteristik versteht man die Fähigkeit eines Mikrofons, Schall aus einer bevorzugten Richtung lauter als den Rest wahrzunehmen. Für den Einsatz auf der Bühne ist dies von allergrößter Wichtigkeit, denn der Feind Nr. 1 des Beschallers ist die Rückkopplung. Gelangt Schall aus dem Monitorsystem oder von der Front-P.A. wieder in die Mikrofone, verfälscht dies zunächst den Sound. Kammfilterartige Klangverfärbung tritt ein und einzelne resonanzfreudige Frequenzen beginnen mitzuschwingen. Ab einem gewissen Pegel – der so genannten Koppelgrenze – schaukelt sich das Ganze schließlich zu schauerlichen Pfeif- und Dröhngeräuschen hoch.

Richtmikrofone erfassen bei überlegter Aufstellung nur die jeweils zugeordnete Schallquelle und blenden den Fremdschall weitgehend aus. Die Koppelgrenze liegt dann entsprechend hoch, so dass Sie Ihre Anlage in einem weiten Pegelbereich sicher fahren können.

Die Darstellung von Richtcharakteristiken erfolgt seitens der Hersteller in so genannten Polardiagrammen, die mit Winkel- und dB-Angaben versehen sind. Die eingezeichneten Flächen, die Sie sich symmetrisch und räumlich ausgedehnt vorstellen müssen, zeigen bei unterschiedlich hohen Frequenzen die bevorzugte Wahrnehmungsrichtung der Kapsel an.

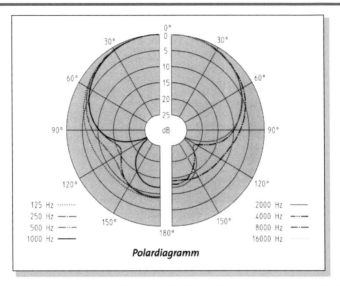

Polardiagramm

Abb. 4.3: Polardiagramm des Gesangsmikrofons e855 von Sennheiser. Die Linien zeigen, wie die Richtwirkung zu hohen Frequenzen hin zunimmt

4.4.2 Funktionsprinzip

Mikrofonrichtcharakteristik lässt sich durch geschickte Konstruktion zusätzlicher Schalleintrittswege ins Innere der Kapsel herbeiführen. Zusätzlich zu den frontal auftreffenden Schallwellen erhält die Membran den Schall über seitlich angeordnete Kanäle mit etwas Laufzeit behaftet auch noch von hinten zugeführt. Wegen der Phasenverschiebungen entstehen beim Zusammentreffen gezielte Schallwellenauslöschungen, welche die Mikrofonempfindlichkeit rund um die Kapsel in gewissen räumlichen Bereichen verbessern bzw. abschwächen. Ziel all dieser Bemühungen ist ein optimales ausgeglichenes Klangbild aus der Vorzugsrichtung, während die nicht erwünschte Richtung möglichst gleichmäßig auszublenden ist. Leider funktioniert dies trotz aufwändigster Berechnungen und Versuche seitens der Hersteller nicht vollständig frequenzunabhängig – einige schmalbandige Frequenzbereiche werden auch aus der eigentlich unterdrückten Wahrnehmungsrichtung immer wieder recht deutlich wahrgenommen. Tendenziell lässt sich sagen, dass Mikrofone mit Richtcharakteristik den oberen Frequenzbereich eng erfassen und zu tiefen Frequenzen hin mehr und mehr auch für seitlichen und rückwärtigen Schall empfindlich werden. In den Polardiagrammen sind daher oft mehrere Kurven für unterschiedliche Frequenzen skizziert.

Auch der Einsatz zweier identischer, „Rücken an Rücken" angeordneter Kapseln erzeugt durch gleich- oder gegenphasige Verschaltung Richtwirkung.

Angewandt wird dieses Verfahren aber nur bei Studio-Großmembranmikrofonen, wo bauartbedingt der notwendige Platz zur Verfügung steht.

4.4.3 Nahbesprechungseffekt

Eine zusätzliche Eigenart der Richtmikrofone liegt in der Abhängigkeit des Frequenzgangs von der Entfernung zur Schallquelle. Je näher diese sich an der Membran befindet, umso stärker werden tiefe Frequenzen hervorgehoben. Dieser so genannte Nahbesprechungseffekt („Proximity") macht bei Aufnahmen immer wieder Experimente bezüglich des Mikrofonabstands erforderlich. Für Beschallungsanwendungen erweist sich dies insofern als günstig, als dass störender Fremdschall aus der Umgebung vom Mikrofon flach und leise wahrgenommen wird, während die aufzunehmende Schallquelle nahe platziert und somit deutlich präsent ist. Außerdem dient der Nahbesprechungseffekt vielen Sängern als Stilmittel: Geringer Mikrofonabstand betont die tiefen Frequenzen und verleiht der Stimme somit mehr Volumen, während 5 – 10 cm Abstand den Klang leiser und mittiger werden lassen.

4.4.4 Verschiedene Richtcharakteristiken

Mikrofone mit *Kugelcharakteristik* („Omnidirectional") besitzen keinerlei Richtwirkung – sie nehmen den Schall aus allen Richtungen gleichmäßig auf, und aufgrund der nicht manipulierten Schallführung im Inneren der Kapseln erhalten Sie damit besonders neutrale, frequenzmäßig ausgeglichene Klangbilder. Dies sind hervorragende Eigenschaften für Aufnahmen im Studio und teilweise auch live, wenn es gilt, z. B. einzelne Instrumentengruppen eines Orchesters zu erfassen oder Nahmikrofonierungen etwa von Streichinstrumenten durchzuführen. Bei der P.A.-Übertragung von normalen (lauten) Rock/Pop-Bühnen sollten Sie diese Charakteristik jedoch eher mit Vorsicht genießen! Es ist keinerlei Richtwirkung vorhanden, ein einziges Kugelmikro überträgt die komplette Bühne inklusive Monitor! Saubere Einzelabnahme der Instrumente ist damit nicht möglich, weil viel zu viele Umgebungsgeräusche übersprechen.

Die *Nierencharakteristik* („Cardioid", „Unidirectional") reagiert bevorzugt auf ein Schallfeld von ca. 120° direkt vor der Membranfläche. Rückseitiger, aus der Richtung des XLR-Anschlusses einfallender Schall wird bedämpft. Diese Charakteristik ist für Beschallungszwecke am geeignetsten, da ein guter Kompromiss zwischen Klangqualität und Richtwirkung geschlossen wird. *Supernieren* („Supercardioid") und *Hypernieren* („Hypercardioid") bieten im vorderen Bereich stärkere Bündelungen zum Teil bis zu 60°, was bei korrekter Aufstellung noch exaktere akustische Trennungen, z. B. gegenüber lauten Monitorboxen, ermöglicht. Allerdings verschieben sich auch die „tauben" Wahrnehmungsbereiche der Kapseln von der Rückseite zu den Seiten hin.

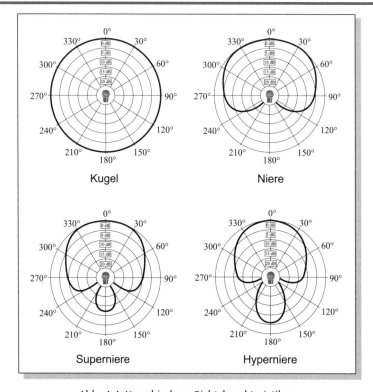

Abb. 4.4: Verschiedene Richtcharakteristiken

Mikros mit *Keulencharakteristik* („Shotgun", „Ultra-Directional") werden von Reportern bei Interviews in lauter Umgebung geschätzt, bekommt man damit doch selbst noch aus einigen Metern Abstand die Äußerungen des Gegenüber ohne die störende Umgebung aufs Band. Auf der Bühne verwenden Sie Derartiges vorzugsweise dann, wenn das Mikro – etwa aus optischen Gründen – nicht in unmittelbarer Nähe der Schallquelle platziert werden kann. Ähnlich wie die Hyperniere hören Keulenmikrofone gerne auch nach hinten, außerdem verfärbt sich bauartbedingt der Klang, so dass bei höheren Ansprüchen an die Klangqualität manchmal gar mit einem parametrischen EQ entzerrt werden muss.

 Die unterschiedlichen Ergebnisse bezüglich Fremdschallunterdrückung von Kugel-, Nieren- und Hypernieren-Mikrofonen verdeutlicht **Track 7**: Eine Snare wird mittels Mikrofon abgenommen, als zusätzliche Schallquelle dient seitlich dahinter platzierte Perkussion. Im ersten Beispiel kommt ein Kugelmikro zum Einsatz. Da dieses das gesamte akustische Umfeld wahrnimmt, ist neben der Snare die Perkussion praktisch genauso laut zu hören – sehr ungünstig auf der Bühne. Wesentlich besser geeignet ist daher ein Nierenmikrofon, nachzuhören im zweiten Beispiel. Bei gleicher Ausrichtung ist die Perkussion nun schon deutlich leiser geworden, während die Snare sogar etwas prägnanter klingt. Noch stärkere Trennung vollbringt letztlich das Hypernieren-Mikro des dritten Beispiels, welches das Übersprechen der Perkussion auf ein noch geringeres Maß reduziert.

4.5 Unterschiedliche Bauformen

4.5.1 „Hand Held"-Ausführungen

Die Standardbauweise für Mikrofone, die beim Singen oder Moderieren in der Hand gehalten oder auf Mikrofonstative gesetzt werden. Ein Handmikrofon besitzt einen lang gezogenen Metallschaft, an dessen Ende das Anschlusskabel in einen dort befindlichen XLR-Ausgang eingeklinkt wird. Zuoberst sitzt die Mikrofonkapsel, verdeckt von einem abschraubbaren Korb aus Drahtgeflecht. Dieser beinhaltet auch eine Lage Schaumstoff, der Zisch- und Ploppgeräusche – verursacht durch die Aussprache der Konsonanten „s" und „p" dicht vor der Kapsel – abmildert und darüber hinaus eindringender Atemluft-Feuchtigkeit den Zutritt verwehrt. Dieses Feature ist absolut notwendig, denn bekanntermaßen quittieren Kondensatormikrofone unter feuchten Bedingungen vorschnell den Dienst. Dynamische Kapseln hingegen übertragen keine Höhen mehr – die mit Feuchtigkeit angereicherte Membran kann aufgrund gestiegener Masse nicht mehr auf hohe Frequenzen reagieren. Nicht zuletzt auch aus hygienischen Gründen kontrollieren und reinigen Sie deswegen Korb und Schaumstoff gelegentlich mit warmer Seifenlauge – das Mikrofon dankt es Ihnen mit auch nach Jahren noch konstanter Höhenwiedergabe und exakter Richtwirkung.

Manche Modelle besitzen Ein/Aus-Schalter, über deren Existenzberechtigung man durchaus geteilter Meinung sein kann. Zwar ist es möglich, während längerer Gesangspausen abzuschalten (ist z. B. bei Schlagzeugern wegen des starken Übersprechens von Snare, HiHat und Becken nützlich), dafür sind die ersten Silben bei stummem Mikrofon nachher umso peinlicher. Ist ein Schalter vorhanden, sollte er auf jeden Fall ohne Schaltknacks arbeiten, ansonsten belassen Sie ihn besser gleich in Dauerstellung „Ein".

Ähnlich kritisch sind manchmal Modelle mit zuschaltbaren Bassfiltern in den Händen technisch unbedarfter Sänger/innen. Hier lockt dann der Spieltrieb bzw. der Schalter wird mit „Ein/Aus" verwechselt oder einfach nur aus Versehen mal betätigt. Am Mischpult dürfen Sie sich dann mit einigen Dezibel Bassanhebung und manchmal auch mit einer plötzlich rückkopplungsanfälligen Anlage auseinander setzen. Mikros ohne Schalter erweisen sich daher am geeignetsten, denn hier haben Sie am Mischpult die vollständige Kontrolle.

Abb. 4.5: Konden-
satormikrofon
Sennheiser e865

Erwähnenswert ist noch die Tatsache, dass die Kapseln professioneller Bühnenmikros mittels Gummidämpfer in die Gehäuse eingepasst werden, wie auch über den Schäften gelegentlich schwingungsmildernde Kunststoffhülsen (z. B. Electro Voice N/D-Serie) sitzen. Dies alles dient der Dämpfung von Griffgeräuschen und tief frequentem Trittschall.

4.5.2 Lavaliermikrofone

Lavalier- bzw. Ansteck-Kondensatormikrofone sind vornehmlich aus dem Fernsehen bekannt. An Krawatte oder Jackett befestigt, ermöglichen sie in Verbindung mit Sendern bequeme und unauffällige Mikrofonierung der beteiligten Personen. Auch die Tonqualität überzeugt im Fernsehen meistens, auf der Beschallungsanlage sieht dies leider oft ganz anders aus. Hintergrund: Aufgrund ihrer aus tontechnischer Sicht ungünstigen Position nehmen Lavaliermikros beträchtliche Körperschallanteile auf, vornehmlich aus dem unteren Mittenbereich, der beim Sprechen auch stark über den Brustkorb abgestrahlt wird. Präsenzen und Höhen, die die Sprachverständlichkeit fördern, bleiben im Hintergrund. Aus diesem Grund besitzen viele Lavalier-Mikrofone „verbogene" Frequenzgänge mit entsprechender Mittenabsenkung und Höhenanhebung zur Kompensation. Dies, ein zusätzlicher Equalizer und ein guter Kompressor ermöglichen es dem TV-Toningenieur, optimalen sprachverständlichen Klang einzustellen. Wenn Sie das Gleiche auf der Beschallungsanlage versuchen, ernten Sie in 99% aller Fälle laute Rückkopplungen, ohne dass das Mikrofon besonders laut aufgezogen ist. Schuld daran ist natürlich die starke Höhenanhebung, die den „Gain Before Feedback"-Abstand – Ihre Lautstärkereserve bis zum Einsetzen von Rückkopplungen – gnadenlos zunichte macht. Erschwerend kommt hinzu, dass viele Lavaliers die für Rückkopplungen besonders anfällige Kugelcharakteristik besitzen. Hier steht folgender Sicherheitsgedanke im Vordergrund: Verrutscht ein Kugelmikrofon, weil ein nervöser Gesprächspartner ständig Anzug und Krawatte zurechtrückt, hat dies kaum Auswirkung auf Klang und Pegel – bei einer versehentlich verschobenen Niere oder Superniere sieht das ganz anders aus.

4.5.3 Headset-Mikrofone

Alle diese Nachteile sind einem Headset-Mikrofon fremd. Hier befindet sich die Mikrofonkapsel – in der Regel ebenfalls eine Miniatur-Kondensatorausführung mit Kugel- oder Nierencharakteristik – an einem verstellbaren Ausleger in konstant-dichtem Abstand vor dem Mundwinkel, was stets gleichbleibenden, optimalen Sound bei wesentlich geringerer Rückkopplungsanfälligkeit garantiert. Um laute Plopp- und Zischgeräusche durch vorbeiströmende Atemluft abzumildern, ziehen Sie bitte immer den dazugehörigen Windschutz über die Kapsel. Dies ist auch eine wirksame Maßnahme gegen Feuchtigkeit. Bedenken Sie: Schon ein einzelner den Gazeschirm der Kapsel zusetzender Schweißtropfen verursacht eklatante Klangverfälschungen oder setzt das Mikrofon gar vollständig außer Gefecht!

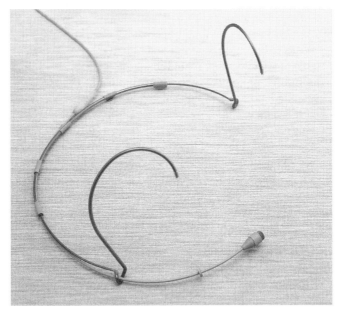

Abb. 4.6: Kopfbügel-Headset mit Miniaturkapsel: DPA 4066

Gehalten werden Ausleger und Kapsel von einem verstellbaren Bügel aus Metall, der den Hinterkopf umfasst und – ähnlich wie ein Brillengestell – an den Ohren eingehängt ist (z. B. AKG C 420 oder Shure Beta 53/54). Alternativ dazu gibt es besonders für Brillenträger bequemer zu handhabende Versionen ohne Ohrenbügel, die mit Federkraft und Schaumstoffpolstern an den Schläfenknochen anliegen (z. B. audio technica ATM 73a). Oder Sie wählen die bei Fernseh- und Musicalproduktionen bevorzugten, besonders kleinen und leichten Bügelkonstrukte aus Biegedraht (z. B. DPA 4065/4066). Optisch unauffällig werden diese nur an einem Ohr eingehangen und sind besonders bequem zu tragen. Letztlich entscheidet die Anwendung und der persönliche Geschmack. Headsets dürfen auch nach mehrstündigem Tragen keine schmerzhaften Druckpunkte oder gar wund gescheuerte Stellen auf der Haut hinterlassen. Prüfen Sie auch, ob die Anordnung bei bewegungsintensiver Performance (ruckartige Kopfdrehungen z. B. bei Sängern/Tänzern) verrutscht oder sich gar selbstständig macht. In einem solchen Fall helfen kleine, hautfarbene Klebestreifen zur zusätzlichen Sicherung weiter.

Neben Moderatoren, Sängern, Tänzern, Aerobic-Trainern, Schauspielern und sonstigen Künstlern greifen auch Schlagzeuger und Keyboarder gerne zu Headset-Mikrofonen. Gerade Letztere müssen live ja bekanntlich immer viel schalten und walten, wobei eine durch ein Stativmikrofon fixierte Kopfposition während des Singens äußerst hinderlich sein kann. In Verbindung mit einem Sender hat der Akteur auf der Bühne schließlich völlige Bewegungsfreiheit. Nachteile der Headsets: Neben der etwas ungewohnten Optik werden neben dem Gesang gnadenlos auch Atemgeräusche und sonstige schallerne Ereignisse (so manches Publikum soll schon geschlossen „Gesundheit" gewünscht haben) übertragen. Außerdem ist es nur bedingt möglich, den Mitmusikern kurze Mitteilungen zu machen, ohne dass das Publikum alles mithört.

Da für die notwendige Elektronik auf dem Kopfbügel kein Platz ist, befindet sich am anderen Kabelende eines Headsets meist ein Speisemodul mit XLR-Ausgang, über den das Mikro mit Phantompower versorgt wird. Zusätzlich ist meist auch Batteriebetrieb durch einen vorher einzusetzenden 9 V-Block oder zwei Mignon-Zellen möglich. Wählen Sie ein Drahtlossystem, übernimmt der alternativ anzuschließende Taschensender die Stromversorgung des Mikrofons.

4.5.4 Clip-Mikrofone

Clip-Mikrofone bieten neben optischer Unauffälligkeit einige weitere große Vorteile: Weil man sie an Trommeln und Blasinstrumenten direkt befestigen kann, werden keine Mikrofonstative benötigt. Dies kommt der Bühnenoptik entgegen, hält den Transportaufwand in Grenzen und verringert die Aufbauzeit. Außerdem ergibt sich durch den stets konstanten Abstand zwischen Mikrofon und Schallquelle immer das gleiche Klangbild. Viele Clip-Mikrofone (z. B. die AKG Micro Mic-Serie) arbeiten mit Miniatur-Kondensatorkapseln und verstellbaren Schwanenhälsen, am anderen Ende sitzen gummibeschichtete Klammern, mit denen Sie die Mikrofone an den Rändern der Toms oder an den Schalltrichtern von Blasinstrumenten befestigen. Die Stromversorgung funktioniert genauso wie bei den Headsets: Für Bläser gibt es Speisemodule mit Gürtelclip oder auch Taschensender, alternativ dazu befindet sich die Elektronik in verlängerten

XLR-Steckern. Weil die Kabel vieler Clip-Mikrofone recht dünn ausgeführt und anfällig für Beschädigungen sind, sollten Sie diese nicht direkt über den Bühnenboden zur zentralen Stagebox bzw. zum Mischpult verlegen, sondern sie lieber vor Ort aufrollen und den Kabelring unter einem Drum- oder Notenstativ verstauen. Die Verbindung wird dann mit stabileren zwischengeschalteten XLR-Mikrofonkabeln hergestellt, oder Sie sehen gleich eine Multicore-Unterverteilung (Subsnake) mit kleiner Stagebox vor.

4.5.5 Grenzflächenmikrofone

Grenzflächenmikrofone, auch „PZMs" („**P**ressure **Z**one **M**icrophone**s**") genannt, finden aufgrund ihrer klanglichen Vorzüge und nicht zuletzt auch wegen der unauffällig-flachen Optik hauptsächlich bei der Übertragung von Sprache Verwendung, beispielsweise bei Konferenzen, in Fernsehstudios und auf Theaterbühnen. Für Musiker, P.A.- und Studioleute wird die Sache richtig interessant, sobald akustische Klangkörper größeren Umfangs wie z. B. Chöre, Streichergruppen, akustische Konzertgitarren und manchmal auch Drum-, Perkussionssets oder Orchesterschlagwerk aufzunehmen sind. Hier jedes Instrument einzeln zu mikrofonieren bedeutet oftmals zu hohen technischen Aufwand. Außerdem verursachen viele Mikrofone auf engem Raum konzentriert unvermeidliches Übersprechen der Schallquellen. Beim Mischen dieser Signale entstehen dann wieder unschöne Kammfilterverfärbungen im Gesamtsound. Also bietet es sich bei größeren Instrumentengruppen alternativ an, diese als großen Klangkörper zu betrachten und mit einem oder zwei Grenzflächenmikrofonen aufzunehmen. Und noch eine weitere Anwendung hat sich mittlerweile etabliert: Die Einzelabnahme von Bassdrums. Näheres hierzu gleich in Abschnitt 4.6.3.

Abb. 4.7a: Grenzflächenmikrofone wie das Shure Beta 91 müssen sich nahe einer Grenzfläche (Fußboden) befinden oder gar ein Teil davon sein, um ihre Klangvorteile auszuspielen

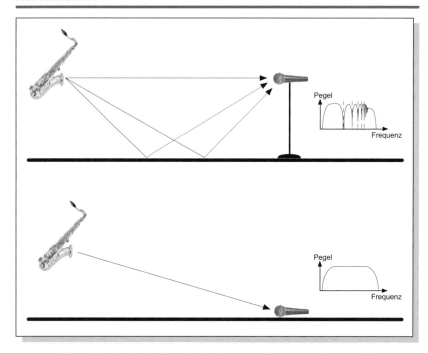

Abb. 4.7b: Direktschall und Reflexionen treffen zeitgleich ein – die
Kammfilterauslöschungen im Frequenzgang verschwinden

Was hat es aber nun mit dem so genannten Grenzflächeneffekt auf sich? Der
Hintergrund ist folgender und in Abbildung 4.7 ersichtlich: Wird für die
Aufnahme einer in einem Raum befindlichen Schallquelle ein konventionelles
Mikrofon auf einem Stativ aufgestellt, so erreichen besonders bei größerem
Abstand die ausgesandten Schallwellen dessen Membran auf sehr vielen unter-
schiedlichen Wegen. Neben dem Direktschall treffen auch zahlreiche Reflexi-
onen von Raumwänden, Fußboden, Decke etc. am Mikrofonstandort ein, und je
weiter das Mikro von der Schallquelle entfernt ist, umso geringer fallen die
Lautstärkeunterschiede zwischen direkten und indirekten Impulsen aus. Letzten
Endes wird immer eine Mischung davon aufgenommen.

Weil die reflektierten Signalanteile aber längere Wege als der Direktschall
zurücklegen, entstehen geringe zeitliche Verzögerungen, auch Phasenverschiebung genannt. Abhängig von den Laufzeiten, treffen manche Frequenzen
synchron zu den Direktanteilen, andere dagegen mit entgegengesetzter Phasenlage ein. Im Frequenzgang äußert sich dies in zahlreichen Additionen und
Auslöschungen – dem berüchtigten Kammfilter, der umso ausgeprägter auftritt,
je lauter sich die Reflexionen mit dem Direktschall überlagern. Im Extremfall

erhalten Sie blechern, nasal und hohl klingende Ergebnisse, die mit dem Originalklang der Schallquelle nicht mehr viel gemeinsam haben.

Hier helfen Grenzflächenmikrofone weiter. Die Idee dabei ist, einen Punkt im Raum zu finden, bei dem die zeitlichen Unterschiede zwischen direktem und reflektiertem Schall minimal ausfallen. Dies ist naturgemäß an den Begrenzungsflächen des Raumes selber der Fall, etwa dem Fußboden oder an der Tischplatte eines Rednerpults. Die Kapsel in geringem Abstand über der Fläche angebracht, addieren sich Reflexionen und Direktschall aufgrund fast identischer Laufzeiten nahezu phasengleich, was ein natürliches, verfärbungsfreies Klangbild bei höherem Nutzpegel ermöglicht.

Für den Bühnenbetrieb machen nur roadtaugliche Ausführungen in verstärkten Stahlblechgehäusen Sinn. Bedenken Sie, dass Grenzflächenmikrofone für gewöhnlich auf dem Bühnenboden liegen und keinen Schaden erleiden dürfen, wenn man versehentlich mal drauftritt. Es finden Kondensatorkapseln mit (Halb)Kugel- oder (Halb)Nierencharakteristik Verwendung, und neben der notwendigen Elektronik gibt es manchmal auch zuschaltbare Hochpassfilter gegen Trittschall und zuschaltbare Pegeldämpfung.

4.5.6 „Studiomikrofone"

Großflächen-Kondensatormikrofone beanspruchen wegen der Größe ihrer Kapseln große tubus- oder zylinderförmige Metallgehäuse, die mit zusätzlichen gummigefederten Halterungen – auch „Spinnen" genannt – auf die Stative gesetzt werden. Für Derartiges ist auch der etwas verallgemeinende Terminus „Studiomikrofon" geläufig, weil dieser Mikrofontyp eben dort am häufigsten benutzt wird. Doch auch auf der Bühne sind „Studiomikrofone" mehr und mehr angesagt, etwa als Overheads für Drums und Perkussion oder vor Gitarrenverstärkern. Bringt dies gegenüber dem ansonsten gebräuchlichen Material Vorteile?

Festzuhalten ist, dass es inzwischen einige Modelle mit exzellentem Preis/Leistungsverhältnis gibt, die auch in Sachen Stabilität sehr gut abschneiden (z. B. AKG C4000, audio technica AT4033/AT4050, beyerdynamic MCE 90, B.P.M CR-10). Die günstigen Preise kommen vornehmlich dadurch zustande, dass hauptsächlich studiorelevante Features wie etwa umschaltbare Richtcharakteristik hier eingespart werden. Und die Vorteile großer Kapselmembranen sind ja schon ein paar Mal angeklungen: Schalldruckfestigkeit und gute Tiefenwiedergabe, zusätzlich ergibt sich durch die längeren Einschwingzeiten eine Art „Weichzeichner-Effekt". Gerade Kondensatorkapseln dieser Art klingen in den Höhen eher geschmeidig als „kalt" oder „hart".

4.6 Welches Mikrofon an welcher Stelle ?

4.6.1 Auswahl eines Gesangsmikrofons

Die menschliche Stimme ist wohl das am häufigsten über eine P.A.-Anlage verstärkte Instrument, entsprechend groß ist das Angebot an Gesangsmikrofonen für die Bühne, welche wegen der eingangs schon erwähnten Vorteile meistens nach dem dynamischen Prinzip arbeiten. Am häufigsten kommen natürlich „Hand Held"-Ausführungen zum Einsatz, aber auch Headsets erfreuen sich zunehmender Beliebtheit. Da singende Personen auf der Bühne meistens ihren Standort verändern, sind an die Gesangsmikrofone in punkto Richtcharakteristik und Rückkopplungsunempfindlichkeit hohe Ansprüche zu stellen – schließlich soll ja möglichst viel Stimme und wenig Bühnenschall übertragen werden. Zwecks Unterdrückung von Griffgeräuschen und Trittschall (bei Stativmontage) muss die Kapsel vom Mikrofongehäuse mechanisch isoliert sein.

Neben all diesen Faktoren ist natürlich der Klang das Wichtigste, und hier zeigt die Erfahrung, dass bei den Anwendern diesbezüglich doch einiges im Argen liegt. Während andere Musiker wie selbstverständlich eigene, manchmal sogar speziell angepasste Instrumente spielen, vernachlässigen viele Sänger die Klang formende Komponente „Mikrofon" oft erheblich! Jede Stimme hat ihre individuellen Stärken und Schwächen, also gilt es ein Mikrofon zu finden, dessen Frequenzgang möglichst komplementär dazu betont und kaschiert. Als Faustregel gilt: Besitzen Sie eine tiefe, sonore Stimme, sollten Sie kein Bass betonendes Mikrofon mit ausgeprägtem Nahbesprechungseffekt, sondern eher eine in den Bässen lineare, dafür präsenz- und höhenstärkere Kapsel wählen. Für höherlagige Männer- und besonders Frauenstimmen gilt entsprechend das Gegenteil.

Der Preis hat natürlich auch einiges an Aussagefähigkeit – ein teures Mikrofon bietet generell auch gute Eigenschaften, was aber wiederum nicht heißt, dass billigere Mikrofone schlecht sein müssen. Die einfachste Auswahlmethode ist daher der direkte Vergleich verschiedener Fabrikate und Preisklassen unter jeweils gleichen Testbedingungen. Nehmen Sie diese Tests über die Anlage vor, an deren Klang Sie gewöhnt sind. Eine Bandprobe als Gelegenheit hat den Vorteil, dass auch die Kollegen ein Urteil für oder wider eins der Modelle abgeben können. Haben Sie einen oder zwei Kandidaten in die engere Wahl gezogen, sind zusätzliche Versuche über fremdes, vielleicht sogar besseres Equipment natürlich nicht verkehrt.

Möchten Sie Richtwirkung und Nahbesprechungseffekt genauer ausloten, funktioniert das sehr gut mit Hilfe eines Kopfhörers, auf den Sie das Signal des zu testenden Mikrofons geben. Dieses steht am besten auf einem Stativ, auf neutrale Einstellung der Klangregelung ist zu achten. Nun wird aus verschiedenen Abständen und Winkeln zum Mikrofon hin gesprochen und gesungen, wobei Sie auch um das Mikrofon herumgehen sollten. Das Signal wird gleichzeitig im Kopfhörer nicht zu leise abgehört. Beim direkten Vergleich mehrerer Modelle bekommen Sie schnell einen Eindruck bezüglich der Richtwirkung und Nahbesprechung. Ganz vorsichtige Naturen schneiden diese Testprozedur auf Tonband oder Minidisc mit, um sie später nochmals abzuhören. Dies bringt den Vorteil, dass dann der Kopfanteil der eigenen Stimme nicht mehr da ist – Sie hören das reine Mikrofonsignal.

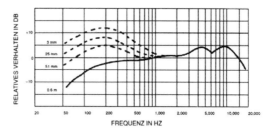

Abb. 4.8: Shure Beta-58-Bühnenmikrofon plus Frequenzgang

Welche Gesangsmikrofone sind im Live-Betrieb häufig anzutreffen? Eine subjektive und selbstverständlich jederzeit individuell erweiterbare Auswahl für einen solchen Vergleich könnte in etwa so aussehen:

Shure SM 58: Das Standard-Gesangsmikrofon der P.A.-Szene und der Klassiker schlechthin! Das SM 58 bietet Nierencharakteristik sowie einen robusten mechanischen Aufbau. Klanglich liefert es einen Präsenz betonten Sound bei eher verhaltenen Bässen – gerade das Richtige für Rocksänger/innen, um sich gegen laute Drums und verzerrte Gitarren zu behaupten. Darüber hinaus ist auch die eine oder andere schwer verständliche, männliche „Brummelstimme" mit diesem Mikro gleich an der Quelle klanglich im Lot.

Shure Beta 58: Der technisch weiter entwickelte und auch teurere Nachfolger „Beta 58" bietet die gleichen klanglichen Vorzüge. Zusätzlich wurde die Stabilität weiter verbessert, die Kapsel ist wahlweise als Superniere (Beta 58 A) oder Hyperniere (Beta 58 C) erhältlich. Im Inneren sorgt ein stärkerer Neodymium-Magnet für mehr Ausgangspegel bei gleichem Schalldruck.

beyerdynamic TGX 58: Nicht nur die identischen Ziffern der Produktbezeichnung, sondern auch der „crispe" Klang lassen als Vorbild das Shure SM 58 erkennen. Das TGX 58 besitzt Supernieren-Charakteristik und ist als Mikrofon mit besonders gutem Preis/Leistungsverhältnis einzustufen.

AKG D 3800: Im Vergleich zum SM/Beta 58 liefert dieses Hypernieren-Mikrofon ausgeprägtere Bässe und mehr Höhen, während die Mitten verhaltener klingen. Empfehlenswert für Frauenstimmen und ideal für Jazz, Pop oder Unterhaltungsmusik bzw. für alle Darbietungen, bei denen der Gesang richtig schön „Platz" im Frequenzspektrum hat.

Sennheiser evolution e845: Wer mehr Linearität und nur wenig Klangfärbung seitens des Mikrofons wünscht, ist mit dem e845 gut beraten, das klanglich in etwa die Mitte zwischen dem Shure SM 58 und dem AKG D 3800 repräsentiert. Das Mikrofon besitzt Supernieren-Charakteristik und ein hervorragendes Preis/Leistungsverhältnis.

Sennheiser evolution e855: Der besonders höhenreiche, sehr transparente Klang des e855 lässt eigentlich eher eine Kondensatorkapsel, als denn einen dynamischen Wandler vermuten. Ebenfalls Supernieren-Charakteristik.

Neben den aufgeführten, allesamt dynamisch arbeitenden Gesangsmikrofonen erfreuen sich auch Kondensatorausführungen zunehmender Beliebtheit auf der Bühne. In der Sparte „preisgünstige Modelle" bis EUR 250,- bieten Sennheisers evolution e865 und audio technicas AT 4054/4055 sehr gute Audioqualität. Ebenfalls bewährt und zu empfehlen, aber teurer: audio technica AE 5400, Electro Voice RE 500, Shure Beta 87, beyerdynamic MCE 91 und das KMS 105 von Neumann.

4.6.2 Schlagzeug

In der Pop- und Rockmusik ist bei der Schlagzeugabnahme auf der Bühne das so genannte „Close Miking", also Nahbereichsaufnahme üblich: Jedes Schlagzeugteil wird als Instrument angesehen und erhält sein eigenes Mikrofon. Da auf der Bühne oft hohe Lautstärken herrschen, müssen die Mikrofone möglichst dicht am Ort der Schallerzeugung platziert sein und Richtcharakteristik besitzen! Nur so erhalten Sie vom Schlagzeug direkte Signale mit geringem Umgebungsanteil, und weil jedes Mikrofon über einen eigenen Mischpultkanal läuft, ist individuelle Klang- und Effektbearbeitung möglich.

Abb. 4.9: „Close Miking" beim Schlagzeug. Deutlich ist zu erkennen, dass jedes Schlagzeugteil sein eigenes Mikrofon besitzt. Als Drum-Overhead kommen Großmembran-Mikros zum Einsatz, die der besseren Trittschallunterdrückung wegen in Gummispinnen hängen. Windschutzkappen sind aufgrund der Open-Air-Situation für alle Kondensatormikrofone Pflicht. Gegen akustisches Übersprechen des Drumsets in benachbarte Mikros und umgekehrt helfen die Plexiglas-Stellwände links und rechts. Die Mikrofonsignale treffen alle in der Sub-Stagebox rechts unten zusammen

Problem: Ein Standard-Drumset benötigt zwischen acht und zwölf Mikrofone, die alle auf nur wenigen Quadratmetern Bühne konzentriert sind. Das akustische Übersprechen zwischen den einzelnen Kanälen ist dadurch sehr groß. So wird beispielsweise die Snare nicht nur über das Snaremikro, sondern auch von allen anderen mehr oder weniger laut übertragen. Aufgrund der unterschiedlichen Abstände ergeben sich zu jedem Mikrofon unterschiedliche Schalllaufzeiten, jedes Signal besitzt dadurch eine andere Phasenlage. Zusammengemischt mit dem eigentlichen Original entstehen die schon mehrmals erwähnten Kammfiltereffekte, welche bei hohen Übersprechpegeln das Klangbild völlig ruinieren können. Daher müssen Sie bei der Mikrofonaufstellung sehr sorgfältig vorgehen! Optimale Kanaltrennung erhalten Sie nur, wenn Sie die einzelnen Mikrofone bezüglich Richtcharakteristik und Nebenkeulenempfindlichkeit sehr genau kennen und sie entsprechend ausrichten.

Die Mikrofone sind nur ein Glied in der Kette des Drumsounds, mindestens genauso wichtig ist der gute Zustand der verwendeten Drum-Hardware. Quietschende Fußmaschinen sollten Sie ölen, alte Felle sowie verstaubte und angelaufene Becken klingen dumpf und matt. Zwar lässt sich durch geschickte Mikrofonierung und entsprechende Klangfilterung auch aus einem minderwertigen Set ein noch ganz passabler P.A.-Drumsound herausholen, die Zeit beim Soundcheck ist für derartige Experimente jedoch meistens viel zu knapp bemessen.

Weitere Probleme verursachen wummernde Bassdrums, sowie über Gebühr nachklingende Toms. Beides führt bei problematischer Saalakustik schnell zu dröhnigem und undifferenziertem Sound aus den Boxen. Nicht nur exakte, den Ton des Kessels treffende Fellstimmung, sondern auch ein realistisches, nicht zu langes Ausschwingen gehört zu einem guten Tom-Sound, den man sich am besten im Vorfeld durch Einstellversuche erarbeitet. Nachträgliches Abdämpfen auf der Bühne ist dann nur sehr selten erforderlich. Leider erfüllen viele Drumsets diese Voraussetzungen nicht, und so mancher Schlagwerker sieht im Abdämpfen sein vermeintliches Edel-Drumset nur unnötig in seinen Fähigkeiten eingeschränkt. Hier ist seitens der Technik dann einiges an Diplomatie und Fingerspitzengefühl nötig. Manchmal dauert es halt einige Auftritte, bis man die Notwendigkeit eines guten Frontsounds einsieht und am eigenen Bühnensound (Ego?) Abstriche macht. Die Bassdrum wird dann durch eine ins Innere gelegte Decke etwas entschärft, für die Toms gibt es Felldämpfer, oder Sie kleben behelfsweise kleine Stückchen Gaffa-Tape auf.

4.6.3 Bassdrum

Neben dem höherfrequenten Anschlaggeräusch liefert eine Bassdrum besonders im Bereich von 50 Hz ordentlich Schalldruck, der von dynamischen Mikrofonen mit großer Membranfläche am besten verarbeitet werden kann. Entsprechend groß fallen die Gehäuse typischer Bassdrum-Mikrofone aus. Als echter Klassiker gilt hier das D 12 von AKG, das heute unter der Bezeichnung „D 112" vertrieben wird und mit zu den am weitesten verbreiteten Bassdrum-Mikros gehört. Hohe Schalldruckfestigkeit sorgt für verzerrungsfreie Wiedergabe, darüber hinaus besitzt der Frequenzgang Präsenzanhebung bei 4 kHz, so dass die Kapsel neben tieffrequentem „Punch" auch die für einen modernen Bassdrumsound notwendige Portion Anschlag bzw. „Kick" überträgt. Auch das legendäre PL 20 von Electro Voice, heute als „RE 20" erhältlich, liefert hervorragende Ergebnisse. Weitere Alternativen: beyerdynamic M 99, Electro Voice N/D 868, das preiswerte Sennheiser e602, Audix D6 und natürlich das Shure Beta 52. Die beiden Letztgenannten sind im Frequenzgang speziell auf Bassdrums abgestimmt: Peaks bei 50 Hz und im Präsenzbereich um 4 kHz, während die „holzig" klingenden Tiefmitten zwischen 300 und 1500 Hz von vorneherein starker Bedämpfung unterliegen. Auch das Doppelkapselmikrofon AE 2500 von audio technica ist einen Versuch wert – hier gibt es eine dynamische und eine Kondensatorkapsel im gemeinsamen Gehäuse, deren Signale Sie sich auf getrennte Mischpultkanäle legen können. Und was machen Sie, wenn Sie keins der genannten Modelle im Mikrofonkoffer vorfinden? Stecken Sie einfach ein simples SM 58 in die Bassdrum! Das funktioniert ebenfalls zufrieden stellend, wenn nicht sogar besser!

Womit die bevorzugte Stelle für das Bassdrum-Mikro bereits genannt ist. Platzieren Sie es unbedingt im Inneren der Trommel, denn dies reduziert das Übersprechen anderer Schallquellen erheblich. Natürlich ist dafür eine vorne offene Bassdrum bzw. ein Resonanzfell mit Öffnung vonnöten. Problematisch sind geschlossene Trommeln. Hier bleibt nur die Möglichkeit, das Mikrofon vor das Resonanzfell zu stellen, oder es auf der anderen Seite direkt auf den Schlägel auszurichten. Soll eine geschlossene Bassdrum öfters via P.A. übertragen werden, macht ein fester Mikrofoneinbau durchaus Sinn – das Anschlusskabel führen Sie durch eine Kesselöffnung nach außen und lassen es auf einen dort fixierten XLR-Stecker münden. Für die Montage des Mikrofons im Inneren gibt es spezielle Halterungen, die auch bei offenen Bassdrums eine gute Alternative zum herkömmlichen halbhohen Mikrofonstativ darstellen. Experimentieren Sie unbedingt mit der finalen Ausrichtung der Mikrofonkapsel, diese beeinflusst den Klang erheblich! Je näher Sie an die Mitte des Schlagfells kommen, umso mehr höhenreiches Anschlaggeräusch wird übertragen. Wenn Sie das Mikro aus der Bassdrum herausziehen, verliert der Klang an Schärfe und bekommt einen volleren, runderen Charakter. Gelegentlich kann es auch schon ausreichen, das Mikrofon im Inneren auf die dort meist vorhandene Decke zu legen.

Dies ist auch die bevorzugte Position für die in Sachen Bassdrum-Abnahme inzwischen fest etablierten Grenzflächenmikrofone. Worin liegt der Vorteil? Bestimmt nicht im Grenzflächeneffekt, der mangels Fläche zumindest im bevorzugten Bassbereich hier nicht eintritt. Eher ist es die unkomplizierte Anwendung – schließlich benötigen Sie kein Stativ und keine Halterung! Abhängig vom verwendeten Modell, dessen Position und vom Klang der

Bassdrum ergibt sich für gewöhnlich ein eher unauffälliger, ausgeglichen klingender Sound, der sich für alle Arten dezenterer Jazz- und Popmusik eignet und mittels Equalizer aber auch aggressiver gefiltert werden kann. Besonders das Shure SM 91 besitzt hier Kultstatus, so dass der momentan aktuelle Nachfolger „Beta 91" bezüglich Klang und Pegelfestigkeit speziell auf Bassdrum-Abnahme getrimmt ist. Hier liegt nämlich das Problem dieses eigentlich aus der Installations- und Studiotechnik stammenden Mikrofontyps. Viele „PZMs" besitzen leider sehr niedrige, nur bis ca. 115 dB reichende Grenzschalldrücke, die im Inneren einer Bassdrum bei kräftigen Anschlägen mühelos erreicht werden. Treten trotz aktivierter Pegelabschwächung (Vordämpfer am Mikro bzw. Pad-Schalter am Pult) Verzerrungen auf, ist das verwendete Mikro für die Bassdrum ungeeignet.

Abb. 4.10: Zwei bevorzugte Mikropositionen bei der Bassdrum-Abnahme: Nah am Fell (links) bringt Attack und „Kick", am vorderen Trommelrand (rechts) klingt es voluminöser

Um die beiden wesentlichen Klangkomponenten der Bassdrum – tief frequenter „Punch" und höherfrequenter „Kick" am Mischpult noch besser aufeinander abstimmen zu können, verwenden viele Tonleute sogar zwei Mikrofone zur Abnahme. Eins nahe am Fell für den Anschlag, das andere nimmt am vorderen Trommelrand den Klang des Kessels auf. Oft wird eine Kombination aus Grenzfläche und dynamischer Großmembrankapsel benutzt. Welches Mikrofon in welcher Position besser klingt, müssen Sie mit der jeweiligen Bassdrum ausprobieren.

4.6.4 Snare

Der Frequenzbereich der Snare erstreckt sich von ca. 100 Hz bis in den oberen Hörbereich. Markante Merkmale eines jeden Snaresounds sind die rasselnden Höhenanteile des am unteren Fell anliegenden Snareteppichs, der den eigentlichen, eher Tom-ähnlichen Ton des Kessels akustisch stark maskiert. Die

Abnahme der Snare erfolgt üblicherweise von oben her, indem die Mikrofonkapsel aus 11 Uhr-Position in spitzem Winkel auf die Mitte des Schlagfells gerichtet wird. Eine am Kessel befestigte Halterung bringt gegenüber einem Bodenstativ den Vorteil, dass Sie die Mikrofonposition freier wählen können. Variation des Snaresounds erreichen Sie durch zusätzliche Mikrofonierung von unten. Wenn Sie zum „Snare Top"-Signal diesen „Snare Bottom"-Kanal hinzumischen, entsteht durch das hier präsentere Teppichrasseln meist ein natürlicherer und durchsetzungsfähigerer Sound. Allerdings produziert diese Mikrofonanordnung gerne auch Phasenauslöschungen! Drehen Sie also die Phase des unteren Mikrofons am Mischpult probeweise auch einmal um.

„Amtliches" Snaremikrofon ist seit langem das Shure SM 57. Ebenso geeignet sind aber auch Audix D1, beyerdynamic M 201 TG oder Clip-Kondensatormikros wie z. B. Shure Beta 98, beyerdynamic MCE 52/53 oder AKG C 418/C 419. Die Erfahrung zeigt, dass die Kondensatorausführungen in den Höhen empfindlicher reagieren und oftmals das HiHat-Mikrofon überflüssig machen. Je nach Situation hat dies Vor- und Nachteile.

4.6.5 HiHat

Die HiHat liefert vornehmlich hohe Frequenzen, für adäquate Abnahme ist ein Kondensatormikrofon meist besser geeignet als ein dynamisches. Dessen Kapsel richten Sie unter einem Winkel von ca. 45° und mit einigen Zentimetern Abstand von oben auf die Beckenmitte zwischen Rand und Schraubbefestigung aus.

Das Verändern des Winkels bringt recht deutliche Klangveränderungen mit sich. Vertikale, sehr nahe Anordnung über dem Beckenrand quittieren die meisten Mikrofone wegen der hier herrschenden Luftströmungen beim Öffnen und Schließen der HiHat mit rumpelnden Windgeräuschen. Aus diesem Grund ist auch die horizontal-seitliche Anordnung der Kapsel nicht zweckmäßig. Bewährt haben sich Mikrofone wie z. B. AKG C 430, C 451 und C 391, ferner Shure SM 81, Neumann KM 184 und audio technica AT 4041. Wer dynamische Mikrofone vorzieht, sollte einmal das M 201 TG von beyerdynamic oder das Sennheiser MD 441 ausprobieren.

4.6.6 Toms

Der Frequenzumfang der Toms ist nicht sehr ausgeprägt, er reicht von ca. 70 Hz bis etwas über 1 kHz, und die Anschlaggeräusche gehen bis ca. 6 kHz. Daher genügen zur Abnahme dynamische Mikrofone, welche von oben auf das Schlagfell gerichtet sind. Neben dem Klang der Trommel kommt so auch der Anschlag definiert rüber. Nachteilig bei dieser Anordnung ist das verstärkte Übersprechen benachbarter Schallquellen. Früher war deshalb bei Toms ohne

Resonanzfell auch die Abnahme von innen (die Mikrofone werden in den Kesseln platziert) üblich. Der dabei entstehende, recht dumpfe und durch Nachschwingen geprägte Ton entspricht heutzutage aber nicht mehr so recht den Klangvorstellungen, weswegen man inzwischen fast ausschließlich von oben her mikrofoniert und die Tomkanäle im Pult mit Expandern/Noisegates überwacht.

Zu den klassischen Tom-Mikrofonen gehören neben Shure SM 57/58 auch Modelle von Sennheiser (MD 409 und MD 421) und Electro Voice (N/D 308/ 408). Neuere Entwicklungen wie z. B. Sennheiser e604 beinhalten gleich Clips zur Montage an den Kesselrändern. Dadurch sparen Sie sich den inzwischen nicht mehr zeitgemäßen Zubau des Drumsets mit Stativen. Den gleichen Vorteil bieten Ihnen Clip-Kondensatormikrofone wie z. B. AKG C 419. Doch Vorsicht, Treffer mit den Drumsticks setzen deren Kapseln schnell außer Gefecht, während dynamische Mikros diesbezüglich einiges mehr aushalten. Auch die nach dem Wäscheklammer-Prinzip funktionierenden Halterungen der Clips sind nicht die stabilsten und können sich lösen, wenn das Schlagzeug den ganzen Auftritt über heftig bearbeitet wird. Für diesen Fall sind Schraubhalterungen wie etwa Shure A98D für das Beta 98 aus gleichem Hause die stabilere und bessere Lösung.

Abb. 4.11: Tom-Abnahme mit dem Shure Beta 98

4.6.7 Becken

Je nach Art und Weise des Anschlags variiert der Klang der Becken. Die erzeugten Frequenzen überstreichen dennoch fast den gesamten Hörbereich.

Daher sind für eine qualitativ hochwertige Aufnahme unbedingt Kondensatormikrofone zu verwenden, welche entweder von oben her oder aber auch von unten auf die Becken ausgerichtet werden können. Letzteres sorgt für „aufgeräumtere" Optik auf dem Drumpodest, macht aber meistens ein Mikrofon pro Becken erforderlich. Nebem dem höheren Aufwand ist diese Vorgehensweise auch bezüglich des akustischen Übersprechens sehr kritisch.

Als Drum-Overhead beliebt sind seit Jahren Mikrofone wie C 1000S und C 391B von AKG, das „Richtrohr" beyerdynamic MCE 86 oder das Shure SM 81. Mehr und mehr in Mode kommen mittlerweile auch Großmembran-Studioausführungen, die Dank ihrer Gummispinnen professionelle Optik verbreiten und natürlich auch hervorragenden Klang liefern. Beliebt sind z. B. AKG C 414 und C 3000B, audio technica AT 4033 und AT 4050 sowie beyerdynamic MCE 90. Wenn Sie dabei der Stativaufwand stört, sollten Sie auch einmal mit unter den Becken platzierten Miniatur-Kondensatormikrofonen (z. B. Countryman Isomax oder audio technica ATM 35) experimentieren.

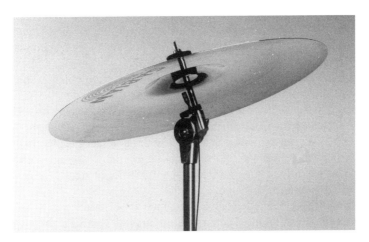

Abb. 4.12: Countryman Isomax II Mini-Kondensatormikro direkt
unter einem Schlagzeugbecken

4.6.8 Perkussion

Für die Perkussion gilt im Großen und Ganzen dasselbe wie für das Drumset. Instrumente wie Congas, Timbales oder Bongos stehen auf Stativen und werden einzeln mikrofoniert. Da der Frequenzbereich dieser Instrumente nicht so weit hinaufreicht, genügen meistens einfache dynamische Mikrofone, die sich mit speziellen Halterungen auch direkt am Instrument befestigen lassen. Im Verbund mit Congas harmoniert das Shure SM 57 besonders gut, alternativ dazu leisten auch die einschlägigen Kondensator-Clips von AKG, beyerdynamic oder Shure gute Arbeit.

Tambourine, Triangel, Maracas, Guiro, Vibraslap, Chimes usw. erzeugen dagegen auch hohe Frequenzanteile, also sollten Sie auch ein oder zwei Overheads in Form von Kondensatormikrofonen (z. B. AKG C 391B oder Shure SM 81) vorsehen. In der Regel erfassen diese dann auch die in der Hand gespielten und oft nur „effektmäßig" eingesetzten Instrumente. Erfahrene Perkussionisten variieren in solchen Situationen die Mikrofonabstände von sich aus und spielen z. B. eine zarte Triangel deutlich näher am Overhead, als laute Gerätschaften wie beispielsweise Tambourines oder Kuhglocken.

4.6.9 Bass

Die Abnahme von E-Bässen erfolgt heutzutage meistens direkt. Moderne Bassverstärker bieten zu diesem Zweck symmetrische DI-Ausgänge, über welche das Basssignal direkt ins Mischpult geführt wird. Fehlt dieser Ausgang, müssen Sie mit der Line-Out-Klinkenbuchse vorlieb nehmen und deren Signal einer externen DI-Box zuführen. Oder Sie zapfen das Signal direkt hinter dem Instrument ab, indem Sie die DI-Box in das Instrumentenkabel einschleifen (siehe Kapitel 3, Abbildung 3.3).

Zusätzliche Mikrofonierung der Bühnenbox(en) ist erforderlich, wenn deren Klang mit in den P.A.-Sound einfließen soll. Sinn macht dies bei verzerrter Spielweise – bekanntermaßen bedämpfen dabei die Lautsprecher die im Höhenbereich entstehenden Oberwellen und tragen einen großen Teil zur Klangformung bei. Wegen der hohen Schalldrücke der Basslautsprecher im unteren Frequenzbereich verwenden Sie – ähnlich wie bei der Bassdrum – am besten dynamische Mikrofone mit großer Membranfläche (z. B. AKG D 112, Electro Voice RE 20 oder Sennheiser e602).

Problematischer bezüglich guter Abnahme erweist sich der Kontrabass. Üblich ist die Montage eines Kleinmikrofons und/oder eines Piezo-Tonabnehmers direkt am Instrument bzw. am Steg. AKG bietet mit dem DB 1 sogar einen kompletten, mit Pickups und Verkabelung versehenen Kontrabass-Steg an, der mit etwas Nacharbeit individuell für jedes Instrument angepasst werden kann. Etwas Ähnliches gibt es auch von SD Systems, nämlich den Kontaktsteg PU-4 mit zusätzlichem Kondensatormikro LCM 100 und BS-2-Mischverstärker. Beliebt ist auch der Fishman BP 100 mit zwei am Steg anklemmbaren Piezo-Elementen plus Klinkenbuchse zwischen den Saiten. Hochwertige dynamische Kontakt-Pickups, die mit einer knetartigen, rückstandslos lösbaren Klebemasse am Korpus befestigt werden, liefert die Firma Schertler (DYN B). Mit deren Platzierung müssen Sie je nach Soundvorstellung etwas experimentieren.

Abb. 4.13: Schertler Kontakt-Pickup am Kontrabass

4.6.10 Elektrische Gitarre

Der Sound elektrischer Gitarren hängt sehr vom verwendeten Equipment ab. Besonders bei verzerrten Einstellungen sind Lautsprecher und Boxen von entscheidender klanglicher Bedeutung und gehören zum Instrument dazu! Direktabnahme via Line-Out-Buchse und DI-Box macht folglich wenig Sinn, weil die Soundeigenschaften der Boxen verloren gehen. Zur P.A. gelangt ein völlig anderes, meist zu höhenreiches und „sägendes" Klangbild.

Um DI-Abnahme auch bei Gitarrenverstärkern zu ermöglichen, wurden die so genannten „Speaker-Simulatoren" entwickelt. Im einfachsten Fall handelt es sich dabei um spezielle DI-Boxen, die das Tiefpassverhalten eines Lautsprechers nachbilden und das Line-Signal in den Höhen entsprechend korrigieren, bevor es ins Mischpult eingespeist wird (z. B. Hughes & Kettner „Red Box").

Ein anderer Weg ist das Simulieren des komplexen Lastverhaltens einer Gitarrenbox am Verstärkerausgang. So genannte „Power Soaks" verwenden dazu Netzwerke aus Spulen, Kondensatoren und Lastwiderständen. Die vom Verstärker gelieferte Leistung wird nicht in Schall, sondern komplett in Wärme umgewandelt – lediglich ein Line-Signal für die P.A. bleibt noch übrig.

Die dritte Variante liegt in der kompletten digitalen Simulation verschiedener Gitarrenverstärker inklusive Boxen und davor platzierter Mikrofone! Geräte wie z. B. das Roland VG 88 oder der bekannte „POD"-Prozessor von Line 6 bilden eine Vielzahl klassischer Gitarrenverstärker plus Effektgeräte nach und liefern auch gleich das benötigte DI-Signal – zum Abhören ist nicht mehr das laute Original, sondern nur eine in der Lautstärke adäquat angepasste Monitorbox erforderlich.

Alle drei dieser Methoden bringen brauchbare bis sehr gute Ergebnisse, können jedoch echte Lautsprecher nicht immer ersetzen. Viele Musiker sind nach wie vor der Meinung, der „Druck" einer Gitarrenbox darf auf der Bühne einfach nicht fehlen und gelangt am authentischsten über Mikrofone auf die P.A. Da Gitarrenlautsprecher im Nahbereich enorme Schalldrücke liefern können, muss das davor platzierte Mikrofon sehr übersteuerungsfest sein. Also wieder ein Fall für dynamische Ausführungen, allen voran das Shure SM 57. Zielt dessen Kapsel auf die Lautsprechermitte, werden viele Höhen übertragen, was

sich aber bei Ausrichtung auf den Lautsprecherrand ändert. Auf professionellen Bühnen erfreuen sich auch Groß-membran-Kondensatormikros wie z. B. das audio technica AT 4050 zunehmender Beliebtheit. Mikrofone mit seitlicher Einsprechrichtung wie z.B. Sennheiser MD 409 und e609 können Sie direkt am Kabel über die Verstärker bzw. Boxen hängen und dadurch Stative einsparen.

Interessant ist die Stereo-Abnahme einer Box mit zwei Mikrofonen in unterschiedlichen Positionen und Winkeln zum Lautsprecher. Durch die unterschiedlichen Phasenlagen der Signale ergibt sich „breiterer" Sound, ohne dass Sie die künstliche Raumsimulation eines Effektgerätes einsetzen müssen. Um

Abb. 4.14: Mikrofone mit seitlicher Einsprechrichtung lassen sich bequem am Kabel hängend vor dem Lautsprecher eines Gitarrenverstärkers platzieren

das Übersprechen fremder Schallquellen in die Gitarrenkanäle zu minimieren oder eine laute E-Gitarre von der Bühne zu verbannen, werden manchmal auch spezielle Recording-Boxen verwendet. Lautsprecher und Mikrofon(e) befinden sich zusammen in einem geschlossenen Gehäuse. Je nach vorhandenem Platz kann dieses auch hinter oder unter der Bühne stehen, zum Abhören der Gitarre ist aber auf jeden Fall eine zweite Box oder das Monitorsystem erforderlich.

4.6.11 Akustische Gitarre

Akustische Gitarren sind ungleich problematischer in der Abnahme. Der oberton-reiche Klang einer Akustikgitarre mit Stahl- oder Nylonbesaitung erfordert hochwertige Kondensatormikrofone möglichst mit Kugelcharakteristik. Bei höheren Lautstärken ergeben sich damit aber unweigerlich Rückkopplungen mit dem Monitor und auch mit der Front. Außerdem darf sich im Interesse eines konstanten Sounds die Position der Gitarre bezüglich des Mikros nicht verän-dern. Daher verwenden viele Gitarristen elektroakustische Instrumente mit Piezo-Tonabnehmern (z. B. von Ovation), welche den Körperschall von Steg und/oder Decke in elektrische Signale umwandeln. Derartige Systeme gibt es auch als Nachrüstsätze für Western- und klassische Gitarren (z. B. Fishman Acoustic Matrix oder C-Ducer CP-Serie). Piezo-Tonabnehmer sind auf direkten Kontakt mit dem Steg angewiesen. Auf Luftschall reagieren sie nicht, was die Rückkopplungsgefahr erheblich herabsetzt. Mit Ausnahme der ganz billigen Systeme arbeiten die meisten der damit bestückten Gitarren aktiv, d.h. ein dem Tonabnehmer nachgeschalteter Verstärker sorgt für ausreichend Ausgangs-pegel und niedrigen Ausgangswiderstand. Darüber hinaus ist manchmal noch ein im Korpusinneren befestigtes und dem Tonabnehmer zumischbares Kondensatormikrofon vorhanden. So lassen sich die Instrumente direkt in die P.A. spielen und über das Monitorsystem abhören. Besteht zwischen Bühne und Mischpult größere Entfernung, symmetrieren Sie das Signal vorsichtshalber mit einer DI-Box.

Der Sound der Piezo-Tonabnehmer setzt sich im Klangspektrum einer Rock/ Popband zwar gut durch, ist aber dennoch nicht jedermanns Sache. Die naturge-treue Übertragung einer hochwertigen Akustkgitarre gelingt damit nur ansatzweise, und so benutzen viele Akustik-Gitarristen derartige Systeme nur widerwillig. Ein Kompromiss besteht nun darin, parallel zum Tonabnehmer ein zusätzliches Kondensatormikrofon mit Richtcharakteristik zu verwenden, das den Bereich des oberen Griffbretts kurz vor dem Schallloch aus ca. 20 cm Entfernung aufnimmt. Oder Sie befestigen eine Miniatur-Kondensatorkapsel mit einem Clip am Schallloch und entzerren deren Signal mit einem para-metrischen Equalizer bzw. einer guten Mischpult-Klangregelung. Dann werden beide Quellen gemischt. Entscheidend hierfür ist die Bühnenlautstärke. Handelt es sich um gemäßigtes Programm oder gar um eine gitarristische Solodarbietung im Sitzen ohne laute Begleitinstrumente, lassen sich mit dieser Methode eigentlich immer zufrieden stellende Ergebnisse erzielen.

4.6.12 Violine und Cello

Im Gegensatz zu den Solidbody-Versionen, die wie elektrische Gitarren verstärkt und abgenommen werden, ist die Übertragung akustischer Violinen und Celli keine leichte Aufgabe. Entweder Sie verwenden hochwertige Kleinmembran-Kondensatormikrofone (z. B. Neumann KM 184 oder Schoeps MK 4) auf Stativen, oder Sie setzen auf Kontakt-Pickups (Schertler oder C-Ducer), Piezo-Abnehmer (Fishman) oder Miniatur-Kondensatorkapseln (Tipp: Sennheiser MKE 2) im Nahbereich. Experimente sind unumgänglich, manchmal bringt auch ein Mix zweier Varianten das Optimum.

4.6.13 Saxofon

Das Saxofon ist sicherlich eins der ausdrucksstärksten Blasinstrumente überhaupt. Abhängig von der Spielweise, der Stimmlage (Bass, Bariton, Tenor, Alt, Sopran oder Sopranino) und des verwendeten Blatts ergeben sich recht unterschiedliche

Sounds. Die Schallabstrahlung erfolgt in großem Maße auch durch die Klappen. Dennoch befinden sich die zur Abnahme verwendeten Mikrofone fast ausnahmslos über dem Schallbecher. Durch Ausrichtung mehr nach oben hin ist es jedoch möglich, auch wärmeren, „jazzigeren" Klang mit mehr Klappengeräuschen aufzunehmen. In Verbindung mit einem Stativ können Sie eine ganze Reihe von Mikrofonen ausprobieren: Electro Voice N/D 468 und RE 20, Shure SM 57/58, Sennheiser e845 und MD 441 uvm. Die Verwendung einer Mikrofonhalterung direkt am Instrument in Verbindung mit einem Sender beschert dem Musiker Bewegungsfreiheit und dem Publikum aufgrund des gleichbleibenden Mikrofonabstands konstanten

Abb. 4.15: Crown-Kondensatormikrofon montiert an einem Saxofon

Sound. Hierbei werden dann meistens Miniaturmikrofone von AKG (C 416/419), Countryman oder SD Systems (LCM 89) eingesetzt.

4.6.14 Trompete

Die Trompete liefert je nach Spielweise Frequenzen von ca. 160 Hz bis über 10 kHz hinaus. Wären da nicht Schalldrücke von über 140 dB SPL, könnten ohne schlechtes Gewissen uneingeschränkt Kondensatormikrofone empfohlen werden. Der hohen Schalldruckbelastbarkeit wegen haben dynamische Mikrofone immer noch die besseren Karten, wenngleich die „Condenser" in der letzten Zeit etwas aufgeholt haben. Auf der Bühne geeignet ist beispielsweise das Shure SM 57, recht häufig sieht man auch das Electro-Voice RE 20. Wenn es denn unbedingt ein Kondensatormikrofon sein soll, ist es hilfreich, wenn der Trompeter die Membran nicht direkt anbläst, sondern einige Zentimeter „danebenhält" oder einen größeren Mikrofonabstand einnimmt. Oder Sie richten das Mikro so aus, dass der Schall eher „darüberstreicht", anstatt frontal auf die Membran zu treffen. Auch für die Trompete gibt es Clip-Miniaturmikrofone. Deren Befestigung am Schalltrichter ist aber nicht möglich, wenn das Instrument zeitweise mit Dämpfer gespielt wird. Für diesen Zweck bieten SD-Systems das LCM 77 mit einem entsprechenden Ausleger an, der den nötigen Mikrofonabstand herstellt. Bekannt wurde diese Methode übrigens durch den Jazztrompeter Miles Davis.

Abb. 4.16: Auslegermikrofon LCM 77 von SD-Systems

4.6.15 Posaune

Was die Mikrofonierung angeht, ist die Posaune der Trompete sehr ähnlich. Lediglich der abgestrahlte Frequenzbereich beginnt eine Oktave tiefer, die Obertöne reichen knapp über 10 kHz. Der Schalldruck am Trichter liegt „nur" bei ca. 110 Dezibel, so dass Verzerrungen von Clip-Kondensatorkapseln nicht zu befürchten sind. Dennoch bevorzugen viele Posaunisten aufgrund des wärmeren Klangcharakters dynamische Mikrofone für ihr Instrument. In Profikreisen besonders beliebt ist das Electro Voice RE 20, gefolgt von Sennheiser BF 521 oder Shure SM 57. Überzeugend auch das Doppelkapsel-Mikrofon AE 2500 von audio technica, das Dank eines dynamischen und eines Kondensatorwandlers eine breite Palette an Klangnuancen liefert. Wird mit Dämpfer gespielt, scheiden Clip-Mikrofone aus, oder Sie benutzen die Auslegerkonstruktion von SD-Systems.

4.6.16 Querflöte

Die Querflöte liefert ein Klangspektrum bis in die Gegend von 8 kHz. Die Dynamik des Instruments ist nur gering, d.h. alle gespielten Töne sind einigermaßen gleich laut. Aus Bequemlichkeitsgründen wird die Querflöte meistens über das ohnehin schon vorhandene Gesangsmikrofon geblasen. Natürlich gibt es auch spezielle Halter für Miniaturmikrofone, recht häufig kommen sogar normale Headsets zum Einsatz, deren Ausleger dann auf das Mundstück gerichtet sind. Da die Schallabstrahlung der Querflöte stark frequenzabhängig ist und auch eine optimale Balance zwischen Ton und Anblasgeräusch gefunden werden muss, müssen Sie mit der genauen Positionierung der Mikrofonkapsel experimentieren.

4.6.17 Mundharmonika

Ähnlich wie die Querflöten werden auch die Mundharmonikas meistens über die Gesangsmikrofone gespielt. Um tremolierende Klänge zu erzeugen, umschließen viele Spieler das Mikrofon mit den Händen. Die dabei entstehenden Griff- und Windgeräusche sind getrost als zum musikalischen Vortrag gehörend anzusehen. Kritisch können allerdings die vom Mikrofon gelieferten Pegel werden. Diese erreichen nämlich weitaus höhere Werte als beim Gesang und können den Mischpulteingang übersteuern. Behalten Sie deshalb die Eingangsverstärkung des betroffenen Mischpultkanals im Auge und korrigieren Sie bei Bedarf nach unten.

„Amtliche" Bluesharper benutzen neben dem Gesangsmikrofon die original Shure 520 D „Green Bullet"-Fahrradlampe in Verbindung mit einem Fender Bassman-Gitarrenverstärker. Der stark verbogene Frequenzgang dieses Mikrofons ist zusammen mit der Röhrenverzerrung des Verstärkers einfach unschlagbar.

4.6.18 Akkordeon

„Akkordeon ist Mordeon", wird es jetzt so einigen „volksmusiphoben" Lesern durch den Kopf gehen. Nichtsdestotrotz gibt es auch eine ganze Reihe Akkordeon-spieler, die ihr Instrument nicht im Dienste kommerziell-peinlicher, allgemein beliebter Weisen einsetzen. Also will auch dieses Instrument ordentlich über eine P.A. verstärkt sein. Zu diesem Zweck werden meistens Miniatur-Kondensatormikrofone direkt eingebaut, die gegenüber dynamischen Kapseln den wichtigen Mitten/Höhenbereich feiner auflösen und besser übertragen. Die Bässe und die Tastatur nimmt man gerne getrennt auf. Allerdings ist dann das Übersprechen zwischen den Mikrofonen recht groß, und gegen Windgeräusche müssen sie übrigens auch gefeit sein. Erscheint Ihnen dieser Klang zu direkt und steril, sollten Sie alternativ ein oder zwei außen angebrachte Kondensator-Clips oder sogar ein Stativmikrofon ausprobieren. Anders als akustische Gitarren sind Akkordeons deutlich lauter und bei der Mikrofonabnahme folglich nicht so anfällig für Rückkopplungen. Bestehen bleibt allerdings die Abhängigkeit des Klangs vom Mikrofonabstand.

Abb. 4.17: Mikrofoniertes Akkordeon. Im Hintergrund ist das Speisemodul für die Kondensatorkapseln zu sehen (hier AKG)

4.6.19 Klavier und Flügel

Die Abnahme eines akustischen Klaviers gelingt erfahrungsgemäß mit Kondensatormikrofonen am besten. Es eignen sich die üblichen Standards wie AKG C 391B, beyerdynamic MCE 93 oder auch das dynamische Sennheiser

MD 441. Ausreichende Klangqualität im Sinne „das Klavier ist zu hören" erhalten Sie mit einem einzelnen Nierenmikro, das Sie von oben her mittig auf die Saiten richten, nachdem Sie den Deckel aufgeklappt bzw. abmontiert haben. Wenn die ganz tiefen und die ganz hohen Töne dabei zu leise erfasst werden, verwenden Sie ein zweites Mikrofon. Nun ist Stereoabnahme möglich, die Mikros werden entsprechend auf die Bass- und Diskantsaiten ausgerichtet. Clip-Mikrofone im Inneren funktionieren auch ganz ordentlich, nur sollten Sie dabei beachten, dass diese verstärkt tief frequente Schwingungen vom Gehäuse übertragen können, die Sie mittels Low-Cut-Filter in den Griff bekommen.

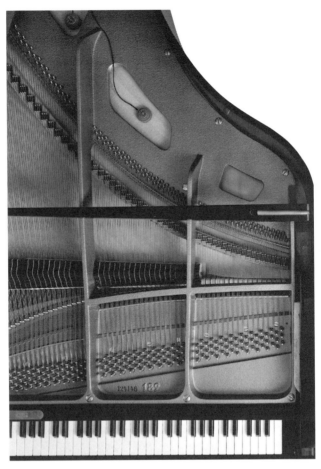

Abb. 4.18: Schertler Kontakt-Pickup, angebracht im Inneren eines Flügels

Eine besonders praktische, Platz sparende und optisch gefällige Lösung zur Abnahme eines Konzertflügels besteht darin, zwei Grenzflächen-Mikrofone entweder unter die Saiten zu legen oder unter den Deckel zu kleben. Leichte Ausführungen wie etwa das Schoeps BLM 3 eignen sich für Letzteres besonders gut, achten Sie aber bitte immer auf sichere Befestigung! Ein während des musikalischen Vortrags auf die Saiten gefallenes Mikrofon verschafft Ihnen mit Sicherheit keine Freunde!

Als Alternative funktionieren auch Miniaturausführungen mit Kugelcharakteristik (z. B. Sennheiser MKE 2), die Balance des dann sehr direkten, „drahtigen" Klangbildes erstellen Sie am Mischpult. Mit den Mikrofonen im Inneren kann der Deckel des Flügels auch geschlossen werden, falls irgendwelche produktionstechnische Gründe dies erfordern.

Doch Vorsicht, Schallreflexionen im Inneren verursachen oft unangenehme Resonanzen. Befindet sich nur eins der Mikrofone in einem solchen Bereich, verfärbt der Klang über Gebühr, weswegen der Deckel nach Möglichkeit immer offenbleiben sollte. Wenn Sie ein klassisches, eher mittigeres Klangbild bevorzugen, haben Sie sowieso keine andere Wahl! Platzieren Sie zwei Mikrofone (z. B. Sennheiser MKH 40 oder zwei dynamische Sennheiser MD 441) auf Stativen, die mit 20 – 30 cm Abstand auf die Bass- und Diskantsaiten ausgerichtet werden. Ein drittes Mikrofon erfasst bei Bedarf noch die 45°-Reflexionen des Deckels.

Als rückkopplungsresistentere Alternative zum Mikrofon bleibt natürlich auch die Verwendung von Kontakttonabnehmern der Firmen Schertler und C-Ducer, die am Holzboden angeklebt werden. Um ein gutes Klangergebnis zu erzielen, müssen Sie – wie auch bei Kontrabass, Harfe, Gitarre, Violine, Cello, Mandoline oder Banjo – mit der Position der Abnehmer experimentieren und meistens noch die Mischpult-Klangregelung bemühen. Wird der Flügel im Rahmen einer lauteren Jazz-, Pop- oder Tanzcombo benutzt, liefern Kontakttonabnehmer brauchbare Ergebnisse bei hoher Rückkopplungssicherheit. An den Klang einer guten Mikrofonierung kommen Sie damit allerdings nicht heran, so dass bei höheren Ansprüchen an die Klangqualität das Zumischen von einem oder zwei Mikrofonsignalen sinnvoll erscheint.

Durch das Kabel

5 Signaltransport

Innerhalb eines P.A.-Systems kommt der Transport von elektrischen Signalen hauptsächlich über Kabelverbindungen zustande. Je nach Art der Signalquelle sind dafür unterschiedliche Kabel und Signalformate vonnöten: Mikrofone beispielsweise benötigen zum Schutz vor Einstreuungen symmetrische Leitungen mit Abschirmung, während Lautsprecherkabel hohe Leistungen transportieren und deswegen eher mit großen Leitungsquerschnitten glänzen müssen.

5.1 Unsymmetrische Kabelverbindungen

Bei unsymmetrischer Leitungsführung werden einadrige Audiokabel, bestehend aus einem inneren Leiter und einem umhüllenden Drahtgeflecht, verwendet (Abbildung 5.1) – die zugehörigen Stecker benötigen nur zwei Kontakte.

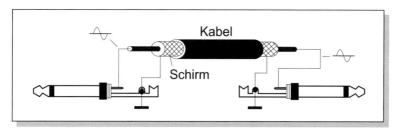

Abb. 5.1: Unsymmetrische Leitungsführung von Audiosignalen. Das Signal läuft über den inneren Leiter, das äußere Drahtgeflecht dient als Abschirmung und Signalrückführung

Eine solche Konstellation erkennen Sie, wenn Sie beispielsweise den Klinkenstecker eines Instrumentenkabels öffnen: Der innere Leiter führt das Audiosignal von der Quelle zum Verbraucher, weswegen er als „Phase", umgangssprachlich gerne auch als „heiß" bzw. „hot" bezeichnet wird. Weil diese Ader in der Regel

sehr empfindlich auf äußere Störeinstreuungen von Trafos, Dimmern, Radio-
sendern und Leuchtstofflampen reagiert, dient das umhüllende Drahtgeflecht
nicht nur der elektrischen Rückführung des Audiosignals (Null), sondern auch
als Abschirmung. Um diese Funktion zu erfüllen, umschließt das Geflecht den
Kabelkern dicht und besitzt elektrischen Kontakt mit der Signalmasse („Ground").
Je nach Qualität und Alter des Kabels werden auftreffende Störungen dann
reduziert bzw. fast vollständig vom Schirm zur Masse und von dort zur Erde hin
abgeleitet.

Der Vorteil dieser Variante ist ihre Einfachheit – nur einadrig-abgeschirmte
Kabel mit entsprechend einfachen Steckverbindungen (Monoklinke, Cinch)
sind erforderlich. Weil hochwertige Symmetriertrafos bzw. elektronische
Symmetrierschaltungen nicht benötigt werden, können die Hersteller die Signal-
ein- und Ausgänge unsymmetrischer Geräte einfach und kostengünstig beschalten.
Aus diesem Grund sind unsymmetrische Verbindungen weit verbreitet. Sie
finden sie meistens bei Consumer-Produkten wie Hifi-Geräten und einfachen
Mischpulten, aber auch bei elektrischen Gitarren, Bässen und Keyboards.

Unsymmetrische Ausgänge	Unsymmetrische Eingänge
Elektrische Gitarren und Bässe	Instrumentenverstärker
Keyboards, Sampler, Soundmodule	Mischpult Line-Ins (meistens)
„Consumer"-HiFi-Geräte mit	„Consumer"-HiFi-Geräte mit
Cinchbuchsen	Cinchbuchsen
Verstärker Line-Outs	DI-Boxen
Effektpedale	Effektpedale
Lautsprecheranschlüsse von Endstufen	
Aux-Send-Wege für Effekte (meistens)	
Direct-Outs (meistens)	

Nachteilig fällt die schon angesprochene Empfindlichkeit des inneren Leiters
gegenüber elektromagnetischen Feldern ins Gewicht. Daher führen Sie unsymmetrische Verbindungen bitte immer so kurz wie möglich aus. Die Einstreuungen
induzieren in der Signalader nämlich geringe Störspannungen (Brummen,
Zirpen), die sich auf langen Kabelstrecken entsprechend aufaddieren und
irgendwann nicht mehr zu vernachlässigen sind. Resultat: Das eigentliche
Instrumentensignal kommt in minderer Qualität am Mischpult an. Ein weiterer
Nachteil besteht in der Bildung von Masseschleifen beim Verbinden geerdeter
Geräte. Die Gerätemassen bekommen durch den Kabelschirm zusätzlichen
elektrischen Kontakt, und als Folge davon stellt sich Mehrfacherdung ein,
welche meistens einen Brummton im Signalweg nach sich zieht (siehe auch
Abschnitt A5).

5.2 Symmetrische Kabelverbindungen

Um die genannten Störquellen auf ein Minimum zu reduzieren, bedient man sich einer professionelleren und aufwändigeren Methode, nämlich der symmetrischen Signalführung, die im Zusammenhang mit den DI-Boxen ja in Kapitel 3 schon erwähnt wurde. Ein symmetrisches Signal benötigt ein zweiadrig-abgeschirmtes Kabel. Als Schutzmaßnahme gegen elektromagnetischen Smog ist dessen Schirm nach wie vor mit der Signalmasse verbunden, zur Rückführung des Audiosignals wird er allerdings nicht mehr verwendet. Der komplette Transport läuft über die beiden inneren Tonadern, die keinerlei Massekontakt haben.

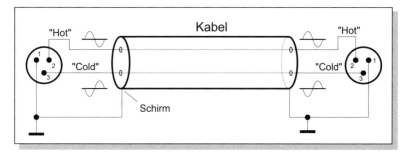

Abb. 5.2: Symmetrische Leitungsführung. Das Signal und sein gegenphasiges Pendant laufen über die inneren Leiter, das Drahtgeflecht dient nur noch der Abschirmung

Symmetrische Tonquellen liefern bezüglich der Masse zwei Signale, eins davon gleich-, das andere gegenphasig. Das bedeutet nichts anderes, als dass an beiden Tonadern die gleichen Informationen lediglich mit einer Phasendrehung von 180^0 zueinander anliegen. Diese werden am Mischpulteingang von einem so genannten Differenzverstärker oder – bei hochwertigen Pulten – von einem Übertrager verarbeitet. Nur aus zueinander gegenphasigen Signalen kann ein solcher Eingang Nutzsignale gewinnen. Zueinander Gleichphasiges mit identischen Pegeln wird ignoriert bzw. gegeneinander ausgelöscht.

Welchen Vorteil erlangen Sie hierdurch? Nun, gelangen Störungen durch den Schirm hindurch auf die beiden Tonadern, induzieren sich dort zwei in Pegel und Phase übereinstimmende Störspannungen, welche der Mischpulteingang dann neutralisiert, so dass der weitere Signalweg davon verschont bleibt. Besonders effektiv funktioniert diese Störspannungskompensation, wenn so genannte „Twisted Pair"-Kabel mit intern spiralförmig verdrillten Leitern benutzt werden. Ist die Signalquelle niederohmig, können Sie damit nebengeräuscharme Übertragung auch über sehr lange Kabelwege (>100m) realisieren. Und weil ein symmetrischer Mischpulteingang die zueinander gegenphasigen Nutzsignale auch noch addiert, erhalten Sie sogar doppelten Pegel (+ 6 dB).

Der einzige Nachteil: Kabelmaterial, XLR-Stecker und Symmetrierschaltungen schlagen preislich höher zu Buche. Ungünstig bzw. verwirrend ist leider auch die weitverbreitete Bezeichnungsweise symmetrischer Kontakte: Das gleichphasige Signal trägt oft die Bezeichnung (+), das gegenphasige Pendant folglich (–). Dies gleicht der Symbolik der Gleichstromversorgung und führt immer wieder zu Missverständnissen.

Symmetrische Ausgänge	Symmetrische Eingänge
DI-Boxen	Mischpult XLR-Inputs
Verstärker DI-Outs	Mischpult Line-Ins (manchmal)
Bühnenmikrofone	Mischpult-Returns (manchmal)
Effektgeräte DI-Outs	Mikrofon-Vorverstärker
Mischpult L/R-Summe	
Mischpult-Subgruppen	
Mischpult-Matrix	
Mischpult-Monitorwege	
Aux-Effektwege (manchmal)	

5.3 Brummprobleme

Unabhängig davon, ob unsymmetrische oder symmetrische Signalführung verwendet wird – eine andere, bereits angesprochene Gefahr der Störeinstreuung ist stets allgegenwärtig: die so genannte Masse- bzw. Brummschleife. Liegen die Schutzleiter geerdeter Geräte auf leicht unterschiedlichen elektrischen Potenzialen, fließt beim Einstecken des Audiokabels über dessen Schirm ein geringer Ausgleichsstrom, der im Signalweg einen unüberhörbaren und störenden „Brumm" verursacht. In einem solchen Fall sind Sie mit symmetrischer Signalführung klar im Vorteil, denn Sie können den Kabelschirm an einem Kabelende einfach von der Gerätemasse herunternehmen und so die Masseschleife, gebildet aus Schirm und Erdleiter, auftrennen. Das Signal unterbrechen Sie dabei nicht, weil der Schirm ja nicht der Signalrückführung dient! Ground-Lift-Schalter an DI-Boxen und Bühnenverstärkern mit symmetrischen Signalausgängen vollbringen genau dies, ohne dass irgendwelche mechanische Arbeiten erforderlich sind. Am anderen Kabelende muss der Massekontakt allerdings bestehen bleiben, sonst kann der Schirm seine Schutzfunktion nicht weiter ausüben. Ausführliche Informationen über diese Problematik finden Sie in Anhang A5.

5.4 Beschaltung

Für symmetrische Kabel haben sich dreipolige XLR-Stecker allgemein durch-gesetzt. Der größte Teil der Hersteller belegt die Tonadern mit Stift 2 (+) und Stift 3 (–), der Schirm bekommt über Stift 1 mit der Signalmasse Kontakt. Es soll aber tatsächlich immer noch einige „schwarze Schafe" geben, die ihre Produkte aus Mehrheitssicht phasenverkehrt, also „heiß auf 3" und „kalt auf 2" beschalten. Die Tonadern auf den Stiften 2 und 3 sind folglich vertauscht, was Sie aber durch Umlöten, durch das Einfügen eines Phasendrehstückes in die Audioleitung oder – sofern vorhanden – durch Betätigen der „Phase Reverse"-Taste am Mischpult-kanal leicht korrigieren können. Genauere Hinweise zur Herstellung gängiger und auch spezieller Kabelverbindungen finden Sie in Kapitel 14.

Abb. 5.3: Symmetrische XLR-Ausgänge

Durch die Luft

6 Signalübermittlung durch Drahtlostechnik

„Wireless", also die drahtlose Übertragung von Audiosignalen und die daraus resultierende Bewegungsfreiheit der Akteure auf der Bühne, hat in den letzten Jahren rasante Verbreitung gefunden. Drahtlose Mikrofone oder mit Taschensendern ausgestattete Instrumente wie elektrische Gitarren und Bässe gelten auf professionellen Bühnen schon lange als Standard, und auch das „In Ear-Monitoring", also das drahtlose Zuspielen des Monitorsounds über Taschenempfänger und Ohrhörer direkt auf die Trommelfelle der Musiker, ist inzwischen dazu zu zählen. Zwar stellt eine Kabelverbindung zwischen Signalquelle und Stagebox bzw. Mischpult nach wie vor die sicherste und hochwertigste Übertragungsweise dar, doch sind die Wireless-Systeme in den letzten Jahren technisch immer weiter verbessert worden. UHF-Frequenzen, „True Diversity"-Empfänger und moderne Kompander/Rauschunterdrückungs-Verfahren ermöglichen heutzutage hervorragende Übertragungsqualität bei nur geringer Störanfälligkeit.

6.1 Funktionsweise

Signalquellen wie Mikrofone, Gitarren usw. erzeugen bekanntermaßen niederfrequente, im hörbaren Bereich angesiedelte Audiosignale (NF), die sich aus physikalischen Gründen als Funkwellen in der Luft nicht ausbreiten können. Ganz anders sieht das bei hochfrequenten Schwingungen (HF) aus, also liegt der Gedanke nahe, zwecks drahtloser Übertragung Nieder- und Hochfrequentes irgendwie zusammen zu bringen. Hinter dem „irgendwie" verbirgt sich die Frequenzmodulation (FM), ein auch beim UKW-Rundfunk übliches Modulationsverfahren, das hochwertige Übertragungsqualität bei großer Störsicherheit bietet.

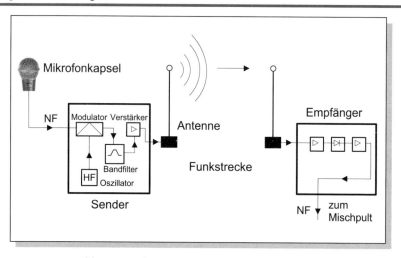

Abb. 6.1: Funktionsprinzip eines Wireless-Systems

Wie funktioniert's? Abbildung 6.1 bringt Aufklärung: Innerhalb des Senders („Transmitters") gelangt das von der Signalquelle abgegebene NF-Signal auf eine elektronische Modulatorschaltung, an der auch eine mittels Oszillator erzeugte, hochfrequente Sinus-Trägerschwingung („Carrier") anliegt. Die Frequenz dieses Oszillators ist mit der Sendefrequenz identisch und hoch stabil. Wird nun der NF-Eingang des Modulators mit dem zu übertragenden Signal ausgesteuert, beginnt die am Ausgang des Modulators herauskommende Trägerfrequenz im Takt des NF-Pegels um den ursprünglichen Wert herum zu schwanken. Pegeländerungen der NF werden also in Frequenzänderungen des HF-Trägers umgesetzt, wobei man diese auch als Modulationshübe bezeichnet.

Um mittels Frequenzmodulation Übertragung zu ermöglichen, ist demnach nicht nur die Sendefrequenz, sondern gleich ein kompletter Sendekanal, also ein Frequenzband, das links und rechts der eigentlichen Sendefrequenz für die Modulationshübe Platz bietet, erforderlich. Von der Breite dieses Kanals hängt nun der Dynamikumfang und damit die Audioqualität der Funkstrecke ab.

Grundsätzlich wird zwischen Schmalband- und Breitband-Systemen unterschieden: Erstere erlauben nur Modulationshübe bis ±10 kHz, während bei einem Breitbandkanal bis zu ±56 kHz Maximalauslenkung gestattet ist. Einleuchtend, dass Letzterer einen deutlich weiteren Aussteuerungsbereich und damit bessere Dynamikauflösung besitzt.

Wie geht es nun weiter? Das vom Modulator abgegebene NF/HF-Produkt durchläuft ein steilflankiges Bandfilter, das nur die Frequenzen des Sendekanals passieren lässt. Aufgrund der zur Modulation notwendigen, nicht linearen Modulatorkennlinie enstehen leider immer auch Oberwellen und Seitenbänder in ganzzahlig-vielfachem Abstand zur Trägerfrequenz, die per Filter unterdrückt werden müssen. Dies ist absolut notwendig, denn sonst strahlt der Sender ein unsinnig breitbandiges Signal ab, das sofort in benachbarte Kanäle überspricht bzw. gar das komplette Frequenzband blockiert. Ein HF-Verstärker bringt schließlich das Signal auf Sendeleistung, es gelangt auf die Sendeantenne und wird als elektromagnetische Welle in den Raum abgestrahlt.

Am Empfangsort gelangt die Funkwelle mit Hilfe einer Empfangsantenne dann wieder in die Form eines elektrischen HF-Signals zurück. Bei Frequenzmodulation besonders vorteilhaft ist die Tatsache, dass die Nachricht durch Frequenzänderungen repräsentiert ist. Schwankungen der HF-Feldstärke am Empfangsort haben dadurch weitaus weniger Störeinfluss als auf ein amplitudenmoduliertes Signal, bei dem die Nachricht unmittelbar im Sendepegel steckt. Da Antennen normalerweise nur sehr schwache, im Mikrovoltbereich angesiedelte Spannungen abgeben, befinden sich im nachgeschalteten Empfänger („Receiver") entsprechend empfindliche Vorverstärker, die das Signal vor der Demodulation aufbereiten. Faustregel: Je mehr Output die Empfangsantenne liefert, umso weniger muss nachverstärkt werden, was letztlich der Qualität des NF-Ausgangssignals zugute kommt.

Entscheidenden Einfluss darauf hat die Antennenlänge: Die Signalstärke ist maximal, wenn die Länge genau der Wellenlänge des gesendeten HF-Trägers entspricht. Aus Platzgründen kommen empfangsseitig jedoch meistens verkürzte „Lambda-Viertel"- (λ/4) oder gar „Lambda-Achtel"-Antennen (λ/8) zum Einsatz, bei denen die Antennenlänge nur noch ein Viertel bzw. Achtel der Senderwellenlänge beträgt. Eine derartig verkürzte Antenne eignet sich genauso, liefert aber geringeren Pegel, was durch Vorverstärkung kompensiert werden muss. Nach dieser Verstärkung gelangt das HF-Signal schließlich auf den Demodulator. Dieser trennt die NF- und HF-Anteile voneinander, so dass das ursprüngliche NF-Signal wieder zur Verfügung steht.

6.2 Frequenzbereiche

Neben der Art der Modulation und der Kanalbandbreite bestimmt auch die Wahl des Frequenzbereiches die Übertragungsqualität einer Wireless-Anlage. Dabei gilt folgende Faustregel: Je höher die Frequenz bzw. je kürzer die Wellenlänge, umso leichter und zuverlässiger können Funkwellen sich im Raum ausbreiten. Für die Veranstaltungstechnik zugelassene Frequenzen gibt es in folgenden Bereichen:

6.2.1 8 m-Band/UKW

Die ersten zaghaften Wireless-Versuche von Veranstaltungsbranche und Musikern fanden in den 1970er Jahren auf dem 8 m-Band, also im unteren Kurzwellenbereich, statt. Die entsprechenden Empfänger lassen sich anhand ihrer langen Teleskopantennen (2 m) leicht ausmachen, obgleich man heutzutage kaum noch einen dieser Dinosaurier zu Gesicht bekommt. Der Grund: nicht mehr zeitgemäße, zu schlechte Übertragungsqualität. Aufgrund der eng beieinander liegenden Sendefrequenzen ist im 8 m-Band nur Schmalband-Betrieb mit den geschilderten Nachteilen erlaubt, was für reine Sprachanwendungen, nicht jedoch für die in der Veranstaltungsbranche inzwischen geforderte HiFi-Tonqualität ausreicht. Dazu kommt noch die Störanfälligkeit der Funkstrecke selbst: Schaltnetzteile, Keyboards und sonstiges digitales Equipment arbeiten mit Taktfrequenzen just in dieser Größenordnung – diese Geräte strahlen gelegentlich erhebliche Mengen an „HF-Müll" mit wesentlich mehr Leistung als die eigentlichen Sender in die Umgebung. Weitere potenzielle Störer sind elektrische Maschinen und Dimmer, die während des Betriebs hochfrequente Oberwellen erzeugen. Alle diese Einflüsse können ins System übersprechen und gewaltige Krachstörungen, Brummen und Intermodulations-Pfeifen auslösen.

6.2.2 2 m-Band/VHF

Was tun, um den genannten Problemen aus dem Weg zu gehen? „Ausweichen auf höhere Frequenzen!", lautet die logische Konsequenz: Auf VHF-Frequenzen im 2 m-Band (130 – 300 MHz allgemein, 174 – 233 MHz veranstaltungsspezifisch) geht von den meisten der genannten Störquellen schon deutlich weniger Gefahr aus. Auch können hier Breitband-Systeme mit besserer Übertragungsqualität benutzt werden, weil das vorgegebene Raster der einzelnen VHF-Funkkanäle mehr Platz als das des 8 m-Bands bereitstellt. Größerer Sicherheitsabstand zu den Nachbarkanälen reduziert zudem die Gefahr von Übersprechern.

Trotz all dieser Vorteile ist aber auch das VHF-Band in der Veranstaltungstechnik nicht mehr zeitgemäß. Dies liegt einerseits an gestiegenen Ansprüchen seitens der Anwender, nicht zuletzt aber auch an behördlichen Vorschriften, die effizientes und flexibles Arbeiten „on the road" mit VHF-Systemen verhindern. Mehr dazu im Abschnitt 6.3.2

6.2.3 0,7 m-Band/UHF

UHF-Frequenzen (ab 300 MHz aufwärts bis in den Gigahertz-Bereich) bieten gegenüber VHF weitere Vorteile: Pro Kanal mehr Bandbreite (bis zu 200 kHz) ermöglicht höhere Sendehübe und bessere Tonqualität. Aus physikalischen Gründen funktioniert die Wellenausbreitung im UHF-Bereich im wahrsten Sinne des Wortes wesentlich reibungsloser. Die Reichweite einer vergleichbaren VHF-Anlage erreichen und übertreffen Sie auf UHF mit deutlich weniger

Sendeleistung. Dies führt wiederum zu weniger Stromverbrauch und längeren Batterielaufzeiten auf der Sendeseite. Schließlich fallen aufgrund der kürzeren Wellenlängen die Abmessungen der Antennen kleiner aus, was insgesamt den Bau sehr kompakter Geräte zulässt. Zu guter Letzt existiert für den UHF-Bereich auch ein für die Veranstaltungstechnik praxisnahes Frequenzmanagment seitens der zuständigen Behörde RegTP. Innerhalb der zugelassenen UHF-Bänder gibt es keine starren Frequenzraster. Sind bestimmte Frequenzen vor Ort bereits belegt oder störbehaftet, kann der Anwender rasch und unkompliziert den betroffenen Kanal entweder wechseln oder ihn mittels Frequenz-Feintuning so weit verschieben, dass die Störungen ausmanövriert werden.

Abb. 6.2: Preisgünstiges UHF-System Shure SLX

6.3 Rechtliche Rahmenbedingungen

6.3.1 Die Behörde RegTP

Über die Freigabe, Verteilung und Nutzung von Funkfrequenzen wacht in Deutschland die Regulierungsbehörde für Telekommunikation und Post, kurz RegTP genannt, die auch eine ganze Reihe technischer Vorschriften für die im

Funkbetrieb benutzten Sender und Empfänger erlassen hat. In dicht besiedelten Ländern wie Deutschland und dem europäischen Ausland sind derartige Kontrollorgane leider unerlässlich. Wenn Sie sich einmal vor Augen halten, wie viele unterschiedliche Interessensgruppen (Amateurfunk, Polizei, Taxi, Rettungsdienste, Katastrophenschutz, Rundfunk, Fernsehen, Flug- und Seefunk, Flugsicherung, Militär, Mobiltelefon usw.) zur Ausübung ihrer Tätigkeit drahtlose Nachrichtentechnik benötigen, ist leicht einzusehen, dass die Benutzung von Drahtlos-Anlagen strikten Reglementierungen unterworfen sein muss. Leider gibt es nur eine endliche Anzahl nutzbarer Funkkanäle, und damit alles in geregelten Bahnen abläuft und nicht etwa lebensnotwendige Kommunikation durch andere, im wahrsten Sinne des Wortes dazwischen funkende Teilnehmer gefährdet wird, darf jeder nur bestimmte, ihm zugewiesene Frequenzen benutzen. Darüber hinaus müssen die verwendeten Geräte in punkto elektromagnetischer Verträglichkeit (EMV), Filter-Selektivität (Unterdrückung unerwünschter Modulationsprodukte in den Mischerstufen) und maximaler Sendeleistung genau den Richtlinien der Regulierungsbehörde für Telekommunikation und Post entsprechen, was durch technische Prüfung und Erteilung einer „BZT"-Nummer bzw. „RTTE"-Zulassung (früher „FTZ"-Nummer) an den jeweiligen Hersteller gewährleistet ist.

6.3.2 Frequenz-Einzelzuteilungen

Frequenz-Einzelzuteilungen mit expliziten MHz-Angaben der zu nutzenden Frequenzen erteilt die RegTP vornehmlich für den VHF-Bereich, denn hier gibt es leider keine einheitlich-freien Kanäle, die von mobilen Wireless-Anwendern bundesweit einfach so genutzt werden könnten. Flugfunk, das mittlerweile auf dem Rückzug befindliche, terrestrisch ausgestrahlte Analog-Fernsehen sowie weitere Anwender sind im VHF-Band angesiedelt. Möchten Sie als Veranstaltungstechniker mit einer VHF-Anlage arbeiten, ist dazu immer die Erlaubnis und die Frequenzzuteilung der örtlich zuständigen Außenstelle der RegTP notwendig! Diese gilt dann nur für ein vorher festgelegtes, in Ballungsräumen meist nur wenige Quadratkilometer großes Gebiet. Als zusätzliche Auflage wird oft auch die ausschließliche Nutzung nur in geschlossenen Räumen gefordert. Aus diesem Grund erhalten vornehmlich nur stationäre Betreiber wie Theaterbühnen, Kongresszentren und Fernsehstudios eine entsprechende Genehmigung.

Für mobile Betreiber wie P.A.-Verleiher oder durch die Lande ziehende Musiker ist dieses bürokratische Prozedere inakzeptabel. Um beispielsweise auf einer Tour ein VHF Wireless-System einzusetzen, muss jeder Veranstaltungsort einzeln (!) beantragt und genehmigt werden. Dieser früher alltägliche Missstand, der nicht selten den illegalen Betrieb der Geräte zur Folge hatte, wurde erst im

Jahre 1996 beseitigt. Damals erfolgte die bundesweite Freigabe eines 32 MHz breiten UHF-Bereiches nur für Dienstleister der Veranstaltungstechnik, Wanderbühnen, Musikgruppen und weitere Nutzer. Es handelte sich dabei um die damals nicht mehr benutzten TV-Kanäle 62 – 65 (798 – 830 MHz), und erstmals war man nicht mehr an starre Frequenzvorgaben gebunden, sondern durfte sich innerhalb dieses UHF-Bereiches seine Frequenzen selbst aussuchen, was den Vorteil bringt, vor Ort schnell, flexibel und vor allem legal bereits belegten oder mit Störungen behafteten Funkkanälen aus dem Weg gehen zu können.

Wegen der Inbetriebnahme des digitalen terrestrischen Fernsehens DVB-T, welches in Deutschland unter anderem auch auf den Kanälen 64 – 66 (814 – 830 MHz) ausgestrahlt wird, stellt die RegTP der Veranstaltungsbranche mittlerweile nur noch die Kanäle 62 und 63 bzw. den Frequenzbereich von 798 – 814 MHz zur Verfügung. Dies hat zu einer deutlichen Frequenzverknappung geführt. Weil jetzt alle Anwender enger zusammenrücken müssen, ist die Wahrscheinlichkeit, vor Ort auf bereits belegte Frequenzen zu treffen, wesentlich größer als früher. Auch die Anzahl gleichzeitig legal betreibbarer Funkstrecken hat durch diese Einschränkung stark gelitten.

6.3.3 Gebührenpflicht

Sämtliche Frequenz-Einzelzuteilungen, zu denen die RegTP aus für sie wirtschaftlichen Gründen leider auch den genannten UHF-Bereich zwischen 798 und 814 MHz zählt, sind gebührenpflichtig! Um einer immer noch weit verbreiteten Irrmeinung entgegenzutreten: Es genügt nicht, sich nur auf das BZT- oder RTTE-Siegel zu verlassen, denn dieses stellt nur die technische Konformität des Geräts sicher! Wenn Sie sich heute ein oder mehrere Wireless-Systeme zulegen, müssen Sie diese trotz bereits vorhandener technischer Zulassung bei der RegTP unter ihrem Namen anmelden! Dabei wird eine einmalige Gebühr von derzeit 130 Euro fällig, zusätzlich ist pro Sender ein jährlich leicht unterschiedlicher Beitrag von derzeit 6,60 Euro (Stand: 2005) zu zahlen. Aktuelle Informationen zum Thema wie auch die notwendigen Anmeldeformulare finden Sie im Internet unter der Adresse „www.regtp.de.“

6.3.4 Kostenfreie Allgemeinzuteilung

Natürlich gibt es auch Möglichkeiten, diesen doch beträchtlichen Anmeldegebühren aus dem Weg zu gehen. Dafür müssen Sie sich Frequenzen suchen, für die seitens der RegTP eine so genannte Allgemeinzuteilung bei Gebührenfreiheit besteht. Vorweg sei aber gleich gesagt, dass das Angebot hier eher spärlich ausfällt und diese Bänder oft stark frequentiert und folglich überlastet sind. Weil hohe Störgefahr und wenig Ausweichmöglichkeiten bestehen, ist professionelles Arbeiten damit nicht möglich.

Als erste Alternative kommen die so genannten ISM-Frequenzen in Frage. ISM steht für „Industrial Scientific and Medical" und bezeichnet mehrere Frequenzbänder im UKW-, im UHF- und im Mikrowellenbereich, die eigentlich für den Einsatz industrieller, medizinischer und wissenschaftlicher Gerätschaften vorgesehen sind. Die Nutzung ist allerdings jedermann gebühren- und anmeldefrei gestattet, was eine stattliche Anzahl Hersteller von Spielzeug, Babyfonen und Garagentor-Öffnern bereits auf den Plan gerufen hat. Wenn nicht total überlastet, ist für die Veranstaltungstechnik der UHF-Bereich von 433,05 bis 434,79 MHz interessant.

Die zweite Möglichkeit besteht in der Nutzung von Frequenzen zwischen 863 und 865 MHz. Dieser so genannte de-regulierte Bereich schließt unmittelbar an das in Großbritannien frei benutzbare UHF-Band (840 – 862 MHz) an und soll, sobald alle Länder die Vorgabe umgesetzt haben, in ganz Europa für mobile Wireless-Anlagen gebührenfrei zur Verfügung stehen! Hintergedanke dabei ist, europaweit tourenden Künstlern ein einheitliches Frequenzband zur Verfügung zu stellen, damit diese beim Überschreiten von Landesgrenzen nicht ständig neues, dem Frequenzstandard des jeweiligen Landes entsprechendes Wireless-Equipment zumieten müssen.

Ob professionelle Tourproduktionen mit nur 2 MHz Bandbreite und 10 mW zulässiger Sendeleistung tatsächlich auch etwas anfangen können, ist eher unwahrscheinlich – festzuhalten bleibt aber, dass natürlich auch lokalen Anwendern dieses Frequenzband zur Verfügung steht. Wenn Sie also gebührenfrei senden möchten, bestellen Sie ihr zukünftiges Wireless-Set in einer solchen Version. Oder Sie ordern ein englisches Frequenz-Setup, wobei Sie sich vorher versichern, dass Sender und Empfänger den unmittelbar angrenzenden, de-regulierten Bereich noch mit abdecken. In Ballungsgebieten können sich wegen der geringen Bandbreite aber auch hier Probleme mit Störträgern ergeben, außerdem ist die Anzahl der gleichzeitig benutzbaren Funkstrecken stark eingeschränkt. Wegen den unvermeidlichen Intermodulationen zwischen den Sendern werden Sie kaum mehr als vier Systeme gleichzeitig störungsfrei einsetzen können.

6.4 Praktische Tipps zum Kauf und Einsatz von Wireless-Systemen

6.4.1 ISM, de-reguliert oder amtlich?

Ist der Neukauf einer Drahtlosanlage geplant, sollte es aus den genannten Gründen unbedingt ein UHF-Set sein! Machen Sie sich über die geplante Anwendung ein paar Gedanken. Für eher unkritische Einsätze im semiprofessionellen Bereich, bei denen Sie die Funkstrecke notfalls auch mal durch ein Kabel ersetzen können, reicht unter Umständen schon ein einfaches System mit Frequenzen im gebührenfreien ISM- oder de-regulierten Bereich aus. Alles andere erfordet jedoch eine gewisse Betriebssicherheit, und da bleibt als Alternative nur das gebührenpflichtige UHF-Band übrig. Galten UHF-Geräte früher als teure „State of the Art"-Objekte, die ausschließlich professioneller und gut betuchter Kundschaft vorbehalten waren, haben die Hersteller in der letzten Zeit die Entwicklung deutlich voran getrieben, so dass mittlerweile sogar bis in die unterste Preisklasse hinab der Markt gut bestückt ist und die lange Zeit vorherrschenden VHF-Geräte heute kaum mehr angeboten werden.

Auch die leidige Frage nach technischer Konformität und „BZT"- bzw. „RTTE"-Nummer ist bei Neugeräten kein Thema mehr, denn heutzutage müssen alle Hersteller diese Prüfung durchführen lassen, bevor ihre Produkte überhaupt in den Handel gelangen können. Vorsicht ist allerdings beim Kauf älterer Gebrauchtgeräte geboten! Halten Sie an den Gehäusen unbedingt nach den silbernen, wegen des gleichzeitig aufgedruckten Bundesadlers amtlich aussehenden Zulassungsaufklebern Ausschau. Darüber hinaus ist die Zulassung inklusive der „BZT"- bzw. „RTTE"-Nummer auch in den Unterlagen (Bedienungsanleitung, Zertifikat, Urkunde) vermerkt.

Fehlen diese Hinweise, handelt es sich mit ziemlicher Sicherheit um japanische oder amerikanische Importsysteme aus früherer Zeit! Deren Betrieb stellt eine Ordnungswidrigkeit dar, die, so man erwischt wird, mit Beschlagnahme und Geldbuße geahndet wird. Besonders VHF-Anlagen waren als Importgeräte besonders beliebt, deshalb dürfte die Wahrscheinlichkeit, eine solche Anlage als vermeintliches Schnäppchen günstig angeboten zu bekommen, recht groß sein.

6.4.2 Anzahl der Kanäle

Was die Anzahl der nutzbaren Frequenzen angeht, so gehört heutzutage wenigstens ein Ausweichkanal zur Mindestausstattung eines jeden Wireless-Sets. Mehrere parallel betriebene Funkstrecken auf einer Bühne sind im Zeitalter des In-Ear-Monitoring schließlich keine Seltenheit mehr, und im Falle einer Intermodulation oder einer direkten Frequenz-Übereinstimmung zweier oder mehrerer Sender muss man selbstredend flexibel sein. Aus diesem Grund finden Sie die früher weit verbreiteten Einzelfrequenz-Geräte heute nur noch in der untersten Preisklasse und auf dem Gebrauchtmarkt.

In den mittleren und oberen Preisregionen haben sich mittlerweile menügesteuerte Bedienoberflächen mit digitalen Displays durchgesetzt, die das Durchfahren des gesamten erlaubten UHF-Bereiches in sehr kleinen Frequenzschritten (meist 25 kHz) erlauben und dadurch maximale Flexibilität bei der

Auswahl des Übertragungskanals bieten. Die vor einigen Jahren weit verbreiteten, mittlerweile aber auch auf dem Rückzug befindlichen Mehrfrequenz-Geräte mit analogen Bedienoberflächen besitzen zu diesem Zweck Drehschalter für bis zu 16 fest programmierte Frequenzen. Sollen mehrere dieser Systeme parallel auf einer Bühne arbeiten, verteilt man die zur Verfügung stehenden Kanäle am einfachsten der Reihe nach – die Frequenzen sind in der Regel vom Hersteller so abgestimmt, dass keine Störungen durch Intermodulationen auftreten.

Gleiches finden Sie natürlich auch bei den modernen Sets mit digitaler Bedienoberfläche. Hier existieren meist mehrere Benutzergruppen mit passend programmierten Kanälen, so dass sich der Anwender bei Standardanwendungen mit zwei, drei Funkstrecken gar nicht mehr um explizite Frequenzangaben kümmern muss. Dennoch gibt es immer wieder Situationen – etwa Messe-Großveranstaltungen mit vielen kleinen autarken Beschallungsanlagen – in denen die Kenntnis genauer MHz-Werte zum Abstimmen der Funkfrequenzen untereinander unerlässlich ist. Zeigt Ihr Gerät Ihnen keine Frequenzen, sondern nur Kanäle an, ist in einem solchen Fall das Mitführen einer Frequenztabelle (Bedienungsanleitung) sinnvoll.

6.5 Die Sendeseite

6.5.1 Sendeleistung

Ganz gleich ob Handmikrofon-Sender oder Taschengerät: Auf der Sendeseite einer Wireless-Anlage gilt es, die Elektronik möglichst klein, leicht, unauffällig und Energie sparend zu bauen. Die Sendeleistung ist im Interesse langer Batterielaufzeit und aufgrund der meist nur kurzen zu überwindenden Entfernungen recht gering ausgelegt.

Bei vielen VHF-Sendern beträgt sie 50 Milliwatt, UHF-Geräte erreichen mit 10 – 30 Milliwatt die gleiche, wenn nicht sogar bessere Performance. Bei diesen Zahlen handelt es sich übrigens um die Leistungen, die von den internen HF-Endstufen bereitgestellt werden. Wie viel davon in die Luft gelangt, hängt entscheidend vom Wirkungsgrad der Antenne ab.

Wie dem auch sei, unter idealen Freifeldbedingungen erzielt man damit Reichweiten von ein- bis zweihundert Metern, was für den Normalbetrieb auf einer Bühne vollkommen ausreicht. Je höher die Frequenz, umso stärker wirken Mauern und Betonwände dämpfend und reflektierend auf das Funksignal. Wegen der ohnehin schon geringen Sendeleistung dringt aus einem Gebäude sehr wenig HF nach außen. Daher ist es meistens problemlos möglich, in der Nachbarschaft ein weiteres System auf der gleichen Frequenz zu betreiben, ohne dass Probleme durch Überlagerungen auftreten.

6.5.2 Bedienelemente

An Bedienelementen geben sich senderseitig normalerweise ein „On/Off"- und ein „Mute"-Schalter, eine Betriebs-LED sowie der „Gain"-Pegelregler ein Stelldichein. Neugeräte mit digitalem Bedienmenü besitzen ein kleines Display und bieten Letzteren häufig als editierbaren Parameter. Eingestellt wird damit die optimale Pegelanpassung der Signalquelle an den Sender, nicht(!) die Sendeleistung. Justieren Sie den Gain-Regler so, dass die Funkstrecke optimal ausgesteuert wird. Erkennen lässt sich dies empfängerseitig an einer aufleuchtenden LED- oder LCD-Anzeige. Zu geringe Einstellung nutzt den vorhandenen Headroom nicht aus – unnötiges Rauschen im Ausgangssignal ist die Folge. Zu hohe Eingangspegel verursachen dagegen zu hohe Modulationshübe, so genannte Übermodulationen, die sich durch Verzerrungen bemerkbar machen. Die Betriebs-LED zeigt einen eingeschalteten Sender durch Aufleuchten an, und oftmals lässt deren Helligkeit oder ein Farbwechsel auf den Batteriezustand schließen. Gelegentlich ist hier auch die so genannte „Aufblitz-Variante" anzutreffen – die LED leuchtet nur kurz beim Einschalten, um während des Betriebs Strom zu sparen.

Der „Mute"-Schalter schließt den Signalweg vor dem Modulator, so dass Störgeräusche, die beispielsweise beim Ablegen eines Sendemikrofons oder beim Instrumentenwechsel auftreten, nicht gesendet werden. Der Sender ist aber lediglich stumm geschaltet. Da der HF-Träger weiterhin ausgestrahlt wird, fließt ständig Batteriestrom! Aus diesem Grund sollte man während längerer Pausen grundsätzlich den „Ein/Aus"-Schalter betätigen.

6.5.3 Handsender

Besonders bei UHF-Geräten ermöglicht es moderne Elektronik, die Senderplatinen derart klein auszulegen, dass sie samt Batterie in normale Handmikrofon-Gehäuse passen. Renommierte Hersteller wie AKG, Sennheiser und Shure bestücken diese mit den Kapseln ihrer bereits etablierten Gesangsmikrofone. Alternativ zum bewährten Kabelmikro steht so auch eine Wireless-Variante zur Verfügung – man braucht also nicht auf den gewohnten Sound zu verzichten. Anstelle des Anschlusskabels ragt am unteren Gehäuseende die Sendeantenne heraus. Hierbei handelt es sich meist um kurze, biegsame Gummistabantennen, deren Länge mit dem Frequenzbereich variiert. VHF-Antennen sind bis zu 20 cm lang, für UHF genügen schon wenige Zentimeter lange Antennenstummel, bzw. die Antenne befindet sich in Form einer Leiterbahn oder eines Drahts gänzlich im Inneren des Mikrofongehäuses. Dadurch wird das Mikro noch etwas handlicher, und die Antenne ist vor Beschädigungen sicher.

Apropos Beschädigungen, besonders für ältere, noch analog abgestimmte Sender ist rauer Bühneneinsatz schädlich – die interne Elektronik trägt das

Prädikat „stoßempfindlich". So mancher Verleiher hat aufgrund der Bühnenshow gewisser Mikrofonjongleure schon graue Haare bekommen. Die HF-Trägerschwingung wird nämlich durch einen fein abgestimmten Oszillator erzeugt, dessen Quarz bei starken Erschütterungen zerbrechen kann. Darüber hinaus ist die Abstimmung selbst in Gefahr: Nach einem Sturz kann es vorkommen, dass der Sender aufgrund verstellter Spulen geringfügig von der Sendefrequenz abweicht, was den Empfang stark beeinträchtigt bzw. ganz ausfallen lässt. Modernere Sender arbeiten mit elektronischer Frequenzstabilisierung, die Abweichungen automatisch kompensiert, doch ist im Interesse langer Lebensdauer auch hier pflegliche Behandlung angesagt.

6.5.4 Taschensender

Taschensender eignen sich besonders für an die Kleidung ansteckbare Lavaliermikrofone, für Headsets und natürlich auch für Gitarren, Bässe etc. Einen solchen Sender steckt man entweder in eine Hosenbzw. Jackentasche oder man nutzt den meistens vorhandenen Clip, der ein Einhaken des Gehäuses am Gürtel, am Hosenbund oder am Gitarrengurt erlaubt. Daher auch der englische Fachbegriff „Belt Pack-Transmitter". Arbeiten diese so genannten „Belt-Packs" auf VHF, gibt es meist eine Drahtantenne, die man im Interesse optimaler Reichweite nicht aufgerollt in die Tasche stecken, sondern möglichst irgendwie ausbreiten sollte (z. B. durch ein Loch in selbiger im Hosenbein baumeln lassen....). UHF-Ausführungen kennen dieses Problem nicht: Hier genügt ein kurzer Gummistab, oder die Antenne sitzt als Leiterbahn realisiert im Inneren des Gehäuses. Einen anderen Weg ist man früher bei Instrumentensendern mit befestigtem Klinkenkabel gegangen: Bei diesen vornehmlich auf VHF sendenden Geräten dient eben jenes Klinkenkabel gleichzeitig auch als Sendeantenne und darf bei einer eventuellen Reparatur des Steckers nicht verkürzt werden. Beachten Sie beim Anbringen eines Taschensenders in der Kleidung des Akteurs die Art derselben. Eingewebte Metallfäden, wie sie manchmal bei Theaterkostümen vorkommen, können das Funksignal stark beeinträchtigen. Ebenso negativ wirkt sich direkter Kontakt der Antenne mit durch Schweißbildung angefeuchteter Haut aus.

Abb. 6.3: Shure-Handsender, bestückt mit einer Beta-87-Kondensatorkapsel

6.5.5 Aufsteck-Sender

Aufsteck-Sender gestatten es, bewährte Mikrofone, die man um keinen Preis missen möchte, alternativ auch drahtlos zu benutzen. Anstelle des Anschlusskabels wird ganz einfach der kompakt gebaute Sender an den XLR-Ausgang des Mikros angeschlossen. Derartiges bieten z. B. Shure und Sennheiser an. Miniatursender, die direkt in die Klinkenbuchsen elektrischer Gitarren und Bässe passen, gibt es von Samson (Airline-Serie) und AKG („Guitar Bug"), ebenso Sender inklusive Lavaliermikrofon in Form und Größe von Kugelschreibern.

Abb. 6.4: Sennheiser evolution Wireless G2

6.5.6 Stromversorgung

Für den reibungslosen Sendebetrieb besonders wichtig ist die richtige Stromversorgung des Senders. Grundsätzlich verwendet man Alkaline-Batterien von Markenherstellern, denn nur diese arbeiten über mehrere Stunden lang zuverlässig. Billige Zink-Kohle-Batterien sind für Sender ungeeignet – zu hoher Innenwiderstand ist ihnen eigen. Die Spannung bleibt dadurch nicht ausreichend stabil und geht schon kurz nach der Inbetriebnahme so weit zurück, dass ein damit betriebener Sender nicht mehr zufrieden stellend arbeitet. Verzerrungen, verminderte Reichweite und interessante Flanging-Effekte sind die Folge, oder das

Gerät schaltet sich vorher einfach ab. Als Batterieformat ist die Standard-Mignonzelle vom Typ „AA" gegenüber dem 9 V-Block momentan deutlich auf dem Vormarsch. Vielen neuen und auch etablierten Systemen (z. B. Sennheiser evolution G2 oder Shure U-Serie) reichen die 3 Volt zweier in Reihe geschalteter Mignonzellen bereits aus. Um unnötigen Ausfällen vorzubeugen, besitzt jeder bessere Sender eine Batteriestatus-Anzeige, die via Pilotton auch an den Empfänger übermittelt wird und dort auf dem Display sichtbar ist.

Ein neuer Alkaline-Batteriesatz arbeitet je nach Gerät sechs bis zwölf Stunden, manchmal sogar länger. Auch wenn die Kosten ordentlich zu Buche schlagen – jeder professionelle Einsatz wird grundsätzlich mit neuen Batterien begonnen! Schalten Sie die frisch bestückten Sender etwa 20 Minuten vorher ein, und überpüfen Sie dann nochmals die Anzeigen – auch neue Batterien neigen manchmal zum verfrühten Ausfall, wenn sie fehlerhaft oder zu lange gelagert wurden. Dies können Sie üblicherweise schon nach 10 – 15 Minuten erkennen und noch entsprechend reagieren. Nicht ganz verbrauchte Saftspender vom letzten Einsatz werden für gewöhnlich bei Soundchecks und Proben weiterbenutzt, trotzdem ist der Anteil entsorgter und dabei nicht vollständig entleerter Batterien in der Veranstaltungsbranche enorm hoch. Wenn Sie einige Punkte beachten, stellen wiederaufladbare Nickel-Metallhydrid-Akkus eine gute Alternative zu den auf Dauer recht teuren und umweltschädlichen Alkaline-Batterien dar. Zum Einsatz von Akkus mehr in Kapitel 15.

6.5.7 Intermodulationsproblematik

Wenn Sie die Broschüren der einschlägigen Wireless-Hersteller studieren, ist als Werbeargument häufig von mehr als 1000 frei einstellbaren Frequenzen innerhalb des für die Veranstaltungstechnik zugelassenen UHF-Frequenzbereiches die Rede. Dass damit nicht automatisch der Betrieb ebensovieler Funken parallel gemeint sein kann, weiß jeder, der in der Praxis schon einmal mehr als zehn Funkstrecken parallel auf einer Bühne in Betrieb hatte. Das Problem: Rauschen, Knistern und plötzliche Aussetzer auf Mikrofon- und In-Ear-Strecken, die beim vorherigen Soundcheck im Einzelbetrieb noch problemlos funktioniert haben. Ganz offensichtlich beeinflussen sich mehrere, auf engem Raum (Bühne) nebeneinander betriebene Sender selbst dann noch, wenn man vorher jeder Funke peinlichst genau eine eigene Frequenz zugewiesen und auch bei den Hertz-Angaben auf genügend Abstand zueinander geachtet hat.

Beschriebenes Übel nennt sich „Intermodulation" und basiert auf der Tatsache, dass die Antenne und der Modulator eines jeden Senders gleichzeitig auch als Empfänger für alle anderen, in unmittelbarer Nähe arbeitenden Transmitter wirkt. Beim Eindringen eines fremden Funksignals in einen Modulator werden mehrere so genannte Intermodulationsträger produziert und zusätzlich ausgestrahlt. Die Frequenzen dieser Störer ergeben sich aus Summen und Differenzen der beiden Ursprungsfrequenzen und deren Modulationshübe und liegen teilweise auch im relevanten UHF-Band. Mit anderen Worten: Schon zwei auf der Bühne benutzte Drahtlos-Systeme blockieren nicht nur die beiden explizit zugewiesenen Kanäle, sondern auch noch ein oder zwei weitere, die vor Ort dann nicht mehr zur Verfügung stehen. Kommen ein dritter, ein vierter oder noch weitere Sender hinzu, vervielfacht sich diese Problematik, weil nun jeder Sender mit jedem anderen in ständige Wechselwirkung tritt und weitere Störträger produziert.

Abhilfe schafft da nur genaue Frequenzplanung. Ansatzweise genügt es schon, wenn Sie sich strikt an die vorprogrammierten Frequenzgruppen der Hersteller halten, die Ihnen damit bereits passende Frequenzraster für bis zu zehn parallele Funkstrecken mit auf den Weg gegeben haben. Aufwändigere Wireless-Setups mit zwanzig oder mehr Strecken hingegen erfordern neue Planungen. Hierfür stellen Ihnen die Internetseiten mancher Hersteller (z. B. AKG) Rechenhilfen zur Verfügung. Trotzdem ist vor Ort nicht selten noch manuelle Feinabstimmung oft unter Zuhilfenahme eines HF-Spektrum-Analyzers nötig.

6.6 Die Empfangsseite

Die Ausbreitung von Funkwellen funktioniert im Prinzip genauso wie die der Schallwellen. In der Praxis breiten sich Funksignale vom Sendeort näherungsweise kugelförmig im Raum aus und werden beim Auftreffen auf glatte Hindernisse wie Hallenwände, Böden oder Decken wie Lichtstrahlen von einem Spiegel größtenteils reflektiert. Diese reflektierten Signale besitzen gegenüber dem Direktsignal verschobene Phasenlagen, und durch Überlagerung entstehen in gewissen räumlichen Bereichen der Halle Auslöschungen des Sendesignals. Befindet sich die Empfangsantenne in einer solchen „toten Zone", ist ein störungsfreier Empfang des Senders nicht möglich. Erschwerend kommt hinzu, dass diese toten Bereiche räumlich nicht konstant sind. Bewegt sich der Akteur auf der Bühne, verändert sich auch der Sendeort und damit das gesamte Schema der Wellenausbreitung und -reflexion. Doch nicht nur Wände und Decken reflektieren das Signal: Metallene Bühnenkonstruktionen mit Aluminium-Lichttraversen erweisen sich manchmal als „HF-Käfige". Die Übereinstimmung der Länge mancher Metallsegmente mit Vierteln der Senderwellenlänge macht diese quasi zu abgestimmten Empfangsantennen. Hierdurch können besonders unberechenbare Reflexionen, „HF-Kurzschlüsse" und damit weitere „Funklöcher" auftreten. Dieser Effekt ist übrigens auch sehr gut bei Fernsehübertragungen von Auto-, bzw. Radrennen zu beobachten: Die dort eingesetzten mobilen Kameras übertragen ihre Bilder drahtlos zu einer Relaisstation (Hubschrauber). Beim Unterqueren von Brücken wird das Bild kurzzeitig gestört, was einerseits auf die Dämpfung der Betonmasse, andererseits aber auch auf die im Stahlbeton eingegossenen Metallgerippe zurückzuführen ist.

Abb. 6.5: In der Profiszene beliebt und weit verbreitet:
das Shure UHF Professional Wireless-System

6.6.1 Diversity

Um dem Problem der Signalauslöschungen durch Reflexionen wirkungsvoll zu begegnen, ist die „True Diversity"-Technik entwickelt worden. Ein „True Diversity"-Empfänger besitzt gegenüber einem einfachen „No Diversity"-Gerät zwei räumlich versetzte Antennen, sowie zwei vollständig getrennte Empfangsteile, die im Parallelbetrieb stets das gleiche Signal detektieren. Eine interne Signalüberwachung schaltet stets den stärkeren Empfänger auf den Ausgang. Gelangt die eingeschaltete Empfangsantenne aufgrund eines veränderten Senderstandortes plötzlich in einen toten Bereich, so wird automatisch auf die zweite Antenne, die jetzt stärkeren Pegel liefert, umgeschaltet. Alternativ dazu besteht auch die Möglichkeit, die Anteile beider Empfänger andauernd zu addieren, so dass das Umschalten entfallen kann. Der Vorteil beider Verfahren: Nur wenn sich beide Antennen gleichzeitig in einer toten Zone befinden, kommt es zu Drop-Outs. Die Wahrscheinlichkeit dafür ist aber wesentlich geringer als bei nur einer einzelnen Antenne, so dass sich mit „True Diversity"-Systemen zuverlässige Übertragungen bewerkstelligen lassen.

6.6.2 Antennen

Als Empfangsantennen kommen vorwiegend schwenkbare Teleskopantennen in Frage. Diese ziehen Sie anfangs immer auf volle Länge aus und stellen sie möglichst hoch und freistehend auf. Ist der Empfang schlecht, kann die Antenne geschwenkt und etwas in der Länge verändert werden. Bei ständigem Sichtkontakt zwischen Sender und Empfänger ist die Wahrscheinlichkeit des Empfangs von direkten Wellenfronten hoch, die Einflüsse der Reflexionen dagegen sind gering, so dass eigentlich immer zufrieden stellende Ergebnisse zu erzielen sind.

Abb. 6.6: Gruppenbild mit Zubehör: Sennheiser 5000 Profi-Mehrkanalsystem

Einfache Empfänger besitzen direkt ans Gehäuse montierte Antennen. In der Praxis ist es jedoch von Vorteil, diese via PL- oder BNC-Buchsen anzuschließen, weswegen professionelle Systeme ausschließlich dieses Feature bieten. Bei schwierigem Empfang können die Antennen alternativ auch via Kabel andernorts, z. B. an den „Rackohren" eines 19"-Empfängers, befestigt werden. Auch der

Verwendung spezieller Richtantennen („Paddel") steht nichts mehr im Wege. Genauso wie Richtmikrofone bieten Richtantennen den Vorteil, in einem bestimmten, meist nierenförmigen Bereich bevorzugt auf HF-Wellen zu reagieren, während die entgegengesetzte Zone von vornherein bedämpft wird. Vorteil: Eine an der Seite platzierte und direkt auf die Bühne ausgerichtete Richtantenne detektiert höhere Nutzsignalpegel bei gleichzeitiger Ausblendung störender Reflexionen von der Seite und von hinten.

6.6.3 Antennenkabel

Die Qualität der Verbindungs-Koaxialkabel ist für den Output und die Signal/ Rauschabstände von Zusatzantennen von großer Wichtigkeit. Antennen liefern bekanntermaßen nur geringe Ausgangsspannungen, die durch Koaxialkabel minderer Qualität unzulässig stark bedämpft werden. Somit muss der Empfänger kräftig nachverstärken, wodurch natürlich dessen Eigenrauschen stärker zur Geltung kommt. Darüber hinaus liefert auch das Antennenkabel selbst zusätzliche Rauschanteile (thermisches Rauschen, verursacht durch die Molekularbewegungen im Inneren der Leiter). Angesichts der geringen HF-Pegel auf den Kabeln sind diese nicht zu vernachlässigen. Das Zusatzrauschen wird im Empfänger immer mitverstärkt, was die Signalqualität ebenfalls vermindert. Aus diesem Grund besitzen professionelle Zusatzantennen oft interne Vorverstärker, die die Signalpegel bereits an der Quelle soweit anheben, dass Dämpfung und Eigenrauschen des Kabels weniger ins Gewicht fallen.

Wichtig für optimale Verhältnisse ist außerdem der Wellenwiderstand des Kabels (meistens 50 Ohm). Dieser bestimmt sich aus dessen Abmessungen und den verwendeten Materialien. Entgegen vieler irriger Annahmen hat der Wellenwiderstand mit dem ohmschen Widerstand des Kabels nur indirekt etwas zu tun – es handelt sich lediglich um eine Kabelkonstante, die bei der Übertragung von HF-Signalen zu beachten ist. Für Wireless-Anwendungen wichtig zu wissen: Der Wellenwiderstand des Verbindungskoaxialkabels muss mit dem Ausgangswiderstand der Antenne und dem Eingangswiderstand des Empfängers absolut übereinstimmen! Abweichungen verursachen Fehlanpassungen, welche das HF-Signal an den Kabelenden reflektieren und die Signalqualität weiter beeinträchtigen. Aus diesem Grund darf an einer 50 Ohm-Antenne und einem 50 Ohm-Eingang kein Kabel mit 75 Ohm Wellenwiderstand angeschlossen werden.

In der Praxis bewährt hat sich das Koaxialkabel „RG-58". Hierbei handelt es sich um ein preisgünstiges, flexibles HF-Kabel, das den Anforderungen im VHF-Bereich genügt. Das wesentlich teurere „RG-213" steht, was die Dämpfung betrifft, wesentlich besser da, allerdings müssen Sie größere Abmessungen und eingeschränkte Flexibilität in Kauf nehmen.

Koaxialkabel	RG-174	RG-58	RG-213
Wellenwiderstand	50 Ohm	50 Ohm	50 Ohm
Kapazität	101 pF/m	101 pF/m	101 pF/m
Gewicht	ca. 1,1 kg/100m	ca. 3,8 kg/100m	ca.15,9kg/100m
Biegeradius	min. 15 mm	min. 25 mm	min. 50 mm
Durchm. Mantel	2,6 mm	4,95 mm	10,3 mm
Dämpfung bei			
30 MHz	18 dB/100m	7,7 dB/100m	3 dB/100m
100 MHz	30 dB/100m	17 dB/100m	7 dB/100m
200 MHz	40 dB/100m	23 dB/100m	10 dB/100m
500 MHz	73 dB/100m	39 dB/100m	17 dB/100m
800 MHz	93 dB/100m	51 dB/100m	23 dB/100m

Beim Verlegen von Antennenkabel auf der Bühne gehen Sie bitte mit Vorsicht zu Werke. Scharfe Knicke und Dellen verändern die innere Struktur des Kabels und damit auch den Wellenwiderstand. Außerdem laufen die in einem Koaxialkabel transportierten HF-Wellen bei einer starken Biegung gerne „geradeaus weiter", so dass das Kabel unfreiwillig zu einer Sendeantenne mutiert und dadurch Pegel verloren geht. Die Kabellänge sollte sich immer auf die tatsächlich benötigte Meterzahl beschränken – je kürzer, umso geringer sind Signaldämpfung und Zusatzrauschen. Damit stets guter elektrischer Kontakt vorhanden ist, behandeln Sie die Steckverbinder behutsam. Korrodierte, ausgeleierte oder verbogene Kontakte haben bei HF-Verbindungen nichts zu suchen!

6.6.4 Rauschunterdrückung und Kompandierung

Wird ein Sender ausgeschaltet, bekommt der zugehörige Empfänger kein Trägersignal mehr geliefert. Dies veranlasst den Eingangsverstärker, die Verstärkung hochzuregeln, was sich im Signalweg durch lautes Aufrauschen des Empfängers bemerkbar macht. Um dem zu begegnen, besitzen einfachere Wireless-Systeme die von normalen Sprechfunkgeräten her bekannte „Squelch"-Funktion, die wie ein Noisegate funktioniert: Setzt der HF-Träger aus, wird der Signalweg automatisch stumm geschaltet, wobei mit dem „Squelch"-Regler bzw. dem entsprechenden Parameter die Höhe der Ansprechschwelle einstellbar ist.

Hochwertigere Systeme setzen inzwischen auf eine Erkennung via Pilotton. Zusätzlich zum Nutzsignal strahlt der Sender eine individuelle Kennung aus, die es dem zugehörigen Empfänger ermöglicht, „seinen" Sender sicher zu identifizieren. Bleibt der Pilotton aus, sperrt der Empfänger automatisch den Signalweg. Des Weiteren gibt es integrierte Rauschunterdrückungssysteme (z. B. „dbx", „HDX"), die durch Kompression des Signal auf der Sendeseite und anschließender, komplementärer Expansion durch den Empfänger den Dynamikumfang der Funkstrecke verbessern.

6.6.5 Ausstattung von Empfängern

Weil auf Veranstaltungen häufig nicht nur eine, sondern mehrere Funkstrecken benötigt werden, hat sich bei den Empfängern die 9,5"-Bauweise etabliert. Dank zusätzlicher 19"-Adapter ermöglicht dies Platz sparende Unterbringung mehrerer Geräte in einem handlichen 19"-Rack. Damit hier kein unübersichtlicher „Antennenwald" entsteht, ist auch die Verwendung eines Antennensplitters bzw. -combiners zu empfehlen, der die Ein- und Ausgänge von Empfängern bzw. In-Ear-Sendern auf ein einzelnes Antennenpärchen zusammenführt.

Abb. 6.7: Flexibel: Empfänger mit Klinken- und XLR-Buchse plus Pegelumschaltung

Je nachdem, wie empfindlich Ihre Mischpulteingänge sind und welche Audiokabel Sie dabei haben, können Sie das übertragene Audiosignal entweder per symmetrischer XLR- oder unsymmetrischer Klinkenbuchse dem Empfänger entnehmen. Meistens ist das Ausgangspegelniveau von „Line" auf „Mic" umstellbar, und für den Ausgangspegel selbst gibt es einen „Volume"-Regler, der oft als Trimmpoti ausgeführt an der Rückseite sitzt. Aus Gründen der Übersicht öffnen Sie diesen am besten bis zum Anschlag und pegeln dann Ihren Mischpultkanal entsprechend ein.

Mit dem „Squelch"-Regler bestimmen Sie die Ansprechschwelle des internen Noisegates, dessen Abgleich sich recht einfach gestaltet: Drehen Sie bei ausgeschaltetem Sender das Poti so weit zurück, das die Rausch- und Störgeräusche aus dem Äther auf der Anlage hörbar werden. Dann drehen Sie wieder ein wenig zurück, bis die Störungen vollständig verstummt sind, der danach eingeschaltete Sender aber reibungslos funktioniert.

Sehr nützlich sind diverse optische Anzeigen: Eine „HF"- oder „Pilot"-LED signalisiert Ihnen, dass der zugehörige Sender eingeschaltet ist, hochwertige Geräte zeigen auch die Empfangsfeldstärke mit Hilfe einer LED-Kette an. Gleiches gilt für die Audiopegel. Neuere Empfänger mit Pixeldisplays wechseln entweder die Beleuchtungsfarbe (Sennheiser evolution G2) oder zeigen blinkende Warnmeldungen (AKG WMS 400/4000), um dem Anwender Probleme wie niedrige Batteriereserve oder zu wenig Feldstärke zu signalisieren. Zur Einstellung des optimalen Gain-Werts am Sender genügen meistens eine grüne „Signal"- und eine rote „Peak"-LED. Leuchtet Letztere auf, drehen Sie den senderseitigen „Gain"-Trimmer ein wenig zurück, sonst riskieren Sie Verzerrungen durch Übermodulation. Üblich ist es auch, den Diversity-Status mittels eines „A/B"-LED-Pärchens anzuzeigen.

Schließlich noch die Stromversorgung: Professionelle Empfänger besitzen selbstverständlich interne Netzteile, während in der mittleren und unteren Preisklasse die Hersteller auf externe Netzteile ausweichen. Wenn Sie mit einem solchen System liebäugeln, sollten Sie darauf achten, dass der Stromversorgungsstecker in der Buchse arretiert werden kann, oder dass zumindest ein Zugentlastungshaken zum Einfädeln des Kabels vorhanden ist.

7 P.A.-Mischpulte

Primäre Aufgabe eines P.A.-Mischpults ist es, mehrere einzelne Signalquellen zu einer finalen Mono- oder Stereosumme zusammenzumischen, die dann via Lautsprecherboxen hörbar gemacht wird. Zu diesem Zweck ist das Mischpult in Kanalzüge aufgeteilt, die individuelle Klang- und Lautstärkeregelung eines jeden Signals ermöglichen. Ganz gleich ob Sie nun einen Konferenzraum, ein Festzelt oder gar ein Stadion beschallen, stets stellt ein Mischpult den Mittelpunkt Ihrer Anlage dar. Weil die genannten Anwendungen teilweise doch recht unterschiedliche Anforderungen an Ausführung, Kanalzahl und Ausstattung stellen, sind folglich eine ganze Reihe unterschiedlicher Ausführungen am Markt beheimatet. Um zu ermitteln, welches Gerät für Ihre bevorzugten Anwendungen das Richtige ist, müssen Sie sich mit den verschiedenen Baugruppen des Mischpults genau auseinander setzen, wobei Ihnen das nun folgende Kapitel mit Rat zur Seite stehen soll.

7.1 Ausführungen

7.1.1 Bauformen

Mischpulte gibt es als Tischkonsolen, als Rackgeräte und auch in kombinierter Form zu erstehen. Die bekannteste Variante ist zweifelsohne das klassische Tischgerät, bei dem sich sämtliche Bedienelemente wie Schieberegler („Fader"), Potis, Buchsen („Jacks") und Schalter an Oberfläche und Stirnseite befinden. Für die F.o.H.- und Monitorkonsole eines P.A.-Systems erweist sich diese Bauform am ergonomischsten. Als Alternative werden kleinere Mischpulte oft in 19"-Gehäusen für den Rackeinbau angeboten. Ganz einfache 19''-Bühnenmixer befinden sich dagegen in normalen Einschubgehäusen von ein bis vier Höheneinheiten, besitzen aus Platzgründen meist nur Drehpotis anstelle von Fadern und bieten an Ausstattung nur das Allernötigste. In diese Kategorie fallen auch die so genannten Line-Bühnenmixer, die besonders für Keyboarder mit zusätzlichen 19"-Klangerzeugern als Submischer zur Erstellung einer Stereo-summe zu empfehlen sind.

Abb. 7.1: 19"-Mischer „Keymix 6" von SPL, darunter der ebenfalls racktaugliche „Wizard" von Allen & Heath

Der Rack-Betrieb bietet den Vorteil, das Mischpult zusammen mit anderen 19"-Komponenten in ein entsprechendes Case einzubauen und vorverkabeln zu können. Beim Auf- und Abbau sparen Sie dadurch eine Menge Zeit. Diese Lösung ist besonders für kleine transportable Anlagen zu empfehlen, bei denen das Pult von der Bühne aus bedient bzw. vor dem Auftritt eingestellt wird. Wenn Sie auf Rackkompatibilität Wert legen, aber auch einige Ansprüche an die

Ausstattung Ihres Pults stellen, sollten Sie auf jeden Fall eine Kombiversion in Betracht ziehen. Hierbei handelt es sich um Tischgeräte, die durch Anschrauben seitlicher Montagewinkel und Umbau des Buchsenfelds zum Boden hin auf Rackbetrieb umgerüstet werden können.

Während Pulte der unteren und mittleren Preisklasse zu den festkonfigurierten Geräten zählen, ist gerade bei professionell-aufwändigen Live- und Studiopulten auch die Modulbauweise üblich. Hierbei werden in einen Basisrahmen die Kanalzüge, die Subgruppen und die Mastersektion in Form einzelner Module eingebaut. Vorteil: Ein solches Pult können Sie sich individuellen Ansprüchen gemäß selbst gestalten. Defekte Kanäle lassen sich durch Lösen von nur wenigen Schrauben in Eigenarbeit schnell auswechseln, ohne dass das komplette Gerät zum Service muss. Auch die Fader sind einzeln zugängig und können bei Bedarf rasch getauscht werden. Ganz anders sieht dies leider bei preisgünstigeren Mischpulten aus! Aus Kostengründen hat man sich hier von der Modulbauweise schon lange verabschiedet. Sämtliche Schalter, Potis und Regler sitzen auf einer großen Platine, was im Falle eines Defekts langwierige Aus- und Einbauarbeit bedeutet.

7.1.2 Analoges oder digitales Pult?

Während herkömmliche Analogpulte für jede Funktion noch explizit zugewiesene Schalter oder Regler besitzen, sieht die Bedienoberfläche digitaler Mischpulte völlig anders aus. Sämtliche Regel- und Mischvorgänge geschehen auf digitaler Ebene, ebenso die Klang- und Dynamikbearbeitungen einzelner und bereits gemischter Signale. Als Schnittstelle zwischen analoger und digitaler Ebene besitzt jeder Kanal einen A/D-Wandler, der das analoge Eingangssignal in entsprechende digitale Daten umsetzt. Die Rückwandlung der fertig gemischten (bzw. berechneten) Digitalsignale geschieht komplementär mit D/A-Umsetzern – jeder Ausgang benötigt einen solchen Schaltkreis. Bei den Bedienelementen zum Einstellen der Kanalparameter – in der Regel Endlospotis mit einem umlaufenden LED-Kranz zur Anzeige – genügt es hingegen, diese nur einmal vorzusehen. Durch Betätigen der jeweiligen Select-Taste wird der gewünschte Kanal editiert und dessen Einstellungen den Reglern zugewiesen, so dass Sie jetzt Veränderungen vornehmen können, die das Pult in den Speicher übernimmt, sobald Sie via „Select" einen anderen Kanal anwählen. Als zusätzliche Editierhilfe bieten kleinere Digitalpulte LCD-Displays, größere Konsolen besitzen gar integrierte TFT-Bildschirme. Hier lassen sich die Einstellungen alternativ auch via Touchpad oder Trackball verändern – die Bedienung ist prinzipiell identisch mit reinen Software-Mischpulten, die Sie als Bestandteile gängiger Harddisk-Programme wie ProTools, Logic oder Cubase vielleicht schon einmal gesehen haben.

Weil die am häufigsten benötigten Bedienelemente eines Mischpults zweifelsohne die Kanalfader sind, besitzen auch digitale Konsolen direkt zugängliche Schieberegler. Allerdings handelt es sich dabei um digitale Signalgeber, die sich auf Knopfdruck auch in Subgruppen- oder Aux-Single/Aux-Masterfader verwandeln. Damit Ihnen nach dem Umschalten die aktuellen Einstellungen sofort zur Verfügung stehen, bewegen kleine Elektromotore die Regler auf und ab in die zuvor gespeicherten Stellungen. So wird auch deutlich, dass die Kanalzahl eines digitalen Mischpults nicht durch die Anzahl der Fader zu bestimmen ist. Vielmehr repräsentieren die Fader nur eine Kanalgruppe, beispielsweise die Kanäle 1 – 16. Durch Umschalten in höhere Ebenen bekommen Sie Zugriff auf die Kanäle 17 – 24, 25 – 32 usw., je nachdem, wie viele Eingänge es gibt. Zusätzlich zu den internen Wandlern besteht häufig noch die Chance, in das Pult Erweiterungskarten einzubauen oder kanalcodierte Digitalsignale (z. B. 8 Kanäle ADAT-Lightpipe) von externen 19"-Wandlerboxen zuzumischen. 32 oder 40 Kanäle auf einem Pult, das nur einen Quadratmeter Fläche benötigt, sind bei digitaler Arbeitsweise demnach keine Seltenheit.

Abb. 7.2: Kompakte Digitalkonsole für den Rackbetrieb: Yamaha 01V/96

Der wohl größte Vorteil eines digitalen Mischpults ist jedoch die Speicherbarkeit sämtlicher Einstellungen inklusive des Signalroutings. Größere F.o.H.-Konsolen legen sogar die vorher via Tastatur einzugebenden Kanalbeschriftungen mit ab, so dass der lästige Streifen Krepppapier oder Gaffa unterhalb der Fader hier der Vergangenheit angehört. So können Sie beispielsweise in einer Festivalsituation die beim Soundcheck erstellten Mischpult-Setups der einzelnen Künstler auf Knopfdruck binnen einer Sekunde exakt wiederherstellen, während die Rekonstruktion auf einem analogen Pult nur mühselig anhand vorher notierter Einstellungen gelingt.

Des Weiteren bieten digitale Pulte weitaus mehr Möglichkeiten der Signal-bearbeitung und auch interne Effekte: Jeder Kanal besitzt eine eigene Dynamik-sektion bestehend aus Kompressor und Noisegate – bei einem analogen Pult müssen Sie diese Geräte extra erwerben, in einem zusätzlichen Rack transpor-tieren und via Insertkabel anschließen. Externe Effektgeräte für Hall und Delays sind beim Digitalmixer ebenfalls nicht zwingend erforderlich, weil bereits implementiert. Als zweiter großer Vorteil ist demnach der geringere Transport-aufwand zu verbuchen, vom kleineren Flächenbedarf des F.o.H.-Platzes vor Ort ganz zu schweigen. Unterschätzen Sie dies nicht, wenn Sie Gala- und Kultur-veranstaltungen beschallen! Hier ist man seitens der Veranstalter immer froh, wenn die Technik möglichst unsichtbar verbaut wird und man noch Platz für zwei oder drei Stühle mehr hat.

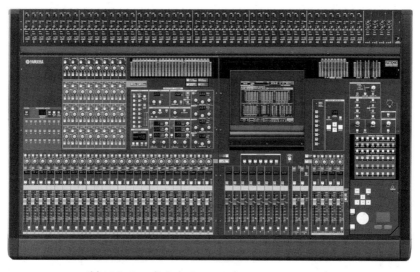

Abb. 7.3: Das digitale F.o.H.-Pult PM5D von Yamaha

Doch wo viel Licht ist, gibt es bekanntlich auch Schatten: Was die Zugriffszeit auf einzelne Parameter angeht, ist das Digitalpult wegen der erforderlichen Kanaleditierungen und der verschiedenen abrufbaren Bedienebenen dem analo-gen Pendant klar unterlegen. Selbst geübte Anwender benötigen im Extremfall einige Sekunden bis zum Ziel, die bei einem plötzlich rückkoppelnden Monitor endlos lang erscheinen. In solchen Stresssituationen verleitet das Bedienkonzept zudem zu Fehlern, die auf analogen Pulten nicht passieren. Auch hadern viele Anwender bei manchen Geräten momentan noch mit der Klangqualität und mit Softwareproblemen, die die Zuverlässigkeit einschränken. In ein, zwei Jahren werden diese Punkte aber wohl kein Thema mehr sein.

7.2 Auswahlkriterien

Neben der Entscheidung, ob das zukünftige Pult analog oder digital arbeiten soll, ist natürlich die benötigte Kanalzahl das wichtigste Kriterium. Aber auch einige andere Punkte sollten Sie beachten. So wird ein Live-Pult im Gegensatz zu einer Studiokonsole ständig transportiert. Ein stabiles, verwindungsfestes Gehäuse ist daher ein absolutes Muss! Ebenso müssen Sie ein Flightcase in Kofferform oder größer für den Transport einkalkulieren. Professionellen Touch bekommt dieses, wenn vor dem stirnseitigen Buchsenfeld eine Kabelbox vorhanden ist. Diese schirmt nämlich das Kabelgewirr von den Blicken des Publikums ab und dient auch als mechanische Ablage für Kabelbäume, Multipin-Kupplungen usw. Und das Transportbehältnis für Netzteil-Verbindungskabel, Multicore-Auflösungen, Schwanenhalslampen und alle anderen wichtigen Dinge, die zum Pult gehören, und die folglich immer zusammen transportiert werden sollten, ist ebenfalls schon vorhanden.

Abb. 7.4: Professionelles Midas „Heritage"-Analogpult im Front-of-House-Zelt eines großen Open-Airs

Besondere Beachtung verdienen auch die Potis und Fader. Hierbei handelt es sich nämlich um Verschleißteile – nur Qualitätsprodukte erreichen eine lange Lebensdauer. Hochwertige Potis erkennen Sie an der Bauweise und der Gängigkeit: Beim Drehen muss stets etwas Widerstand spürbar sein – die Achsen dürfen nicht zu viel Spiel besitzen. Zusätzliche Verschraubung durch

Überwurfmuttern mit der Oberfläche erhöht die Stabilität. Vollständig gekapselte Ausführungen verhindern überdies die Ablagerung von Staub auf der Kohlebahn.

Gute Fader dagegen laufen „sahnig" mit etwas Widerstand und wenig Spiel, sind darüber hinaus gegen eindringenden Staub gekapselt und besitzen lange Lebensdauer. Etabliert haben sich Faderlängen von 100 und 60 mm Länge. Letztere finden aus Platzgründen häufig bei kompakten Klein- und Rackmixern Verwendung. Der Vorteil der längeren 100 mm-Fader liegt in der feineren Auflösung und der dadurch besseren Dosierbarkeit der Pegel, die besonders im oberen Drittel des Reglerwegs vorhanden sein muss.

Kommt es während des Regelns irgendwann doch mal zu Kratzgeräuschen und Aussetzern, sind Schleifkontakt und Kohlebahn verschlissen und verschmutzt. Hochwertige Regler können Sie dann ausbauen und zur Reinigung öffnen. Für die Kohlebahn empfiehlt sich Abreiben mit einem Wattestäbchen, das Sie vorher mit Alkohol getränkt oder mit Tuner-Spray angefeuchtet haben. Gleiches funktioniert auch beim Schleifer, doch seien Sie angesichts der fragilen, leicht zu verbiegenden Kontaktzungen bitte vorsichtig! Im Hinterkopf sollten Sie dann bereits an Ersatzteile denken, denn erfahrungsgemäß ist der Erfolg einer Reinigung nicht von allzu langer Dauer.

Als weitere Punkte sind natürlich Ausstattung und – nicht zu vergessen – die Übersichtlichkeit der Bedienelemente anzuführen. Arbeitet die Klangregelung effektiv genug? Sind genügend Monitor-, Effektwege und Subgruppen vorhanden? Ist das Pult im Verhältnis zur Anzahl der Regler einfach zu bedienen? Besonders bei aufwändigeren Mischpulten sollte man dem letzten Punkt einige Aufmerksamkeit widmen. Besichtigt werden die Pulte auf Messen, bei Firmen und Händlern im schönsten Präsentationslicht, die tatsächliche Arbeit findet dagegen im Halbdunkeln statt.

Aus diesem Grund ist auch das „Nachtdesign" von Interesse – ein Live-Pult muss so strukturiert sein, dass Sie nach kurzer Eingewöhnung die Regler und Taster quasi „im Blindflug" finden. Eine Pultbeleuchtung ist in diesem Zusammenhang kein Luxus, sondern ein absolutes Muss. Professionelle Geräte bieten meistens die Möglichkeit, Schwanenhalslampen anzuschließen, die bequem über der Pultfläche ausgerichtet werden können. Deren Licht strahlt indirekt, ohne zu blenden. Um gleichmäßige Ausleuchtung ohne Schatten (wichtig!) zu erreichen, sind mindestens zwei, drei oder mehr davon erforderlich.

Bei den Bezeichnungen von Mischpulten ist es allgemein üblich, neben dem Firmenlogo des Herstellers auch die Anzahl der Kanäle und die der Subgruppen mit anzugeben. Die Zahlenfolge „24/8/2" beispielsweise verrät, dass 24 Kanäle über acht Subgruppen auf eine Stereosumme gemischt werden können.

7.3 Bestandteile eines Mischpultkanals

„Sooo viele Knöpfe!" Dieser von Laien oft zu hörende und von professionellen Anwendern mit nachsichtigem Kopfnicken quittierte Ausspruch hat durchaus seine Berechtigung. Um den Durchblick zu erhalten, im Folgenden nun eine ausführliche „von oben nach unten"-Abhandlung über die Bestandteile eines analogen Mischpultkanals. Digitale Pulte bieten grundsätzlich die gleichen, wenn nicht sogar mehr Features.

7.3.1 Eingangsbuchsen und Pad-Schalter

Ganz am Anfang des Mischpult-Signalpfads steht natürlich die Eingangsbuchse, über die das zu verarbeitende Signal ins Pult gelangt. Für gewöhnlich sind pro Kanal zwei davon vorgesehen, nämlich ein dreipoliger XLR- und ein ebensolcher „Line"-Klinkeneingang. Ein meistens mit „Mic/Line" bezeichneter Umschalter sorgt für das entsprechende Routing dieser Buchsen auf den nachfolgenden Vorverstärker. Allerdings verzichten einfachere Pulte oft darauf und geben der Klinkenbuchse Priorität, wenn ein Kabel eingesteckt ist. Wozu zwei Eingangsbuchsen? „Flexibilität", lautet die Antwort. Die von der Bühne kommenden Multicore-Kabel besitzen üblicherweise XLR-Auflösungen, während Return-Signale vom Siderack oder CD/Minidisc-Zuspieler gerne via Klinkenkabel übermittelt werden.

Als nächstes sorgt ein „Pad"- bzw. „Range"-Schalter, der meistens nur auf die XLR-Buchse wirkt, für die richtige Eingangsempfindlichkeit. Hintergrund dafür sind die teilweise doch beträchtlichen Pegelunterschiede der ankommenden Bühnensignale, die ohne zusätzliches Dämpfungsglied den nachfolgenden Vorverstärker trotz zurückgedrehtem Gain-Regler in manchen Fällen übersteuern. Für stärkere Signale z. B. von Keyboards oder Verstärkern gilt die „-20 dB"-Position, während Sie bei schwächeren Mikrofonsignalen die Dämpfung durch Umschalten auf „0 dB" aus dem Signalweg herausnehmen. Ist die weitere interne Signalführung des Pults unsymmetrisch, folgt dem Pad-Schalter ein Wandler in Form eines elektronischen Differenzverstärkers oder eines Übertragers. Dieser fügt die symmetrischen Signale der Leitung zu einem unsymmetrischen Signal zusammen, wobei zueinander gleichphasige Störanteile ausgelöscht werden.

7.3.2 Phantomspeisung

Vor einigen Jahren galt pultinterne Phantomspeisung noch als unerhört professioneller Luxus, inzwischen ist dieses Feature schon bei Kleinstmischpulten zum Standard geworden. Mit Phantomspeisung können Sie Kondensatormikrofone und aktive DI-Boxen über die XLR-Eingänge und die symmetrischen Audiokabel vom Pult aus quasi „versteckt" mit Betriebsspannung versorgen, daher der Name. Die Phantomspannung beträgt normalerweise +48 V und liegt an den Signalpins 2 und 3 der XLR-Buchse an. Als Minuspol dient die Masse auf Pin 1. Da zwischen Pin 2 und 3 kein Gleichspannungsunterschied besteht, können Sie auch herkömmliche dynamische Mikrofone oder sonstige symmetrische Signalquellen anschließen, ohne dass die Gefahr einer Beschädigung besteht. Bei Kleinmixern sorgt ein einzelner Schalter für Phantompower auf allen XLR-Inputs gleichzeitig, professionellere Pulte erlauben dagegen das Einschalten auch kanalweise oder in Gruppen zu vier oder acht Kanälen. Seien Sie bitte vorsichtig, und betätigen Sie die Schalter nur bei geschlossenen Fadern! Ansonsten gelangt unter Umständen lautes Einschaltknacken auf die Boxen, was nicht zum Wohlbefinden von Mensch und Material beiträgt.

Wer braucht eigentlich Phantompower? Die durchschnittliche Rockband wohl weniger, denn für den Gesang kommen hier meistens dynamische Mikros vom Schlage „SM 58" zum Einsatz. Wird jedoch öfter auch mal das komplette Drumset abgenommen, sieht die Sache schon anders aus, denn HiHat und Becken klingen über Kondensatormikros einfach besser. Wer vorwiegend auf akustischen Instrumenten musiziert, kommt ohne ansteckbare Kondensatorkapseln, die sehr natürliche Klangbilder übertragen, heutzutage einfach nicht mehr aus. Da deren Batteriespeisung auf Dauer teuer und umweltschädlich ist und viele Kondensatormikros mit der höheren Phantomspannung auch besser klingen, achten Sie beim Mischpultkauf unbedingt auf eine Speisemöglichkeit.

Gleiches gilt natürlich für P.A.-Verleiher, die mit ihren Konsolen so flexibel wie möglich sein müssen. Tipp am Rande: Besonders bei günstigen Kleinmixern sollten Sie vor dem Kauf testen, ob genügend Stromreserven vorhanden sind. Hin und wieder wird nämlich seitens der Hersteller hier gerne gespart. Schließen Sie einfach eine Reihe Kondensatormikrofone und/oder aktive DI-Boxen gleichzeitig an und probieren Sie. Stellen sich Störgeräusche in Form von Brummen ein oder entstehen Verzerrungen, ist dies ein Indiz für überlastete Phantompower! Weitere Hinweise zum Thema finden Sie in Kapitel 13 „Stromversorgung".

7.3.3 Vorverstärker

Als nächstes folgt eine sehr wichtige Baugruppe des Mischpultkanals, nämlich der schon angesprochene Vorverstärker. Dieser besitzt die Aufgabe, das ankommende Signal auf ein einheitliches Arbeitspegelniveau von ca. 0 dBu, den so genannten Line-Pegel, zu bringen. Dieses Anheben des Eingangssignals bereits am Anfang der Signalkette ist der Tonqualität sehr förderlich. Bis zur Summe ist es nämlich noch ein weiter Weg – etliche Verstärkerschaltkreise in der Klangregelung und in Summierstufen werden durchlaufen, welche dem Nutzsignal allesamt Rauschanteile hinzufügen. Besitzt das Signal von Anfang an hohen Pegel, hebt es sich sehr viel besser vom Grundrauschen ab (hoher Geräusch-

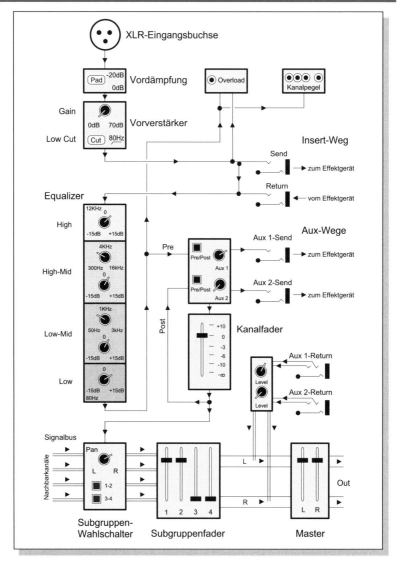

Abb. 7.5: Vereinfachtes Blockschaltbild eines Mischpultkanals
plus Subgruppen und Master

spannungsabstand), so dass die Nebengeräusche letztlich zu vernachlässigen sind. Eine wichtige Regel in der Nachrichtentechnik besagt zudem, dass das Rauschverhalten des allerersten Glieds einer analogen Signalkette deren komplette Übertragungsqualität am nachhaltigsten beeinflusst! Die Vorverstärker sind somit wesentliche Qualitätsmerkmale des ganzen Pults, folglich legen die meisten Hersteller bei der Entwicklung höchsten Wert auf Rausch- und Verzerrungsarmut. Außerdem müssen sowohl schwache Mikrofonsignale wie auch hohe Ausgangspegel, z. B. von Röhrenpreamps, adäquat verarbeitet werden können. Also gilt es, die Verstärkungsreserven – normalerweise 50 – 70 dB – und die Übersteuerungsfestigkeit entsprechend zu bemessen. Digitale Pulte verwenden ebenfalls analoge Vorverstärker zum optimalen Aussteuern der nachfolgenden A/D-Wandler, was für gute Klangqualität ebenfalls von großer Wichtigkeit ist.

Die richtige Vorverstärkung der Eingangsstufe regeln Sie am Gain-Poti in Verbindung mit der „PFL"-Pegelanzeige, die meistens mit der L/R-Summenpegelanzeige identisch ist und bei gedrücktem PFL-Schalter kurzzeitig zweckentfremdet wird. Oft gibt es pro Kanal auch eine vier- oder sechsstellige LED-Kette in der Nähe des Faders oder – bei einfachen Pulten – zumindest eine einzelne rote „Overload"-LED. Durch Aufleuchten signalisiert diese Übersteuerungen. Dabei erfolgt die Warnung meistens schon vor dem Einsetzen hörbarer Verzerrungen. Dem Anwender wird also rechtzeitig mitgeteilt, dass keine Aussteuerungsreserve mehr zur Verfügung steht und er die Verstärkung am Gain-Regler etwas reduzieren muss.

Die räumliche Position der Overload-LED auf dem Kanalzug ist manchmal etwas irreführend – im Signalweg befindet sie sich häufig an ganz anderer Stelle. Meistens wird nämlich auch noch der vorhandene Insert-Effektweg und die nachfolgende Klangregelung mitüberwacht. Durch unvorsichtiges Anheben der gefilterten Frequenzbereiche bzw. zu hohe Return-Pegel von Effektgeräten können hier nämlich sehr schnell Übersteuerungen entstehen.

Der Vorverstärker arbeitet mit der richtigen Verstärkung, wenn bei gedrücktem PFL-Schalter die Pegelanzeige Werte um die 0 dB-Marke herum erreicht. Besitzt Ihr Pult individuelle Kanalanzeigen, können Sie sich diese Prozedur sparen, denn dann haben Sie ständigen Überblick über das Pegelgeschehen und sehen sofort, ob und wie viel Signal überall anliegt. Ein nützliches Feature, das Sie nicht mehr missen möchten, wenn Sie sich erst einmal daran gewöhnt haben! In sparsamer Abwandlung dessen bieten einfache Mischpulte zusätzlich zur roten Overload-LED oft auch eine grüne „Signal"-Anzeige, die bereits bei -20 dBu aufleuchtet.

Im Umgang mit den Gain-Reglern unterlaufen besonders Einsteigern oft Fehler, indem die Potis als Lautstärkeregler herhalten müssen. Dies ist vom Denkansatz her gänzlich falsch, zur Regelung der Lautstärken sind die Kanalfader zuständig! Ein Gain-Regler befindet sich nämlich nicht direkt im Signalweg, sondern legt nur die Verstärkung der Eingangsstufe fest. In der Praxis können Sie diese Tatsache sehr einfach nachvollziehen, indem Sie ein Poti probeweise einmal ganz zurückdrehen. Am linken Anschlag angekommen, besitzt die Verstärkung den geringsten Wert, das Signal ist aber immer noch leise zu hören, wenn Sie die Fader weit öffnen. Ein Kanalfader dagegen sitzt als

Spannungsteiler direkt im Signalweg – am unteren Anschlag wird das Signal vollständig gegen Masse abgeleitet und ist daher nicht mehr präsent. Veränderungen an den Gain-Potis im Sinne von mehr oder weniger Lautstärke bewirken letztendlich nur uneinheitliche Arbeitspegel auf den Kanälen, welche Sie dann am Kanalfader kompensieren müssen.

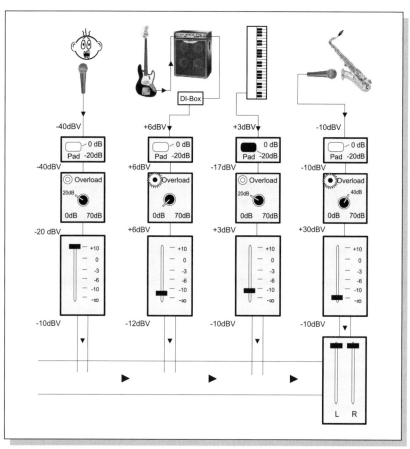

Abb. 7.6: Falsch eingepegeltes Mischpult: Der Gesangskanal hat zu wenig Gain, was auch der geöffnete Kanalfader nicht aufholen kann. Beim Basskanal wurde der Pad-Schalter nicht betätigt, und es kommt zu Übersteuerung bei Signalspitzen (aufleuchtende Overload-LED). Um das Niveau des Gesangskanals zu erreichen, darf der Kanalfader nur wenig geöffnet werden. Noch am besten eingepegelt ist das Keyboard. Das Saxofon hat zu viel Gain (Verzerrungen, Overload-LED). So gibt es keine Reserven, um den Gesang über den Rest anzuheben, der Summenpegel reicht nicht zur Vollaussteuerung der Endstufen

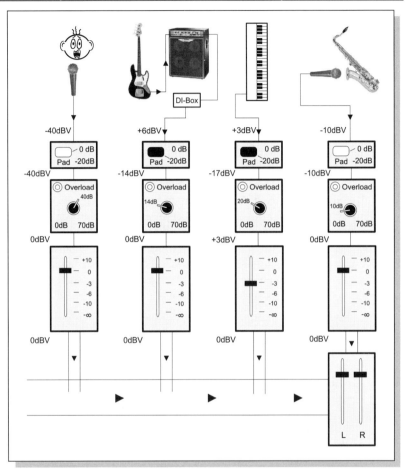

Abb. 7.7: Richtig eingepegeltes Mischpult. Strategie: Unterschiedliche Eingangspegel erst mit Pad-Schalter und Gain-Regler auf gleiches Niveau bringen und dann mit den Kanalfadern die Lautstärke einstellen

In der Tat erkennt man ein schlecht eingepegeltes Mischpult an den „kreuz und quer"-Stellungen der Schieberegler (Abbildung 7.6). Dies gestaltet die ganze Sache sehr unübersichtlich. Ist der Kanalpegel zu gering, verschlechtert sich unnötigerweise der Signal/Rauschabstand. Dem gegenüber steht akute Übersteuerungsgefahr bei zu viel Gain. Verzerrungen treten dann besonders gerne bei nachträglicher Anhebung eines Frequenzbereichs mittels der Klangregelung auf. Problematisch sind auch externe Effektgeräte: Diese werden je nach Kanalpegel entweder zu gering oder zu hoch ausgesteuert, worunter in beiden

Fällen die Signalqualität leidet. Also müssen auch die Aux-Potis für die Effektwege dieses Verwirrspiel mitmachen.

Sind dagegen alle Kanäle einigermaßen gleich eingepegelt, kommen auch die Aux-Regler und Kanalfader alle ungefähr in derselben Position zu liegen.

7.3.4 Insert-Effektweg

Wenn Sie einen Blick auf das Buchsenfeld der Kanal-Eingangssektion werfen, so befindet sich neben den Eingängen dort meistens noch eine weitere Klinkenbuchse, die mit „Insert" oder „In/Out" gekennzeichnet ist. Das Einstecken eines Y-Kabels „Stereoklinke auf zweimal Monoklinke" unterbricht durch Öffnen eines Buchsen-Schaltkontakts den internen Signalweg und entnimmt das Signal dem Pult komplett, um es zu einem externen Signalbearbeiter zu leiten. Die Rückführung erfolgt über das zweite Kabel an exakt gleicher Stelle. Einige professionelle Großkonsolen besitzen für die Inserts auch getrennte symmetrische „Send/Return"-Buchsen, welche zweiadrige Stereo-Klinkenkabel erfordern. Anstelle der herkömmlichen 6,3 mm-Stecker ist hier manchmal auch das TTC-Format („**T**iny **T**elephone **C**onnector") anzutreffen, wie auch die Inserts von der Pultoberfläche aus geschaltet werden können.

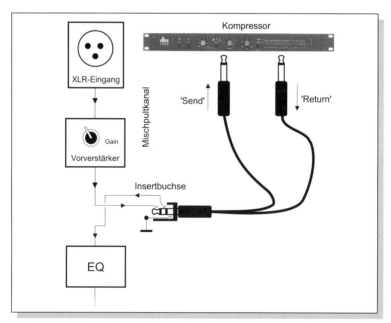

Abb. 7.8: Prinzip des Insert-Wegs. Das Signal verlässt das Pult komplett, wird extern bearbeitet und kehrt an gleicher Stelle wieder ins Pult zurück

Im Gegensatz zu vielen reinen Studiokonsolen und manch älterem P.A.-Pult liegt ein Kanal-Insert heutzutage fast immer zwischen Low-Cut-Filter und EQ, nicht dahinter. Dadurch ist der Insert-Pegel nur von der Signalquelle und der am Gain-Regler eingestellten Verstärkung abhängig und wird durch EQ-Änderungen nicht beeinflusst – wichtig für das Schalt- und Regelverhalten hier bevorzugt angeschlossener Noise-Gates und Kompressoren. Zur Beschaltung: Das Gros der Hersteller legt beim Insert das „Send"-Signal auf die Spitze („Tip") des Stereo-Klinkensteckers, den Return auf das mittlere Segment („Ring"), die Masse beider Signale führt der Schaft. Bei einigen Pulten (z. B. Soundcraft, Soundtracs, Target) ist diese Belegung aber umgekehrt ausgeführt, so dass für korrekten Signalfluss die Stecker am externen Einschleifgerät vertauscht werden müssen.

Kanal-Inserts digitaler Mischpulte sitzen üblicherweise vor den A/D-Wandlern, arbeiten also noch analog. Echte digitale Einschleifwege sind seltener, denn diese benötigen je ein Paar eigene Wandler. Per Routing-Anweisung können Sie derartige Inserts aber auch Subgruppen oder Aux-Wegen zuweisen, eben dorthin, wo Sie sie benötigen.

7.3.5 Phasendrehung

Phasendrehung des Eingangssignals um 180° erreichen Sie – sofern vorhanden – durch Betätigen des Phasenumkehrschalters („Phase Reverse", „Rev", „Ø"). Dieses zugegebenermaßen seltener benötigte Feature ist meist aufwändigen Pulten vorbehalten. Versuchsweise Phasendrehung eines Signals macht immer dann Sinn, wenn eine Signalquelle mit mehreren Mikrofonen aufgenommen wird und sich dabei unerwünschte Frequenzauslöschungen ergeben (z. B. Snareabnahme von oben und von unten her gleichzeitig). Darüber hinaus können Sie damit auch sehr einfach eine verpolte Mikrofonleitung (Pins 2 & 3 vertauscht) kompensieren. Bei digitalen Mischpulten ist die Phasendrehung Teil der digitalen Signalverarbeitung, und der zugehörige Schalter existiert nur als grafischer Button auf dem Display.

7.3.6 Equalizer/Klangregelung

Fällt der Begriff „Equalizer", denkt man automatisch an den grafischen EQ mit seinen vielen Schiebereglern. Doch auch die Klangregelung im Mischpult wird zunehmend als Equalizer bezeichnet, obwohl sie weitaus weniger Filter aufweist. Am einfachsten funktioniert der so genannte „Hi/Low"-Equalizer, der hauptsächlich bei analogen Kleinmixern anzutreffen ist: Zwei Filter mit „Kuhschwanz"-Charakteristik (engl. „Shelving") erlauben es, die Bässe und die Höhen des Signals breitbandig anzuheben oder abzusenken (Abbildung 7.9). Üblicherweise befinden sich die Eckfrequenzen dieser Filter bei 80 oder 60 Hz bzw. bei 12 kHz. Früher waren auch 100 Hz bzw. 10 kHz weit verbreitet – für den heutigen Geschmack ein wenig zu hoch bzw. zu tief.

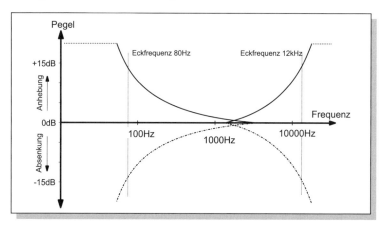

Abb. 7.9: Frequenzgang einer Zweiband-Klangregelung. Steht der Bassregler auf Anhebung, betont dessen Filter alle Frequenzen unterhalb der -3 dB-Eckfrequenz. Bei Absenkung (gestrichelte Linie) ist genau das Gegenteil der Fall. Gleiches gilt komplementär auch für den Höhenregler

Bei vielen Kleinmixern ist es inzwischen üblich, ein drittes semiparametrisches Glockenfilter für die Mittenbearbeitung vorzusehen. „Semiparametrisch" bzw. „Sweep" bedeutet, dass Sie die Filter-Mittenfrequenz durch Betätigen des „Frequency"-Potis selbst bestimmen können. Auf die Breite der Filterung haben Sie indes keinen Einfluss. Diese ist vom Hersteller festgelegt bzw. wird beim Verstellen der Frequenz sinnvoll nachgeführt, was besonders Einsteigern den Umgang mit dem EQ erleichtert. Was bewirkt ein solches Filter? Wenn Sie das „Level"-Poti aus der neutralen Mittelstellung nach rechts bzw. links drehen, wird dem Signal eine glockenförmige Anhebung bzw. Absenkung um die vorher eingestellte Frequenz zuteil.

Größere Pulte besitzen meist noch ein zweites derartiges Filter, das den Mittenbereich in obere und untere Mitten unterteilt und für „ordentliches" Arbeiten eigentlich unerlässlich ist. Präzedensfall Bassdrum: Um diese klanglich ins Lot zu bekommen, benötigen Sie normalerweise zwei dieser Filter. Einmal müssen Sie den oft „holzig" klingenden Tiefmittenbereich um 400 Hz stark bedämpfen, während Präsenzanhebung bei 4 kHz mehr „Kick" liefert. Weil sich die Frequenzbereiche beider Filter meist weit überlappen, ist durch Annähern oder gar Übereinanderstellen der Mittenfrequenzen auch Extremfilterung möglich. Doch Vorsicht: Bei starker Anhebung besteht akute Übersteuerungsgefahr!

Wenn ein weiteres „Q"- oder „Bandwith"-Poti pro Filter noch die Güte bzw. die Bandbreite reguliert, arbeitet das Filter vollparametrisch, und Sie können es auf Frequenzüberhöhungen oder „Löcher" im Klangbild sehr genau abstimmen. Vollparametrische EQs ermöglichen maximale klangliche Flexibilität, fordern allerdings auch Verständnis der Sache! Genauere Hinweise zur Bedienung parametrischer Filter finden Sie deshalb im nächsten Kapitel 8. Bei professionellen F.o.H.- und Monitorpulten arbeiten in der Regel aller vier Kanalfilter vollparametrisch. Auf digitaler Ebene bedeutet die Realisierung einer derartigen Klangregelung nur unwesentlich mehr Programmierarbeit und Prozessorleistung, so dass digitale Pulte diesen Vorzug sogar schon im kleinen Rahmen bieten. Ebenfalls wichtig: Eine Möglichkeit zum Überbrücken des EQs via Bypass-Schalter – in diesem Fall lässt sich die eingestellte Korrektur sehr einfach mit dem Original vergleichen. Doch Vorsicht! Stehen die Filter auf Anhebung, kommt es beim Umschalten zu teils erheblichen Pegelsprüngen!

Noch ein Hinweis für all Diejenigen, die gerne auf dem Gebrauchtmarkt stöbern: Besonders bei alten Pulten ist parametrische Mittenfilterung längst keine Selbstverständlichkeit. Dieses Feature wird erst seit einigen Jahren konsequent eingebaut. Ein Mittenregler mit feststehender Frequenz ist aber zum Bearbeiten von Mikrofonsignalen äußerst ungünstig, denn in 99% aller Fälle gleicht die zu bearbeitende Frequenz nicht der Filterfrequenz. Ein Neugerät mit einer solchen Klangregelung – sollte es tatsächlich noch vorkommen – ist aus diesem Grund inakzeptabel. Gleiches gilt auch für Vierband-Klangregelungen mit zwei feststehenden Mittenfiltern. Diese bieten zwar einige Möglichkeiten mehr, sind aber nicht mehr zeitgemäß.

7.3.7 Low-Cut-Filter

Schließlich noch die zuschaltbaren, in der Regel vor dem EQ und vor dem Insert-Weg platzierten „Low Cut"-Hochpässe: Diese schwächen Tiefbässe wirkungsvoll ab, die z. B. von mitschwingenden Bühnenböden auf die Mikrofone und von dort aus in die Anlage gelangen. Üblicherweise liegen die Eckfrequenzen bei 70, 80 oder 100 Hz bei 12 oder 18 dB/Oktave Flankensteilheit. Einige Hersteller legen diese sogar stimmbar, also parametrisch aus. Die Eckfrequenz ist mit einem Poti verschiebbar, und bei Bedarf (HiHat-Mikro, Drum-Overheads) können der komplette Bass- und der untere Mittenbereich erfasst werden. Nähere Informationen zu diesem Thema finden Sie in Kapitel 9, „Frequenzweichen".

7.3.8 Aux-Wege

Ausspielwege, kurz „Aux-Wege" bzw. „Aux-Sends" genannt, stellen zusätzlich zum Stereomix weitere, voneinander unabhängige Monomischungen zusammen, die dann zum Ansteuern externer Effektgeräte und Bühnenmonitore dienen. Zu diesem Zweck besitzt jeder analoge Kanalzug für jeden Aux-Weg ein Poti, mit dem Sie das Kanalsignal dort einblenden können. Ein etwas anderer Weg wird beim digitalen Mischpult gegangen: Hier erstellen Sie die Aux-Mischung mit Hilfe der Motorfader, nachdem Sie mit dem entsprechenden Wahltaster in die entsprechende Aux-Ebene gewechselt sind. Im Gegensatz zum Insert-Weg wird beim Aux-Effektweg der Signalpfad nicht aufgetrennt, es erfolgt vielmehr eine Aufteilung in Form einer regelbaren Abzweigung, so dass das Original stets im Pult verbleibt.

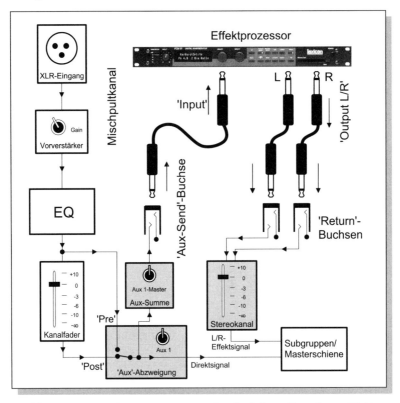

Abb. 7.10: Prinzip des Aux-Wegs: Das Signal wird geteilt und zum Effekt-prozessor geführt. Dieser liefert sein Effektsignal (z. B. Hall) stereofon über einen Return oder einen Stereokanal als weiteres Eingangssignal ins Pult zurück, wo es dem verbliebenen Original zugemischt wird

Zu beachten ist das Routing: Ein „Pre"-Aux-Weg zapft sein Signal vor dem Kanalfader ab, ist also vom Hauptmix unabhängig und eignet sich deswegen fürs

Monitoring. Effekte hingegen werden gleich mitdosiert, wenn Sie die Signale dafür „post", also hinter dem Fader abzweigen. Bewerkstelligen können Sie das durch Betätigen des „Pre/Post"-Schalters. Digitale Pulte und professionelle analoge Großkonsolen bieten diese Umschaltung für jeden Aux-Weg individuell, wobei auch meist ein „On/Off"-Schalter bereitsteht (z. B. Midas XL-Serie). Kleinere Mischpulte arbeiten mit dem brauchbaren Kompromiss, mit einem Schalter gleich zwei Aux-Wege gemeinsam zu konfigurieren. Fehlt diese Möglichkeit gänzlich, können Sie die Konfiguration manchmal auch durch Umlöten bzw. Umstecken so genannter „Jumper" auf den Platinen im Inneren ändern. Bei einfachen Pulten bestehen dagegen nur geringe bis keine Möglichkeiten der Änderung. Manchmal finden Sie globale „Pre/Post"-Schalter, die das Routing für alle Kanäle gemeinsam ändern, oder die vorhandenen Aux-Wege teilen sich „pre" und „post" auf, und Sie müssen den Geeigneten auswählen.

Wie viele Aux-Wege sind üblich? Kleinmixer besitzen in der Regel zwei bis drei, Mischpulte der mittleren Kategorie bis zu acht und professionelle Konsolen gar bis zu 16 Ausspielwege, und daraus lässt sich schon ein Bezug zur Praxis herstellen. Wer den Mix auf der Bühne selbst erstellt, wird in der Regel nur ein Effektgerät zur Hallerzeugung verwenden – bei F.o.H.-Mixern dagegen finden meistens mehrere Effektgeräte Verwendung, die der Anzahl entsprechend Effektwege benötigen. Was das Monitoring anbetrifft, reichen bei Veranstaltungen auf kleiner Bühne ein bis zwei Wege völlig, vier gelten als Standard. Professionelle Produktionen in großen Hallen oder auf Open-Air-Bühnen werden mit extra Monitorpulten gefahren, deren 16 und mehr Aux-Wege je nach Anforderungen der Künstler (Stichwort: In-Ear-Monitoring) nicht selten komplett belegt sind.

7.3.9 PFL, AFL , IPS, Solo

In Abschnitt 7.3.3 klang es bereits an: Der „PFL"-Schalter („Pre Fader Listening") ermöglicht das Abhören des jeweiligen Kanals unabhängig von der Stellung des Faders. Bei gedrückter „PFL"-Taste gelangt das jeweilige Signal auf die in der Mastersektion befindliche Kopfhörerbuchse und auf die Aussteuerungsanzeige. Eine LED zeigt diesen Modus an. Neben dem Funktionstest und dem Einpegeln der Kanäle beim Soundcheck können Sie damit während der Show Signalkontrolle durchführen oder auch Effekte (z. B. Delay-Timing) einstellen. Allerdings ist dafür ein guter geschlossener Kopfhörer in roadtauglicher Ausführung vonnöten, der ordentlich Schalldruck liefern muss. Die Kopfhörerverstärker vieler Pulte lassen in Sachen Leistung nämlich oft zu wünschen übrig und neigen zum verfrühten Verzerren. Gleiches kann Ihnen auch mit den Kapseln eines minderwertigen Kopfhörers passieren.

Genau wie „PFL" handhaben Sie die „AFL"-Tasten, vornehmlich anzutreffen bei Aux-Wegen und Subgruppen. Der einzige Unterschied: „AFL" („After Fader Listening") greift die Signale hinter den Summenreglern ab, will heißen, bei geschlossenen Fadern hören Sie nichts! Das Gleiche gilt auch für die „Solo"-bzw. die „IPS"-Funktion („In Place Solo"), die manche Pulte in umschaltbarer Alternative zu „PFL" bieten: Hier wird das Signal hinter dem Fader und hinter dem Panoramaregler in Stereo abgegriffen. Digitale Mischpulte bieten als zusätzliches Bonbon für den PFL-Bus manchmal noch eine Zeitverzögerung. Diese können Sie auf den Abstand zwischen Bühne und F.o.H.-Platz einstellen und so die Schalllaufzeit korrigieren, was synchrones Abhören mit der Front ermöglicht.

7.3.10 Mute

„Mute" bzw „Kanal On/Off" versetzt Sie in die Lage, nicht benutzte Kanäle stillzulegen, wobei auch die Ausspielwege keine Signale mehr bekommen (sollten). Praktisch ist dies immer dann, wenn z. B. zwei sich auf der Bühne abwechselnde Bands auf einem großen Pult gemeinsam aufliegen. Die gerade nicht benötigten (und möglicherweise Störschall übertragenden) Kanäle schalten Sie einfach aus, ohne Ihren vorher erstellten Mix durch Herunterziehen der Fader zerstören zu müssen.

Peinlich wird allerdings das anschließende Vergessen, welches bei unübersichtlichen Schaltern und einer größeren Anzahl Kanäle eine fast unvermeidliche Folgeerscheinung ist. Optische Anzeigen durch rote LEDs oder beleuchtete Tasten („Kanal gesperrt") wirken hiergegen wahre Wunder. Einfache Pulte kommen leider sehr selten in den Genuss dieses Features. Oft können Sie sich aber auch mit den Subgruppen-Wahlschaltern behelfen, denn diese üben letztlich (fast) die gleiche Funktion aus.

Oder Sie verwenden ein Pult mit Mute-Groups. Diese sind entwickelt worden, damit Sie auch eine größere Anzahl zusammengehörender Kanäle schnell und sicher schalten können. Ein derart ausgestattetes Pult besitzt pro Kanal mehrere entsprechend gekennzeichnete Mute-Schalter, mit deren Hilfe Sie die Kanäle zu Gruppen zusammenstellen und diese dann mit einzelnen „Mute Master"-Schalter blockieren oder freigeben können. In analoger Ausführung üblich sind vier oder acht Mute-Groups. Arbeitet Ihr Pult mit einer digitalen Automation oder gänzlich digital, sind diese Gruppen in so genannten Patches oder Szenen speicherbar und via MIDI auch ferngesteuert abrufbar (nützlich z. B. bei aufwändigen Musicalproduktionen).

7.3.11 Direct-Out

„Direct Out"-Klinkenbuchsen sind meistens auch noch mit in der Buchsen-Eingangssektion beheimatet, obwohl die aufliegenden Signale hinter den Kanalfadern abzweigen. Das macht sie als Einzeleffektwege interessant. Wollen Sie beispielsweise der Snare einen speziellen „Gate Reverb" beifügen, der sich für kein anderes Instrument eignet, ist es unökonomisch, dafür gleich eine ganze Aux-Schiene zu spendieren. Über den Direct-Out angesteuert, bekommt das Effektgerät exklusiv nur diesen Kanal zugespielt. Aber auch Demo-Aufnahmen im Proberaum können Sie mit Direct-Out-Wegen relativ einfach herstellen, wenn Sie die Eingänge eines Mehrspur-Rekorders anschließen. Dann dienen die Mischpult-Kanalzüge diesen als Vorverstärker, und mit den Fadern stellen Sie die optimale Aussteuerung jeder Spur ein. Wenn sich die Direct-Outs zu guter Letzt noch auf „pre"-Fader-Abgriff umstellen lassen, eignen sie sich auch hervorragend für Live-Mehrspuraufnahmen aus dem Pult heraus, denn die beim Mix notwendigen Faderbewegungen beeinflussen dann nicht die Aufnahmepegel.

7.4 Subgruppen

7.4.1 Audio-Subgruppen

Als nützliche „Mischpulte im Mischpult" fungieren die Audio-Subgruppen, denen Sie mit einer Reihe Zuweisungsschaltern (1–2, 3–4, usw.) eine beliebige Auswahl von Kanalsignalen zuordnen können, um diese dann in Stereo zusammenzufassen. Den Gesamtpegel der so entstandenen Gruppe bestimmt ein Subgruppen-Faderpärchen. Diese Vorgehensweise wird als „Paired Routing" bezeichnet und ermöglicht es Ihnen, vorher zusammengefasste Instrumentengruppen (z. B. das Drumset) mit je zwei Subgruppenfadern sehr einfach zu regeln, ohne die Einzelfader zu bewegen und dadurch die Balance der Einzelinstrumente verändern zu müssen. Große Konsolen ermöglichen auch so genanntes „Single-Routing", wenn für jede Subgruppe eine individuelle Zuordnungstaste vorhanden ist. Damit können Sie auch Monogruppen bilden und diese gezielt im finalen L/R-Panorama platzieren, wenn die Subgruppe einen Panoramaregler besitzt.

Weil zusätzlich auch die Möglichkeit besteht, mittels „Main Mix"-Tasten die Subgruppen zu umgehen und die Kanäle direkt auf den finalen Stereobus zu routen, verwenden manche F.o.H.-Leute diese auch als „Einschleifstation" für Kompressoren. Hintergrund: Natürlich besitzen die Subgruppen auch Insert-Wege. Wenn Ihnen während der Show das eine oder andere Signal komprimierungsbedürftig erscheint, betätigen Sie einfach die Subgruppen-Zuweisung, stellen den dort eingeschleiften Kompressor ein und schicken dann das Signal durch Aufziehen des Subgruppen-Faders in den Mix, wobei Sie gleichzeitig die Main-Mix-Taste ausschalten. Bei Stereo-Subgruppen und ausschließlichem „Paired Routing" müssen Sie allerdings vorher mit dem Panoramaregler am Anschlag eine Gruppe eindeutig bestimmen. Um dieses Signal dann im Mix „in die Mitte" zu bekommen, benötigt das Subgruppenpärchen wiederum Panoramaregler oder eine Mono-Taste.

Abb. 7.11: Kanalfader und Schalterreihen für die Subgruppen-Zuweisungen

Ebenfalls beliebt: Das Boosten bestimmter Signale. Weil viele Pulte hier bis zu 10 dB Verstärkung ermöglichen, ist es ein Leichtes, mit Hilfe einer Subgruppe gewissen Signalen zu mehr Pegel zu verhelfen, wenn z. B. wegen eines kritischen Monitormixes oder auch wegen Pegellimit die Vorverstärkung nicht erhöht werden kann. Ist keine Reserve vorhanden (Subgruppen-Fader gehen nur bis 0 dBr), können Sie die Subgruppe(n) auch parallel zur gedrückten Main-Mix-Taste zumischen – das bringt immerhin ca. +6 dB. Technisch ein wenig unorthodox, aber es funktioniert.

Ebenso sind die Subgruppenfader beim reinen Monitormix interessant: Viele Mischpulte bieten nämlich die Möglichkeit, die Aux- und Subgruppenpfade mit Hilfe einer „Aux-Flip"-Schaltung auf Knopfdruck zu tauschen, so dass die in den Einzelkanälen eingestellten Aux-Mischungen der Monitorwege mit den Subgruppenfadern bequem in der Gesamtlautstärke geregelt und über die symmetrischen XLR-Ausgänge der Subgruppen ausgespielt werden können.

7.4.2 VCAs

Während bei den herkömmlichen Audio-Subgruppen das Routing der Signale selbst verändert und diese vorgemischt werden, gestatten die so genannten

VCAs eine andere Art der Gruppenbildung, nämlich die der gemeinsamen Fernsteuerung über einen zentralen VCA-Fader. Zu diesem Zweck muss jeder Kanal mit einem VCA-Chip (VCA = „Voltage Controlled Amplifier", zu deutsch „spannungsgesteuerter Verstärker") bestückt sein. Hierbei handelt es sich um einen elektronischen Lautstärkeregler, dessen Ausgangspegel über eine Gleichspannung ferngesteuert werden kann. Der VCA-Fader hingegen sieht wie ein gewöhnlicher Schieberegler aus, beeinflusst aber keine Audiosignale, sondern erzeugt eine von der Faderstellung abhängige Steuerspannung, die über eine Routingschaltung zu jenen VCA-Chips gelangt, deren Kanäle Sie diesem VCA-Fader vorher zugeordnet haben. Auf diese Weise können Sie eine beliebige Konstellation von Kanälen mit nur einem Fader regeln, ohne dass dafür die Signale zusammengemischt werden müssen. VCAs finden Sie nur bei professionellen Mischpulten, üblicherweise sind immer acht davon vorhanden.

7.5 Master-Sektion

In der Mastersektion laufen schließlich sämtliche Kanal-, Subgruppen-, Return- und sonstige Signale zum finalen Mix zusammen. Meistens wird nur eine Stereo-Summe erstellt, manchmal sind auch mehrere unterschiedliche mono- oder stereofone Abmischungen erforderlich (z. B. paralleler Rundfunk- oder Fernsehton, zusätzliche Beschallung eines Nebenraums, Stützlautsprecher usw.). Eine Übersicht über die wesentlichen Bestandteile der Mastersektion geben die folgenden Abschnitte.

7.5.1 Matrix und Monosumme

Ein zusätzlich regelbares Monosignal neben der Stereosumme ist praktisch, denn damit können Sie z. B. eine Videokamera, einen Subbass oder einfach nur einen weiteren Lautsprecherweg ansteuern. Im einfachsten Fall entsteht so eine Monosumme aus dem finalen Stereosignal und wird über eine Klinkenbuchse ausgespielt, wobei der Pegel mit einem Poti extra einstellbar ist. Der nächste Schritt besteht darin, die Zusammensetzung des Monosignals unabhängig vom Stereomix zu gestalten.

Dann gibt es innerhalb des Pults einen zusätzlichen Signalbus und entsprechende Routingschalter. Bezeichnet wird dies als „Center"-Summe, die vornehmlich zum Ansteuern so genannter „Center Cluster" dient – zu begutachten auf großen, breiten Konzertbühnen. Da die links und rechts platzierten P.A.-Türme bzw. Line-Arrays das unmittelbar vor der Bühne stehende Publikum nicht richtig erreichen, wird dieser Bereich von mittig über der Bühne aufgehängten Zusatzboxen klanglich „aufgefüllt". Hier liegen dann aber nur einige wichtige Signale wie beispielsweise Gesang an.

Benötigen Sie neben einer zusätzlichen Monosumme noch weitere Mischungen in mono oder stereo, z. B. für weitere Stützlautsprecher oder eine Delay-Line, ist das eine Aufgabe für eine Matrix-Sektion. Eine Matrix besteht aus zwei, vier oder mehr Monosummen, auf die sich die Signale der Subgruppen, der Stereo- und der Monosumme beliebig einblenden lassen. Häufig anzutreffen ist z. B. eine „11 in 4"-Matrix, d.h. aus elf Eingangssignalen (acht Subgruppen, Stereo L/R und Monobus) entstehen vier zusätzliche Monomischungen. Dafür zuständig ist eine Anzahl matrixartig angeordneter Potis, daher der Name.

7.5.2 Anzeigen

Die früher üblichen VU-Meter zur Anzeige der Summenpegel sind bei analogen Live-Pulten inzwischen weitgehend durch LED-Kettenanzeigen ersetzt worden, nichtsdestotrotz werden einige Konsolen nach wie vor auf althergebrachte Weise ausgeliefert.

Welchen Anzeigetyp man bevorzugt ist Geschmackssache. LED-Ketten sind robuster und billiger herzustellen, außerdem reagieren sie sehr viel schneller auf Signalspitzen als die von Natur aus trägeren mechanischen Messwerke. Eine ohne Anzeigecharakteristik betriebene LED-Kette kann Sie allerdings mit ihrem Gezappel schnell zur Verzweiflung bringen. Daher wirkt die Steuerelektronik der LEDs etwas integrierend auf das zu messende Signal, so dass die Anzeige ruhiger aufleuchtet und gut ablesbar misst. Spitzenwerte leuchten dabei meistens noch eine Sekunde nach. VU-Meter erfordern deutlich mehr Pegeldisziplin als LEDs – die Zeiger schlagen rasch rechts an, wenn Sie z. B. mit einer Subgruppe zwischenverstärken möchten oder das Pult gerne „heiß", also nahe der oberen Grenze des Headrooms fahren.

Doch auch LED-Ketten besitzen einen nicht zu unterschätzenden Nachteil: Bei hellem Tageslicht sind sie nicht mehr abzulesen, von direkter Sonneneinstahlung ganz zu schweigen! Das Gleiche gilt für LCD- und TFT-Displays digitaler Pulte. Bestehen Sie deshalb bei Freiluftveranstaltungen unbedingt auf eine Überdachung des Frontplatzes.

7.5.3 Oszillator

Manchmal ist in das Pult ein 1 kHz-Oszillator integriert, deen Sie vor dem Soundcheck zum Testen und Einpegeln verwenden können (Geschmackssache). Achten Sie dabei aber stets auf gemäßigte Lautstärke. Ein plötzlich durch die Halle schriller Messton verschafft Ihnen mit Sicherheit keine Freunde. Digitale Mischpulte bieten als Alternative häufig auch integriertes Rosa Rauschen.

7.5.4 Talkback

Die Talkback-Sektion weist eine XLR-Buchse, einen Level-Regler und diverse Zuweisungsschalter auf, mit deren Hilfe Sie das hier angeschlossene Mikrofon auf den Main-Mix oder die verschiedenen Aux-Wege schicken können. Auf diese Weise lassen sich Durchsagen für das Publikum oder auch nur Anweisungen für die Musiker beim Sound- und Monitorcheck auf die Bühne übertragen. Praktisch sind Taster anstelle von Schaltern, denn dann ist der Talkback beim Loslassen automatisch wieder unterbrochen. Auch mit der Lautstärke sollten Sie vorsichtig sein, indem Sie vor der ersten Benutzung den Regler schließen und dann behutsam öffnen. Zu weit aufgedrehte Talkback-Mikrofone können je nach Akustik nämlich üble Rückkopplungen auslösen!

7.5.5 Returns und Stereokanäle

Werden mit den Aux-Sends externe Effektgeräte angesteuert, müssen deren Ausgangssignale natürlich irgendwie ins Pult zurückkommen. Da die Kanalzüge meist schon alle belegt sind, benötigen Sie für diese Aufgabe zusätzliche Eingänge, nämlich die Returns. Technisch gesehen, handelt es sich dabei um ganz normale Zuspielwege, an die Sie auch jede andere Line-Quelle wie z. B. einen CD-Player o.ä. anschließen können.

Returns sind der Preislage des Pults entsprechend unterschiedlich ausgestattet: Einfache Pulte bieten lediglich Cinch- oder Klinkenbuchsen plus Lautstärkepoti, um das ankommende Signal in die Mastersumme einzublenden („2TK-Return"). Anspruchsvollere Geräte gestatten dagegen auch das Routing über Subgruppen, die Signale können mit „PFL" über Kopfhörer abgehört werden, es gibt Klangregelungen, Peak-LEDs und vieles mehr, so dass das Ganze immer mehr einem Kanalzug ähnelt.

In der Tat ist in den letzten Jahren besonders im professionellen Bereich der klassische Return mehr und mehr aus der Mode gekommen, viel lieber legen sich die Tonleute die Effekte mit auf die Hauptkanäle. Die Stereozüge, die eigentlich zum Verarbeiten stereofoner Bühnensignale gedacht sind, werden dafür liebend gerne in Anspruch genommen. Die Vorteile liegen auf der Hand: Endlich können Sie mit einem Effektsignal genauso verfahren wie mit dem von der Bühne kommenden „Rohmaterial": Optimale Gain-Anpassung, Klangfilterung, Kontrolle via „PFL", freie Subgruppen-Zuweisung, Muting und bei 100 mm-Fadern feine Dosierungsmöglichkeiten.

Auch das Routing auf den Monitor und das Verschachteln mehrerer Effektwege ist kein Problem mehr. Weil ein Vierband-EQ mit zwei parametrischen Filtern für diese Anwendung ein wenig überdimensioniert ist, statten viele Hersteller die Filter der Stereokanäle nur mit Festfrequenzen aus – eine durchaus vertretbare Einschränkung.

7.6 Netzteile

Dass im professionellen Bereich dem Mischpult-Netzteil erhöhte Aufmerksamkeit zuteil wird, beweist die Tatsache, dass hier ausnahmslos externe 19"-Geräte verwendet werden und meistens noch ein aktiver Ersatz vorhanden ist, der bei einem Defekt die Pultversorgung automatisch übernimmt. Hierfür gibt es zwei Strategien: Die einfache Variante besteht aus zwei Netzteilen, die parallel versorgen. Dies finden Sie recht häufig bei Mittelklasse-Pulten mit bereits integrierter Stromversorgung, für die es ein 19"-Backup-Netzteil optional zu erstehen gibt (z. B. Midas Venice-Serie). Professionelle Großkonsolen arbeiten dagegen mit Havarieschaltungen. Ein Netzteil versorgt das Pult, das andere ist in Bereitschaft, und bei einem Ausfall schaltet eine elektronische Überwachung automatisch um. Ist diese Vorsorge notwendig? Nun, statistisch gesehen neigt bei Audiogeräten die Stromversorgung leider recht häufig zu Ausfällen. Und dass kein professioneller Veranstalter bzw. Verleiher den Ausfall oder Abbruch einer meist sehr teuren Veranstaltung wegen eines abgebrannten Mischpult-Netzteils riskiert, dürfte einleuchten. Wenn Sie die beiden Netzteile vor Ort über getrennte Drehstromphasen versorgen, sind Sie auch vor einem Stromausfall auf einzelner Phase sicherer als zuvor.

Kommt aus Kostengründen eine Havarieschaltung nicht in Frage, so sollten Sie zumindest ein zweites Netzteil im Rack parat haben. Quittiert die Stromversorgung plötzlich den Dienst, können Sie durch einfaches Umstöpseln eines einzigen Kabels relativ unproblematisch ausweichen. Zwar herrscht dabei kurzzeitig Stille (die von einer spontanen Band gerne „unplugged" genutzt wird), doch ist dies immer noch besser als ein vorzeitig beendetes Konzert! Vor dem Wiedereinschalten des Pults sollten Sie aber immer die Endstufen oder den Controller herunterdrehen – dies wird in der üblichen Hektik gerne vergessen. Bei offenen Signalwegen ist beim „Power On" des Mischpultes dann meistens unangenehmes Ploppen oder Knallen zu hören, was weder dem Publikum, noch den Lautsprechern gefällt.

Des Weiteren sind externe Netzteile der Signalqualität förderlich. Große Pulte besitzen ein aufwändiges elektronisches Innenleben, sowie zusätzliche Beleuchtung – der Leistungsbedarf ist entsprechend hoch und beträgt nicht selten mehrere hundert Watt. Die dafür erforderlichen Netzteile erzeugen jedoch unweigerlich auch starke elektromagnetische Störfelder, welche sich im eingebauten Zustand auf den Signalwegen gerne als Brummen bemerkbar machen. Auch die teils beträchtliche Wärmeentwicklung der Trafos und Spannungsregler gilt es zu beachten. Hierfür ist fast immer Lüfterkühlung erforderlich. Alle diese Argumente sprechen für die Auslagerung der Stromversorgung in ein Rack.

Diese Vorteile werden auch allen semiprofessionellen Pulten und Kleinmixern mit externer Stromversorgung zuteil, doch stehen hier meist kalkulatorische Interessen der Hersteller im Vordergrund. Externe Netztrafos kann man in Großmengen günstig zukaufen, und durch die Auslagerung der Netzspannung aus dem Pultgehäuse fallen auch Kosten für bestimmte Sicherheitsprüfungen weg. Zu beachten: Ein Netzteil darf im Dauerbetrieb nicht übermäßig heiß laufen, auch sollte der Strom über eine stabile arretierbare Steckverbindung ins Pult gelangen.

7.7 Powermischer

Ein Mischpulttyp darf letztlich nicht vergessen werden: der Powermischer. Mischpult, Endstufen, Netzteil und meist auch ein Effektprozessor befinden sich hier zusammen in einem Gehäuse. Der Begriff „Powermischer" löst in Musikerkreisen meistens sehr zwiespältige Assoziationen mit sperrigen altmodischen Gesangsanlagen aus. In der Tat waren die ersten Geräte dieser Art noch von sehr einfacher Natur: Eingangsverstärker, einfache Bässe/Höhen- Klangregelungen ohne Mittenfilter, Kanalfader – manchmal auch nur Drehpoti – und dann eine Mono-Endstufe, das war's. Subgruppen, interne Effekte wie Federhall oder zumindest Effektwege waren anfangs noch gänzlich unbekannt, etwas später dann Luxus. Auch an Eingängen gab es immer irgendwie zu wenig – acht Kanäle bedeuteten meistens schon das Höchste der Gefühle.

Abb. 7.12: Dynacord-Powermischer „Powermate 600"

Trotz der nach heutigen Ansprüchen sehr bescheidenen Ausstattung hatten viele Geräte eins gemeinsam: Sie waren äußerst robust, zuverlässig und fast nicht totzukriegen! So ist es nicht weiter verwunderlich, dass viele der auf den Bühnen inzwischen ausgemusterten Teile in Proberäumen und Partykellern ihr Altersdasein fristen und bei der wöchentlichen Session nach wie vor benutzt werden. Dies ist sicherlich mit ein Grund dafür, dass sich die Legende vom schlecht klingenden „Tanzmuckermischer" immer noch hartnäckig hält.

Dass diese heutzutage keinesfalls mehr der Realität entspricht, zeigt der aktuelle Markt: Die Zeit ist auch an den Powermischern nicht spurlos vorübergegangen, moderne Geräte orientieren sich inzwischen an aktuellster Mischpulttechnik. Acht bis 16 zum Teil stereotaugliche Eingangskanäle mit je dreibandiger „Sweep"-Klangregelung sind bei heutigen Powermischern selbstverständlich. Des Weiteren gehören Inserts und regelbare Stereo-Effektwege genauso zum guten Ton wie kompakte Stereo-Endstufen, deren Ausgangsleistungen bis zu 2 x 700 Watt (Dynacord Power Mate 2200) sich hören lassen können. Natürlich finden Sie auch „On Board"-Phantomspeisung für Kondensatormikrofone und natürlich integrierte Effektprozessoren für Hall, Delay, Chorus usw. vor. Teilweise besitzen die Geräte sogar 19"-Format, so dass durch den Einbau in ein Rack auch die Transportprobleme gelöst sind.

Abb. 7.13: Yamaha EMX 660-Powerkoffer

In Abwandlung der klassischen Tischgeräte erfreuen sich auch die so genannten „Powerkoffer" zunehmender Beliebtheit. Diese ähneln von Design her nicht so sehr einem Mischpult, sondern eher einem Instrumentenverstärker. Was Bedienkomfort und technische Ausstattung angeht, war diese spezielle Unterart der Gattung „Powermischer" lange Jahre wirklich nur für ihre Schlichtheit berühmt und wurde aus diesem Grund hauptsächlich von tontechnischen Laien und Leuten mit knappem Budget benutzt, die ohne große Ansprüche und Aufwand einfach nur ein paar Tonquellen hörbar machen wollten. Doch die Zeit ist fortgeschritten. Analog zur Wandlung des Pult-Powermischers vom unflexiblen, sperrigen Equipment-Underdog zum ausgefuchst-kompakten Hochleistungs-aggregat, sind auch dessen Pendants im Rahmengehäuse in ihrer technischen Entwicklung nicht stehen geblieben. Zwar müssen Sie auf die Übersichtlichkeit einer Mischpult-Bedienoberfläche hier verzichten, dafür können Sie einen Powerkoffer äußerst Platz sparend transportieren und auf der Bühne einsetzen.

Angesichts dieser Möglichkeiten sind Powermischer und Powerkoffer inner-halb einer kleinen Anlage eine sinnvolle Investition, die sich besonders für all Diejenigen auszahlt, die ohne großen Aufwand und ohne sich groß in die Materie „Tontechnik" einzuarbeiten, kleine Beschallungen durchführen wollen. Der Kauf entsprechender Einzelkomponenten (Mixer, Endstufe, Effekt-Peripherie, Verkabelung, Rack) schlägt nämlich wesentlich teurer zu Buche, und außerdem benötigen Sie beim Transport und auf der Bühne wesentlich mehr Platz! Nachteilig ist lediglich die Tatsache, dass ein Powermischer Sie doch ziemlich festlegt. Wenn Sie mit dem Gedanken spielen, später doch mal in ein Mischpult und größere Boxen zu investieren, können Sie den vorhandenen Powermischer schlecht integrieren.

7.8 DJ-Pulte

Und noch ein Mischpulttyp, der in den letzten Jahren besonders stark an Beliebtheit gewonnen hat, soll nicht unerwähnt bleiben: das Disc Jockey-, kurz DJ-Pult! Besondere Kennzeichen: Neben Line-Eingängen für CD-Player und in der Regel einer Mikrofonbuchse gibt es auch Entzerr-Vorverstärker für magne-tische Tonabnehmer von Plattenspielern. Meistens sind die Kanaleingänge entsprechend umschaltbar ausgelegt und HiFi-gemäß mit Cinchbuchsen be-stückt.

Beachten Sie besonders die Qualität des Crossfaders! Neben dem klassischen langsamen Überblenden zweier Kanäle benutzen viele DJs diesen auch zur Songgestaltung, indem der Schieber phrasenweise und sehr ruppig mehrmals pro Sekunde an die Anschläge gedrückt wird. Entsprechend hoch ist der Verschleiß, so dass der Fader leicht auszutauschen sein sollte. Des Weiteren sollten Sie auf symmetrische „L/R"-XLR-Buchsen am Ausgang achten, denn diese erleichtern den Anschluss an das nachfolgende P.A.-Equipment in Form von Frequenzeichen oder Endstufen.

Im Großen und Ganzen sind DJ-Pulte speziell auf ihre Aufgabe abgestimmte Geräte, die für normale P.A.-Anwendungen nur sehr eingeschränkt bis gar nicht zu verwenden sind. Die Gründe dafür sind: nicht ausreichende Kanalzahl, nicht passende Eingänge, unterdimensionierte Klangregelungen und unflexible Signal-struktur.

8 Signalbearbeitung, Effekte und Effektgeräte

8.1 Allgemeines

Effekte unterteilen sich grob in zwei Kategorien: In die Insert-Wege eingeschleifte, Dynamik- und Klang verändernde Effekte wie beispielsweise Kompressoren, Noisegates und Equalizer bearbeiten die Signale direkt. Zeitverzögerungseffekte wie Nachhall oder Echo ermitteln ihre Effektsignale aus den Originalen, die mit Hilfe der Mischpult-Ausspielwege abgeleitet und später wieder zugemischt werden (siehe Abschnitt 7.3.8). Letztere Methode trifft auch für Modulationseffekte wie Chorus, Flanger oder Harmonizer zu.

Auch die am Markt befindlichen Effektgeräte orientieren sich im Großen und Ganzen an dieser Vorgabe: Serielle Insert-Effekte arbeiten in vielen Fällen analog, während an die parallelen Aux-Wege des Mischpults mittlerweile nur noch digitale Effektprozessoren angeschlossen werden. Dies hängt ganz einfach mit der Tatsache zusammen, dass Digitaltechnik in Sachen Kosten, Leistungsfähigkeit und Transportfreundlichkeit mittlerweile unschlagbar geworden ist. Waren früher viele Effekte überhaupt nicht, nur mit aufwändiger Studiotechnik oder bloß auf natürliche Art und Weise (zum Beispiel Hallraum) realisierbar, so hat sich dies inzwischen grundlegend geändert. Eigentlich jeder Effekt – früher teils mit erheblichem technischem Aufwand analog hergestellt – ist durch einen geschickt programmierten Algorithmus in Verbindung mit entsprechend leistungsfähiger Computerhardware auch digital nachzubilden.

Dabei hat der in der Computerszene herrschende Trend auch auf die Effektprozessoren der Beschaller und Musiker abgefärbt: Verschiedenste Anwendungen – sprich Effekte – laufen inzwischen auf standardisierter Hardware. Mit anderen Worten: Heutzutage unterscheiden sich so unterschiedliche Geräte wie beispielsweise ein Mehrspur-Rekorder und ein Faxgerät nur noch durch unterschiedliche Computerprogramme und einige Hardware-Erweiterungen. Als Arbeitsumgebung dient stets ein Basis-Mainframe zum Beispiel in Form eines Standard-PCs, der stellvertretend die Funktionen beider Geräte übernimmt. Digitale Effektgeräte funktionieren nach derselben Philosophie: Auf der gleichen Signalprocessing-Hardware sind nur durch den Austausch von Programmen viele unterschiedliche Effekte möglich, deren analoge Herstellung völlig verschiedene Schaltungen und Aufbauten benötigen würde. Resultat hieraus: In Gegensatz zu früher stellt Ihnen heute schon ein einzelnes, unscheinbares 19"-Gehäuse eine Vielzahl an Effekten kostengünstig, Platz sparend und transportfreundlich zur Verfügung.

Womit die mechanische Seite angesprochen ist: Externe Effektgeräte für Beschallungsanwendungen werden fast ausschließlich in 19"-Einschüben angeboten, was die Rack-Unterbringung natürlich sehr erleichtert. Für von dieser Norm abweichende Gehäuse (zum Beispiel 9,5") gibt es meistens passende 19"-Adapter als Zubehör. Näheres dazu im Praxiskapitel, Abschnitt 15.5.

8.2 Effektprozessoren

8.2.1 Gerätetypen und Effektkonfigurationen

Die momentan erhältlichen Rack-Effektprozessoren lassen sich grob in drei Kategorien einteilen, wobei die Grenzen fließend sind: Da gibt es zunächst mal die „Spezialisten", also Geräte, die ihre gesamte Rechenpower in die möglichst getreue und vielseitige Simulation von Hall und Delay stecken, zum Beispiel Lexicon PCM 91, Roland SRV 330/3030, t.c. M-One/XL und D-Two, Yamaha REV 500 uvm.

Abb. 8.1: 19"-Hall aus Dänemark: der „M-One" von t.c. electronics

Auf der anderen Seite gibt es die Alleskönner, umgangssprachlich gerne als „eierlegende Wollmilchsäue" bezeichnet. Diese besonders für elektrische Gitarre beliebten Geräte stellen eine Vielzahl von Effekten bereit, die teilweise sehr instrumentenspezifisch (zum Beispiel Verzerrer, Wahwah, Sustainer usw.) ausgelegt sind. In diesem Zusammenhang ist oft vom „Gitarrenprozessor" bzw. vom „Gitarren-Multieffekt" die Rede, wenngleich sich diese Geräte rein technisch gesehen auch für jedes andere Instrument bzw. jede andere Anwendung einsetzen lassen. Aufgrund der Vielzahl gleichzeitig möglicher Effekte fallen

Parameter-Ausstattung und Klangqualität im Einzelnen etwas magerer aus als bei einem Gerät, das seine Prozessorleistung nicht so vielen Effekten gleichzeitig zur Verfügung stellen muss.

Womit die dritte Kategorie der Effektprozessoren an der Reihe ist, die „Universellen": Diese stellen den goldenen Mittelweg dar – nicht zu viele und nicht zu wenige Effekte gleichzeitig, Instrumentenspezifisches wird aber überwiegend weggelassen. Neben Hall und Delay gibt es die üblichen Modulationssounds wie Chorus, Flanger und Pitch-Shifter, Klangbearbeitungsmöglichkeiten durch einige EQ-Filter und manchmal auch noch Kompressoren und Noisegates. Beispiele: Alesis Quadraverb, Yamaha SPX 990, t.c. M2000 usw.

Welchen dieser drei Typen bevorzugen Sie? Da auf einer P.A. bevorzugt nur Hall und Delay zum Einsatz kommen, weisen viele Sideracks einen oder zwei Prozessoren des ersten Typs auf. Als weitere Ergänzung ist dann auch ein Gerät der dritten Kategorie interessant. Da Sie hier mehrere Effekte gleichzeitig nutzen können, fällt deren Anordnung und „digitale Verdrahtung" im Inneren an. Auch müssen Sie entscheiden, welche Effekte Sie nutzen möchten und welche nicht. Dies erledigen Sie mit der Konfiguration, die meist Kettenstruktur, also Hintereinanderschaltung aufweist. Die Effekte selbst (zum Beispiel Chorus, Delay, Reverb usw.) sind in dieser Kette meistens vorbestimmt, nur die Reihenfolge lässt sich ändern. Es gibt allerdings auch Prozessoren mit frei programmierbaren Konfigurationen, bei denen Sie die Effekte aus einem größeren Fundus frei wählen und an beliebigen Positionen einsetzen können.

Auch über mono- oder stereofone Signalverarbeitung entscheiden Sie in der Konfiguration. Werfen Sie hierzu einen Blick auf Abbildung 8.2: Im einfachen „Mono-Mode" bekommt die Effekterzeugung ein Monosignal zugespielt, und je nach verwendetem Algorithmus liefert der Ausgang ein Mono- oder ein Stereosignal, welches dem durchgeschleiften Original zugemischt und am Ausgangsbuchsenpärchen für linken und rechten Stereokanal anliegt. Handelt es sich um ein stereofones Eingangssignal, wird es für die Effekterzeugung gesplittet und zu mono summiert.

Die nächste Stufe, der „True Stereo-Mode", bearbeitet linken und rechten Kanal mit dem gleichen Effekt individuell. Hier können Sie prinzipiell auch zwei völlig unterschiedliche Signale anlegen und wieder abnehmen, ohne dass es zu Vermischungen kommt. Im Gegensatz zu vorher ist jeder Parameter doppelt, einmal für den linken und einmal für den rechten Kanal, vorhanden. Schließlich noch die dritte Möglichkeit: der „Dual Mono-Mode". Dieser teilt den Stereoprozessor in zwei voneinander unabhängige Mono-Effektgeräte (zum Beispiel linker Kanal Hall, rechter Kanal Chorus; beide Effekte individuell in den jeweiligen Parametern einstellbar), wobei die Effektkombinationen teilweise frei wählbar, manchmal aber auch vom Hersteller vorgegeben sind.

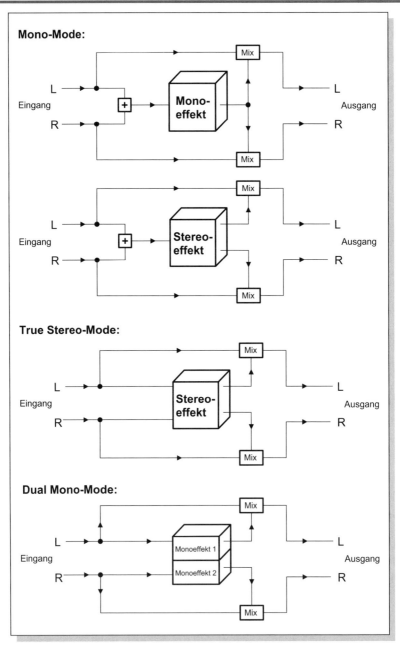

Abb. 8.2: Unterschiedliche Effekt-Konfigurationen

8.2.2 Ein- und Ausgänge

Als Ein- und Ausgänge für die Audiosignale fungieren meistens 6,3 mm-Klinkenbuchsen. Während bei Multieffektgeräten der zweiten Kategorie sinnvollerweise nur ein Mono-Eingang vorhanden ist, der bei einem 19"-Einschub möglichst doppelt – vorne und auf der Rückseite – ausgelegt sein sollte, bieten alle anderen Effektprozessor-Varianten für Eingang und Ausgang „L/R"-Buchsenpärchen. Soll hier ein Monosignal ins Gerät gelangen, ist dafür meistens die linke Buchse zuständig. Ein an der rechten Buchse befindlicher mechanischer Schaltkontakt brückt die beiden Eingänge dann zu Mono und öffnet sich erst, wenn auch in die rechte Buchse ein Kabel gesteckt wird. Oftmals sind die einzelnen Buchsen sogar dreipolig ausgelegt, so dass die Signalports über Stereo-Klinkenkabel auch symmetrisch („Balanced") genutzt werden können. Informationen darüber entnehmen Sie der Betriebsanleitung Ihres Geräts oder dem Gehäuseaufdruck.

Abb. 8.3: XLR- und zusätzliche Klinkenbuchsen stellen optimale Flexibilität beim Anschluss eines Effektgeräts an das Mischpult dar

Zusätzliche symmetrische XLR-Buchsen erweitern natürlich die Flexibilität. Die Symmetrierung geschieht hier meist elektronisch mit Hilfe von Operationsverstärkern, zur kompletten galvanischen Trennung der Signalkreise gibt es manchmal auch Trafo-Optionen. Mehr und mehr etablieren sich auch digitale Ein- und Ausgänge in Form der SP/DIF- und AES/EBU-Schnittstelle, die ihre Daten entweder über ein optisches Kabel (Lichtimpulse), eine Koaxialleitung mit Cinchstecker oder einen symmetrischen XLR-Anschluss (für „On the road" die beste Lösung) liefern. Nicht zu vergessen die MIDI-Schnittstelle, die Sie nicht nur für ein Backup Ihrer Daten sondern auch zur ferngesteuerten Programmumschaltung nutzen können.

Da die Ansteuerung eines Effektprozessors hauptsächlich über einen Mischpult-Effektweg mit Line-Pegel erfolgt, muss natürlich die Eingangsempfindlichkeit und die Impedanz des Signaleingangs dementsprechend beschaffen sein. Falls dafür ein Schalter vorhanden ist, stellen Sie diesen auf „0 dB" bzw. „+4 dB", also auf geringe Empfindlichkeit. Die Impedanz liegt dann etwa bei 20 Kiloohm. Alternativ dazu bietet die „-20 dB"-Stellung höhere Empfindlichkeit für geringere Signalpegel. Dies bringt den Vorteil, dass Sie ein solches

Gerät auch im Verbund mit semiprofessionellem „-10 dBV-Equipment" (siehe Anhang A8, „Signalpegel") betreiben bzw. es auch in ein Gitarren- oder Bassrack integrieren können. Sogar der direkte Anschluss passiver Gitarren und Bässe ist oft möglich, denn meist beträgt der Eingangswiderstand jetzt bis zu einem Megaohm. Doch Vorsicht: Versehentlich anliegende Line-Signale verursachen bei dieser Einstellung Signalverzerrungen und hohe Rauschpegel. Letzteres tritt auch im umgekehrten Fall auf: Bei geringer Empfindlichkeit und zu geringem Eingangspegel wird das Effektgerät nicht optimal ausgesteuert. Entsprechend höher müssen Sie am Mischpult einpegeln bzw. den Return aufziehen, wodurch das Grundrauschen des Effekteinschubs unnötig verstärkt wird.

Einige Hinweise zur korrekten Aussteuerung von digitalen Geräten: Hinter den Signaleingängen sitzen A/D-Wandler, welche die ankommenden Analogsignale in binäre Informationen umsetzen. Zu geringe Pegel nutzen deren Arbeitsbereiche nur unvollständig aus, so dass anstelle der maximal möglichen 20 oder 24 Bit-Auflösung sehr viel weniger in Anspruch genommen wird. Dies verursacht unnötige Einbußen in der Klangqualität (pro Bit immerhin 6 dB Geräuschspannungsabstand!). Daher ist ein korrektes Pegelniveau auf den Effektwegen absolut notwendig – Auskunft darüber geben Aussteuerungsanzeigen in Form einzelner „Clipping"-LEDs oder LED-Ketten. Wird bei Signalspitzen der rote Bereich der Anzeige gerade noch nicht erreicht, ist die Aussteuerung in Ordnung. Übersteuerungen dagegen verursachen unweigerlich Signalverzerrungen. Während Sie bei analogen Geräten nach oben hin meistens noch etwas Spielraum haben, sind Digitalgeräte diesbezüglich sehr kritisch: Die A/D-Wandler an den Eingängen kennen keine „Sättigungsreserven", daher müssen Sie hier stets einen kleinen Sicherheitsabstand zur oberen Grenze einhalten! Aus diesem Grund versehen manche Hersteller ihre Anzeigen mit etwas Vorlauf, so dass beim kurzen Aufleuchten der roten LED das Signal noch „sauber" ist.

Und noch eine wichtige Sache müssen Sie beachten, nämlich das Verhältnis zwischen Direktsignal und Effektanteil am Ausgang des Prozessors! Betreiben Sie diesen an einem parallelen Aux-Weg, darf *nur* das Effektsignal über den Return das Pult wieder erreichen. Das Direktsignal blenden Sie aus, indem Sie die entsprechenden Parameter auf „100%" bzw. auf „0%" stellen. Vorteilhaft ist es natürlich, wenn sich diese Einstellung am Effektgerät mit Hilfe eines „Dry/Wet"-Potis mit einem einzigen Handgriff manuell justieren lässt, so dass Sie die Signalpegel einfach global justieren können, ohne erst die entsprechenden Parameter editieren zu müssen.

Der Hintergrund ist hier folgender: Viele Effektprozessoren führen den Mischvorgang zwischen Direktsignal und Effekt leider auf digitaler Ebene durch. Der gesamte Signalinput läuft über die Digitalstrecke, wobei die notwendigen Rechenvorgänge plus die A/D-D/A-Wandlungen einige Millisekunden Zeitverzögerung verursachen. Diese Phasendrehung produziert beim Zusammenmischen mit dem im Pult verbliebenen, unverzögerten Original dann wunderbare Kammfiltereffekte – Sie wundern sich über hohlen, metallischen Klang. Um diese Verfremdungen auszuschließen, muss der Direktsignalanteil am Ausgang des Effektgeräts stets auf null, der Effektanteil dagegen auf Maximum gestellt sein! Nur dann ist sichergestellt, dass kein Direktsignal das Effektgerät passiert und sich beim Zusammenmischen mit dem im Pult verbliebenen Original ungünstig überlagert.

8.2.3 Stromversorgung

Aus Kostengründen besitzen besonders die in der unteren und mittleren Preisklasse angesiedelten Effektprozessoren meist kein internes Netzteil, sondern werden extern von einem Steckernetzteil versorgt. Der große Vorteil dieser Lösung besteht darin, dass durch die Auslagerung der Trafos deren Magnetfelder nicht in die internen Signalpfade einkoppeln und Brummen verursachen können. Weil keine gefährliche Netzspannung im Inneren vorkommt, entfällt auch die im Hinblick auf Brummschleifen kritische Schutzerdung. Da versteht es sich fast von selbst, dass Sie die Trafos nicht allzu nahe bei den Signalleitungen platzieren und Parallelführungen von Strom- und Signalkabeln vermeiden. Bei stationären Studioracks lässt es sich damit noch ganz gut leben, für mobile Anwender sind externe Netzteile jedoch ein Albtraum! Meistens lassen sie sich schlecht befestigen (keine Ösen zum Anschrauben) und fallen beim Transport (und manchmal auch während der Arbeit) liebend gerne aus den Steckdosenleisten heraus, um dann lose im hinteren Teil des Racks herumzupoltern.

Gespart wird des öfteren auch an der Dimensionierung. Ein externes Netzteil, das nach einiger Zeit des regulären Betriebs derart heiß läuft, dass man die sprichwörtlichen Spiegeleier darauf backen kann, wird sich keiner langen Lebensdauer erfreuen und höchstwahrscheinlich ausgerechnet während einer wichtigen Veranstaltung den Geist aufgeben. (Und dass Ersatz dann nicht in Sichtweite bereitsteht, ist eine Erfahrung, die uns Murphy lehrt!) Unter solchen Bedingungen lernt man Geräte mit interner Stromversorgung sehr schnell schätzen, auch wenn sie teurer sind. Bei einem hochwertigen Effektprozessor ist ein integriertes Netzteil folglich Pflicht. Einige dieser Kandidaten besitzen sogar Schaltnetzteile, die unterschiedliche Netzspannungen automatisch erkennen und sich anpassen können. Infolgedessen arbeitet ein solcher Prozessor auch zuverlässig unter ungünstigen Betriebsbedingungen wie zum Beispiel den Spannungsschwankungen eines hoch belasteten Stromnetzes (Festzelt, Open Air usw.).

8.3 Equalizer

Im Gegensatz zu der bereits in Abschnitt 7.3.6 behandelten Mischpult-Klang-regelung dienen externe, im Siderack befindliche EQs ausschließlich dazu, klangliche Unzulänglichkeiten der Saalakustik und manches Mal auch der verwendeten P.A.-Boxen zu kompensieren (to equalize = „ausgleichen"). Darüber hinaus stellt der Equalizer ein wichtiges Hilfsmittel für den Monitorbetrieb dar, denn zusätzlich zur Klangoptimierung können Sie ihn hier auch zum Absenken rückkopplungsanfälliger Frequenzen verwenden.

8.3.1 Parametrische Equalizer

Eine Möglichkeit, dies zu erreichen, besteht im Einsatz eines parametrischen Equalizers, der in der P.A.-Praxis leider viel zu selten benutzt wird. Offenbar fehlt vielen Anwendern hierfür das Verständnis, das zum Einstellen der Parameter unbedingt notwendig ist. Eigentlich unverständlich, funktionieren die parametrischen Mittenfilter der Mischpultkanäle doch auf die gleiche Art und Weise.

Abb. 8.4: Der Parametrik-EQ „551 E" von Symmetrix bietet fünf individuell justierbare Frequenzbänder plus Low- und High-Cut-Filter

Parametrische Equalizer besitzen je nach Fabrikat pro Kanal bis zu fünf zuschaltbare Glockenfilter, die dem Frequenzgang des zu bearbeitenden Audiomaterials glockenförmige Anhebungen bzw. Absenkungen aufprägen, wenn Sie die „Level"-Potis aus den neutralen Mittelstellungen heraus nach rechts oder links an den Anschlag drehen. Die vorher mittels „Frequency"-Regler eingestellte Frequenz wird dadurch proportional angehoben bzw. abgesenkt. Bei den meisten Filtern beträgt der Maximalwert ±15 dB.

Werfen Sie einen Blick auf Abbildung 8.5, hier sind einige Möglichkeiten des parametrischen Filters skizziert: Ist beispielsweise eine Frequenz von 500 Hz eingestellt und das Level-Poti steht auf Rechtsanschlag, werden die 500 Hz um den Maximalwert +15 dB, die benachbarten Frequenzen entsprechend der Glockenkurve geringer angehoben. Die angewählte Frequenz befindet sich immer in der geometrischen Mitte der symmetrischen Filterkurve, weswegen sie oft auch als Center- oder Mittenfrequenz bezeichnet wird. Dieser Ausdruck zielt nicht zwangsläufig auf den mittleren Audiofrequenzbereich, obwohl in der Praxis gerade dieser häufig parametrisch gefiltert wird. Bässe und hohe Frequenzen können Sie genauso parametrisch bearbeiten, und viele Parametrik-EQs bieten die Möglichkeit, die Wirkungsbereiche ihrer Filter bis in die Höhen- und Bassregion hinein auszudehnen. Ebenso können Sie Extremfilterungen vornehmen, indem Sie die Centerfrequenzen zweier Filter einander annähern oder übereinander stellen.

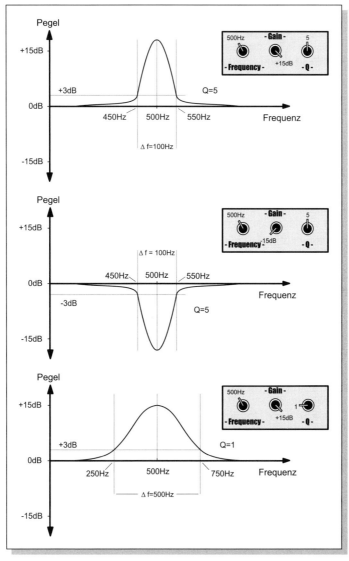

Abb. 8.5: Filterbeispiele für einen parametrischen Equalizer

Ein weiterer wichtiger Parameter heißt schließlich „Filtergüte" (mit der Einheit „Q"). Ist dieser Wert mit einem „Q"- oder „Bandwidth"-Poti einstellbar, bezeichnet man das Filter bzw. den Equalizer als „vollparametrisch", andernfalls als „semiparametrisch". Auch dies verdeutlicht Abbildung 8.5: Die Güte entscheidet über die Bandbreite des Filters, sie ist also maßgebend dafür, wie stark die Nachbarfrequenzen um die anvisierte Mittenfrequenz herum vom Filter mit beeinflusst werden. Hohe Güten (zum Beispiel Faktor 10) erzeugen schlanke Glockenkurven – Sie können die ausgewählte Frequenz gezielt schmalbandig anheben oder absenken. Geringe Güte von Q = 1 wie in der unteren Skizze in Abbildung 8.5 lässt das Filter hingegen breitbandig arbeiten, so dass weite Bereiche links und rechts der Mittenfrequenz ebenfalls der Filterung unterliegen.

Den Wert für die Filtergüte erhalten Sie, indem Sie die Mittenfrequenz des Filters durch die 3 dB-Bandbreite (siehe Abbildung 8.5) dividieren. Somit ist die Güte frequenzabhängig, was zur Folge hat, dass bei konstanten Q-Werten und sich ändernder Filterfrequenz die Bandbreite sich ebenfalls ändert. Das macht den Umgang mit dem Gütefaktor oftmals zu einer schwer zu durchschauenden Angelegenheit, also bedrucken viele Hersteller das Q-Poti lieber mit einer Bandbreite-Skala. Diese signalisiert für gewöhnlich eine Bandbreite von einer Drittelooktave bis hin zu zwei Oktaven um die jeweils eingestellte Frequenz. Manchmal wird sogar auf eine derart vereinfachte Bezeichnung verzichtet, und nur die Symbole einer schmalen und einer breiten Filterkurve sind sichtbar, was den Vorteil bietet, dass der Anwender sich nicht so sehr von aufgedruckten Zahlen (die nicht immer stimmen müssen!) ablenken lässt, sondern beim Einstellen des Filters ausschließlich seinen Ohren vertraut.

Wie gehen Sie nun mit einem parametrischen Equalizer um? Ganz einfach: Ist im Klangbild Ihrer P.A. irgendein Frequenzbereich zu laut, können Sie dies mittels parametrischem Equalizer kompensieren. Abbildung 8.6 zeigt dazu ein Beispiel: Die im Bereich 1 kHz sichtbare Überhöhung im Frequenzgang verursacht ein unangenehm blechern-aggressives Klangbild. Die Filterfrequenz eines EQ-Filters wird daraufhin ebenfalls auf 1 kHz gestellt. Nun bewegen Sie bei mittlerer Filtergüte (Q-Poti in Mittelstellung) den Level-Regler aus der neutralen Mitte so lange nach links, bis die unangenehme Frequenzüberhöhung aus dem Klangbild verschwunden ist (gestrichelte Linie). Durch Korrektur der Filtergüte können Sie den Equalizer auch noch auf die Breite der Überhöhung abgleichen. Das Resultat ist eine Absenkung, die der gegebenen Überhöhung entgegenwirkt. Auf ähnliche Weise lässt sich auch eine Senke im Frequenzgang „stopfen". Statt die betroffene Frequenz abzusenken, muss jetzt natürlich angehoben werden.

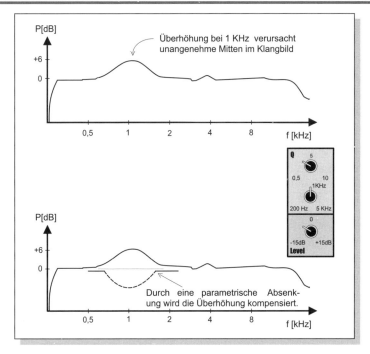

Abb. 8.6: Anwendung eines parametrischen EQs

 Aufgabe des Parametrik-EQs ist das Anheben und Absenken gezielt einstellbarer Frequenzen, wobei auch die Bandbreite und damit die Beeinflussung der Nachbarfrequenzen justierbar ist. Ein erstes Beispiel dazu bringt **Track 8**: Die gewählte Frequenz beträgt 1 kHz, welche bei laufender Musik zuerst um 15 dB angehoben und danach um den gleichen Betrag abgesenkt wird. Da der im Beispiel zu hörende Rhodes-Pianosound vornehmlich in diesem Bereich angesiedelt ist, erfährt er zuerst einer starken Anhebung, um bei Absenkung dann stark in den Hintergrund zu treten. Die Bandbreite des Filters beträgt zwei Oktaven (Q = 0,67), dies beeinflusst den Frequenzbereich zwischen 500 und 2000 Hertz. Beim zweiten Durchgang der Musik befindet sich das Filter bei 4 kHz, Bandbreite und Verstärkungsänderung sind identisch.

Das Verändern der Bandbreite bzw. der Filtergüte verfeinert die Filterung mittels Parametrik-EQ erheblich. Beispiel **Track 9**: Wie im vorherigen Beispiel besitzt das bei einem Kilohertz justierte Filter zwei Oktaven Bandbreite, die Verstärkung (Anhebung) beträgt jetzt konstante +15 dB. Entsprechend präsent erklingt der Rhodes-Pianosound. Bei laufender Musik wird nun die Bandbreite kontinuierlich bis auf 1/60 Oktave (Q = 86) verkleinert, was den bearbeiteten Frequenzbereich letztlich auf 11,6 Hz, nämlich von 994,2 bis 1005,8 Hz zusammenschrumpfen lässt. Da immer weniger Nachbarfrequenzen erfasst werden, normalisiert sich der Klang immer mehr in Richtung „flat", bis bei minimaler Bandbreite die Anhebung kaum mehr hörbar ist.

Fazit: Abhängig von der Frequenz sind Anhebungen mit abnehmender Bandbreite vom menschlichen Gehör immer schwerer zu erkennen. Der Signalpegel wird aber dennoch angehoben, und weil man nichts hört, neigt man dazu, die Verstärkung über Gebühr zu erhöhen. Sehr schnell sind dann Equalizer und nachfolgende Komponenten übersteuert, wodurch für die Lautsprecher erhebliche Gefahr besteht! Vermeiden Sie deshalb derart schmalbandige Anhebungen in der Praxis. Zum zweiten Durchlauf: Dieser bringt die gleiche Prozedur zu Gehör, die 16 dB-Anhebung befindet sich jetzt allerdings bei 4 kHz.

Hat sich das eben gehörte Beispiel mit der Anhebung beschäftigt, behandelt **Track 10** das Pendant, nämlich die Absenkung: Zuerst bei 4 kHz und dann bei 1 kHz ist die Verstärkung um 15 dB abgesenkt, die Bandbreite ändert sich wie gehabt. Auch hier normalisiert sich der Klang mit abnehmender Bandbreite – eine schmale Kerbe im Frequenzgang fällt dem Ohr nicht weiter auf. Diese Tatsache ist in der P.A.-Praxis besonders angenehm, lassen sich doch kritische Feedback-Frequenzen durch entsprechend schmalbandige Notchfilter geschickt absenken, ohne dass dies dem Zuhörer bewusst wird.

Als dritte und letzte Variante wird in **Track 11** schließlich die Filterfrequenz verändert. Die Verstärkung beträgt feste +13 dB, die Bandbreite eine Oktave. Bei laufender Musik wird nun die Filterfrequenz von 250 Hz bis auf 20 kHz und wieder zurück verändert.

8.3.2 Grafische Equalizer

Wesentlich höheren Bekanntheitsgrad als der parametrische Equalizer besitzt sein grafischer Kollege, der anhand der vielen Schieberegler auf der Frontplatte sofort als solcher zu erkennen ist. Wesentlicher Unterschied: Sowohl die Frequenzen wie auch die Bandbreiten der Filter eines Grafik-EQs sind anhand vorgegebener ISO-Normwerte festgelegt. Lediglich über Anhebung bzw. Absenkung der zugehörigen Frequenzbänder können Sie durch Betätigen der Schieberegler entscheiden. Weshalb natürlich deutlich mehr Filter als bei einem parametrischen EQ erforderlich sind, um den Audiofrequenzbereich adäquat bearbeiten zu können.

Womit ein wesentliches Qualitätsmerkmal des grafischen EQs angesprochen ist: Die in HiFi-Anlagen, Powermischern und DJ-Equipment anzutreffenden Einfach-EQs besitzen pro Kanal nur einige wenige Filter, deren Frequenzen im Oktavabstand zueinander liegen. Arbeitet das erste Filter beispielsweise bei 63 Hz, finden Sie bei den weiteren Reglern die Werte 125, 250, 500 Hz sowie 1, 2, 4, 8 und 16 kHz aufgedruckt. Der große Vorteil eines solchen Oktav-Equalizers liegt darin, dass er recht einfach einzustellen ist und auf jeden Fall immer noch effektiver als eine einfache „Bässe/Höhen"-Klangregelung (vergleiche Abschnitt 7.3.6) arbeitet. Auch unkundige Anwender, die sich nicht lange mit der

Materie auseinander setzen und einfach nur schnell und sicher den Klang ihrer Klein-P.A. durch Ausprobieren optimieren wollen, kommen in der Regel damit schnell zum Ziel. Nachteil: Für Feinarbeiten am Frequenzgang, etwa das Absenken von Resonanzen oder das „Stopfen" schmalbandiger Löcher, sind Oktav-EQs unbrauchbar!

Abb. 8.7: Professioneller Terz-EQ mit zusätzlichen Bass- und Höhenfiltern zum Hinzufügen breitbandiger Klangkorrekturen: BSS FCS 966 „Opal"

Angenommen, ein schmaler Bereich um die Frequenz 5 kHz ist im Klang Ihrer P.A. zu stark vertreten und Sie wollen ihn absenken. Ein wie oben beschriebener, einfacher Oktav-EQ besitzt dafür gar kein Filter. Das der störenden Frequenz am nächsten befindliche Filter liegt bei 4 kHz und verfehlt das Ziel um satte 1000 Hz! Darüber hinaus arbeitet es derart breitbandig, dass es den gesamten oberen Mittenbereich von ca. 2 – 6 kHz erfasst und mit absenkt.

Abhilfe bringt der so genannte Terz-Equalizer. Ein Terz-EQ arbeitet nach demselben Prinzip wie der Oktav-EQ, die einzelnen Filter haben jedoch nur noch Frequenzabstände von jeweils einer Dritteloktave, eben einer Großen Terz. Nun passen plötzlich 30 Filter in den Audiobereich von 20 – 20000 Hz hinein! Vorteil: Durch die größere Anzahl der Filter können Sie feine Unebenheiten im Frequenzgang wesentlich gezielter erfassen, und weil die Bandbreiten entsprechend schmaler ausfallen, werden die jeweiligen Nachbarfrequenzen nicht so stark mitgefiltert. Und natürlich ist für Ihr obiges Problem auch ein passendes Filter mit der Mittenfrequenz „5 kHz" vorhanden, das aufgrund geringer Bandbreite nur den Bereich von ca. 4,5 – 5,5 kHz erfasst. Senken Sie diese Frequenz ab, wird der 5 kHz-Peak verschwinden, während die Nachbarfrequenzen im Bereich 4 und 6 kHz unbeeinflusst bleiben.

Dem großen Vorteil der feinen Frequenzauflösung steht allerdings auch ein Nachteil gegenüber: Ohne Erfahrung und ein geübtes Gehör für Klang und Frequenzen lässt sich ein 30 Band-Terz-EQ kaum optimal bedienen. Aus diesem Grund und nicht zuletzt auch wegen geringerer Kosten greifen viele Anwender gerne auch auf 2/3 Oktav-EQs zurück, welche meistens (aber nicht immer!) einen brauchbaren Kompromiss zwischen erhöhter Auflösung und einfacher Bedienung darstellen.

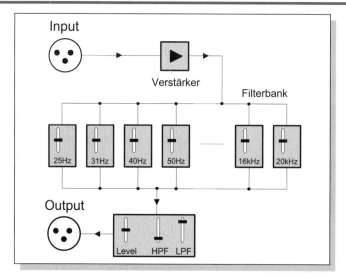

Abb. 8.8: Blockschaltbild eines grafische Equalizers

Den prinzipiellen Aufbau eines grafischen Equalizers sehen Sie in Abbildung 8.8: Das zu bearbeitende Signal gelangt nach dem Passieren eines Eingangsverstärkers auf eine Filterbank, die aus einer Anzahl parallel geschalteter Bandfilter besteht. Wie auch schon beim parametrischen EQ prägen derartige Bandfilter dem Frequenzgang des Audiosignals glockenförmige Anhebungen oder Absenkungen auf, je nachdem, ob Sie den zugehörigen Schieberegler auf der Vorderseite aus der neutralen Mittelstellung nach oben oder nach unten bewegen.

 Die Wirkungsweise eines grafischen Equalizers wird in **Track 12** mit einem 2/3-Oktav-EQ demonstriert: Um für die Anhebungen der einzelnen Frequenzbänder genügend Aussteuerungsreserve zu haben, besitzt die Musiksequenz „flat" nur einen CD-Pegel von ca. -20 dB. Nach dem Gitarrenintro geht es los, alle EQ-Bänder werden nacheinander erst um 15 dB angehoben, danach um den gleichen Wert abgesenkt. Die Reihenfolge der zu hörenden Mittenfrequenzen zum Mitlesen:

22 kHz 16 kHz   11 kHz   8 kHz   5,6 kHz 4 kHz   2,8 kHz 2 kHz 1,4 kHz
1 kHz   710 Hz   500 Hz   355 Hz   250 Hz   180 Hz   125 Hz   90 Hz 63 Hz

Als erstes sind 22 kHz an der Reihe: Die Wirkungsweise dieses Reglers ist aufgrund der geringen Empfindlichkeit des menschlichen Gehörs im Höchstfrequenzbereich nicht so spektakulär. Anhebung bringt lediglich etwas mehr

Höhenglanz, Absenkung bewirkt das Gegenteil. Berücksichtigen Sie, dass das Filter um die Mittenfrequenz 22 kHz natürlich eine gewisse Bandbreite aufweist, die die Nachbarfrequenzen mitbeeinflusst. Die hörbaren Veränderungen beziehen sich daher auf den Bereich 16 – 20 kHz, in den das Filter noch hineinwirkt. 22 kHz sind in der Aufnahme aus technischen Gründen gar nicht machbar – und selbst wenn, könnten Sie diese Frequenz nicht mehr hören!

Drastischere Eingriffe in den Hochtonbereich – besonders gut hörbar an der HiHat – erlauben die drei nächsten Filter: 16, 11 und 8 kHz werden nacheinander angehoben und abgesenkt, wobei sich besonders die +15 dB bei 8 kHz schrill bemerkbar machen. Gleiches gilt auch für den oberen Mittenbereich bei 5, 6, 4 und 2,8 kHz. Besonders die Snare erhält dadurch einen unangenehm „patschigen" Klang, und auch der Rhodes-Pianosound wird erst in seinen Obertönen, und dann vollständig verfärbt.

Im unteren Mittenbereich bis 355 Hz setzt sich dies fort: Piano und Streicher erhalten bei voller Anhebung Resonanzen, der Klang wirkt hohl und „rauschig". Schließlich der Bassbereich: 250, 180, 125 und besonders 90 Hz verleihen den Basslinien mehr Druck, die Anhebung bei 63 Hz steigert das Durchsetzungsvermögen der Bassdrum. Wie auch schon das Intro, erklingt das Ende der Musiksequenz wieder „flat", also ohne klangliche Bearbeitung.

8.3.3 Analoge Equalizer-Ausführungen

Parametrische und grafische Equalizer werden fast ausnahmslos in genormten 19"-Gehäusen ausgeliefert, weil sich sowohl in der mobilen P.A.-Technik wie auch im Studio- und Festinstallationbereich die Unterbringung in 19"-Racks bewährt und durchgesetzt hat. Trotz der immer weiter fortschreitenden Etablierung der Digitaltechnik gehören die herkömmlichen Analog-EQs noch lange nicht zum alten Eisen. Das wohl wichtigste Argument für den analogen Equalizer ist die einfache, direkte und sehr schnell mögliche Bedienung. Bei digitalen Geräten muss man sich meist erst mit der Benutzeroberfläche vertraut machen, und das Einstellen benötigt deutlich mehr Zeit. Des Weiteren übertreffen hochwertige analoge Equalizer wie zum Beispiel Klark DN370 die derzeitigen Signalprozessoren in den Audiowerten noch um einiges – wegen der immer besser werdenden AD/DA-Wandler wird sich dies aber irgendwann erübrigen.

Besonders bei mobilen Anwendern sehr beliebt sind grafische Zweikanalgeräte in Platz sparender 2 HE-Bauweise, so dass ein einzelner EQ-Einschub bequem das Signal der Mischpult-Stereosumme oder zwei Monitorwege bearbeiten kann. Wegen des Platzbedarfs der Fader – bei einem zweikanaligen „30-Bander" müssen immerhin 60 Schiebepotis nur für die Filter spendiert werden – greifen viele Hersteller auf 20 mm-Fader zurück, die dann in zwei übereinander liegenden Reihen auf der Frontplatte angeordnet sind. Nachteil: Für Anhebung und Absenkung um ±12 dB bleiben dann jeweils nur 10 mm Fader-Weg übrig, was bei schlechter Auflösung der Regler (Worst Case: Die komplette Anhebung/ Absenkung stellt sich ungeachtet der aufgedruckten Skalen erst auf den letzten drei Millimetern ein; vorher passiert nichts) die Einstellung manchmal zu einer fummligen Millimetersache macht. Gleichmäßig auflösende Fader sind also für einen grafischen EQ Pflicht.

Als recht nützlich erweist sich in diesem Zusammenhang eine Umschaltmöglichkeit für den Maximalwert bei Regleranschlag oben und unten. Sind nur geringe Korrekturen mit dem EQ nötig, wählen Sie „6 dB", und für ±6 dB Anhebung und Absenkung steht der gesamte Schiebeweg von 20 mm zur Verfügung. Für stärkere Korrekturen, die mehr als ±6 dB erfordern, ist der Schalter in die 12 dB-Stellung zu bringen, wodurch sich der Maximalwert verdoppelt und die Auflösung der Fader halbiert.

Des Weiteren sollte Ihr Terz-EQ über „Constant-Q"-Technologie verfügen, denn damit bleiben die Bandbreiten der Filter unabhängig von der gerade eingestellten Anhebung oder Absenkung konstant. Dies ist nur mit einem aufwändigeren elektronischen Design der Filterschaltungen möglich, bietet aber den großen Vorteil, dass benachbarte Filter sich gegenseitig nicht so stark beeinflussen. Bei einfachen EQs nimmt die Filterbandbreite mit zunehmender Anhebung oder Absenkung ab, so dass der bekannte und gefürchtete wellenförmige Frequenzgang bei Betätigung mehrerer nebeneinander liegender Regler hier besonders ausgeprägt auftritt.

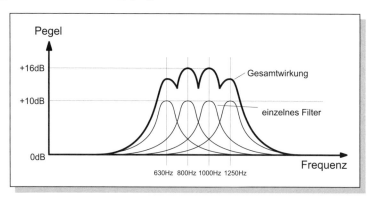

Abb. 8.9: Wellenförmiger Frequenzgang eines grafischen EQs bei identischer µAnhebung benachbarter Frequenzgänge. Die Regler der vier Filter 630 Hz, 800 Hz 1 kHz und 1,25 kHz sind allesamt auf +10 dB Anhebung gestellt. Da sich die Filterflanken jeweils überschneiden, addieren sich in diesen Bereichen die Beiträge, was zusätzliche Anhebung und eine Gesamtwirkung verursacht, die der Form der fett gedruckten Linie entspricht

Um die eingestellte Filterung mit dem Original vergleichen zu können, leistet ein

Bypass-Schalter inklusive LED-Anzeige gute Arbeit. Auf Knopfdruck nehmen Sie damit die Filterbank aus dem Signalweg heraus, was bei professionellen Geräten sogar mit mechanischen Relais geschieht. Der Vorteil: Das Signal gelangt verlustfrei durch den EQ. Elektronische Umschalter dagegen verschlechtern die Signaldynamik, da sie selbst im Bypass-Mode dem Signal immer ein wenig Rauschen hinzufügen.

Weit verbreitet sind auch integrierte Low- und High Cut-Filter. Hierbei handelt es sich um Hoch- und Tiefpassfilter, deren Eckfrequenzen meistens mit zusätzlichen Potis oder Schiebereglern verschoben werden können. Als wirksames Mittel gegen störenden Tiefbass unterhalb von 30 Hz erweisen sich die Low Cuts in Verbindung mit dem Absenken der ersten zwei, drei Filter.

Was die Anschlüsse angeht, gehören XLR- und Klinkenbuchsen zur Standardaustattung. Letztere kommen auch problemlos mit unsymmetrischen Signalen zurecht, wie sie zum Beispiel auf Insertwegen üblich sind. Einige Fabrikate (zum Beispiel Rane ME60) bieten darüber hinaus auch unsymmetrische Cinch-Buchsen zum Beispiel für HiFi-Equipment. Was die Maximalpegel und die Aussteuerbarkeit angeht, reichen die Reserven vieler Geräte bei symmetrischer Ansteuerung bis zu +26 dBu, was einer Spitzenspannung von 20 V entspricht. Auf den ersten Blick mag dies weit überdimensioniert erscheinen, bedenken Sie aber, dass ein EQ auch bei maximaler Anhebung und hohem Eingangspegel gegen Übersteuerung gefeit sein muss! Die maximal mögliche Filterverstärkung von +12- oder +15 dB zehrt nämlich auch immer am vorhandenen Headroom! Wichtig ist also auch eine Übersteuerungsanzeige in Form einer LED oder besser gleich eine LED-Kette, die über das anliegende Pegelniveau Auskunft gibt.

8.3.4 Digitale Equalizer

Ein digitaler Equalizer setzt ankommende analoge Signale mittels A/D-Wandler in binäre Informationen um, die von einem Signalprozessor, der mit entsprechender Equalizer-Software programmiert ist, verarbeitet werden. Nachdem der Prozessor die von Ihnen eingestellten Filterwerte dem nun digitalen Eingangssignal hinzugerechnet hat, sorgt ein D/A-Wandler dafür, dass Sie am Ausgang wieder analoge Spannungsverläufe abgreifen können. Da in der Studio- und Beschallungstechnik die digitale Signalverarbeitung mehr und mehr Einzug hält, besitzen viele Digital-EQs inzwischen zusätzliche Schnittstellen im AES/EBU- oder SP/DIF-Format, welche direktes und vor allem verlustfreies Ein- und Ausspielen der Signale auf digitaler Ebene ermöglichen. In dieser Betriebsart werden die AD/DA-Wandler dann nicht mehr benötigt. Anstelle analoger Schieberegler zeigt ein Display die einzelnen EQ-Fader optisch an, die Sie mit Hilfe von Cursortasten bedienen. Mittlerweile gibt es aber auch Geräte mit analogem Bedienfeld und digitalem Innenleben (zum Beispiel Sabine Graphi-Q), die die Vorteile beider Welten, nämlich raschen Zugriff auf der einen und Speicherbarkeit der Einstellungen auf der anderen Seite miteinander vereinen.

Abb. 8.10: Digitaler grafischer und parametrischer EQ, Anti-Feedback Notchfilter, Kompressor/Limiter und Line-Delay in einem Gehäuse: Sabine „Graphi-Q"

Wenn Sie mit einem digitalen Mischpult arbeiten, stehen neben den digitalen Klangregelungen der einzelnen Kanäle auch weitere digitale Filter zur Verfügung, die Sie je nach Gerät ganz nach Belieben in die Ausspielwege des Pults konfigurieren können. Diese Filter arbeiten in der Regel vollparametrisch, nicht grafisch. In überschaubaren, unkritischen Beschallungssituationen spart Ihnen diese Möglichkeit ein zusätzliches Rack mit externen Equalizern nicht selten komplett ein.

8.4 Kompressoren und Limiter

8.4.1 Ein Kompressor – wozu?

Die Bassdrum dröhnt nach, anstatt satt zu klingen, der Bass bollert, die Snare schwankt im Pegel und der Gesang geht zeilenweise unter, um im nächsten Moment viel zu weit vor den anderen Instrumenten zu stehen – kommt Ihnen diese Situation bekannt vor? Ganz klar, zwecks Dynamikanpassung müssen Kompressoren diese Signale bearbeiten! Beim Kompressor handelt es sich um einen Regelverstärker, der die Dynamik, also die Spanne zwischen der leisesten und lautesten Programmstelle, herabsetzt. Dies wird ganz einfach durch Abregeln der Verstärkung bei hohen Pegeln erreicht, während leisere Stellen den Kompressor im Pegel unverändert passieren. Dadurch erhöht sich bezüglich des neuen, verkleinerten Dynamikbereichs der Durchschnittspegel. Resultat: Die eingangs genannten Instrumente erklingen wesentlich „tighter" und kompakter aus den Boxen und lassen sich einfacher mischen.

Im Grunde ist die Arbeit eines Kompressors vergleichbar mit der eines wachsamen Tonmixers, der bei zu lauten Stellen den entsprechenden Mischpultfader zurückzieht und danach den Regler wieder in die ursprüngliche Stellung bringt. In Sachen Reaktionszeit unterliegt der Mensch dem Kompressor allerdings hoffnungslos – elektronische Schaltungen können um ein Vielfaches schneller und akkurater reagieren.

8.4.2 Funktion eines Kompressors

Als Regelschaltung, die die Pegelkorrekturen vornimmt, fungiert auf der Platine eines Kompressors wieder ein VCA, ein spannungsgesteuerter Verstärker (siehe auch Abschnitt 7.4.2), der seine Verstärkung in Abhängigkeit einer ihm zugeführten Steuergleichspannung einstellt. Diese wird mit einer Analyseschaltung aus dem Eingangssignal selbst gewonnen. Über Potis und Schalter haben Sie als Anwender die Möglichkeit, auf deren Anstiegs- und Abfallzeiten Einfluss zu nehmen, wodurch sich das Regelverhalten des Kompressors von außen einstellen und dem Signalcharakter anpassen lässt.

Aufgabe des VCAs ist es, sich bei Audiopegeln unterhalb einer definierten Pegelschwelle neutral zu verhalten, die Verstärkung muss folglich dabei Faktor 1 betragen. Überschreitet das Eingangssignal die Schwelle, verringert der VCA seine Verstärkung auf einen Faktor kleiner eins, so dass das Signal im Pegel reduziert, quasi „zusammengedrückt" wird. Nach Unterschreiten der Schwelle regelt der VCA wieder auf Faktor eins zurück – die Abschwächung ist aufgehoben und das Signal passiert bis zur nächsten Überschreitung wieder unbeeinflusst.

Dokumentiert ist das Ganze in Abbildung 8.11, hier sehen Sie die Kennlinien, die dieses Verhalten beschreiben: Neben der bereits angesprochenen Pegelschwelle („Threshold") tritt hier auch das Kompressionsverhältnis („Ratio") zu Tage, beide Parameter können Sie mit Potentiometern einstellen. Wie aber ist das Ganze zu deuten?

Solange der eingestellte Threshold-Wert nicht überschritten wird, arbeitet der Kompressor als linearer Verstärker mit der Verstärkung eins. Das Verhältnis von Eingangs- und Ausgangspegel entspricht folglich einer Geraden, die im Winkel von 45° (Steigung 1) zwischen Eingangs- und Ausgangspegelachse verläuft. Oberhalb der Schwelle, im so genannten Kompressor-Rotationspunkt, knickt die Gerade in Abhängigkeit des eingestellten Kompressionsverhältnisses dann mehr oder weniger scharf nach rechts ab. Das Kompressionsverhältnis bestimmt dabei die Stärke bzw. den Grad der Absenkung: Steht der „Ratio"-Regler zum Beispiel auf 4:1, bewirken 4 dB Threshold-Überschreitung am Eingang des Kompressors eine Steigerung des Outputs von nur einem dB – die restlichen 3 dB werden vom VCA durch Abregeln der Verstärkung sozusagen „vernichtet". Das Kompressionsverhältnis errechnet sich demnach durch Division des Eingangspegels durch den Ausgangspegel. Stärkere Kompression findet beispielsweise bei 8:1 statt, hier müssen am Eingang schon 8 dB Überschreitung anliegen, um ausgangsseitig mit 1 dB über die Schwelle zu kommen.

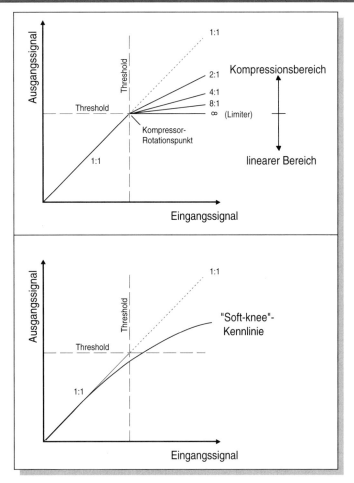

Abb. 8.11: „Hard-knee"-Kompressorkennlinien für verschiedene Kompressionsverhältnisse, darunter ein „Soft-knee"-Verlauf

8.4.3 Hard- und Soft-knee-Kennlinien

Die in Abbildung 8.11 skizzierten Kennliniencharakteristiken der nach rechts abknickenden Geraden bewirken besonders bei hohem Verdichtungsverhältnis einen recht abrupten, klanglich unschönen Kompressoreinsatz, man spricht in diesem Fall auch von „Hard-knee"-Kompression. Aus diesem Grund haben sich einige Entwickler Gedanken gemacht, wie man hohe Kompression mit „weichem" Regelvorgang erreichen kann. Das Ergebnis ist die so genannte „Soft-knee"-Kennlinie, zu sehen in der unteren Skizze von Abbildung 8.11. Bemerkenswert ist die Tatsache, dass bei „Soft-knee"-Charakteristik die Kompression bereits unterhalb der Schwelle langsam beginnt und die Kennlinie nicht mehr einer Geraden entspricht, sondern Krümmung aufweist. Dadurch wird das Kompressionsverhältnis vom Wert der Schwellenüberschreitung abhängig. Positiver Effekt: Schon etwas unterhalb der Schwelle beginnt der Kompressor kaum hörbar mit der Arbeit, geringe Überschreitungen werden nur wenig zurückgeregelt, während bei höheren Pegeln immer stärkere Kompression erfolgt. Da es keinen Knick in der Kennlinie mehr gibt, findet auch kein abruptes Ab- und Aufregeln statt. Der Übergang erfolgt eher allmählich, so dass „Soft-knee"-Kompressoren selbst bei stärkeren Verdichtungen noch weich und rund klingen.

8.4.4 Attack, Release und Output-Level

Ein weiterer wichtiger Parameter, die Ansprechzeit („Attack"), bestimmt, wie schnell der Kompressor auf die Threshold-Überschreitung reagiert. Bei der Mehrzahl der analogen Geräte handelt es sich dabei exakt um die Zeit, die ab der Überschreitung bis zum Erreichen von zwei Dritteln der Gesamtreduktion vergeht. Der komplette Abregelvorgang dauert also immer länger als die eingestellte Attackzeit. Dies liegt daran, dass die Analyseschaltung die VCA-Steuerspannung mit Hilfe einer Kondensator-Auf- und -Entladung verzögert. Kurze Attackzeiten kleiner einer Millisekunde bewirken nahezu verzögerungsfreies Ansprechen des Kompressors, in der Praxis sollten Sie aber weitaus längere Zeiten (10 – 100 ms) einstellen.

Dies hat signaltechnische Gründe, aber auch die Wahrnehmung von Pegelspitzen spielt eine Rolle. Zum Einen wird durch zu schnelles Abregeln die Form des Audiosignal über Gebühr stark „eingedellt" (siehe Abbildung 8.12), was Verzerrungen und im Extremfall gar Knackgeräusche verursacht. Besonders tiefe Frequenzen mit entsprechend langen Wellenlängen leiden darunter. Daher müssen stets einige Perioden der Grundschwingung des zu komprimierenden Signal verstrichen sein, bevor der VCA eingreifen darf.

Und überhaupt muss der Kompressor gar nicht jeden kurzen Peak erwischen, da sich das menschliche Ohr die Lautstärke betreffend am Durchschnittspegel über einen längeren Zeitraum orientiert. Mit anderen Worten: Kurze Peaks sind unhörbar, die durch zu kurze Attackzeit deswegen ausgelösten, in diesem Fall überflüssigen Kompressionsvorgänge aber umso mehr. Stellen Sie deshalb die Attackzeit länger und den Kompressor damit träger ein, damit nur bei länger andauernden Überschreitungen der Schwelle eine Dynamikreduktion erfolgt.

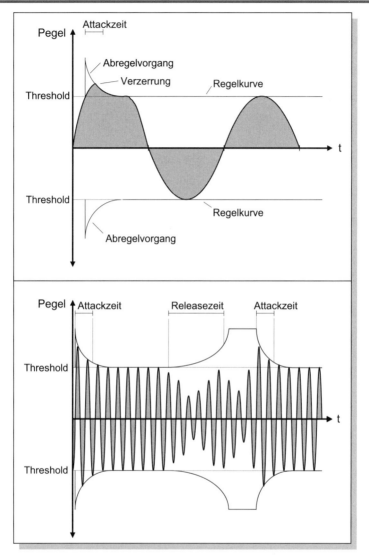

Abb. 8.12: Bei sehr kurzen Attackzeiten verzerren besonders die tiefen Frequenzen (oberes Bild), während höhere Frequenzen aufgrund kürzerer Schwingungsdauer besser in den Abregelvorgang „hinein-passen" (unteres Bild) und folglich nicht so sehr beeinträchtigt werden

Kehrt das Audiosignal unter den eingestellten Threshold-Wert zurück, wird die zurückgeregelte Verstärkung wieder auf den Ausgangswert eins gebracht. Dabei kommt die ebenfalls justierbare Rückstellzeit („Release") ins Spiel. Diese gibt darüber Auskunft, wie lange es dauert, bis zwei Drittel der Verstärkungsreduktion wieder aufgehoben sind. In der Praxis liegen die Releasezeiten zwischen 200 ms und 1 s, also weit über den Ansprechzeiten. Zu kurze Werte verursachen starke Verzerrungen, da der Kompressor während einer länger andauernden Threshold-Überschreitung immer wieder neu reagiert und dadurch ständig ab- und aufregelt. Dieses so genannte „Pumpen" moduliert zeitlich länger andauernde Klänge wie zum Beispiel einen ausklingenden Basston in der Amplitude, wodurch sich ein rauer und unnatürlicher Klang ergibt. Übertrieben lange Rückstellvorgänge von einigen Sekunden verursachen hingegen noch Pegelverluste bei nachfolgenden Signalereignissen, welche mit dem eigentlichen Auslöser für die Kompression nichts mehr zu tun haben. Daher sollten Sie die Releasezeit immer dem Charakter des Signals, beispielsweise der Tondauer, anpassen.

Zu guter Letzt noch das „Level"- bzw. das „Output"-Poti: Dieses hat auf das Regelverhalten des Kompressors keinen Einfluss, sondern bestimmt den am Ausgang erscheinenden Pegel. Treten beim Durchschnittspegel zwischen Eingang und Ausgang Verluste auf, wie sie bei starker Kompression zwangsläufig entstehen, drehen Sie diesen Regler aus der neutralen Mitte ein wenig nach rechts und bringen den Pegel wieder auf das Eingangsniveau. Feststellen lassen sich die Pegelunterschiede, indem Sie mit dem Bypass-Schalter zwischen unbearbeitetem und komprimiertem Signal hin- und herschalten. Viele Kompressoren besitzen auch entsprechende LED-Pegelanzeigen.

Abb. 8.13: Drawmer DL 441 Kompressor/Limiter

Zusätzlicher positiver Nebeneffekt: Da der Output-Regler meist zwischen 10 und 20 dB Verstärkungsreserve aufweist, lassen sich bei Bedarf noch einige dBs zusätzlich „draufpacken" – Sie können den Kompressor also auch als Zwischen- oder Aufholverstärker verwenden.

 Wird das Signal einer Bassdrum mittels Kompressor in der Dynamik reduziert, ergibt sich bei korrekter Einstellung der Parameter ein kompakteres Klangbild. **Track 13** verdeutlicht dies: Zuerst hören Sie eine Bassdrum unbearbeitet, danach mit etwas Kompression. Besonders das Nachschwingen der Trommel direkt nach dem Anschlag rückt jetzt deutlich in den Hintergrund. Ein solches Signal ist im Gesamtklangbild einer Band wesentlich besser zu orten und – was noch viel wichtiger ist – kommt dem Bass frequenzmäßig nicht in die Quere. Wie das nächste Beispiel zeigt, lässt sich die Bassdrum durch falsche Parameter allerdings auch „kaputt" komprimieren.

Gerne wird der Kompressor auch für den Bass verwendet. Der als nächstes zu hörende Kontrabass klingt mit Kompression weniger „dröhnig" als zuvor. Unmittelbar nach jedem Anschlagen des Tons „greift" der Kompressor, verringert rasch die Verstärkung und regelt entgegen dem natürlichen Abklingen des Instruments wieder zurück. Dadurch klingen die Töne in der Lautstärke wesentlich konstanter, das Instrument erhält mehr Sustain.

Gefährlich sind allerdings zu kurze Releasezeiten, nachzuvollziehen im nächsten Beispiel: Regelt der Kompressor während eines klingenden Tons die Verstärkung schnell ab und auf, führt das zum gefürchteten „Pumpen", hörbar an den Verzerrungen.

Schließlich noch ein Beispiel zur Summenkompression: Zunächst erklingt die Musik unbearbeitet, danach mit leichter Verdichtung. Dies erkennen Sie vor allem an der Bassdrum: Deren impulsförmiges Signal ragt aus dem Rest heraus, so dass der Kompressor vornehmlich darauf reagiert. Aus diesem Grund drängen sich andere Klänge wie beispielsweise die Synthesizerfläche plötzlich in den Vordergrund. Zu starke Kompression bewirkt, dass die Musik besonders in den Bässen „wegtaucht" – der Klang wird unangenehm schrill. Der Kompressor reagiert nach wie vor hauptsächlich auf die Bassdrum – dies allerdings so stark, dass danach immer das komplette Signal in der Lautstärke einbricht.

8.4.5 Kompressor-Ausführungen

Wie bei anderem tontechnischem Equipment auch, dominieren bei den Kompressoren die 19"-Gehäuse. Die meisten Geräte kommen als Zweikanalversionen in den Handel, so dass Sie mit einem Einschub ein Stereosignal oder aber auch zwei völlig unterschiedliche Programme bearbeiten können. Einkanalige Geräte sind bis auf den sehr beliebten Klassiker dbx 160-A und einige andere hochwertige Studio- und Röhrengeräte verhältnismäßig selten geworden. Wegen des geringen Platzbedarfs greifen vor allem die Live-Beschaller gerne auch auf Vier- oder gar Achtkanal-Kompressoren zurück. Diese verzichten aus Platzgründen gerne auf die Regler für Attack- und Release-Zeiten, lediglich mit einem Schalter teilen Sie dem Kompressor die Art des zu verarbeitenden Materials mit: Bei impulsförmigem Klangmaterial wie zum Beispiel Drums/Perkussion aktivieren Sie „Fast" (kurze Attack- und Release-Zeiten), während zeitlich länger andauernde Klänge eher mit „Slow" bearbeitet werden sollten. Anhand dieser Vorgabe und in Verbindung mit einer Soft-knee-Kennlinie ist der Kompressor dann in der Lage, die Attack- und Releasezeiten dem Signal anzupassen. So wird das Komprimieren etwas automatisiert, was in manchen stressigen Mix-Situationen sehr hilfreich ist.

Bekannt geworden ist dieses Feature vor allem durch die Firma dbx, man spricht in diesem Zusammenhang auch von einem Kompressor mit „Overeasy"-Funktion. Darüber hinaus hat es sich in der Praxis als sehr hilfreich erwiesen, wenn man die Regelvorgänge des Kompressors beobachten kann. Die meisten der im Beschallungswesen verbreiteten Geräte zeigen daher die Verstärkungsrücknahmen („Gain Reduction") und auch die Pegel auf LED-Ketten direkt in dB an.

Sollen Stereosignale (etwa die Summe oder ein Subgruppen-Pärchen beim Endmix) komprimiert werden, müssen beide Kanäle möglichst gleich arbeiten. Andernfalls entstehen zwischen linker und rechter Seite Lautstärkeschwankungen, das Panorama verschiebt sich. Koppelbare Geräte verhindern diesen Effekt. Der VCA des zweiten Geräts übernimmt dabei via Patchkabel die Steuerspannung des ersten Kompressors, woraus sich eine synchrone Arbeitsweise ergibt. Bei Stereo- bzw. Mehrfachkompressoren ist diese Kopplung in der Regel auch auf Knopfdruck („Stereo Link", „Couple") herstellbar. Noch realistischeres Stereo-Kompressionsverhalten ergibt sich, wenn ein solches Gerät dabei beide Kanäle berücksichtigt, also beide Steuerspannungen summiert, bevor es die VCAs ansteuert („RMS-Coupling").

Die in digitalen Mischpulten implementierten Kompressoren stellen Sie anhand der gleichen Parameter ein. Meist gibt es einen „DYN"-Taster, der die Parameter des selektierten Kanals auf die Anzeige und die Drehregler legt. Besitzt das Pult ein größeres TFT-Display, bekommen Sie die Kennlinie und sogar die momentan aktuellen Regelvorgänge sehr anschaulich dargestellt.

8.4.6 Vocal Stressing und De-Essing

Besitzt ein Kompressor eine „Sidechain"-Buchse, können Sie dessen VCA auch mit beliebigen externen NF-Signalen steuern. So ist es möglich, den Kompressor in Kombination mit einem Equalizer frequenzabhängig einzusetzen, beispielsweise um beim Gesang überbetonte Zischlaute bevorzugt zu komprimieren. Früher erreichte man dies, indem man das zu bearbeitende Signal vor dem Kompressor teilte und über einen Equalizer auch der Sidechain-Buchse zuführte. Mittlerweile besitzen die meisten Kompressoren Sidechain-Inserts, so dass Sie den EQ bequemer einschleifen können. Die gewünschte Einsatzfrequenz angehoben (bei Zischlauten liegt diese zwischen 6 und 8 kHz), dominiert diese im Steuersignal stark, so dass der Kompressor dann nur noch auf diesen Frequenzbereich reagieren wird.

Offiziell wird diese Sidechain-Schaltung als „Vocal Stresser" bezeichnet, und manche Kompressoren verfügen sogar über interne parametrische Sidechain-

Filter, so dass Sie den zusätzlichen EQ gänzlich sparen können. Da Frequenz, Bandbreite und auch die Verstärkung mit Potis stufenlos einstellbar sind, lässt sich ein solches Gerät sehr genau auf die vornehmlich von Sprecher und Mikrofon abhängende Zischfrequenz einjustieren. Bei auftretenden unangenehmen Zischlauten regelt der Kompressor dann ab, während die übrigen Stimmanteile davor und danach unbeeinflusst passieren. Natürlich sind dafür recht kurze Attack- und Releasezeiten nötig, damit der Zischlaut möglichst sofort „erwischt" wird – für einen nachfolgenden Vokal hingegen muss die Gain-Reduktion blitzschnell wieder aufgehoben sein.

Der Vorteil gegenüber einer reinen Equalizer-Absenkung der betroffenen „Zischfrequenz" liegt ganz klar auf der Hand: Ein EQ entfernt unabhängig vom Pegel die Höhen ständig aus dem Signal, was bei nicht auftretenden Zischlauten dann höhenarme, matte Stimmenwiedergabe zur Folge hat. Frequenzabhängige Kompression tritt hingegen nur auf, wenn sie nötig ist. Vorsichtig ist allerdings mit der Gain-Reduktion umzugehen: Zu viel davon drückt die S-Laute zu stark in den Hintergrund, so dass der bearbeiteten menschlichen Stimme ein deutliches Lispeln aufgeprägt wird.

Abb. 8.14: Kompressor mit interner „De-Essing"-Frequenzweiche:
BSS Opal DPR 422

Noch akkurater arbeitet schließlich der „De-Esser", auch Bandpass-Kompressor genannt. Wie die Bezeichnung schon andeutet, wird hier der Signalweg mit stimmbaren Bandpassfiltern gesplittet. Frequenzen unterhalb und oberhalb des schmalbandigen „Zischbereiches" gelangen erst gar nicht auf den Kompressor, nur die relevanten Anteile werden komprimiert und dem unbearbeiteten, vorbei geschleusten Rest wieder zugemischt. Diese Schaltung bietet den Vorteil, dass je nach Einstellung der Bass-, Mitten und Höchstfrequenzbereich vom Regeln des Kompressors nicht betroffen ist. So können auch komplexe Signale wie ein fertiger Mix nachträglich noch „entzischt" werden, ohne dass zum Beispiel der Bass durch ein dem oberen Mittenbereich geltenden Kompressionsvorgang verfälscht wird.

8.4.7 Limiter

Kurze Attackzeit (1 ms) und hohes Kompressionsverhältnis (1:20 bis 1:100) zeichnet einen Limiter aus. Im Grunde handelt es sich dabei um einen sehr schnellen Kompressor, der selbst kurzzeitig auftretende Threshold-Überschreitungen rigoros abfängt und aus dem Signal entfernt. Dies ist notwendig, wenn nachgeschaltetes Equipment vor Übersteuerungen geschützt werden muss.

Die Lautsprecher der P.A. sind dafür ein gutes Beispiel: Werden die Endstufen durch zu hohe Pegel übersteuert, verzerren deren Ausgangssignale, was sich zum einen durch kratzig-verzerrten Sound äußert, zum anderen auch die Lautsprecher beschädigen kann. Daher bieten viele P.A.-Controller (siehe Kapitel 9) auch Übersteuerungsschutz durch Limiter. Da es nur darum geht, Beschädigungen am System zu verhindern, wird auf klangliche Aspekte hier weniger Rücksicht genommen. Das Ansprechen der Limiter erfolgt unmittelbar auf die Überschreitung der Pegelschwelle, quasi zur „Erholung" sind besonders bei älteren analogen Ausführungen recht lange Rücklaufzeiten üblich. Dies merken Sie daran, dass bei einer leistungsmäßig am Limit gefahrenen Anlage die Musik bei lauten Peaks immer „wegtaucht", um erst nach einigen Sekunden wieder vollen Pegel zu erreichen.

8.5 Noisegates und Expander

8.5.1 Wofür Noisegates?

Der Wächter vor dem Tore. So ungefähr können Sie sich die Funktion eines Noisegates vorstellen. In erster Linie handelt es sich dabei um ein tontechnisches Hilfsmittel, das in der Praxis dazu dient, Signalwege von Störgeräuschen wie Rauschen, Brummen und Übersprechen benachbarter Schallquellen in Signalpausen zu befreien. Anders als der Kompressor gehört das Noisegate zur Familie der Expander. Während ein Kompressor die Verstärkung bei *Überschreitung* einer definierbaren Pegelschwelle abregelt und dadurch die Signaldynamik *verkleinert*, vollbringt ein Expander genau das Gegenteil, nämlich *Dynamikvergrößerung* durch Abregeln *unterhalb* der Schwelle.

Analog zum Kompressionsverhältnis beschreibt dabei das Expansionsverhältnis, um wie viel der Pegel unterhalb einer einstellbaren Schwelle gedämpft wird. 1:4 beispielsweise bewirkt bei 1 dB Unterschreitung eine tatsächliche Reduktion um weitere 3 dB – das Signal und auch sämtliche Störgeräusche werden durch Dämpfung leiser gemacht und in den Hintergrund gedrückt. Den Extremfall stellen hohe Expansionsverhältnisse von 1:20 und mehr dar, hier wird der Signalweg komplett geschlossen, und man spricht von einem Noisegate.

Prinzipiell ist die Arbeit eines Expanders wieder mit der eines Tonmixers zu vergleichen, der die Fader von Mischpultkanälen, die gerade nur Stör-, aber keine Nutzsignale liefern, herunterzieht bzw. die Kanäle mit „Mute" vorübergehend abschaltet. Dass dies bei einer größeren Anzahl von zu mischenden

Signalquellen für einen Menschen keine sinnvolle und pannenfrei durchzuführende Tätigkeit ist, dürfte einleuchten, und so überlässt man das „Sauberhalten" des Mixes lieber elektronischen Komponenten, eben Expandern und Noisegates.

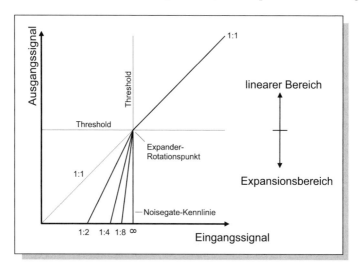

Abb. 8.15: Expander-Kennlinien für unterschiedliche Expansionsverhältnisse

8.5.2 Funktion

Wie schon beim Kompressor sorgt auch beim Noisegate ein VCA in Verbindung mit einer Eingangssignal-Analyse für die erforderlichen Regelvorgänge. Befindet sich der anliegende Audiopegel oberhalb einer definierbaren Schwelle, gibt die Analyseschaltung einen konstanten maximalen Gleichspannungspegel aus, die den VCA veranlasst, den Signalweg offenzuhalten – das Signal kann (fast) ungedämpft passieren.

Abb. 8.16: Vierfaches Noisegate Drawmer DS 404

Bei Unterschreitung der Schwelle wird diese Spannung abgeschaltet, woraufhin der VCA 80 – 100 dB Dämpfung aufbaut und damit den Signalweg schließt. Der Expander arbeitet nach genau demselben Prinzip, nur gibt dessen Detektorschaltung anstelle der Zustände „0" (keine Steuerspannung) und „1" (maximale Steuerspannung) auch Zwischenwerte aus, so dass auf dem Signalweg ein kontinuierlicher (Ab-)Regelvorgang und nicht nur bloßes Ein- und Ausschalten möglich wird.

8.5.3 Noisegate-Parameter

Das im Grunde sehr einfache Noisegate-Prinzip des Ein- und Ausschaltens von Signalwegen weist in der Praxis leider einige Tücken auf, weswegen effektives Signalgating ohne zusätzliche Parameter nur unbefriedigend funktioniert. Aus diesem Grund bieten gerade hochwertige Geräte eine Anzahl von Potis und Schaltern, die auf das Schaltverhalten Einfluss nehmen, so dass sich das Gate der Signalcharakteristik stets anpassen lässt.

Der Vollständigkeit halber sei an erster Stelle wieder das Threshold-Poti erwähnt, obwohl dessen Funktion inzwischen hinlänglich bekannt sein dürfte: Mit „Threshold" justieren Sie die Höhe der Schaltschwelle, die entscheidet, ab welchem Pegel der Signalweg geöffnet bzw. geschlossen wird.

Weil das Schalten eines Audiosignals einen extremen, nicht linearen Vorgang darstellt, der Verzerrungen erzeugt, ist auch die Attackzeit von Bedeutung. Das von der Threshold-Höhe abhängige Ein- und Ausschalten der VCA-Steuerspannung liefert einen Rechteckimpuls, der am VCA in den Signalweg hineinmultipliziert wird. Der Grad der dabei entstehenden Verzerrungen hängt einerseits vom Charakter des Audiosignals ab, maßgeblich ist aber auch die Schaltgeschwindigkeit, also die Steilheit der Rechteckflanke. In der Praxis ist es meistens erforderlich, diese herabzusetzen, da sonst das Öffnen des Gates von unangenehmen Knacksern begleitet wird. Diese Verlangsamung geschieht mit Hilfe der Attackzeit, die an gleichnamigem Poti von Werten kleiner 0,1 ms bis hin zu einer halben Sekunde einstellbar ist.

Abbildung 8.17 zeigt den kompletten Schaltvorgang eines Noisegates: Die gestrichelte Linie „2 + 3" beschreibt dabei die Attackphase, also die Zeit, die vergeht, bis das Gate von maximaler Dämpfung auf Durchgang geschaltet hat. Bei analogen Geräten können aus schaltungstechnischen Gründen wieder nur zwei Drittel gemeint sein, doch ist dies für die Praxis meist unerheblich, da man dieses Poti selten nach Skala, sondern viel eher mit dem Gehör bzw. mit Hilfe der optischen LED-Anzeigen einstellt.

Je länger Sie die Attackzeit einstellen, umso flacher verläuft die Steigung der Geraden in den Bereichen 2 und 3, und die Arbeitsweise des Gates wandelt sich vom harten Schalten immer mehr zu einem weicheren Einblenden. Vorteilhaft an dieser Einstellung ist die Tatsache, dass verhältnismäßig wenige Verzerrungen dem Audiosignal beigefügt werden. Andererseits erleiden Signale mit kurzer Einschwingzeit klangliche Einbußen, da während der klangwichtigen Attackphase das Gate noch mit dem Abregeln der Dämpfung beschäftigt ist, und die Signale in dieser Zeit noch nicht mit vollem Pegel passieren können. Als Kompromiss wählen Sie folglich die goldene Mitte: Ausgehend von einer zu langen Attackzeit drehen Sie das Poti solange zurück, bis auch das Einschwingen des zu bearbeitenden Signals komplett zu hören ist, das Öffnen des Gates aber gerade noch keine auffälligen Schaltgeräusche verursacht.

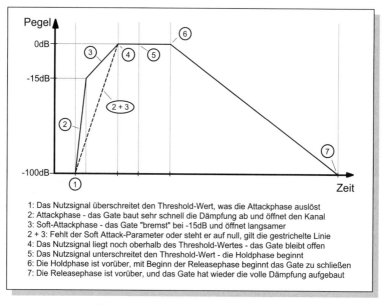

1: Das Nutzsignal überschreitet den Threshold-Wert, was die Attackphase auslöst
2: Attackphase - das Gate baut sehr schnell die Dämpfung ab und öffnet den Kanal
3: Soft-Attackphase - das Gate "bremst" bei -15dB und öffnet langsamer
2 + 3: Fehlt der Soft Attack-Parameter oder steht er auf null, gilt die gestrichelte Linie
4: Das Nutzsignal liegt noch oberhalb des Threshold-Wertes - das Gate bleibt offen
5: Das Nutzsignal unterschreitet den Threshold-Wert - die Holdphase beginnt
6: Die Holdphase ist vorüber, mit Beginn der Releasephase beginnt das Gate zu schließen
7: Die Releasephase ist vorüber, und das Gate hat wieder die volle Dämpfung aufgebaut

Abb. 8.17: Schaltphasen eines Noisegates

Signale mit schnellen Anstiegszeiten und wenig Signalenergie wie gesprochene Worte, die mit den Konsonanten „h" oder „w" beginnen, sind in der Praxis sehr schwierig zu gaten. Meistens öffnet das Gate zu spät und die Wortanfänge werden verstümmelt. Verkürzt man daraufhin die Attackzeit, erklingen sofort unangenehme Schaltgeräusche. Für diese Fälle besitzen aufwändigere Noisegates einen zusätzlichen „Soft Attack"-Parameter, welcher die Öffnungsgeschwindigkeit im oberen Dämpfungsbereich, also kurz vor „vollständig offen", verlangsamt.

Wie Sie ebenfalls in Abbildung 8.17 erkennen können, ist bei einem solchen Noisegate die Attackzeit in zwei Bereiche aufgeteilt, und die Kennlinie weist abhängig von der Stellung des „Soft Attack"-Potis beim Übergang von Bereich 2 in Bereich 3 einen mehr oder weniger starken Knick auf. Welche Möglichkeiten ergeben sich hieraus? Wenn Sie hier eine sehr kurze Attackzeit einstellen, die bei einem normalen Gate zu heftigsten Knackgeräuschen führen würde, erreichen Sie, dass der Dämpfungsbereich von -100 dB bis zum Knick bei ca. -15 dB sehr schnell durchlaufen wird. Im darauf folgenden kritischen Bereich kurz vor „vollständig offen" wird durch die zusätzliche Soft-Attackzeit das Gate „abgebremst", so dass die restliche Öffnung relativ langsam und geräuscharm vonstatten gehen kann.

Durch den beschleunigten Start hat das Gate aber insgesamt schneller geschaltet, als es ohne Soft-Attack möglich wäre. Der zusätzliche Kennlinienknick bringt zwar weitere Nichtlinearität ins Spiel, doch ist die Gefahr zusätzlich störender Verzerrungen gering, da sich das Ganze 15 – 20 dB unterhalb von „vollständig offen" abspielt. Im Zweifelsfall verlängern Sie die Attackzeit wieder ein wenig und verkürzen die Soft-Attack-Phase, so dass der Knick nicht so abrupt ausfällt. Bei den meisten Geräten überstreicht die Soft-Attackzeit 0 – 50 ms. Steht das Poti am linken Anschlag auf „0", wird keine Abbremsung wirksam und der Knick in der Kennlinie verschwindet gänzlich, so dass nur noch die Arbeitsweise eines herkömmlichen Gates vorliegt.

Wie schon beim Kompressor stellen Sie mit dem Release-Poti den Zeitraum ein, in dem der ausgelöste Regel- bzw. Schaltvorgang wieder rückgängig gemacht wird. Für ein Noisegate bedeutet dies, vom geöffneten Zustand aus in dieser Zeit wieder die komplette Dämpfung aufzubauen. In der Praxis sind Releasezeiten von 50 ms bis zu mehreren Sekunden üblich. Im Normalfall versucht man immer, das Schließen des Gates der Ausklingphase des Signals anzupassen. Dadurch ergibt sich ein weicher Ausblendvorgang.

Die Releasezeit wird normalerweise bei Unterschreitung der Pegelschwelle ausgelöst, doch gehen immer mehr Hersteller dazu über, einige Dezibel Hysterese vorzusehen. Diese Hysterese definiert eine Ausschaltschwelle, die sich immer in konstantem Abstand von 4 oder 6 dB unterhalb des Threshold-Werts befindet. Dadurch beginnt das Schließen immer erst etwas später, nämlich dann, wenn der Pegel bei 6 dB unterhalb der Einschaltschwelle angekommen ist. Mit dieser Maßnahme lässt sich das gefürchtete „Flattern", also unkontrolliertes Öffnen und Schließen des Gates, reduzieren. „Flattern" tritt bei kurzen Attack- und Releasezeiten in Verbindung mit einem um den Schwellwert schwankenden Nutzpegel auf. Bricht das Signal kurz nach dem Öffnen des Gates ein, um dann wieder lauter zu werden, kann es bei gleich hoher Ein- und Auschaltschwelle passieren, dass das Gate mitten im Signal kurzzeitig schließt, um dann erneut getriggert zu werden. Die Hysterese, also die tiefere Ausschaltschwelle, sorgt immer für ein klein wenig längere Öffnungszeit, wodurch diese Fehlschaltungen weitgehend unterbleiben.

Kritischen Pegelverläufen, bei denen auch die Hysterese nicht ausreicht, um das Gate vom Flattern abzuhalten, haben professionelle Noisegates die „Hold"-

Zeit entgegenzusetzen. Mit „Hold" strecken Sie die Öffnungszeit des Gates und einen konstanten Faktor künstlich. Nachdem das Signal unter die Ausschaltschwelle abgefallen ist, verstreicht erst die am Hold-Poti eingestellte Zeit (sinnvoll sind meistens 0 – 300 ms), bevor die Release-Phase beginnt.

Noisegates bzw. Expander verwendet man in der Live-Beschallung vornehmlich für die Bassdrum und die Toms des Schlagzeugs. **Track 14** gibt ein in der Praxis eher unübliches, aber sehr anschauliches Beispiel wieder, nämlich das Signal eines auf ein Crash-Becken ausgerichtetes Overhead-Mikrofons, wie Sie es auch bei eingeschaltetem „PFL" auf dem Mischpult-Kopfhörer hören können. Problem: Das gesamte Drumset (und in der Praxis auch noch weitere Instrumente und das Monitorsystem) wird übertragen, wobei besonders die HiHat stark überspricht. Ist diese räumliche Komponente des Overheads im finalen P.A.-Drumsound unerwünscht, bringt ein Noisegate Abhilfe, welches den Kanal nur bei Beckenschlägen öffnet, ansonsten aber stumm schaltet.

Die Einstellung der Parameter erfordert allerdings Fingerspitzengefühl: Zu kurze Releasezeiten unterbrechen den Beckenklang abrupt, bzw. führen bei kritischer Schaltschwelle zum „Flattern" des Gates. Dadurch wird das Ausklingen des Beckens unangenehm zerhackt. Ein zu niedriger Threshold-Wert macht das Gate zu empfindlich, so dass sich Fehltrigger durch die HiHat oder andere Instrumente des Drumsets ergeben können.

8.5.4 Noisegate-Ausführungen

Auch für die Noisegates gilt das bereits bei den Kompressoren Gesagte: 19"-Geräte für Rackmontage sind „on the road" bequem und Platz sparend zu handhaben. In P.A.-Systemen besonders durchgesetzt haben sich Vierfach-Ausführungen, so dass man mit einem 1-HE-Einschub vier unterschiedliche Signale (z. B. die Toms des Drumsets) gaten kann. Optische Darstellung der Pegel- und Schaltzustände erleichtert die Bedienung der Geräte enorm – die so genannte „Trigger"-LED, die bei Threshold-Überschreitung aufleuchtet, ist als Standard nicht mehr wegzudenken. Zusätzlich werden oftmals noch die Hysterese-Punkte, die komplette Öffnungsphase, und mit einer LED-Kette auch die bei sich schließendem oder öffnendem Gate gerade aktuelle Dämpfung optisch angezeigt. Letzteres ist immer dann interessant, wenn das Gate auch als Expander arbeiten kann, das Expansionsverhältnis also einstellbar ist.

Einfachere Noisegates besitzen diese Möglichkeit im Allgemeinen aber nicht. Um auch hier die bei schnellen Schaltvorgängen auftretenden Knackser unterdrücken zu können, besteht manchmal die Möglichkeit, durch Betätigen eines Schalters ganz einfach den Dämpfungsbereich bzw. die Gate-Tiefe des Noisegates zu verkleinern, was einer Veränderung des Expansionsverhältnisses gleichkommt. Anstelle von -100 dB muss ein derart eingestelltes Gate beim Öffnen dann nur noch von -40 dB an aufregeln, was in der gleichen Zeit wesentlich langsamer und damit unauffälliger vonstatten geht. Von einem vollständig geschlossenen Signalweg kann dabei allerdings keine Rede mehr sein. Hören Sie via „PFL" und mit etwas Kopfhörerlautstärke in einen derart gegateten Mischpult-kanal hinein, ist das anliegende Störsignal noch leise wahrzunehmen. Für die meisten P.A.-Situationen bringt dies aber schon deutliche, meistens ausreichen-de Verbesserungen.

8.6 Exciter

Kaum ein anderer Effekt war zeitens seiner Einführung in den 1970er Jahren so geheimnisumwogen wie der des Exciters. Sündhaft teure Preise in der Anfangs-zeit, sowie teilweise nicht einsehbare elektronische Schaltkreise haben dazu sicherlich noch einiges beigetragen. Der Exciter produziert aus dem zu bearbei-tenden Audiosignal Oberwellen und minimale frequenzabhängige Phasenver-schiebungen, die man dem Original dann hinzumischt. Dadurch erhöhen sich Brillanz und Sprachverständlichkeit erheblich, mulmende Frequenzen im unte-ren Mittenbereich wandern in den Hintergrund, so dass das Signal dem mensch-lichen Gehör sauberer, druckvoller und subjektiv lauter erscheint, obwohl sich der Pegel nicht nennenswert erhöht hat.

Der klassische Exciter besitzt pro Kanal drei einstellbare Parameter: „Tune" regelt die Eckfrequenz einer internen Hochpass-Filterabzweigung und damit gleichzeitig die Oberwellen-Einsatzfrequenz. „Drive" bestimmt die Oberwellen-intensität und „Mix" versetzt Sie in die Lage, den Oberwellenanteil zum Original sehr fein hinzuzudosieren. Neuere Entwicklungen bieten zusätzlich noch die Möglichkeit, den Bass- und den Sub-Bassbereich zu forcieren.

Abb. 8.18: „Ultrafex Pro"-Exciter von Behringer

Die Praxis zeigt, dass bei P.A.-Systemen dieser Effekt am besten bei leisen Bühnen, also bei wenig vagabundierendem Monitor- und Backline-Schall, der sich dem F.o.H-Sound überlagert, zur Geltung kommt. Bei der Einstellung sollten Sie Vorsicht walten lassen. Führen Sie zuerst den Frequenzabgleich der P.A. mittels EQ vollständig durch bevor Sie den Exciter einschalten. Dann zählt ausschließlich der erste Eindruck! Dosieren Sie den Effekt vorsichtig hinzu und schalten Sie zum Vergleich ein, zwei Mal auf „Bypass" zurück. Erscheint Ihnen das Klangbild verbessert, ändern Sie später bitte nichts mehr. Exciter besitzen nämlich die unangenehme Eigenschaft, das Gehör „süchtig" zu machen. Nach einer Weile ist man der Meinung, ein wenig mehr (und mehr) Effekt könne nicht schaden, zumal das Signal nur noch flach und leblos klingt, wenn vergleichsweise auf „Bypass" geschaltet wird. Eine Person, die erst zu diesem späteren Zeitpunkt den Veranstaltungsort betritt, wird indes ein viel zu schrilles, höhenlastiges P.A.-Klangbild verspüren. Dabei besteht nicht selten auch Überlastungsgefahr für die Hochtöner!

 Track 15 demonstriert kurz den Exciter: Zunächst erklingt unsere in den Höhen absichtlich bedämpfte Beispielmusik ohne Exciteranteil, der Effekt wird dann mehrmals ein- und wieder ausgeschaltet. Die jeweils hörbaren Höhenanteile sind künstlicher Natur und werden aus dem dumpfen Original erzeugt.

8.7 Delay

„Delay" bedeutet übersetzt so viel wie „Verzögerung". Delays bzw. Echos sind somit komplette Wiederholungen eines Schallereignisses. Um Echos künstlich herzustellen, muss das zu wiederholende Signal gespeichert und zu den gewünschten Zeiten wieder abgerufen werden. Für diese Arbeit sind digitale Signalprozessoren natürlich wie geschaffen: Ein A/D-Wandler übersetzt die vom Aux-Weg des Mischpults gelieferte, analoge Eingangsspannung in digitale Informationen. Diese Zahlen gelangen in ein RAM, aus dem sie nach verstrichener Verzögerungszeit ausgelesen und in einem D/A-Wandler wieder in analoge Signalspannung zurückverwandelt werden. Das auf diese Weise gewonnene Effektsignal wird dann dem Original zugemischt und ist – je nach eingestellter Verzögerungszeit – als unmittelbar folgendes „Short Delay" oder länger verzögertes „Long Delay" hörbar. Durch von außen veränderbare Parameter können Sie als Anwender Einfluss nehmen und den Effekt gemäß individueller Ansprüche anpassen. Werden beispielsweise mehrere Echos gewünscht, wird das ausgegebene Effektsignal über eine Rückführung erneut gespeichert und wieder ausgelesen. Die Anzahl der Wiederholungen ist dabei durch einen entsprechenden Parameter („Feedback") einstellbar.

Abb. 8.19: t.c. „D-Two"-Delayprozessor mit manuell eintippbaren Delayzeiten

Lange Jahre wurden Delay-Effekte mit einer Endlos-Tonbandschleife (z. B. Roland RE 201 „Space-Echo") erzeugt, auf die das zu verzögernde Signal erst aufgenommen und danach über mehrere, räumlich versetzte Wiedergabeköpfe abgespielt wurde. Danach hat ein Löschkopf das Band gelöscht und die Prozedur begann erneut. Die rasante Entwicklung der Digitaltechnik hat diese Bandecho-geräte heute verdrängt. Digitale Geräte bieten linearere Klangqualität, arbeiten verschleißfrei, nehmen wenig Platz in Anspruch und sind billiger herzustellen. Darüber hinaus liefern sie ausnahmslos Stereosignale, und auch Spezialeffekte wie Rückwärtsechos, Sampling oder „Ping-Pong"-Delays sind damit überhaupt kein Problem mehr.

 Zum Thema „Delay" befinden sich zwei Beispiele auf der CD: **Track 16** demonstriert ein Mono-Delay auf einer Snare. Die ersten vier Schläge erklingen noch „dry", danach kommt der Effekt hinzu. Es findet immer nur eine einzige Wiederholung statt, während sich die Verzögerungszeit von 20 ms bis auf 400 ms in 20 ms-Schritten ändert. **Track 17** bringt dann den klassischen „Ping Pong"-Algorithmus zu Gehör: Das Signal befindet sich mono in der Mitte der Stereobasis, während die Delays zwischen linkem und rechtem Kanal hin- und herhüpfen. Je höher der „Feedback"-Wert, umso mehr Wiederholungen werden hörbar. Die Zeit zwischen den Snareschlägen beträgt exakt 1 s, die Verzögerungszeit 500 ms. Analogie zu Track 6: Bei ca. 80% Feedback überdecken sich alte Wiederholungen mit neuen, und das inzwischen geübte Ohr erkennt sofort die Klangverfärbungen, die durch einen Kammfilter verursacht werden. Beträgt das Feedback schließlich 100%, klingen die Wieder-holungen gar nicht mehr ab. Ein derartiges „Infinite"-Delay ist nur durch Fade-Out oder Programmwechsel zu beenden.

8.8 Reverb

„Reverb", also künstlicher Nachhall, verleiht Instrumenten räumlichen Klang-eindruck. Besonders der Gesang passt sich mit etwas Hall wesentlich besser in das P.A.-Klangbild ein. Aber auch andere Instrumente wie beispielsweise Snare, diverse Perkussion oder Gitarre profitieren davon. War guter Nachhall früher eine Domäne der mit Hallräumen und Hallplatten ausgerüsteten Studios, so ist dies heute durch die Verbreitung digitaler Signalprozessoren auch für eine mobile Beschallungsanlage kein Problem mehr.

Nachhall entsteht, wenn Schallwellen an Wänden, Decken oder Böden reflek-tieren. Dabei werden Richtungen und Phasenlagen der direkten Wellen verän-dert, so dass die durch den Raum vagabundierenden Reflexionen ein nachklin-gendes Diffusschallfeld – den Nachhall – aufbauen. Je nach Größe des Raumes und Beschaffenheit der reflektierenden Flächen ergibt sich unterschiedlicher Klang und unterschiedliche Halldauer. Große kuppelförmige Gebäude mit vorwiegend glatten, steinernen Wänden (zum Beispiel Kathedralen) liefern

Nachhallzeiten von mehreren Sekunden. Ein tapeziertes und möbiliertes Zimmer mit Vorhängen absorbiert und zerstreut dagegen den größten Teil des Diffusschallfelds. Hohe Frequenzen werden vorzugsweise geschluckt, so dass der Nachhall hier wesentlich kürzer und dumpfer ausfällt.

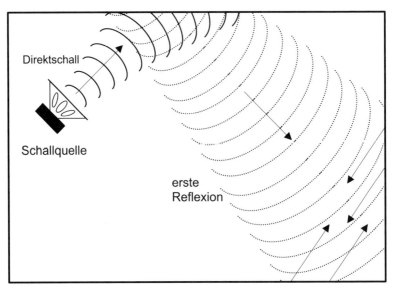

Abb. 8.20: Schallwellen, die auf Grenzflächen wie Wände, Decken und Fußböden treffen, werden ähnlich wie Lichtstrahlen von einem Spiegel reflektiert. Aus Gründen der Übersicht ist hier nur die erste Reflexion als Wellenfront dargestellt (gestrichelte Linie). Gelangt diese in die Raumecke unten rechts, lassen die weiteren, mit Pfeilen angedeuteten Reflexionen rasch ein sehr komplexes Hallmuster entstehen

Charakteristisch für natürlichen Hall ist das Auftreten so genannter Erstreflexionen („Early Reflections") kurz nach dem Schallereignis. Bevor der Hall sich aufbaut, sind einige sehr kurze Echos zu hören, welche die allerersten Reflexionen der direkten Schallwellen darstellen. Je nach Entfernung der Wände von der Hörposition ergeben sich hierbei unterschiedliche Verzögerungszeiten. Liegen diese im Bereich von ca. 1 – 10ms, erfolgt unmittelbare Überlagerung mit dem Direktschall. Bei genügend hoher Lautstärke der Reflexionen ergeben sich Kammfiltereffekte, die durch Frequenzauslöschungen den Klang verfärben. Diese Tatsache können Sie mit einem Digitaldelay sehr einfach und eindrucksvoll simulieren bzw. auch auf der beiliegenden CD hören: Stellen Sie nur ein einziges Echo ein und wählen Sie eine sehr kurze Verzögerungszeit von beispielsweise 2 ms. Wird bei laufender Musik nun langsam der Effektpegel erhöht, hören Sie zunehmende „blecherne" Klangverfremdung durch Kammfilter-Auslöschungen. Je nach Verzögerungszeit ändern sich die Frequenzen. Erst bei Zeiten über 10 ms löst sich das Echo vom Direktsignal und ist als solches hörbar – die Auslöschungen und damit die Klangverfremdungen verschwinden.

Dieser kurze Exkurs soll aufzeigen, dass die Entstehung von Nachhall weitaus komplizierter ist als beispielsweise die eines einzigen Echos. Entsprechend schwierig ist die Programmierung eines Algorithmus, der dies auf einem Signalprozessor simuliert. Soll Digitalhall dicht und natürlich klingen, müssen quasi gleichzeitig viele kurze Verzögerungen und Überlagerungen durchgeführt werden, was nur durch hohe Rechenleistung und optimal programmierte Software möglich ist. Dabei orientiert man sich an den natürlichen Vorbildern – den Hallräumen. Algorithmen, die kleine Räume nachbilden, heißen dementsprechend „Chamber", während mittlere und große Säle mit „Room", „Hall" oder gar „Cathedral" tituliert sind. Oft wird auch der etwas metallische Klang einer Hallplatte simuliert, dies trägt dann die Bezeichnung „Plate". Typische Parameter eines Hallalgorithmus sind Nachhallzeit („Reverb Time" oder „Decay"), Dichte („Density"), Vorverzögerung („Pre-Delay") und Höhendämpfung („Cut Off"). Aufwändigere Programme erlauben auch noch die Einstellung einiger Erstreflektionen. Darüber hinaus sind meistens auch Spezialeffekte wie Rückwärtshall („Reversed") oder „Gated Reverb" mit integriert. Letzterer kommt bevorzugt beim Verhallen von Snare und Bassdrum zum Einsatz. Die dem Anschlag folgende Hallfahne wird dabei nach einer einstellbaren Zeit durch ein schließendes Noisegate abgeschnitten, was dem Instrument erhöhte akustische Aufmerksamkeit verschafft.

 Die nächsten Beispiele behandeln unterschiedliche Hallräume. Die Nachhallzeit – übrigens die Zeit, in der der Hall um 60 dB, also auf ein Tausendstel des Anfangspegels abgeklungen ist – beträgt stets eine Sekunde. Los geht's auf **Track 18** mit einem „Room"-Algorithmus. Es erklingt eine Snare, zum Vergleich wird der Effekt alle vier Schläge zu- und wieder weggeschaltet. Wie der Name schon sagt, simuliert „Room" einen kleinen Raum. Binnen kurzer Zeit werden die Schallwellen an fiktiven Wänden einige Male reflektiert und zerstreut, so dass der Hall entsprechend kurz und trocken erklingt. Diesem Effekt begegnen Sie übrigens auch recht häufig in einem zum Tapezieren leer geräumten Zimmer.

Deutlich mehr Raumtiefe hat dagegen der „Chamber"-Effekt, nachzuhören auf **Track 19**. **Track 20** verstärkt diesen Eindruck zunehmend: Hier handelt es um einen „Large-Hall"-Algorithmus, der die Eigenschaften einer größeren Halle simuliert. Gigantisch wirkt **Track 21**: Das „Cathedral"-Programm simuliert sehr deutlich ein weitläufiges und mächtiges Kirchenschiff. Bei dieser Aufnahme wurde die Halldauer auf fünf Sekunden ausgedehnt.

Viele Reverb-Algorithmen erlauben die Einstellung eines „Pre-Delay"-Parameters. Dieser ermöglicht zeitliche Verzögerung des Halleinsatzes, womit sich künstlich Schalllaufzeit und die Illusion größerer Räume erzeugen lässt. Zwischen dem Original und dem Hall entsteht dabei eine Lücke. Nachzuhören ist dies auf **Track 22**: Das den Snareschlägen folgende Pre-Delay beträgt 200 ms, erst dann erklingt der Hall.

Noch bevor natürlicher Hall aufklingt, verursachen die ursprünglichen Schallwellen fast immer Erstreflektionen oder gar komplette Delays, welche die Musikwahrnehmung deutlich verschlechtern können. Auch dies lässt sich mit einem Prozessor nachbilden, hören Sie auf **Track 23**: Sie befinden sich in einer leeren quaderförmigen Halle, an deren Stirnseite sich die Bühne befindet. Die Rückwand wirft die von der P.A. abgestrahlten Schallwellen fast vollständig zurück, so dass den Snareschlägen neben dem Nachhall auch ein deutliches Echo folgt. Was bei einem Einzelinstrument noch gut klingt, verursacht spätestens bei andauernden Schallereignissen wie kompletter Musik Klangbrei. Derartig schlechte Akustik ist der Albtraum eines jeden Musikers und Beschallers, denn aufgrund der sehr komplexen Überlagerungsvorgänge ergibt sich praktisch an jeder Stelle der Halle ein anderer Sound. Ohne zusätzliche Dämpfungsmaßnahmen (zum Beispiel Abhängen der Rückwand mit Vorhängen) ist dieses Problem kaum zu meistern. Zwar bessert sich die Situation bei später anwesendem Publikum meist etwas, von idealen Verhältnissen ist man aber dennoch weit entfernt.

Schließlich noch ein Halltyp, der in der Natur nicht vorkommt, sondern mit Hilfe eines Noisegates erzeugt wird: Der „Gated"-Reverb entstand mal irgendwann in der Anfangszeit des Digitalhalls, als die Geräte neben dem Hall auch jede Menge Rauschen produzierten. Dieses wurde beim Ausklingen des Halls mittels Noisegate unterdrückt, wodurch sich beim Einstellen der Parameter zwangsläufig auch mal eine abgeschnittene Hallfahne ergab. **Track 24** demonstriert dies auf einer synthetischen „808"-Snare. Anschließend ist eine Drumsequenz mit abwechselnd „trockener" und „Gated-Reverb"-Snare zu hören.

8.9 Modulationseffekte

Soll der Gesang auf der P.A. „breit" und räumlich erklingen, bieten sich neben künstlichem Hall auch Harmonizer- und Choruseffekte an. Ein Chorus überlagert das Signal mit mindestens einer weiteren Stimme, die genau dasselbe singt. Aufgrund geringer zeitlicher und tonaler Abweichung vom Original entsteht mit dieser zusammen ein volleres, leicht schwebendes Klangbild. Bei stereofoner Rückführung des Chorus geht der Gesang angenehm in die „Breiiiite".

Die Entstehung ist relativ einfach: Das ursprüngliche Signal erfährt im Effektprozessor eine geringe Verzögerung (ca. 30 ms), wobei die Verzögerungszeit durch einen langsam laufendenden Oszillator moduliert, also ständig verändert wird. Dies ändert andauernd die Tonhöhe und produziert beim entstandenen Effektsignal leichte Verstimmung. Diese dem Original beigemischt, ergibt jenen Chorus-typischen, schwebenden Klang. Abhängig von der in einem Chorus vorhandenen Anzahl an Oszillatoren und Verzögerungsstrecken lassen sich mehr oder weniger „dichte" Effekte erzeugen, wobei die Kurvenformen der modulierenden Signale für den Klang mitverantwortlich sind: Sinuswellen erlauben sehr „weichen" Sound, Dreieck- oder gar Rechtecksignale lassen den Chorus härter und „eckiger" klingen.

Die Erzeugung eines Choruseffekts ist sowohl analog als auch digital zu bewerkstelligen. In P.A.-Anlagen kommen dafür üblicherweise Multieffektgeräte mit einer großen zur Verfügung stehenden Effektpalette zum Einsatz. So können Sie bei Bedarf auch andere Effekte wie Flanger, Phaser, Delay usw. abrufen, wobei auch die Kombination mehrerer Effektalgorithmen parallel oder in Reihe problemlos möglich ist.

Abb. 8.21: Der fünfstimmige Harmonizer „Quintet" von TC-Helicon produziert Dank moderner Modelling-Effekterzeugung sehr realistisch klingende, künstliche Vokalharmonien

Harmonizer hingegen ermöglichen Tonhöhenverschiebungen, so dass Sie einer einzelnen Stimme einen kompletten Chor hinzufügen können. Anders als der einfache, einstimmige Pitch-Shifter eines Multieffektgerätes arbeiten moderne Harmonizer mittlerweile mit Modelling-Tonerzeugung, welche deutlich bessere Klangqualität liefert. Auch zum bereits beschriebenen „Anfetten" des Lead-Gesangs durch kopierte Unisono-Stimmen sind Harmonizer bestens geeignet.

Wohl kaum ein anderer Modulationseffekt ist so beliebt wie der Chorus, eignet er sich doch vortrefflich, Gitarren- und Keyboardklänge „breit und fett" zu machen. Wie eben bereits erwähnt, erzeugt ein Chorus durch Hinzufügen einer oder mehrerer zum Original tonal leicht abweichender Stimmen ein volleres Klangbild. Aus diesem Grund sind viele Bühnenverstärker für akustische und elektrische Gitarre, aber auch Keyboards und sonstige elektronische Klangerzeuger mit einem integrierten Effektprozessor ausgestattet, der wenigstens einen Chorus-Algorithmus aufzubieten hat. Die logische Folge: Viele Musiker erzeugen Choruseffekte mit ihrem Bühnenequipment selbst – und tun bezüglich des P.A.-Sounds oft des Guten zu viel. Was auf einem Gitarrencombo alleine gut klingt, kann das Klangbild einer Band gehörig „verwimmern". Dies ist besonders immer dann der Fall, wenn der Band noch ein weiterer Gitarrist und ein Keyboarder, beide mit ausgesprochenen Vorlieben für Modulationseffekte, angehören.

Trotz alledem gibt es auch für den Live-Mixer noch einige „Nischen", die Chorusprogramme des eigenen Siderack-Prozessors dem werten Publikum zu Gehör zu bringen. Häufigste Beispiele: Gesang und akustische Gitarre. Besonders der immer etwas harte Sound von elektroakustischen Gitarren (Piezo-Pickups) ergibt mit etwas Chorus meist ein gefälligeres Klangbild. Akustisch nachzuvollziehen ist dies auf **Track 25**: Eine Ovation-Gitarre wird über ein Multieffektgerät gespielt. Zuerst erklingt der Sound ohne Effekt in mono, nach dem ersten Presetwechsel schwebt das Klangbild angenehm und geht stereofon „in die Breite".

Beim Chorus einstellbar ist meistens der Modus („Mono", „Stereo"), der Effektlevel und manchmal auch die Verzögerung. Die weitaus wichtigsten Parameter stellen jedoch die Modulationsgeschwindigkeit („Speed", „Rate") und die Modulationstiefe („Depth") dar. Wird letztere zu weit aufgedreht, klingt es wie in den letzten vier Takten: Durch die starke Modulation jault und „eiert" der Klang der Gitarre – zur Untermalung einer sanften Ballade eine denkbar ungeeignete Einstellung. Noch wesentlich apokalyptischer fällt das Ergebnis in Verbindung mit zu hoher Modulationsgeschwindigkeit aus: Wer den „Speed"-Parameter versuchsweise einmal auf Maximum stellt, wird feststellen, dass vom ursprünglichen Signal nichts mehr übrig bleibt. Der Chorus erzeugt nur noch metallisch klingendes Jaulen und Quietschen.

Derartige Extremeinstellungen mögen für zeitlich andauernde Klänge wie zum Beispiel Gitarrenakkorde sinnlos sein, ein völlig anderes Ergebnis stellt sich jedoch bei impulsförmigen Signalen ein. Beispiel **Track 26**: Hier ist eine Snare abwechselnd „dry" und mit Extrem-Chorus zu hören. Durch die hohe Modulationsrate erhält der Snaresound zusätzliche, etwas metallisch klingende Resonanzen, welche interessante und durchaus brauchbare Klangverfärbungen verursachen.

Wenn Sie die Verzögerungszeit Ihres Chorus von 30 – 50 ms auf einen Wert im Bereich 2 – 10 ms reduzieren, erhalten Sie einen „Flanger"-Effekt. Jetzt ist die Verzögerung nämlich so kurz, dass sich Kammfilter-Auslöschungen mit dem Original ergeben. Ansatzweise nachzuvollziehen ist dies auch mit **Track 6**, dem mittels Delay künstlich erzeugten Kammfilter auf der Snare. Um Bewegung ins Klangbild zu bringen – ein feststehender Kammfilter ist ja schließlich mehr ein Übel als ein Effekt – verändert ein langsam laufender Oszillator (0,1 – 5 Hz) periodisch die Verzögerungszeit, so dass sich die Auslöschungsfrequenzen ständig verändern. Das Kammfiltermuster wird dadurch im Frequenzgang unablässig hin und her geschoben. Ausdruckvolle Effekte kommen vor allem durch eine regelbare Rückkopplungsschleife („Feedback") zu Stande, die das Ausgangssignal dem Eingang wieder zuführt. Doch Vorsicht: Zu hohe Feedback-Werte führen zur Selbstoszillation – der Flanger produziert laute Eigengeräusche.

Prinzipiell genau so wie der Flanger arbeitet der Phaser. Dass beide Effekte dennoch recht unterschiedlich klingen, liegt daran, dass beim Phasing wesentlich kürzere Verzögerungszeiten < 1 ms üblich sind. Außerdem wird die Verzögerung nicht „am Stück", sondern stufenweise durch hintereinander geschaltete Phasenschieber erzeugt. Jede dieser Stufen arbeitet frequenzabhängig, folglich besitzt jede im Eingangssignal vorkommende Frequenz am Ausgang dieser Kette geringfügig andere Phasenlage bzw. ist unterschiedlich lang verzögert. Beim Zusammenfügen dieses „Phasengemischs" mit dem Original entstehen dann die bekannten Frequenzauslöschungen, ein langsam schwingender Oszillator sorgt für die Modulation.

Flanger und Phaser werden vom Mixer erfahrungsgemäß nur selten eingesetzt. Ein beliebtes „Gimmick" ist das zeitweise Hinzudosieren zu den Schlagzeugbecken – besonders bei Drumsoli werden diese Effekte gerne auf die Overhead-Mikros gegeben. Zur akustischen Demonstration dienen die **Tracks 27** und **28** auf der CD: Flanger und Phaser modulieren einige Beckenschläge, zum Vergleich ist je eine „trockene" Version beigefügt.

Track 29 demonstriert Ihnen schließlich noch die Wirkungsweise eines modernen Harmonizers. Die zunächst ohne Effekt erklingende Gesangspassage wird mit Vokalharmonien unterschiedlicher Skalen angereichert.

Getrennte Wege

9 Frequenzweichen

Frequenzweichen dienen zum Aufteilen der vom Mischpult gelieferten Fullrange-Signale in einzelne Wege (Bässe, Mitten, Höhen). Die dabei isolierten Signale werden dann über jeweils geeignete Lautsprecher(boxen) parallel zueinander in den Raum abgestrahlt. Wie im übernächsten Kapitel näher erläutert wird, ist diese Trennung notwendig, weil es bislang keine Universal-Lautsprecher gibt, die den gesamten Audiofrequenzbereich mit P.A.-tauglichem Wirkungsgrad und adäquater Klangabstimmung alleine übertragen können. Folglich benutzt man den einzelnen Frequenzwegen angepasste Einzelchassis, und erst in der Luft fügen sich die aufgeteilten Komponenten wieder zum Gesamtklangbild zusammen.

9.1 Hoch- und Tiefpass-Filter

Ganz gleich um welchen Typ Frequenzweiche es sich gerade handelt, zur Frequenzaufteilung kommen grundsätzlich Hoch- und Tiefpass-Filter zum Einsatz. Dabei handelt es sich um elementare elektronische Analogschaltungen, die den Frequenzumfang von Audiosignalen verkleinern und dadurch den Klang verändern. Der wichtigste zu beachtende Parameter dieser Filter ist die so genannte Grenz- oder Eckfrequenz, alles weitere lässt sich aus den Bezeichnungen selbst ableiten: Ein Hochpass lässt demnach Frequenzen oberhalb der Grenzfrequenz passieren, darunter wirkt er als Sperre. Beim komplementären Tiefpass-Filter sind die Verhältnisse gerade umgekehrt. Analog dazu spricht man auch vom Durchlass- und vom Sperrbereich, die durch die Grenzfrequenz voneinander getrennt sind.

Betrachten Sie als einfaches Beispiel einmal das Low-Cut-Filter eines Mischpultkanals, wie es bereits in Abschnitt 7.3.7 beschrieben wurde. Dieses Filter dient dazu, tieffrequente und akustisch wertlose Schwingungen vorzugsweise aus einem Mikrofonsignal herauszufiltern. Da der Durchlassbereich, also die für den Mix wichtige Frequenzregion, oberhalb der gefilterten Signalanteile liegt, handelt es sich hier eindeutig um einen Hochpass, dessen Grenzfrequenz herstellerabhängig meist bei 70, 80 oder 100 Hz angesiedelt ist. Doch nicht nur die Grenzfrequenz, auch die Flankensteilheit („slope") spielt für den Klang und die Effektivität des Filters eine entscheidende Rolle. Die in Abbildung 9.1 skizzierten 18 dB/Oktave bedeuten bespielsweise, dass der am Filterausgang anliegende Signalpegel bei einer Oktave unterhalb der Grenzfrequenz gegenüber dem Durchlassbereich um 18 dB gedämpft wird. Haben Sie Ihr Mikrofonsignal mit dem Mischpult-Vorverstärker auf 0 dBu Line-Pegel gebracht und schalten nun einen 100 Hz-Low-Cut mit 18 dB/Oktave Flankensteilheit dazu, beträgt der Pegel bei 50 Hz (eine Oktave unter der 100 Hz-Grenzfrequenz) nur noch -18 dBu, bei 25 Hz -36 dBu, bei 12,5 Hz -54 dBu usw.

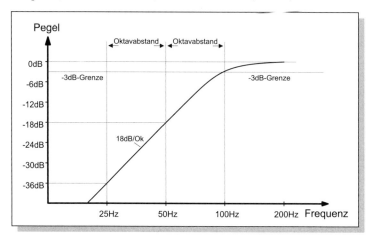

Abb. 9.1: Frequenzgang eines 100 Hz-Low-Cut-Hochpasses

Aus diesen Zusammenhängen wird deutlich, dass ein analoger, also mit Widerständen, Kondensatoren und Spulen aufgebauter Hochpass niemals ideal, sondern immer mit endlicher Flankensteilheit arbeitet. Für die Praxis heißt das, dass die im Sperrbereich liegenden Frequenzen bei zugeschaltetem Filter keinesfalls aus dem Signal verschwinden, sondern abhängig von Frequenz und Flankensteilheit mehr oder weniger stark gedämpft weitergegeben werden! Spätestens wenn Sie Mitten- und Hochton-Lautsprecher mit Hochpässen gegen zu tiefe Frequenzen schützen, lässt sich dies alles auch akustisch nachvollziehen: Hören Sie sich im direkten Vergleich einmal einen 6 dB/Oktave- und einen 12 dB/Oktave-Hochpass bei identischen, für das jeweilige Chassis geeigneten Grenzfrequenzen an. Sie werden feststellen, dass bei Ersterem viel mehr tiefe Frequenzanteile auf die Lautsprecher gelangen.

Ein idealer Hochpass hingegen leitet alle Frequenzen oberhalb seiner Grenz-frequenz ungedämpft weiter, darunter liegende Signalanteile werden komplett zurückgehalten. Der Übergang vom einen in den anderen Bereich erfolgt, wie in Abb. 9.2 zu sehen, abrupt, also mit unendlicher Flankensteilheit. Dies ergibt eine scharfe Trennlinie bei der Grenzfrequenz. Das Phasenverhalten bezüglich der anliegenden Signalfrequenzen ist bei idealen Filtern konstant, so dass bei Annäherung an die Grenzfrequenz keinerlei Phasendrehungen bzw. frequenzab-hängige Zeitverschiebungen erfolgen.

Wie bereits angesprochen, sind derartig ideale Eigenschaften in der Praxis leider nicht zu erreichen. Sowohl beim Hoch- wie auch beim Tiefpass erfolgt die Dämpfung unter- bzw. oberhalb der Grenzfrequenz nicht abrupt, sondern setzt bereits im Durchlassbereich langsam ein, so dass das Signal beim Erreichen der Grenzfrequenz schon um drei bzw. sechs Dezibel gedämpft am Ausgang erscheint. Nach dem Passieren der Grenzfrequenz wird dann zwar steiler, aber immer noch mit endlicher Flankensteilheit abgeschwächt, so dass ein Über-gangsbereich entsteht. Die angesprochene Flankensteilheit („Roll Off-Slope") stellt somit ein Maß für die Signaldämpfung in Abhängigkeit von der Frequenz dar.

Auch die Phasenverläufe von Hoch- und Tiefpässen sind in der Praxis alles andere als konstant. Weil die Frequenzaufteilungen mit Hilfe frequenzab-hängiger Widerstände in Form von Spulen und Kondensatoren vonstatten gehen, werden die anliegenden elektrischen Signale frequenzabhängig in der Phase gedreht, also geringfügig zeitverzögert. Dies ist besonders im Übergangs-bereich nahe der Grenzfrequenz der Fall und führt immer wieder zu unangeneh-men akustischen Auslöschungseffekten, weil dieser Bereich in der Regel von zwei räumlich versetzten Lautsprechern gemeinsam wiedergegeben wird.

9.2 Flankensteilheiten

Der analog am einfachsten zu realisierende Hochpass besitzt eine Flanken-steilheit von 6 dB/Oktave. Diesen bezeichnet man auch als Hochpass erster Ordnung. 6 dB/Oktave besagen, dass der Signalpegel bei der ersten Oktave oberhalb der Grenzfrequenz um 6 dB gegenüber dem Durchlassbereich ge-dämpft ist. Dies entspricht aber gerade mal einer Halbierung der Signalspannung (siehe Anhang A8), so dass von einer effektiven Abtrennung der hohen Frequen-zen keine Rede sein kann.

Schon etwas besser sieht die Sache bei 12 dB/Oktave, also bei einem Hochpass zweiter Ordnung aus. Bezogen auf eine Grenzfrequenz von beispielsweise 3 kHz ist der Signalpegel bei 1,5 kHz (Oktave zu 3 kHz) nun um 12 dB gedämpft, was einer Reduktion der Signalspannung um den Faktor 4 entspricht. Die nächste

Oktave liegt bei 750 Hz, hier sind weitere 12 dB Signalpegel „geschluckt", so dass die Dämpfung hier ingesamt schon 24 dB beträgt. Für die Signalspannung bedeutet dies im Vergleich zu 3 kHz eine Reduktion um den Faktor 16.

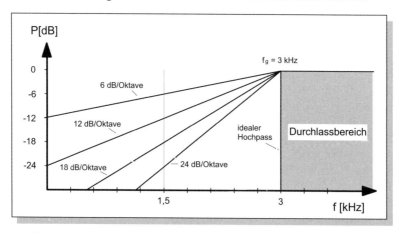

Abb. 9.2: Ideale Dämpfungsverläufe verschieden steilflankiger Hochpass-Filter bei einer Grenzfrequenz von 3 kHz

Wie in Abbildung 9.2 dargestellt, lassen sich natürlich auch noch wesentlich steilflankigere Hochpass-Filter realisieren. Bei 18 dB/Oktave (Hochpass dritter Ordnung) oder gar 24 dB/Oktave (Hochpass vierter Ordnung) Flankensteilheit erfolgt die Bedämpfung unterhalb der Grenzfrequenz sehr viel effektiver. Allerdings ist gegenüber einem 12 dB/Oktave-Hochpass der Bauteileaufwand für diese Filter um einiges höher, was höhere Signaldämpfungen und mehr Phasendrehungen verursacht. Selbstverständlich gelten diese Zusammenhänge auch für die komplementären, hier nicht eingezeichneten Tiefpass-Filter.

9.3 Filtercharakteristiken

Sobald von Frequenzweichen die Rede ist, fallen fast zwangsläufig die Begriffe Bessel, Butterworth und Linkwitz-Riley. Bei diesen drei Namen handelt es sich um Mathematiker, die sich ausgiebig mit den Dämpfungsverläufen von Hoch- und Tiefpass-Filtern beschäftigt und diese in mathematischer Form zu Papier gebracht haben. Folglich wurden die Filtercharakteristiken, also die Art und Weise der Dämpfungsverläufe, entsprechend benannt.

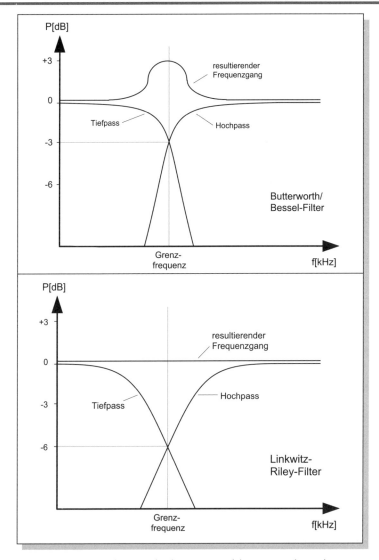

Abb. 9.3: Dämpfungsverläufe von Bessel/Butterworth- und von
Linkwitz-Riley-Filtern

Bessel- und Butterworthfilter erkennen Sie daran, dass der Signalpegel bei der Grenzfrequenz um 3 dB abgesunken ist. Wie bereits erwähnt, lässt sich mit analogen Filtern ja keine ideale Trennung vollziehen, so dass die Dämpfung schon im Durchlassbereich geringfügig einsetzt, um dann jenseits der Grenzfrequenz die volle Flankensteilheit zu erreichen. Bei Linkwitz-Riley-Filtern beträgt die Signaldämpfung an dieser Stelle bereits 6 dB, was sich bei Frequenzweichen als vorteilhaft erweist. Betrachten Sie dazu Abbildung 9.3: Um den Bass- und den Mitten/Hochtonanteil zu trennen, sind Hoch- und Tiefpass-Filter mit gleichen Charakteristiken zusammengeschaltet worden. Da die Grenzfrequenzen und die Flankensteilheiten auch identisch sind, macht der Mitten/Hochtöner praktisch da weiter, wo der Basslautsprecher aufhört. Als kritisch erweist sich jedoch der Bereich um die Grenzfrequenz: Werden zwei Bessel- oder Butterworth-Filter benutzt, erzeugt die Überlagerung der -3 dB-Punkte („Crossover-Points") eine Pegelsteigerung von +3 dB, was eine geringfügig lautere Wiedergabe des Übergangsbereiches hervoruft. Bei Linkwitz-Riley-Filtern ist dies nicht der Fall. Da die Überschneidung hier bei -6 dB stattfindet, bleibt der resultierende Frequenzgang einigermaßen „flat", also ausgeglichen.

Welche Filtercharakteristik nun die Bessere ist, lässt sich nicht verallgemeinern, sondern hängt maßgeblich auch von den verwendeten Boxen und der Raumakustik ab. Wenn Ihre Frequenzweiche Ihnen die Wahl lässt, experimentieren Sie einfach!

9.4 Passive Frequenzweichen

9.4.1 Vor- und Nachteile

Passive Weichen stellen die einfache Variante der Frequenzaufteilung dar: Eine Endstufe verstärkt Fullrange-Signale, und die aus Spulen, Kondensatoren und Widerständen bestehende Weiche ist zwischen deren Ausgang und die einzelnen Lautsprecher der Box(en) geschaltet.

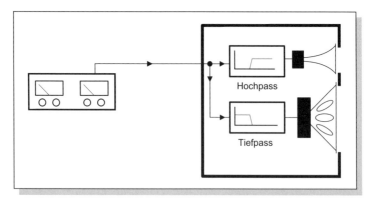

Abb. 9.4: Das Ausgangssignal eines Endstufenkanals wird über eine passive Frequenzweiche im Inneren der Box in Hoch- und Tieftonweg aufgeteilt

Abbildung 9.4 zeigt die Anordnung einer passiven Zweiweg-Weiche. Das Fullrange-Signal aus der Endstufe gelangt auf je ein Hoch- und ein Tiefpass-Filter – nachgeschaltet sind Hoch- und Tieftöner. Obwohl technisch nicht die sauberste Lösung, funktioniert dies in der Praxis bei kompakten Mehrwege-Systemen, bei Monitor- und auch bei HiFi-Boxen recht ordentlich. Vorteilhaft gegenüber aktiven Weichen ist der geringe technische Aufwand, sowie die Kompaktheit: Passive Weichen werden einfach in die Boxen mit hineingebaut.

Die Nachteile aber überwiegen: Da die Frequenzaufteilung erst hinter der Endstufe erfolgt, fließt deren gesamte Ausgangsleistung über die Weiche, in der zwangsläufig einige Prozent verloren gehen. Dies liegt an den Ohmschen Widerständen der Spulen und Widerstände, die sich während des Betriebs erwärmen. Die Filterbauteile müssen daher entsprechend belastbar und groß in den Abmessungen dimensioniert sein, was wiederum stabile Platinen und zusätzliche Befestigungen in Form verstärkter Lötstellen, Verschraubungen, Kabelbinder und Heißklebestellen erfordert. Oft genug ist es schon vorgekommen, dass sich bei nachlässig verarbeiteten Boxen die Bauteile der Frequenzweichen nach einiger Zeit des rauen Transports selbstständig gemacht haben.

Darüber hinaus verändern sich durch die Erwärmung die Widerstandswerte der Bauelemente – leicht temperaturabhängige Trennfrequenzen sind die Folge. Und auch auf elektrischer Ebene droht Ungemach: Während des Betriebs kommt es zwischen den Schwingspulen der Lautsprecher und den Spulen und Kondensatoren der Weiche zu frequenzabhängigen Wechselwirkungen. Bei der Dimensionierung der Weiche müssen daher die elektrischen Eigenschaften der Lautsprecher mit berücksichtigt werden, denn diese wirken sich mit auf die Trennfrequenzen und das Phasenverhalten der Filter aus! Passive Weichen passt der Hersteller daher so weit wie möglich an die verwendeten Lautsprecher an. Um gravierende Veränderungen in der Abstimmung zu vermeiden, müssen Sie bei einem Lautsprecheraustausch möglichst immer wieder den gleichen Typ einbauen.

Ausreichende Flankensteilheiten in den Übergangsbereichen sind bei passiven Weichen ein weiterer kritischer Punkt. Als Minimum für eine einigermaßen brauchbare Trennung ist ein Wert von 12 dB/Oktave anzusetzen. Für eine Dreiweg-Weiche mit einem zusätzlichem Bandpass-Filter (Reihenschaltung aus Tief- und Hochpass mit unterschiedlichen Grenzfrequenzen) für den Mittenbereich bedeutet dies schon recht beträchtlichen Bauteileaufwand mit entsprechenden Verlusten. Somit wird ersichtlich, dass mit passiven Weichen keine Präzisionsfilterungen zu erreichen sind - zu viele Einflüsse verbieten eine genaue Justage der Trennfrequenzen.

9.4.2 Schutzschaltungen

Einige Passivweichen bieten Schutzschaltungen für die Hochtöner. Diese vertragen oftmals nur einige Watt Leistung, welche bei obertonreichen Keyboardsounds oder lauten Rückkopplungen sehr schnell erreicht und überschritten sind. Die einfachste Möglichkeit des Schutzes besteht darin, dem Hochtöner eine 24 V-Soffitte, also ein Glühbirnchen (LKW-Zubehör), vorzuschalten. Der Widerstand einer solchen Birne ist stark temperaturabhängig: Fließt plötzlich zu viel Leistung auf den Hochtöner, erwärmt sich der Glühfaden der Birne und erhöht seinen Widerstandswert, was die Stromstärke vermindert und den Leistungsumsatz reduziert. Im Extremfall brennt die Birne durch und trennt den Hochtöner völlig ab.

So pfiffig dieses Konzept auch erscheinen mag, völlige Sicherheit bietet diese Schaltung leider nicht. Die Widerstandsänderungen erfolgen nämlich immer mit einer gewissen Trägheit, so dass in Extremfällen die Reduktion der Leistung zu spät erfolgen kann. Darüber hinaus weisen die Glühbirnen beim Betrag des Ohmschen Widerstands zum Teil erhebliche Fertigungstoleranzen auf, so dass eine Austauschbirne die Lautstärkeabstimmung zwischen Hoch- und Tieftöner verändern kann. Weil immer auch etwas Induktivität der Drahtwendel im Spiel ist, bleibt auch die Trennfrequenz nie ganz konstant. Dies alles lässt sich bei einfachen Boxen jedoch verschmerzen. Viel schlimmer ist es, wenn die Birne aufgrund zu großer Toleranz nicht mehr als Sicherung für den Hochtöner dient, sondern die Verhältnisse sich umkehren.

Eine zuverlässigere Schutzmöglichkeit besteht im kurzzeitigen Vorschalten von Lastwiderständen bzw. im kompletten Wegschalten des Hochtöners bei Überlast. Zu diesem Zweck findet ein Relais Verwendung, welches, von einer elektronischen Überlasterkennung aktiviert, bei Bedarf anspricht. Extra Betriebsspannung ist für eine solche Schaltung allerdings Voraussetzung. Woher nehmen? Batteriebetrieb scheidet aus, denn kaum ein Anwender vermutet solche im Inneren seiner Boxen. Ist die Batterie dann irgendwann mal leer, funktioniert die Schutzschaltung nicht mehr, und der Tod des Hochtöners ist beschlossene Sache. Aus diesem Grund haben einige Hersteller einen Weg gefunden, aus den Audiosignalen der Endstufe eine für die Elektronik passende Betriebsspannung zu gewinnen. Eine solche Schaltung arbeitet wartungsfrei.

9.5 Aktive Frequenzweichen

9.5.1 Vor- und Nachteile

Die technisch und klanglich bessere Alternative ist der Einsatz von aktiven Weichen. Im Gegensatz zu passiven Ausführungen sind diese nämlich vor den

Endstufen platziert. Bearbeitet wird das vom Mischpult gelieferte Line-Signal. Die Filter sind dabei nicht den Ausgangsleistungen der Endstufen ausgesetzt, was die Verwendung von Präzisionsbauteilen und natürlich entsprechend exakte Filterungen ermöglicht.

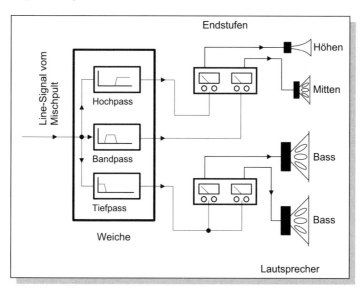

Abb. 9.5: Eine aktive Frequenzweiche ist stets vor den Endstufen platziert. Auf diese Weise wird das Fullrange-Signal vom Mischpult ohne nennenswerte Verluste in die einzelnen Wege aufgeteilt

Aktive Weichen benutzen prinzipiell die gleichen Filterstrukturen wie ihre passiven Kollegen. Es kommen also nach wie vor Hoch-, Tief- und Bandpässe zum Einsatz. Die Filter sind aber nun mit Operationsverstärkern gekoppelt, die Pegelverluste ausgleichen und vollständige Entkopplung von Signalein- und Signalausgang sicher stellen. Somit treten keine unerwünschten Wechsel- wirkungen zwischen Quelle und Verbraucher mehr auf. Trennfrequenzen und Ausgangspegel können Sie für jeden Weg getrennt einstellen, d.h. eine aktive Weiche lässt sich auf das angeschlossene Boxensystem individuell abgestimmen. Durch Verändern der einzelnen Ausgangspegel ist zudem grobe Klangvorein- stellung möglich. Da an einer aktiven Weiche nur Line-Pegel anliegen, entstehen praktisch keine Leistungsverluste und keine Erwärmung der Bauteile. Fazit: Die Trennfrequenzen bleiben stabil. Auch die Realisierung hoher Flankensteilheiten ist kein Problem mehr, denn aufwändigere Schaltungen für 18 oder 24 dB/ Oktave Flankensteilheit können nun problemlos verwendet werden. Des Weite- ren ist es möglich, das Phasenverhalten aktiver Filter in den Übergangsbereichen elektronisch zu korrigieren, was sich zu guter Letzt positiv auf das Klangbild auswirkt.

 Die Arbeitsweise einer 2-Weg-Frequenzweiche demonstriert **Track 30**: Zuerst erklingt die zu bearbeitende Musik „fullrange", d.h. mit vollem Frequenzumfang. Danach wird bei 120 Hz mit 24 dB/Oktave eine Aufteilung in zwei Wege vorgenommen – das Subbass-Signal und der Rest sind nacheinander einzeln und dann wieder zusammengesetzt hörbar. Eine solche Vorgehensweise empfiehlt sich bei der Erweiterung einer Klein-P.A. durch einen Subwoofer.

Schließlich die klassische 3-Weg-Aufteilung in **Track 31**: Der Bass reicht jetzt bis 250 Hz, der Mittenbereich erstreckt sich von 250 – 5000 Hz, während der Hochtonweg alle darüber liegenden Frequenzanteile führt. Wie bereits vorher, sind diese Signale einzeln und dann wieder im Verbund zu hören.

Nachteilig schlagen natürlich der höhere technische Aufwand und die dadurch entstehenden Kosten zu Buche: Jeder Frequenzweg benötigt nun einen eigenen Endstufenkanal, und auch für die Weiche(n) müssen Sie Rack-Kapazität einplanen. Vorteilhaft ist es natürlich, diese nicht bei den Endstufen, sondern am F.o.H.-Platz zu installieren, denn dann hören Sie unmittelbar, was Sie einstellen! Aber auch hier lauert der Kostenteufel im Detail: Anstelle zweier L/R-Signale beansprucht nun jeder einzelne Frequenzweg eine Ader auf dem Multicorekabel. Herkömmliche Setups mit nur vier Returns (zwei Mal Summe und zwei Mal Monitor) sind dafür nicht ausreichend dimensioniert. Aus diesem Grund trennt man bei professionellen P.A.-Systemen zwischen Send- und Return-Multicore völlig und legt immer mehrere separate Kabel, damit auch für unvorhergesehene Ereignisse sowohl auf der Send- wie auf der Return-Seite genügend Wege bereitstehen.

Abb. 9.6: Aktive Stereo-Zweiweg-Weiche mit 24 dB/Oktave-Filtern:
Furman X-324

9.5.2 Analog-Controller

Viele Aktivweichen bieten neben der Frequenzaufteilung zusätzliche Features wie z. B. elektronische Limiter, die das Ansteigen der Ausgangspegel über vorher einzustellende Threshold-Werte verhindern und auf diese Weise die nachgeschalteten Endstufen vor Übersteuerung und die Lautsprecher vor Überlastung schützen können. Auch mehrere Betriebsmodi wie beispielsweise Stereo-Zweiweg, Mono-Dreiweg oder gar Mono-Vierweg gibt es, die einzelnen Wege lassen sich individuell in der Phase drehen (zur Kompensation verpolter Boxen oder NF-Kabel) und stumm schalten (sinnvoll bei der Inbetriebnahme der P.A.). Weil im Mono-Betrieb gefahrene Basswege oft druckvoller klingen als in stereofoner Verschaltung, nimmt ein „Low Sum"-Schalter die entsprechende Summierung vor. Darüber hinaus gibt es Low Cut- und Höhenkorrektur-Filter für CD-Hörner (6 dB-Boost im Höchstfrequenzbereich), umschaltbare Filtercharakteristiken, LED-Anzeigen für Pegel und Limiter und vieles mehr. Aufgrund dieser zusätzlichen Möglichkeiten bezeichnet man eine aktive Frequenzweiche gerne auch als „Analog-Controller" oder als „Prozessor".

Was sollten Sie bei der Auswahl eines solchen Controllers noch beachten? Absolute Priorität besitzt die mechanische Verarbeitung des Gehäuses und die Qualität der elektronischen Bauelemente, denn nur dann ist Betriebssicherheit auch unter widrigen Bedingungen garantiert. Selbstredend gehört auch ein internes Netzteil mit auf diese Liste. Sämtliche Ein- und Ausgänge sind in Anbetracht der Platzierung des Geräts zwischen Pult und Endstufen natürlich mit symmetrischen XLR-Buchsen ausgestattet. Gelegentlich kann es aber auch von Vorteil sein, innerhalb eines Racks schnell mit kurzen Klinken-Patchkabel zu verschalten, was natürlich nur funktioniert, wenn parallel zu den XLRs auch Klinkenbuchsen vorhanden sind. Beachten sollten Sie, dass Sie bei unsymmetrischem Anschluss gegenüber symmetrischer Verkabelung sechs Dezibel Pegel verlieren. Dies können Sie normalerweise an den Pegelreglern der Weiche aber wieder ausgleichen.

Brummprobleme durch Mehrfacherdungen von Pult, Weiche und Endstufen bekommen Sie mit Hilfe eines Ground-Lift-Schalters in den Griff. Um diese Gefahr grundsätzlich auszuschließen, besitzen manche Controller trafosymmetrierte Ein- und Ausgänge bzw. können damit nachgerüstet werden.

9.6 Digital-Controller

Während in semiprofessionellen P.A.-Gefilden die bewährten analogen Frequenzweichen schon allein aus Kostengründen nach wie vor weit verbreitet sind, setzt der Pro-Audio-Bereich mittlerweile fast vollständig auf Digitalcontroller. Das analoge Mischpultsignal wird hierbei mittels A/D-Wandler in binäre

Informationen umgewandelt, und entsprechend programmierte Signalprozessoren übernehmen sämtliche Filterfunktionen. Ähnlich wie bei einem Multieffekt-gerät haben Sie Zugriff auf eine Vielzahl von Parametern, die sich in Form von Programmen oder Patches natürlich auch abspeichern lassen. Ein derartiges Gerät kann ganz nach Wunsch als Zwei-, Drei- oder Vierweg-Weiche arbeiten. Unterschiedliche Filtercharakteristiken wie Butterworth, Bessel oder Linkwitz-Riley, sowie Flankensteilheiten teilweise bis zu 48 dB/Oktave sind via Menü anwählbar.

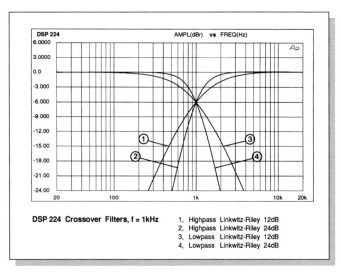

Abb. 9.7: Unterschiedliche Filtercharakteristiken und Flankensteilheiten des Dynacord DSP 244-Digital-Controllers

Parametrische EQs und Notchfilter erlauben zusätzliche Klangbearbeitung, Limiter unterdrücken an den Ausgängen unerwünschte Signalspitzen. Auch zum Ansteuern von Delay-Lines eignen sich Digitalcontroller – entsprechende Verzögerungsstrecken, denen Sie die Verzögerungszeit bequem anhand der gemessenen Boxenabstände in Metern eingeben können gibt es ebenso wie kurze Alignment-Delays. Damit können die einzelnen Frequenzwege im Milli-sekunden-Bereich unterschiedlich zeitverzögert werden, wodurch sich durch unterschiedliche Einbautiefen der Lautsprecher oder ungünstige Boxenpositionen verursachte Kammfiltereffekte im Gesamtklangbild minimieren lassen. Auch die frequenzabhängige Kompensation unterschiedlich langer Membran-Einschwingzeiten von Basslautsprecher, Mittentöner und Hochton-Treiber ge-lingt mittels Digitalcontroller – hierfür sind dann allerdings Hersteller- und Equipment-spezifische Filtersätze nötig.

Was die Bitbreite und die Samplingfrequenz der eingangsseitigen A/D-Wandlung angeht, befindet sich die neueste Generation von Digital-Controllern auf dem Stand des aktuellen Harddisk-Recordings und stellt 24 Bit-Umsetzung bei 96 kHz Samplingfrequenz zur Verfügung. Damit sind theoretisch 144 dB Dynamikumfang (Praxis: nur 115 – 120 dB, verursacht durch das analoge Rauschen der Signalkomponenten vor den Wandlern) möglich, so dass ein derartiger Controller in Sachen Dynamik in der Praxis problemlos mit seinem analogen Pendant gleich zieht. Die ersten, vor ein paar Jahren auf den Markt gekommenen Geräte dieser Art arbeiten lediglich mit 16 Bit-Auflösung und unterliegen hochwertigen Analog-Controllern deutlich, denn mit 16 Bit ist nur eine Dynamikspanne von theoretischen 96 Dezibel (Pro Bit sechs Dezibel) möglich. Theoretisch deshalb, weil Sie in Erwartung von Signalspitzen bei der Aussteuerung immer einige Dezibel unter der magischen „Overload"-Marke bleiben müssen, denn Übersteuerung verursacht bekanntermaßen sofort digitale Verzerrungen. So werden von den 16 zur Verfügung stehenden Bits nur 13 bis maximal 15 ausgenutzt!

Selbstverständlich müssen Sie einen 24 Bit-Controller ebenso vorsichtig aussteuern. Weil hier aber eine höhere Auflösung in Form zusätzlicher Bits bereitsteht, ist die 24 Bit-Wandlung wesentlich genauer, was Quantisierungsfehler minimiert und das Systemrauschen herabsetzt.

Abb. 9.8: Die Digital-Controller „DSP 244" von Dynacord, „Omnidrive Compact" von BSS und „DN 9824" von Klark-Teknik

Ein Nachteil bleibt gegenüber einem analogen Controller aber stets bestehen:

Ein Digital-Controller verursacht aufgrund seiner Latenzzeit Signalverzöge-rungen! Während analoge Schaltkreise anregende Signale mit nur geringen Verzögerungen weiterleiten, benötigen sowohl die A/D-D/A-Wandlungen, wie auch die Rechenvorgänge zur Signalbearbeitung Rechenzeit in der Größenord-nung 5 – 20 Millisekunden. 20 Millisekunden Versatz zwischen analog angefah-renem Monitorsystem und digital kontrollierter Front-P.A. sind besonders auf kleinen Bühnen schon irgendwie spürbar, immerhin entspricht dies bei einer Schallgeschwindigkeit von 340 m/s 6,8 Metern Boxenversatz. Relativiert wird dies alles wieder ein wenig durch die Tatsache, dass auf großen Bühnen z. B. die Monitor-Sidefills nicht selten ebenso weit von den Musikern entfernt stehen.

Kraftprotze

10 Leistungsverstärker

10.1 Wissenswertes über Endstufen

Innerhalb eines P.A.-Systems dienen Leistungsendstufen zur Verstärkung der vom Mischpult gelieferten Summensignale, die dann entweder die Frontboxen, zusätzliche Delay- oder Sidefills oder die Monitorboxen erreichen. Neben einigen wenigen vornehmlich in der Installationstechnik eingesetzten Vier- und Sechskanal-Versionen steht bei Musikern und mobilen Beschallern der Dual- bzw. Stereobetrieb im Mittelpunkt des Interesses. Also sind pro Gerät zwei voneinander unabhängige Verstärkerkanäle üblich, deren Ausgangsleistungen dem geplanten Einsatzzweck und den dafür vorgesehenen Boxen entsprechen müssen. Für Kleinbeschallung, Studio und Installation genügen nicht selten bereits 2 x 120 Watt (z. B. K.M.E. SPA 240 E), während die durchschnittliche Klein-P.A. für kleine Örtlichkeiten mit 2 x 450 Watt (z. B. Electro Voice Q44) gut bestückt ist. Größere P.A.-Systeme setzen nicht zuletzt auch zum Antreiben der Bässe noch wesentlich stärkere Endstufen ein (z. B. Crown MA5000VZ, 2 x 2000 Watt oder QSC PL 9.0, 2 x 3200 Watt), wobei der Anzahl der Boxen entsprechend auch mehrere Geräte parallel zum Einsatz kommen.

Abb. 10.1: Kompakte, lüfterlose 1 HE-Endstufe für Kleinbeschallungen:
K.M.E. SPA 240 E

Weil das Angebot und auch die Leistungsabstufungen auf dem Markt mittlerweile sehr vielfältig sind, dürfte für jede Anwendung ein Gerät mit der passenden

Ausgangsleistung zu finden sein. In den frühen 1980er Jahren wog eine professionelle P.A.-Endstufe noch über 30 kg, beanspruchte vier Höheneinheiten Platz im Rack und leistete nach heutigen Maßstäben gerade einmal bescheidene 2 x 300 Watt. Heute hat sich dieses Bild grundlegend gewandelt, denn moderne Elektronik ermöglicht es inzwischen, P.A.-Endstufen im Verhältnis zur Ausgangsleistung wesentlich kompakter und auch betriebssicherer zu bauen. Ringkerntrafos, Schaltnetzteile sowie PWM-Modulatoren sorgen für Platz- und Gewichtsersparnis, so dass Ihnen als Anwender deutlich mehr „Watts" pro transportiertem Kilogramm Gewicht zur Verfügung stehen, als das noch vor ein paar Jahren der Fall war.

Abb. 10.2: Endstufenbatterie hinter der Boxenwand einer S4-Großbeschallungsanlage von Clair Brothers

Die Frequenzgänge von Leistungsendstufen sind im Nutzbereich von 20 – 20.000 Hz sehr ausgeglichen, eine Endstufe verhält sich somit fast klangneutral. Auch wenn man gewissen Geräten in der P.A.-Szene besseres Klangverhalten als anderen attestiert (wobei auch immer das verwendete Boxensystem eine erhebliche Rolle spielt), Vergleichstests (mehrere Endstufen werden eingangsseitig mit dem gleichen Signal gespeist und am Ausgang nacheinander auf die gleiche Box geschaltet) offenbaren ernüchternderweise nur geringe Klangunterschiede, die besonders für semiprofessionelle P.A.-Anwendungen getrost zu vernachlässigen sind. Klangneutralität ist heutzutage schaltungstechnisch sehr einfach zu erreichen, so dass bei geringer bis mittlerer Auslastung auch preisgünstige Geräte diese Vorgabe problemlos erfüllen können. Der Unterschied zur professionellen Schiene wird erst bei voller Belastung hörbar: Im Bassbereich, wo einer Endstufe die meiste Arbeit abverlangt wird, geht billigeren Geräten erfahrungsgemäß schneller „die Puste aus", als das bei professionellen Produkten gleicher Ausgangsleistung der Fall ist.

Neben der benötigten Ausgangsleistung spielen aber auch sicherheitstechnische Aspekte beim Kauf einer Endstufe eine wichtige Rolle – immerhin werden im Inneren recht große Leistungen umgesetzt. Weder Bands noch Verleiher können sich heutzutage P.A.-Ausfälle durch unzuverlässige Geräte leisten. Der vielzitierte und mühsam aufgebaute Ruf des Unternehmens ist nach ein paar peinlichen Pannen nämlich schnell dahin. Vergleicht man unter diesem Aspekt einige Fabrikate unterschiedlicher Preisklassen, so lassen sich durchaus Unterschiede feststellen, welche die zum Teil beträchtlichen Preisunterschiede (teilweise) rechtfertigen.

Abb. 10.3: Die QSC PL 9.0 zählt zu den leistungsstärksten Endstufen

Als erster Punkt ist die Stabilität des 19"-Endstufengehäuses zu beachten. Dieses muss verwindungsfest konstruiert sein, ferner sollten die an der Frontplatte überstehenden „Rackohren" die auftretenden Gewichtskräfte sowohl auf die Frontplatte, wie auch auf die Seitenwände verteilen, wenn das Gerät in einem Rack eingebaut ist. Häufig gibt es auch noch zusätzliche Montagebleche an der Rückseite, die Gehäuseschäden verhindern sollen, wenn Ihnen das bestückte Rack einmal um- oder herunterfallen sollte. Besonders schwere Geräten mit großen Einbautiefen unterliegen dabei immensen Fliehkräften. Verzogene Frontplatten und ausgerissene vordere Rackschienen sind nicht selten die Folge, also sollten Sie den Mehraufwand in Form zusätzlicher Befestigungsschienen im hinteren Teil Ihrer Racks nicht scheuen.

Nicht minder wichtig ist die solide Verarbeitung des elektronischen Innenlebens unter Verwendung von Qualitätsbauteilen. Zwischen das Gehäuseblech und den Ringkerntrafo gehört immer eine Zwischenlage aus Gummi, auch muss die Mutter auf der zentralen Befestigungsschraube des Trafos mit Lack gesichert sein, damit sie sich nicht als Folge von Vibrationen lösen kann. Andere Komponenten wie größere Elektrolytkondensatoren benötigen ebenfalls zusätzlichen Halt in Form von Heißkleber oder besser gleich Kabelbindern. Auch am Querschnitt der internen Verkabelung von Netzteil und Ausgangsbuchsen darf nicht gespart werden, Steckverbinder müssen fest sitzen. Kurzum: Eine professionelle Endstufe muss Transporterschütterungen und häufigen Temperaturwechseln gewachsen sein. Extremfall: Der Bühnenalltag während einer Tour mitten im Winter. Die Endstufenracks werden vormittags aus dem kalten LKW geholt, aufgebaut, verkabelt und gleich eingeschaltet. Am Abend sind dann einige Betriebsstunden unter Vollastbedingungen fällig, anschließend laden müde und daher unsanft arbeitende Roadies die Geräte in noch erwärmtem Zustand wieder in den kalten Truck, der während der Nacht zum nächsten Veranstaltungsort fährt. Unter diesen Aspekten sind stabile Geräte eine sinnvolle Investition.

Als vorteilhaft erweist sich auch der vollständig getrennte Aufbau beider Kanäle mit separaten Netzteilen – bei einem Defekt auf einer Seite lässt sich mit dem verbliebenen Kanal immer noch weiterarbeiten. Getrennte Netzteile verhindern außerdem das Signalübersprechen durch Lastschwankungen über die Stromversorgung. Unterschiedliches Klangmaterial (z. B. rechter Kanal speist Bassbox mit hoher Ausgangsleistung, linker Kanal versorgt Hochtöner mit geringer Ausgangsleistung) kann so besser verarbeitet werden. Darüber hinaus sind diverse elektronische Schutzschaltungen für eine roadtaugliche Endstufe absolute Pflicht.

Die Qualitätsprodukte namhafter Endstufenhersteller (z. B. LAB, Crown, Crest, QSC, Yamaha usw.) sind von Hause aus für rauen Einsatz ausgelegt. Mit derartigen Geräten fährt man im Bühnenalltag erfahrungsgemäß am besten. Nicht umsonst sind auch die Racks namhafter Verleihfirmen und Bands damit bestückt. Nachteilig: die immensen Kosten beim Neukauf. Dies ist besonders dann der Fall, wenn ein Gerät nicht ständig „Geld verdient", also nicht andauernd benutzt wird. Einige der renommierten Hersteller haben diese Tatsache erkannt und bieten für den semiprofessionellen Bereich Endstufenserien an, die im Wesentlichen abgespeckte, preisgünstigere Varianten der Profigeräte enthalten. Dabei ist folgender Gedanke besonders wichtig: Ist ein Hersteller in der Lage, in der obersten Leistungsklasse zuverlässige Endstufen zu bauen, kommt dieses Know-how immer auch der preislichen Mittelklasse zugute. Vorsicht ist hingegen bei unbekannten Herstellern geboten, die mit einem neuen Wundergerät gleich hoch hinaus wollen. Seien Sie vor dem Kauf bezüglich der angepriesenen Leistungen eher etwas skeptisch und nehmen Sie das Gerät genaustens unter die Lupe. Aussagekräftig sind in diesem Zusammenhang auch die Vertriebsstruktur, die gebotenen Garantiezeiten, sowie die Serviceleistungen. Spätestens hier zeigt es sich nämlich, ob ein Hersteller hinter seinen Produkten steht oder nur auf schnellen Umsatz aus ist.

10.2 Analoge und „digitale" Endstufen

Um es gleich vorweg zu nehmen: „Digitale" Endstufen im Sinne codierter digitaler Signalverarbeitung mit A/D-gewandelten Signalen gibt es nicht! Ist von einer „digitalen" Endstufe die Rede, bezieht sich das meistens nur auf ein integriertes Schaltnetzteil, das einen ganz gewöhnlichen analogen „Class A/B"-Leistungsverstärker versorgt. Andere Konzepte arbeiten mit analoger Pulsweitenmodulation – hier wird anstelle der klassischen „A/B"-Endstufe ein „Class D"-Schaltverstärker mit besserem Wirkungsgrad eingesetzt.

10.2.1 „Class A/B"- und „Class H"-Endstufen

Das Schaltungskonzept der klassischen analogen P.A.-Endstufe beruht auf dem so genannten Gegentakt-Prinzip, das in Abbildung 10.4 skizziert ist.

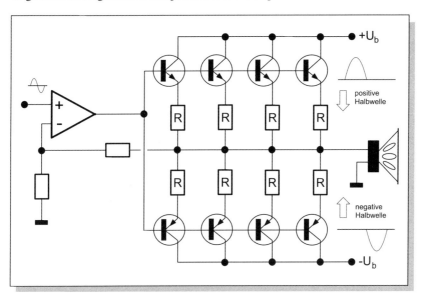

Abb. 10.4: Prinzip einer Gegentakt-Endstufe mit symmetrischer Versorgungsspannung

Die positiven und negativen Halbwellen des wechselspannungsförmigen Eingangssignals werden getrennt und abwechselnd von eigens dafür vorgesehenen Anordnungen parallel geschalteter Leistungstransistoren verstärkt und erst am gemeinsamen Lautsprecherabgriff wieder zusammengesetzt. Um sowohl in positiver wie auch in negativer Richtung dafür einen Aussteuerungsbereich zu schaffen, sind zwei bezüglich der Masse symmetrische Versorgungsspannungen erforderlich, die das Netzteil der Endstufe bereitstellen muss. Problematisch bei der Verstärkung mit Transistoren ist die Tatsache, dass es sich dabei um Bauteile mit nicht linearen Kennlinienbereichen handelt. Werden diese durchlaufen, erhält das verstärkte Signal Verzerrungen hinzugefügt. Besonders die Übergänge von positiven zu negativen Halbwellen und umgekehrt sind davon betroffen. Abhilfe bringt der so genannte „A/B"-Betrieb: Die Arbeitspunkte aller Transistoren werden mit einer konstanten, dem Signal überlagerten Gleichspannung in die linearen Bereiche der Kennlinien geschoben, was die Verzerrungen minimiert. Allerdings verursacht diese Gleichspannung bei jedem Transistor einen stets fließenden Ruhestrom, der Wärme erzeugt, zur Ausgangsleistung nichts beiträgt und als Verlust verbucht werden muss. „Class A/B"-Endstufen erreichen im Optimalfall nur ungefähr 60% praktischen Wirkungsgrad, d.h. 40% der aus dem Stromnetz entnommenen Energie werden im Netzteil und in den Leistungstransistoren in nutzlose Verlustwärme umgewandelt.

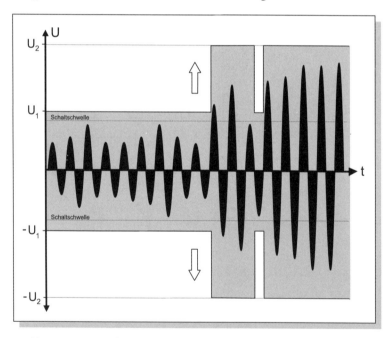

Abb. 10.5: Prinzip des „Class H"-Betriebs: Befindet sich das Audiosignal unterhalb der Schaltschwelle, wird die Endstufe mit der kleinen Betriebsspannung ±U_1 betrieben. Bei Überschreitung schaltet der Pegeldetektor auf die höhere Spannung ±U_2 um, bei Unterschreitung wieder zurück

Arbeitet eine Endstufe im „Class H"-Betrieb, sind die Ruheströme der End-transistoren an die Höhe des gerade aktuellen Eingangspegels gekoppelt. Im einfachsten Fall, der auch in Abb. 10.5 skizziert ist, funktioniert dies mit zwei unterschiedlich hohen, symmetrischen Versorgungsspannungen. Bei nur gerin-ger Aussteuerung versorgt die kleinere Spannung den Verstärker. Steigt der Pegel soweit an, dass mit der kleinen Spannung keine verzerrungsfreie Verstär-kung mehr möglich ist, registriert dies ein Pegeldetektor und wechselt mit Hilfe eines schnellen Schalttransistors auf die höhere Spannung. Fällt der Pegel wieder unter die Grenze, wird sofort zurückgeschaltet. Sinn dieser Aktion ist es, die Ruheströme der Transistoren, die ja direkt von der Höhe der Versorgungs-spannungen abhängig sind, stets dem tatsächlichen Bedarf anzupassen, so dass möglichst wenig Verlustwärme anfällt. Weniger Verlustwärme ermöglicht kleinere Netzteile und geringere Gehäusemaße, so dass „Class H"-Geräte kompakter und leichter als vergleichbare „A/B"-Endstufen gebaut werden können. Anstelle des einfachen Umschalters finden häufig auch aufwändigere Regelkreise Verwendung, die stufenloses Auf- und Abregeln der Versorgungs-spannungen ermöglichen. Noch genauere Ruhestrom-Anpassung und entspre-chend noch weniger Verluste sind die Folge.

10.2.2 Schaltnetzteile

Die ersten „digitalen" Endstufen kamen zwar schon in den späten achtziger Jahren des vergangenen Jahrhunderts auf den Markt, geisterten zu Anfang aber mehr oder weniger nur als Phantome durch die Szene. Um Gewicht und Baugröße zu reduzieren ohne dabei Ausgangsleistung einzubüßen, begannen zu jener Zeit einige Hersteller (u.a. Carver) damit, Schaltnetzteile, also getaktete Stromversorgungen, zu entwickeln und mit herkömmlichen „A/B"-Leistungs-verstärkern zu kombinieren. Während ein klassisches Leistungsnetzteil wegen der niedrigen Wechselstromfrequenz von 50 Hz einen recht großen und gewich-tigen Trafo benötigt, arbeiten Schaltnetzteile mit Frequenzen von 30 kHz und höher, wodurch der Netztrafo äußerst kompakt und leicht ausfällt.

Wie funktioniert ein solches Schaltnetzteil? Abbildung 10.6 bringt Aufklä-rung: Zuerst wird der aus dem Netz kommende 230 V-Wechselstrom gleich gerichtet und mit Hilfe von Kondensatoren geglättet. Dann „zerhackt" ein elektronischer, mittels Taktgenerator angesteuerter Leistungsschalter die ent-standene Gleichspannung in besagte 30 kHz-Rechteckpulse. Damit geht es auf den Netztrafo, der in gewohnter Art und Weise heruntertransformiert. Nach erneuter Siebung dieser nun niedrigeren Spannungen durch weitere Kondensa-toren und Spulen (HF-Filter) stehen schließlich die für die Verstärkerblöcke notwendigen Gleichspannungen bereit.

Schaltnetzteile liefern deutliche Platz- und Gewichtsvorteile. In Sachen Verlustleistung und Abwärme sieht es aber eher schlecht aus, hier sind herkömmliche Netzteilen überlegen. Weil mit hochfrequenten Signalen gearbeitet wird, bedarf es bei der Herstellung eines höheren Abschirmungsaufwands.

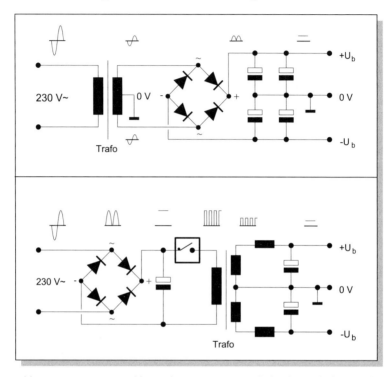

Abb. 10.6: Prinzip eines klassischen 50 Hz-Netzteils/30 kHz-Schaltnetzteils

Trotz der genannten Vorteile vermochten die ersten Endstufen dieser Art die professionelle Branche nicht zu überzeugen. Besonders die Impulstreue im Bassbereich wurde bemängelt, so dass die Mitten- und Hochtonwege, wo allzu große Strompeaks nicht vorkommen, als Einsatzgebiete geeigneter erschienen. Mittlerweile ist diese Ansicht nicht mehr haltbar. Neue Schaltungskonzepte unter Einbeziehung schneller MOSFET-Schalttransistoren haben den Schalt-netzteil-Endstufen in den letzten Jahren deutliche Verbesserungen in Sachen Impulsfestigkeit und auch Betriebssicherheit gebracht.

10.2.3 „Class D"-Endstufen

Neben den Schaltnetzteil-Geräten hat sich ein weiterer „digitaler" Typ, nämlich die „Class D"-Endstufe am Markt etabliert. Genau genommen wird aber auch hier immer noch ein Analogsignal verarbeitet! Unter „Class D" ordnet man in der Verstärkertechnik Endstufen ein, die an ihren Ausgängen keine Spannungs-verläufe im Sinne eines analogen Audiosignals, sondern nur die Potenziale „High" und „Low", also rechteckförmigen Output, liefern können. Derartige Schaltverstärker finden z. B. in der Regelungstechnik zum Ansteuern von Schrittmotoren Verwendung.

Da die zur Verstärkung benutzten „Class D"-Transistorstufen ohne Ruhe-ströme arbeiten, also auch die nicht linearen Bereiche ihrer Kennlinien durchlau-fen, ist die verzerrungsfreie Verstärkung von kostbarem Audiomaterial ohne besondere Maßnahme mit einer solchen Endstufe natürlich nicht möglich. Die besondere Maßnahme besteht darin, das vom Mischpult kommende, analoge Eingangssignal mittels Pulsweitenmodulation (PWM) in analoge(!) Rechteck-signale umzuwandeln. Dies geschieht unter Zuhilfenahme eines rechteckförmigen HF-Trägersignals.

Die Informationen, die vorher durch unterschiedlich hohe Signalspannungen repräsentiert wurden, erscheinen nun in Form unterschiedlich breiter (weiter) Rechteckpulse. Ein solches Signal kann ein Class-D-Schaltverstärker natürlich problemlos „auf Leistung" bringen. Bevor es damit auf die Lautsprecher geht, müssen aber erst sämtliche, bei der Modulation entstandenen Hochfrequenzan-teile wieder entfernt werden. Diese Trennung bzw. Demodulation geschieht mit Hilfe eines dem Verstärker nachgeschalteten Tiefpassfilters, das am oberen Ende des Audiobereichs „dichtmacht" und sämtliche darüberliegenden Modulationsprodukte unterdrückt. Da bei PWM sehr komplexe und dichte Oberwellenspektren entstehen, verwendet man dafür sehr steilflankige Tief-pässe höherer Ordnung.

Wozu der ganze Aufwand? Nun, der Class-D-Betrieb holt über 90% Wir-kungsgrad aus einer Endstufe heraus. Dies gelingt, weil die Leistungstransistoren hier gänzlich ohne Ruhestrom betrieben werden können und so auch keine diesbezügliche Verlustwärme erzeugen. In Kombination mit ausgeklügelten Schaltnetzteilen liefern Class-D-Endstufen Leistungen bis zu mehreren tausend Watt bei nur wenigen Kilogramm Eigengewicht und geringem Platzbedarf. Zu den Pionieren auf diesem Gebiet zählen der amerikanische Hersteller Crown (K1/K2), LAB Gruppen aus Schweden, Digam/Powersoft aus Italien und nicht zuletzt auch Bang & Olufsen aus Dänemark. Letztere beliefern vornehmlich andere Hersteller mit kompakten Class-D-Modulen, die diese dann für aktive P.A.- und Monitorboxen verwenden.

10.3 Schutzschaltungen

10.3.1 Temperaturschutz

Netzteil und besonders die Leistungstransistoren einer Endstufe erwärmen sich unter Beanspruchung sehr stark. Diese Verlustwärme muss an die Luft abgegeben werden. Bei Geräten geringerer Ausgangsleistung geschieht das durch Konvektionskühlung, d.h. die überschüssige Wärme entweicht über großflächige, außen anliegende Kühlkörper, die als Wärmetauscher mit der Luft fungieren. Leistungsstärkere Endstufen entsorgen ihre Verlustwärme mit eingebauten Lüftern. Hierbei sollte der Luftstrom möglichst effektiv von hinten nach vorne durch das Gerät wandern und neben den Kühlkörpern auch den Trafo und das Netzteil überstreichen. Am besten gelingt das mit vorderseitig eingebauten Lüftern, die die angewärmte Luft über die Frontplatte abblasen. So ist auch bei Rackeinbau eine stetige Durchlüftung ohne Wärmestau sichergestellt. Ist der Lüfter indes hinten eingebaut und besitzt die Endstufe auch noch seitliche Luftschlitze, wird die erwärmte Luft im Rackinneren nicht selten nur ineffektiv im Kreis herumgepumpt.

Damit das Innenleben lüftergekühlter Endstufen nicht verschmutzt, sitzt bei jedem besseren Gerät ein Luftfilter vor der Ansaugöffnung. Diesen sollten Sie mindestens einmal im Jahr kontrollieren und bei starker Verschmutzung ausbauen und reinigen! Unser aller Leben spielt sich nämlich in staubiger Umgebung ab, was besonders für die Bühnen zutrifft. Wird zur Endstufenkühlung ungefilterte Luft verwendet, lagert dies im Laufe der Jahre beträchtliche Mengen an Staub und Schmutz im Geräteinneren ab, die irgendwann mal die Funktion beeinträchtigen. Gehäuse ohne Luftfilter müssen Sie daher regelmäßig öffnen und mit einem Staubsauger oder mit Pressluft reinigen.

Allen Kühlvorrichtungen zum Trotz kann eine Endstufe dennoch überhitzen, was für die Elektronik dann meistens das Ende bedeutet. Überhitzung tritt bei zu hoher Leistungsentnahme (zu viele Boxen parallel geschaltet), bei schlechter Luftzirkulation (Filter verstopft, Lüftungseinlass verdeckt) und bei hoher Umgebungstemperatur (Rack steht in der prallen Sonne) ein. Aus diesem Grund wacht während des Betriebs eine Temperaturschutzschaltung, die bei einsetzender Übertemperatur eingreift: Je nach Gerät wird die Ausgangsleistung durch elektronisches Abregeln des Eingangspegels auf ein erträgliches Maß reduziert, oder aber der betroffene Kanal schaltet gleich komplett ab. Die erste Variante bietet den Vorteil, dass die Show trotz reduzierter Lautstärke noch weiterläuft, während Abschaltung immer mit einer Zwangspause einhergeht.

10.3.2 Schutz gegen Gleichspannung

Auch im Normalbetrieb ist ein Endstufendefekt nie ganz auszuschließen. In einem solchen Fall muss für die angeschlossenen Lautsprecher Schutz bestehen. Brennt ein Leistungstransistor durch, erscheint nämlich fast hundertprozentig eine der beiden Versorgungsgleichspannungen – bei Hochleistungsendstufen sind das bis zu 150 V (!) DC – auf dem Ausgang. Die Schwingspulen der angeschlossenen Lautsprecher verglühen unter dieser Belastung dann binnen Sekunden. Daher überwachen „DC-Protections" die Lautsprecherausgänge ständig auf Gleichspannung und auch auf unzulässige tief- und hochfrequente Schwingungen. Im Bedarfsfall unterbricht diese Schutzschaltung im Netzteil die Stromzufuhr bzw. schaltet den betroffenen Lautsprecherausgang mit einem Hochlastrelais frei. Günstiger Nebeneffekt: Diese Schaltung eignet sich auch als Einschaltverzögerung, so dass erst einige Sekunden nach dem Betätigen des Netzschalters die Zuschaltung der Lautsprecher erfolgt. In dieser Zeit haben sich Potenziale und Arbeitspunkte innerhalb des Verstärkers so weit stabilisiert, dass keine unangenehmen Einschaltsignale mehr an Lautsprecher und Ohren gelangen.

10.3.3 Softstart

Endstufen höherer Ausgangsleistung besitzen entsprechend leistungsfähige Netzteile. Die dort verwendeten Ringkerntrafos ziehen sehr große Einschaltströme aus dem Netz, die unter Umständen den Sicherungsautomaten der Hausinstallation oder der zwischengeschalteten Stromstation auslösen können. Dies ist besonders lästig, wenn der Rest der P.A. bereits läuft und ausgerechnet die letzte Endstufe beim Einschalten die Stromversorgung lahm legt. Dann heißt es alle Geräte wieder ausschalten, Sicherungsautomat aktivieren und von vorne beginnen.

Aus diesem Grund koppeln sich Endstufen höherer Leistung dank einer Softstart-Schaltung „weich" ans Stromnetz an. In der ersten Sekunde nach dem Betätigen des Netzschalters begrenzt ein Lastwiderstand den ins Netzteil fließenden Strom, danach wird er via Relais überbrückt. Nicht nur das reguläre Einschalten, sondern auch das Wiederanfahren nach einem Stromausfall (Betätigen des Sicherungsautomaten bei eingeschalteten Geräten) geschieht normalerweise per Softstart – die Schutzschaltung erkennt also auch einen Netzausfall.

10.3.4 Clipping

„Clipping" bedeutet Übersteuerung der Endstufe durch zu hohe Eingangspegel. Das Ausgangssignal stößt dabei an die von den Versorgungsgleichspannungen vorgegebenen Aussteuerungsgrenzen, wodurch die Signalspitzen einfach abgeschnitten werden (Abbildung 10.7).

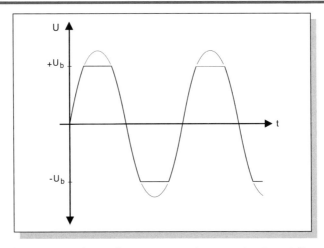

Abb. 10.7: „Geclipptes" Ausgangssignal einer Endstufe. Bei Übersteuerung des Signaleingangs überschreitet der Endstufenausgang die internen Betriebsgleichspannungen $+U_b$ und $-U_b$. Die Signalspitzen (gestrichelte Linien) werden einfach abgeschnitten, das Signal ist verzerrt

Das Ausgangssignal ist gegenüber dem Eingangssignal verzerrt. Für das menschliche Ohr äußert sich dies durch eine unangenehm kratzige Wiedergabe des eingespeisten Klangmaterials. Übersteuerung fügt dem Ausgangssignal hochfrequente Oberwellen und zusätzliche Gleichspannungsanteile hinzu, die besonders den Hochtönern gefährlich werden können. Aus diesem Grund zeigen so genannte „Clipping-LEDs" durch Aufleuchten den Übersteuerungszustand an. Das Eingangssignal muss dann bis zu deren Verlöschen zurückgenommen werden.

Nicht immer wird in der Praxis diese Gefahr gleich erkannt. Aus diesem Grund sind viele Endstufenhersteller dazu übergegangen, ihre Geräte mit Limitern auszustatten, die unzulässig hohe Eingangspegel gleich am Endstufeneingang reduzieren.

10.4 Ausgangsleistung und Abschlusswiderstand

Ein leidiges Thema, Quelle vieler Mythen und Missverständnisse ist die Angabe von Leistungswerten in Datenblättern und Werbeprospekten. Allerdings sind die Hersteller aufgrund uneinheitlicher Messmethoden, die mal realistische und mal geschönte Zahlen ergeben, an diesem Zustand nicht ganz unschuldig.

Die diesbezüglich billigste und unseriöseste Methode, nämlich nur Impulswerte, die der Verstärker vielleicht einige Millisekunden lang, aber keinesfalls als Dauerleistung bereitstellen kann, anzugeben, ist glücklicherweise nicht mehr so weit verbreitet wie noch vor fünfzehn, zwanzig Jahren. Geschönte Zahlen entstehen aber auch, wenn bei der Leistungsermittlung nur ein Kanal der Endstufe ausgesteuert, belastet und gemessen, und dieser Wert dann einfach verdoppelt wird. Logischerweise kommt dabei ein besseres Ergebnis als bei gleichzeitiger Belastung beider Kanäle heraus, weil das Endstufen-Netzteil in Folge minderer Beanspruchung dem einen Kanal höhere Spannungsreserven zur Verfügung stellen kann.

Für die realen Betriebsbedingungen einer P.A.-Endstufe ergibt diese Messmethode absolut keinen Sinn, wie auch die aus der HiFi-Norm stammende, stationäre Ansteuerung mit einem konstanten 1 kHz-Sinus kritisch zu sehen ist. Reales Audiomaterial besitzt per Definition einen Frequenzumfang von 20 – 20 kHz und erfreut sich höchster dynamischer Lebendigkeit. Also ist es eigentlich doch am sinnvollsten, bei der Leistungsmessung zu versuchen, mit ebensolchen Sinus-Sweeps oder entsprechend bandbegrenztem Rauschen möglichst viel Realität zu simulieren. Auch eine einheitliche Klirrfaktorgrenze (THD) tut Not: Hersteller, die aus Qualitätsbewußtsein diesen bei 0,5% ansiedeln, erreichen natürlich schlechtere Wattzahlen als solche, die bis 2 oder 5% aussteuern.

Langer Rede kurzer Sinn: Es besteht Einigungsbedarf auf eine sinnvolle und realitätsnahe Messmethode, der auf jeden Fall die gleichzeitige Inanspruchnahme beider Endstufenkanäle zu Grunde liegen muss! Wer davon abweicht verwirrt die Kundschaft und gaukelt zum Teil falsche Tatsachen vor, wodurch andere, „ehrlichere" Hersteller unfairerweise benachteiligt werden.

Doch kommen wir zum Thema und fangen ganz am Anfang an: Grundsätzlich sind Leistungsangaben von Endstufen nur in Verbindung mit einer minimal erlaubten Abschlussimpedanz sinnvoll. Dieser Wert ist in der Regel auf dem Gehäuse, meist in der Nähe der Lautsprecheranschlüsse, aufgedruckt. Nur wenn der Gesamtwiderstand der angeschlossenen Lautsprecherlast mit diesem identisch ist, kann die Endstufe ihre maximale Ausgangsleistung abgeben. Allein diese Tatsache führt immer wieder zu Missverständnissen, daher an dieser Stelle ein ausführliches Beispiel:

Angenommen, ein Endstufenkanal liefert laut Hersteller bei Vollaussteuerung des Signaleingangs 100 Watt Leistung an 4 Ohm Last. Besitzt der angeschlossene Lautsprecher bzw. die angeschlossene Box einen Innenwiderstand von 4 Ohm, so fließen diese maximal möglichen 100 Watt. Erfolgt der Abschluss des Verstärkers dagegen mit einem 8 Ω-Lautsprecher, lässt dieser höhere Widerstand nach dem Ohmschen Gesetz (Anhang A2) bei gleich gebliebener Ausgangsspannung nur die halbe Stromstärke passieren, was die Leistung rechnerisch auf die Hälfte reduziert. In der Praxis liegt dieser Wert etwas höher – dies ist mit dem dynamischen Charakter des anliegenden Audiosignals und der dadurch hevorgerufenen, wechselnden Belastung der Endstufe zu begründen:

Der durch den höheren Abschlusswiderstand reduzierte Lautsprecherstrom entlastet das Netzteil, so dass dieses durchschnittlich etwas höhere Gleichspannungen an den Verstärker liefern kann. Dadurch ist höhere Ausgangsspannung an den Lautsprecherklemmen möglich, und die Endstufe lässt sich etwas höher aussteuern. Bei verdoppeltem Lautsprecherwiderstand steht daher mehr als die Hälfte, nämlich ca. 63% der Maximalleistung zur Verfügung. Die Endstufe des obigen Beispiels liefert an einen 8 Ω-Lautsprecher somit noch ca. 63 Watt. Diese Überlegungen sind aber eher theoretischer Natur, denn in der Praxis bestehen zwischen 50 oder 63 Watt Ausgangsleistung nur geringe Lautstärkeunterschiede.

Fazit: Ein höherer Abschlusswiderstand als der vom Hersteller angegebene Wert verursacht an einer Endstufe keinerlei Beschädigungen. Lediglich die Ausgangsleistung wird reduziert, und der Verstärker ist nicht voll ausgelastet. Gefahr besteht allerdings bei zu geringem Abschluss, z. B. nur mit zwei Ohm. Durch den halbierten Widerstand ist bei Vollaussteuerung jetzt der doppelte Stromfluss möglich, diese Stromstärke kann jedoch von Netzteil und Leistungstransistoren nicht geliefert werden. Die Folge ist Überhitzung des elektronischen Innenlebens, die bei nicht vorhandener Temperaturschutzschaltung unweigerlich zur Beschädigung des Gerätes führt.

10.5 Dämpfungsfaktor

Gerne wird in der Werbung und bei Tests der hohe Dämpfungsfaktor einer Endstufe als Qualitätskriterium herangezogen. Beim Dämpfungsfaktor handelt es sich um das Verhältnis zwischen dem angeschlossenen Lastwiderstand (= Boxenimpedanz) und dem Ausgangswiderstand des Verstärkerkanals, und dieses sollte immer möglichst groß ausfallen. Beispiel: Wird vom Hersteller eine minimale Abschlussimpedanz von 4 Ohm und ein Dämpfungsfaktor von 100 angegeben (ein Wert, den jedes Gerät, das sich „P.A.-Endstufe" nennt, problemlos erreichen sollte), so besitzt der Verstärkerausgang einen Innenwiderstand von 0,04 Ohm bzw. 40 Milliohm. Wie in Anhang A7 erläutert, ist für optimale Strombelastbarkeit einer Endstufe ja ein möglichst geringer Innenwiderstand nötig, sonst verbleibt ein Teil der produzierten Ausgangsleistung in Form von Wärme im Gerät. Einige professionelle Endstufen bieten dem Anwender nun sehr hohe Dämpfungsfaktoren in der Größenordnung von 1000 – 3000. Diese Geräte besitzen verschwindend kleine Ausgangswiderstände und folglich nur geringe diesbezügliche Leistungsverluste.

Allerdings sollten Sie Derartiges nicht zu sehr überbewerten, handelt es sich doch um Idealwerte, die in der Praxis kaum erreichbar sind. Der Grund dafür ist in den Ohmschen Leitungswiderständen der Boxenkabel und – besonders wichtig – in den Kontakt-Übergangswiderständen der Stecker, Buchsen und Lötstellen zu suchen. Diese Widerstände – ebenfalls im Milliohmbereich angesiedelt – addieren sich immer zum Ausgangswiderstand der Endstufe hinzu und verschlechtern den Dämpfungsfaktor automatisch. Daher sind im Allgemeinen und bei hochwertigen Endstufen im Besonderen möglichst kurze Boxenkabel mit großzügig dimensionierten Querschnitten und kontaktsicheren Steckern Pflicht, sonst ist der Vorteil einer Endstufe mit hohem Dämpfungsfaktor rasch dahin.

10.6 Eingänge

Die Signaleingänge von P.A.-Endstufen sind überwiegend symmetrisch ausgelegt, und der Anschluss erfolgt mit dreipoligen XLR-Steckern oder über Schraubklemmen. Parallel geschaltete, zusätzliche Klinkenbuchsen erlauben manchmal auch die direkte Verbindung mit unsymmetrischen Quellen, wobei der längere Masseschaft des dabei verwendeten Mono-Klinkensteckers den symmetrischen Eingang durch Kurzschließen des „kalten" Eingangspins (3) gen Masse für das unsymmetrische Signal anpasst. Gleiches vollbringen auch die XLR/Klinke-Kombibuchsen der Firma Neutrik.

Abb. 10.8: Verschiedene Signaleingänge einer Endstufe

Die Eingangsempfindlichkeit liegt allgemein auf Line-Pegel, also 0,775 V. Manche Fabrikate lassen sich auch empfindlicher oder unempfindlicher schalten. Auf jeden Fall gibt es keine durchgehende Normung, so dass beim Kombinieren mehrerer unterschiedlicher Endstufen Regler zum Angleichen der Pegel unbedingt erforderlich sind. Diese sitzen meistens auf den Frontplatten und wirken für die Eingangssignale als Spannungsteiler: Wenn Sie die Potis bis zum Rechtsanschlag aufdrehen, erfolgt keine Beeinflussung, und Sie steuern die Endstufen exakt mit dem Pegel aus, den das vorgeschaltete Gerät (Mischpult oder Controller) ausgibt. Zurückdrehen der Regler hingegen dämpft die Signale. Keine endstufenseitige Pegeleinstellung erlaubt der in der Installationstechnik verbreitete Modus der „26 dB-Spannungsverstärkung". Hier wird der Spannungspegel des Eingangssignals durch die Endstufe exakt um 26 dB angehoben, was bei einer größeren Anzahl identischer Fullrange-Installationsboxen durchaus Sinn macht, für aktive P.A.-Mehrwege-Systeme aber nicht unbedingt zu empfehlen ist.

Darüber hinaus bürgert es sich immer mehr ein, auch zuschaltbare Trittschall- und HF-Filter den Geräten mit auf den Weg zu geben. Sofern nicht schon im Master-EQ oder in der Weiche bzw. im Controller geschehen, bedämpfen Erstere den akustisch nutzlosen und leistungsfressenden Tiefstbass-Bereich von 0 – 20 Hz. Schließlich noch der „Earth Lift"- bzw. „Ground Lift"-Schalter: Dieser trennt zwecks Unterbrechung von Brummschleifen die Signalmasse der Endstufe von dem geerdeten Metallgehäuse ab. Die Schutzerdung bleibt dabei natürlich bestehen.

10.7 Gleichtaktunterdrückung

Die Gleichtaktunterdrückung (engl. „Common Mode Rejection Ratio", „CMRR"), ein Fachbegriff aus der Operationsverstärkertechnik, bezieht sich auf die symmetrischen Eingänge einer Endstufe und beschreibt, wie exakt diese gleichphasige Signale (= Störungen) unterdrücken bzw. gegeneinander auslöschen können. Dadurch, dass das Nutzsignal bei symmetrischer Leitungsführung ja auf zwei Tonadern zueinander gegenphasig angeliefert wird, lassen sich gleichphasige Störspannungen mit einem Übertrager oder Differenzverstärker am Endstufeneingang sehr leicht entfernen. In der Praxis funktioniert dies auch mehr als zufrieden stellend, dennoch bleibt gerade bei den elektronischen Eingangsverstärkern aufgrund von Bauteiletoleranzen und Temperaturdrift stets ein sehr geringer Rest der Störung übrig. Diesen Rest beschreibt der CMRR-Faktor. In „dBr" angegeben, bezieht er sich auf eine Referenzfrequenz (meist 1 kHz) und beschreibt, wie weit der übrig gebliebene Störsignalpegel unter dem Nutzsignal liegt. Hochwertige Geräte erreichen Gleichtaktunterdrückungen bis zu -100 dBr (Faktor 0,000001), zu höheren Frequenzen hin wird der Abstand meistens schlechter.

10.8 Ausgänge

10.8.1 Speakonbuchsen

Was den Anschluss der Boxen betrifft, haben sich vierpolige Speakonbuchsen und -stecker gegen den alten XLR-Standard weitgehend durchgesetzt. Diese aus schlagfestem Kunststoff bestehenden Verbinder bieten Berührungsschutz in Form vollständig gekapselter Kontakte und tragen damit neueren Sicherheitsbestimmungen und auch der Existenz von Hochleistungsendstufen, die bei Vollaussteuerung gefährlich hohe Spannungen am Ausgang liefern, Rechnung.

10.8.2 Klinkenbuchsen

Früher weit verbreitet, heutzutage jedoch überholt: Der 6,3 mm-Klinkenstecker an Lautsprecherkabeln. Viele alte Endstufen und Powermischer sind noch entsprechend ausgestattet, bei neuen Geräten nehmen die Hersteller (zum Glück) davon Abstand. Der Klinkenstecker bietet weder Berührungsschutz noch Verriegelung, darüber hinaus eignet er sich von der Kontaktfläche her nicht für höhere Stromstärken, die auf Lautsprecherkabeln inzwischen aber gang und gäbe sind. Zu allem Überfluss entsteht beim Einstöpseln auch noch ein kurzzeitiger Kurzschluss – alles Eigenschaften, die absolut nicht die Attribute „professionell" und „sicher" verdienen.

10.8.3 Schraubanschlüsse

Alternativ zu den Buchsen besitzen viele Endstufen auch Schraubanschlüsse („Banana Jacks", „Binding Posts"). Diese werden vor allem in professionellen Gefilden geschätzt, denn Verleihfirmen bauen sich aus Flightcases, Endstufen, Steckfeldern und Stromverteilungen fertig konfigurierte und verkabelte Ampracks auf, die dann vor Ort schnell auf- und abzubauen sind. Wenn bei der Herstellung solcher Racks dickes Lautsprecherkabel von der Rolle verwendet werden kann und möglichst wenige zusätzliche Stecker anfallen, spart dies Zeit und Geld. Der Nachteil: Transporterschütterungen lockern die Schraubklemmen bisweilen, so dass sich die Anschlussdrähte lösen können oder – viel schlimmer – nach einiger Zeit lose in den Kontaktbohrungen herumwackeln und im Betrieb Aussetzer oft im Takt von Bass und Bassdrum verursachen! Auch besteht die Gefahr, durch zu lang abisolierte Kabelenden Kurzschlüsse mit den benachbarten Klemmen herbeizuführen. Leider sind bei vielen Geräten die Schraubanschlüsse sehr dicht gruppiert, was in Anbetracht der im folgenden Abschnitt gleich behandelten Anschlusskonfiguration „Brückenbetrieb" jedoch nicht zu vermeiden ist. Diese Tatsache wird einem gelegentlich zum Verhängnis, wenn man während der Veranstaltung den erstgenannten Fehler unter unübersichtlichen Bedingungen (dunkle Bühne, Rack steht ungünstig usw.) beseitigen muss.

Weniger professionellen Usern ohne entsprechende Ampracks bleibt es bei derartigen Geräten nicht erspart, ständig die blanken Enden der Lautsprecherkabel an- und wieder abklemmen zu müssen. Deren Ausfransen ist dabei erfahrungsgemäß nur eine Frage der Zeit, so dass ringförmige Kabelschuhe oder zumindest Aderendhülsen an den Leitungsenden die dauerhaftere Lösung darstellen. Bequemen und schnellen Anschluss der Boxen mit den üblichen Kabeln ermöglichen natürlich kurze Adapter auf XLR oder Speakon, die dann ständig am Gerät verbleiben. Der Weisheit letzter Schluss ist dies aber auch nicht, denn die ständig herumbaumelnden Kupplungen nerven auf Dauer gewaltig, und irgendwann (meistens kurz vor dem Auftritt) sind die Kabel an den Schraubklemmen dann doch mal abgebrochen.

10.9 Betriebsarten

Neben dem herkömmlichen Stereo-Betrieb („Dual"), bei dem die beiden Endstufenkanäle entweder ein Stereosignal oder auch zwei unabhängige Mono-Programme verstärken, bieten viele Geräte zusätzlich auch Umschaltmöglichkeiten in so genannte „Bridged"-Betriebsarten. Abbildung 10.9 zeigt die üblichen Varianten:

10.9.1 „Mono-Bridged"-Betrieb

Am häufigsten ist der „Mono-Bridged"-Betrieb möglich, bei dem die beiden Stereokanäle des Gerätes quasi „huckepack" geschaltet sind. Die Endstufe kann dann nur noch ein meist über Eingang 1 zuzuführendes Monosignal verarbeiten, das intern einen Kanal direkt, den anderen jedoch um $180°$ phasenverschoben erreicht. Die beiden Verstärkerblöcke werden also ständig „zueinander entgegengesetzt" ausgesteuert, und die Ausgangsleistungen stehen addiert zwischen den beiden „heißen", roten Lautsprecherklemmen zur Verfügung. Sofern nicht schon im Geräteinneren geschehen, müssen die zwei zugehörigen schwarzen Masseklemmen mit einer Drahtbrücke verbunden werden, was bei einem Gerät mit Schraubklemmen am einfachsten funktioniert. Manches Mal gibt es für den Brückenbetrieb aber auch eine zusätzliche Speakon-Lautsprecherbuchse. Hier ist alles fertig verdrahtet, und die Boxen können in gewohnter Art und Weise angeschlossen werden.

Sie sollten aber die minimale Abschlussimpedanz beachten. Bei vielen Endstufen ist der für den Stereobetrieb angegebene Wert im „Mono-Bridged"-Modus zu verdoppeln. Werden die zwei Endstufenkanäle gebrückt, erscheint bei maximaler Aussteuerung des Signaleingangs an der gemeinsamen Lautsprecherklemme nämlich die doppelte Ausgangsspannung. Dies bedeutet bei gleich gebliebenem Lastwiderstand eine theoretische Vervierfachung der Leistung (Leistung steigt bei zunehmender Ausgangsspannung und gleichbleibendem Verbraucherwiderstand quadratisch an, siehe Anhang A2). Theoretisch deshalb, weil bei den meisten Endstufen vorher die Schutzschaltungen ansprechen. Lediglich einige wenige professionelle Geräte bieten dafür genügend Leistungsreserven. Die Mehrzahl der Fabrikate benötigt zum Schutz vor

Überlastung stets den verdoppelten Abschlusswiderstand. Aus diesem Grund kommt der „Mono-Bridged"-Betrieb vorzugsweise bei hohen Lautsprecherimpedanzen (z. B. eine 8 Ω-Bassbox alleine, in Reihe geschaltete Speaker usw.) zur Anwendung.

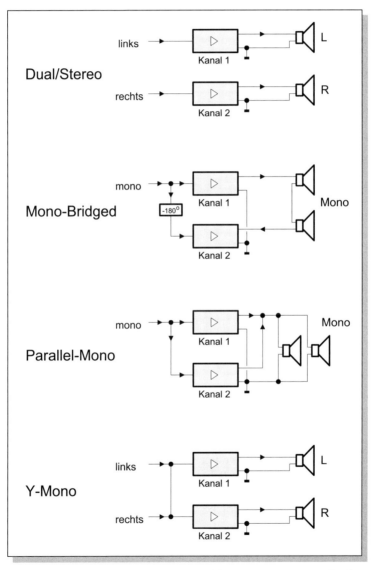

Abb. 10.9: Verschiedene Betriebsmöglichkeiten einer Stereo-Endstufe

10.9.2 „Parallel-Mono"-Betrieb

Weniger verbreitet, aber sehr nützlich bei niedrigem Lastwiderstand durch parallel geschaltete Boxen ist der „Parallel-Mono"-Betrieb. Die Signaleingänge des linken und des rechten Kanals sind parallel miteinander verbunden, gleiches geschieht auch mit den Ausgangsklemmen. Ein den Eingängen zugeführtes Monosignal wird auf die gleiche Ausgangsspannung wie im herkömmlichen Stereo-Betrieb verstärkt, die Strombelastbarkeit ist durch die parallel geschalteten Leistungsverstärker nun aber doppelt so hoch, so dass sich auch hier die Ausgangsleistungen addieren.

Abb. 10.10: Vier Macrotech-Endstufen von Crown

Diese Betriebsart ist durch äußere Verdrahtung prinzipiell bei jeder Endstufe möglich, sollte aber nur dort vorgenommen werden, wo der Hersteller dies auch ausdrücklich erlaubt (z. B. Crown bei einigen Modellen). Arbeiten die beiden Verstärkerkanäle durch Toleranzen nicht exakt phasengleich und mit identischer Verstärkung (billige Geräte), weichen die Ausgangssignale im Pegel voneinander ab, was beim Parallelschalten der Lautsprecherklemmen zu Ausgleichsströmen zwischen den beiden Verstärkerblöcken führt. Bei zusätzlich angeschlossenen Lautsprechern ist das betroffene Gerät dann sehr schnell überlastet.

10.9.3 „Y-Mono"-Betrieb

Abschließend noch die einfache, so genannte „Y-Mono"-Variante: Ist am Gerät ein derartiger Schalter vorhanden, verkoppelt dieser die Eingangsbuchsen beider Kanäle parallel, so dass beide Verstärkerkanäle das gleiche Signal (L+R) erhalten. Wenn pro Kanaleingang XLR- und zusätzliche Klinkenbuchsen zur Verfügung stehen, lässt sich Gleiches auch mit einem kurzen Klinken-Patchkabel herstellen.

11 Lautsprecher und Lautsprecherboxen

11.1 Dynamische Lautsprecher

Die in P.A.-Anlagen verwendeten Lautsprecher arbeiten nach dem elektrodynamischen Prinzip: Eine in einem Chassis schwingfähig aufgehängte Membran ist in ihrer Mitte mit einer Induktionsspule gekoppelt, die in den Luftspalt eines starken Dauermagneten (Treiber) eintaucht (Abbildung 11.1).

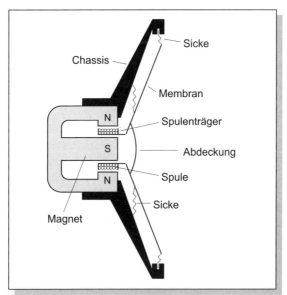

Abb. 11.1: Schnitt durch einen dynamischen Lautsprecher

Werden der Spule wechselspannungsförmige Signale zugeführt, so entsteht ein entsprechendes elektromagnetisches Feld, das mit dem konstanten Feld des Dauermagneten in Wechselwirkung tritt. Je nach momentaner Polarität des anliegenden Signals ergibt sich entweder magnetische Anziehung oder Abstoßung, wodurch die bewegliche Membran in Schwingungen gerät.

Die Lautsprecher gelten aufgrund der unregelmäßigen Frequenzgänge als die Sorgenkinder in der Kette der P.A.-Signalübertragung. Auch das verwendete Boxengehäuse nimmt erheblichen Anteil am Klang. Bis aus einer Box ein für das Gehör angenehmer Sound herauskommt, ist seitens der Hersteller immer einiges an Entwicklungs- und Abstimmarbeit zu investieren. Gutes Material hat daher seinen Preis, und diese Weisheit gilt ganz besonders für die Boxen und Speaker, deren Qualitäten maßgeblich den Sound der kompletten P.A. bestimmen. Hier zu sparen heißt am falschen Ende sparen, denn das Manko schlechter Boxen können Sie auch mit aufwändiger Klangfilterung nicht beseitigen!

Aus physikalischen Gründen ist ein einzelner Lautsprecher nicht in der Lage, den gesamten Audiofrequenzbereich befriedigend wiederzugeben. Daher benötigen Sie für den Bass-, den Mitten- und den Hochtonbereich verschiedene Chassis, die alle unterschiedlichen Anforderungen genügen müssen.

11.1.1 Basslautsprecher

Um tiefe Freqenzen mit genügend Schalldruck abzustrahlen, besitzt ein Basslautsprecher eine großflächige Membran, die aus Stabilitätsgründen konusförmig gestaltet ist. Als Werkstoffe dienen imprägniertes Pappmaterial oder Kohlefaser, und nur unter Zuführung von verhältnismäßig viel Endstufenleistung kann eine solche Membran die erforderlichen Hübe vollführen. Die Schwingspule muss entsprechend belastbar dimensioniert sein – hohes Gesamtgewicht von Membran und Spule ist die unvermeidliche Folge. Aufgrund der daraus resultierenden mechanischen Trägheit ist eine solche Konstruktion nur zur Übertragung von tiefen Frequenzen geeignet. Die auftretenden Schwingungen und Kräfte zerren während des Betriebs gewaltig am Korb eines Basslautsprechers, so dass die Membran durch ein entsprechend stabiles Chassis gehalten werden muss. Auch das teilweise beträchtliche Gewicht des Magneten gilt es hierbei zu berücksichtigen, wobei neuere Entwicklungen zunehmend leichtere, aber nicht minder effektive Neodymium-Magnete einsetzen. Für den Bassbereich (20 bis ca. 250 Hz) sind Lautsprecher mit Membrandurchmessern von 12" (30 cm), 15" (38 cm) und 18" (46 cm) üblich. In besonders kompakten Gesangsboxen übernehmen gelegentlich auch 10"-Speaker die Tieftonarbeit, unterhalb 100 Hz kommt jedoch nicht mehr genügend Schalldruck aus ihnen heraus. Für „ordentliche" Subwoofer-Anwendungen sollten Sie auf jeden Fall 15"- oder besser 18"-Chassis vorziehen.

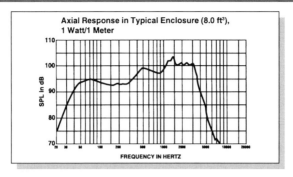

Abb. 11.2: Frequenzgang EV DL18W-Basslautsprecher

Der Frequenzgang eines Basslautsprechers reicht in der Regel bis in den Mittenbereich hinauf. Allerdings führen höhere Frequenzen fast unvermeidlich zu Partialschwingungen seitens der Membran – besonders 15"-Speaker sind dafür berüchtigt. Führt ein Lautsprecher Partialschwingungen aus, so bewegen sich gewisse Membranbereiche – vorzugsweise der äußere Teil nahe der Sicke – nicht mehr gleichphasig zur Membranmitte. Die Auslenkung läuft am Rand quasi etwas „hinterher", was zu zusätzlichen Bewegungen in Form von Eigenschwingungen führt. Diese sind im zugeführten Signal nicht enthalten, überlagern sich jedoch im Klangbild, und das Ohr interpretiert sie als Verfälschungen. Daher sorgt eine Frequenzweiche für rechtzeitige Abkopplung des Mittenbereiches und führt dem Basslautsprecher nur jene Frequenzen zu, die er auch optimal verarbeiten kann.

11.1.2 Mitten- und Hochton-Lautsprecher

Der untere Mittenbereich (ca. 250 – 1500 Hz) wird abhängig vom Boxentyp von Lautsprechern mit 12", 10", 8", 6,5" oder auch 5" Membrandurchmesser übernommen. Die Konstruktion ist prinzipiell die Gleiche wie bei den Tieftönern, aufgrund des höheren Frequenzbereiches fallen Abmessungen und Gewicht jedoch geringer aus.

Die kleinsten Membranabmessungen besitzen schließlich die Hochtöner. Hier sind 2", 1,5", 1" oder gar nur 3/4" Durchmesser üblich. Hohe Frequenzen erfordern kleine ultraleichte Membranen aus Aluminium oder Kunststoff, die möglichst trägheitslos schwingen müssen, denn nur dann reichen die Lautsprecher bis in den oberen Audiofrequenzbereich hinauf. Membran und Schwingspule eines Hochtöners bilden eine Einheit. Dieses Bauteil ist auf den Treiber aufgeschraubt, wobei sich die Schwingspule automatisch in dessen Luftspalt zentriert. Wegen des Gewichts besteht die Spule aus haardünnem Draht, der nur einige Watt Leistung verträgt. Für optimalen Schalldruck benötigt ein Hochtöner daher besonders starke Magnete. Darüber hinaus werden Membran und Treiber stets an ein Horn angeflanscht, dessen Größe die tiefste zu übertragende Frequenz bestimmt. Im Gegensatz zu den Basslautsprechern strahlen Hochtöner in natura nämlich stark gebündelt ab, was zur Folge hat, dass der beschallte Raum sehr ungleichmäßig ausgeleuchtet wird. Das Horn sorgt für breitere Streuung der hohen Frequenzen in sowohl horizontaler, als auch in vertikaler Richtung. Dieses Abstrahlverhalten wird seitens des Herstellers durch zwei Gradzahlen gekennzeichnet. Die Bezeichnung „90° x 40°" besagt beispielsweise, dass das Horn horizontal unter einem Winkel von 90°, vertikal jedoch nur mit 40° abstrahlt. Auch der Wirkungsgrad des Treibers wird durch das Horn deutlich verbessert.

Abb. 11.3: Die abmontierte, um 90° nach unten geklappte Membran eines 1"-Hochtöners mit Schwingspule, darüber der zugehörige Treiber samt Luftspalt

Besonders in preisgünstigen Boxen sind als Hochtöner häufig so genannte Tweeter anzutreffen. Beim Tweeter ist auch das Horn Bestandteil der Konstruktion. Wird die Schallerzeugung nicht mit einer elektrodynamisch bewegten Membran, sondern durch einen schwingenden Kristall bewerkstelligt, handelt es sich um einen Piezo-Tweeter. Derartige Hochtöner gibt es meist recht preisgünstig zu erstehen, in Sachen Klang und Wirkungsgrad kommen sie aber nicht an dynamische Treiber mit guter Hornabstimmung heran. Besonders Transparenz und Auflösung im Hochtonbereich lassen bei Piezo-bestückten Boxen meist sehr zu wünschen übrig, daher sind sie für anspruchsvollere Beschallungsaufgaben ungeeignet.

11.1.3 Koaxial-Lautsprecher

Koaxial-Lautsprecher finden besonders in kompakten Zweiwege-Boxen und in Studiomonitoren Anwendung. Der Clou: Der Hochtöner ist mit in den Basslautsprecher integriert. In der Lautsprechermitte befindet sich anstelle einer Kalotte eine zweite Membran, für deren Spule im Treiber ein weiterer Luftspalt vorhanden ist. Manchmal wird auch ein kompletter zusätzlicher Treiber samt kleinem Horn aufgesetzt. Der Vorteil des Koaxial-Lautsprechers: Geringer Platzbedarf, außerdem kommt er dem Ideal einer punktförmigen Schallquelle recht nahe. Frequenzauslöschungen im Bereich der Trennfrequenz zwischen Tief- und Hochtöner, die bei räumlich versetzter Montage der Lautsprecher nie ganz auszuschalten sind, werden durch den Koaxial-Lautsprecher minimiert.

11.2 Anschluss von Lautsprechern

11.2.1 Spulenwiderstand

Die Schwingspule eines Lautsprechers stellt für die speisende Endstufe einen elektrischen Widerstand dar. Dieser beträgt in der Regel vier, acht oder 16 Ohm. Da eine Spule neben dem mit dem Ohmmeter leicht zu messenden Drahtwiderstand auch noch Induktivität besitzt, tritt je nach anliegender Frequenz auch noch ein induktiver Blindwiderstand auf, so dass der tatsächliche Lautsprecherwiderstand frequenzabhängig und immer größer als der Gleichstromwiderstand ist.

Dazu ein Beispiel: Wenn Sie mit dem Ohmmeter den Widerstand eines 8 Ohm-Lautsprechers ausmessen, lesen Sie lediglich zwischen fünf und sechs Ohm Gleichstromwiderstand ab. Die Differenz zu den vom Hersteller versprochenen acht Ohm ergibt sich erst beim Anlegen eines regulären wechselspannungsförmigen Signals einer bestimmten Frequenz. Ähnlich liegen die Verhältnisse bei 4 und bei 16 Ohm-Lautsprechern, hier zeigt das Ohmmeter zwei bis drei bzw. 12 bis 13 Ohm an.

11.2.2 Impedanzverlauf

Dass die Impedanz eines Lautsprechers gehörige „Kapriolen" schlagen kann, zeigt Abb 11.4. Hier ist der Impedanzverlauf eines 8 Ohm-Basslautsprechers – eingebaut in ein geschlossenes Gehäuse – über der Frequenz dokumentiert. Bei ca. 40 Hz setzt die Spule der Endstufe einen Widerstand von 100 Ohm (!) entgegen, der sich bei ca. 120 Hz auf das Minimum von 8 Ohm verringert hat. Danach steigt der Widerstand kontinuierlich an, bis er bei ca. 2000 Hz wieder 100 Ohm erreicht. Solche Impedanzsprünge sind einer ausgeglichenen Wiedergabe natürlich abträglich. Je höher die Impedanz, umso leiser wird nämlich die jeweilige Frequenz übertragen. Allerdings ist der Impedanzverlauf eines Lautsprechers auch stark vom Gehäuse abhängig, in das er eingebaut ist. Das untere Diagramm in Abbildung 11.4 zeigt den Impedanzverlauf des gleichen Lautsprechers in einem Bassreflexgehäuse. Das Minimum von 8 Ohm wird nun bei 40 und bei ca. 120 Hz erreicht, der dazwischen liegende Peak erreicht bei ca. 70 Hz nur noch ca. 35 Ohm.

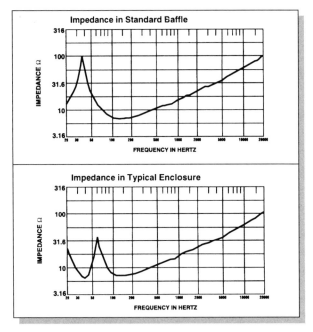

Abb 11.4: Impedanzverläufe des Electro Voice DL18W-Basslautsprechers in unterschiedlichen Gehäusen

Angesichts der doch beträchtlichen Impedanzschwankungen eines Lautsprechers kennzeichnet die Herstellerangabe (z. B. „8 Ω") stets den niedrigsten Widerstandswert, den der Lautsprecher innerhalb seines Frequenzbereiches erreicht. Dadurch ist sicherer Betrieb an einer Endstufe garantiert, denn Überlastung durch plötzlich zu geringe Impedanz ist bei Kenntnis des definitiv niedrigsten Wertes ausgeschlossen. Selbiges gilt natürlich auch für das Zusammenschalten von Lautsprechern, dabei ergibt sich analog immer die kleinste Gesamtimpedanz.

11.2.3 Lautsprecher-Kombinationen

Um höhere Schalldrücke zu erzielen, finden in P.A.- und Instrumentenboxen oft zwei oder mehrere gleiche Lautsprecher Verwendung. Wie werden diese korrekt zusammengeschaltet und welche Impedanzen ergeben sich? Diese Frage stellt sich zweifelsohne mit am häufigsten, daher nun die ausführliche Antwort:

Lautsprecher lassen sich entweder parallel oder „in Reihe" verschalten. Welche Variante Sie wählen, hängt hauptsächlich von den gegebenen Lautsprechern und der speisenden Endstufe ab. Beispiel: Erbringt ein Endstufenkanal an einer 8 Ω-Last die Maximalleistung (siehe Geräteaufdruck) und stehen zwei 4 Ω-Lautsprecher zur Verfügung, so müssen diese „in Reihe", also hintereinander geschaltet werden. Bei Reihenschaltung addieren sich nämlich die Einzelwiderstände, so dass zwei Mal vier Ohm in Reihe insgesamt acht Ohm ergeben.

In diesem Fall wäre es falsch, die Lautsprecher parallelzuschalten. Der Gesamtwiderstand zweier gleicher, paralleler Einzelwiderstände beträgt nämlich immer nur die Hälfte(!) davon. Mit anderen Worten: Zwei Mal vier Ohm parallel ergeben lediglich zwei Ohm Gesamtwiderstand – die Endstufe ist überlastet.

Schwierig wird es, wenn beide Lautsprecher Impedanzen von je acht Ohm aufweisen. Reihenschaltung ergibt 16 Ohm, Parallelschaltung vier Ohm, so dass die gewünschte Gesamtimpedanz von acht Ohm nicht erreicht werden kann. Entweder Sie verwenden die Reihenschaltung und nehmen geringere Endstufenauslastung in Kauf, oder Sie dürfen nur einen Lautsprecher anschließen, der dann allerdings für die Maximalleistung des Endstufenkanals ausgelegt sein muss.

Stehen dagegen zwei 16 Ω-Lautsprecher zur Verfügung, sieht die Welt wieder rosig aus, denn mit Parallelschaltung kommen Sie auf die angestrebten acht Ohm Gesamtimpedanz. Reihenschaltung ergäbe hier gar 32 Ohm. Wie im vorherigen Beispiel verursacht dieser zu hohe Wert zwar keinen Schaden, die Endstufe wird aber sehr schlecht ausgenutzt. In diesem Zusammenhang sei auf Anhang A9 hingewiesen, dort werden die Zusammenhänge der Reihen- und Parallelschaltung von Widerständen ausführlich erklärt. Wer jetzt nicht blättern möchte, kann natürlich auch Abbildung 11.5 studieren, wo hoffentlich sämtliche gängigen und auch einige exotische Kombinationen aufgeführt sind.

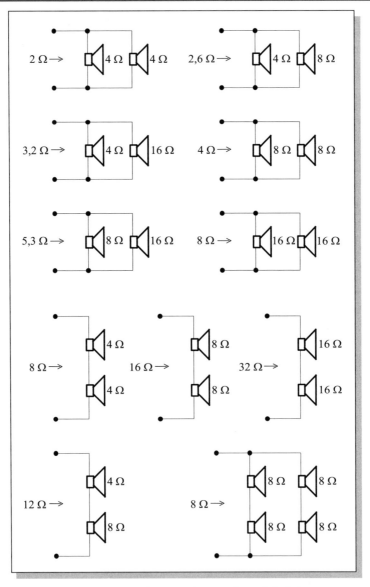

Abb. 11.5: Lautsprecher in Reihen- und Parallelschaltung
inklusive Gesamtimpedanzen

Natürlich dürfen Lautsprecher niemals verpolt zusammengeschaltet werden –
entgegengesetzte Membranhübe löschen die produzierten Schallwellen sofort

wieder aus (siehe Kapitel 1). Die Polarität eines Lautsprechers ist in der Regel durch ein „+" oder einen roten Punkt gekennzeichnet. An diese Klemme wird der signalführende „heiße" Draht der Lautsprecherleitung (Pin 2 oder 3 bei XLR, Pin 1+ und 2+ bei Speakon) angeschlossen.

Abschließend sei noch angemerkt, dass nur bei Parallelschaltung alle Lautsprecher exakt das gleiche Signal erhalten – die Membranen führen dann zueinander gleichphasige Schwingungen aus. Anders die Reihenschaltung: Der Strom fließt nacheinander durch beide Spulen. Da der induktive Widerstand der ersten Spule frequenzabhängige Phasenverschiebung des Signals verursacht, weicht die Membranbewegung des zweiten Lautsprechers von der des ersten etwas ab.

Auf diese Weise können sich Frequenzauslöschungen ergeben, so dass eine Box in Reihenschaltung unter Umständen anders klingt als bei paralleler Verdrahtung. Wählen Sie deswegen deren Impedanzen möglichst immer so, dass sich die optimale Abschlussimpedanz der Endstufe (in der Regel vier Ohm) möglichst immer durch Parallelschaltung ergibt.

11.3 Belastbarkeit

11.3.1 Leistungsbilanz

Die Wirkungsgrade von Lautsprechern bezüglich der in Schall umgesetzten elektrischen Leistung sind sehr schlecht. Ein Hifi-Chassis mit einer weichen Membranaufhängung bringt es durchschnittlich gerade mal auf 1%. Die restlichen 99% Endstufenleistung werden in der Schwingspule schlichtweg „verbraten", also in nutzlose Wärme umgewandelt. Optimierte P.A.-Lautsprecher mit superstarken Magneten, engeren Luftspalten und harten Membranen arbeiten zwar etwas effektiver, stehen unterm Strich mit ca. 5% Wirkungsgrad aber kaum besser dar. Da in Beschallungsanlagen weitaus höhere Leistungen als bei HiFi-Anlagen eingesetzt werden, bedeuten die Leistungsverluste hier ein großes Problem: Die Schwingspule eines P.A.-Lautsprechers ist erheblicher thermischer Belastung (150° C und mehr) ausgesetzt, welche die Verklebungen mit der Membran gefährdet. Einige Hochleistungslautsprecher bedienen sich daher der Ferrofluidkühlung – im Luftspalt sorgt Kühlflüssigkeit für Wärmeentlastung. Eine andere Möglichkeit besteht darin, die Membranen als Ventilatoren zu benutzen und den Schwingspulen durch spezielle Kanäle kühlende Luft zuzufächern („Vented Gap Cooling" von JBL).

Der Vorteil von gekühlten Lautsprechern: Der Gleichstromwiderstand der Spule bleibt relativ konstant. Erwärmt sich der Spulendraht, steigt der Ohmsche Widerstand unweigerlich an, was einer Reduktion der umgesetzten Leistung gleich kommt. Mit anderen Worten: Ein Lautsprecher mit stark zunehmender

Spulentemperatur wird leiser! Diesen Effekt bezeichnet man auch als „Power Compression", welche durchaus fünf bis sechs Dezibel Schalldruck kosten kann. Kühlmaßnahmen wirken dem entgegen, und der Lautsprecher ist durchschnittlich höher belastbar.

Abb. 11.6: Kühlschläuche zur Ventilation von Lautsprecher-Schwingspulen

Lockert oder verzieht sich durch zu hohe Temperatur der Spulenträger, kann die Spule im eng bemessenen Luftspalt des Magneten nicht mehr frei schwingen – der Lautsprecher produziert hässliche Kratz- und Sirrgeräusche. Diese können übrigens auch als Folge von zu starken Membranauslenkungen auftreten. Mit ziemlicher Sicherheit ist der Spulenträger einmal auf die Polplatte des Magneten aufgeschlagen und hat sich deformiert, so dass die Spule nicht mehr richtig in den Luftspalt passt. Überschreitung der Maximalleistung stellt schließlich den Extremfall im Leben eines Lautsprechers dar, das dann auch meistens beendet ist: Der Spulendraht kann die zugeführte Leistung nicht mehr verarbeiten und brennt schlicht und einfach durch, so dass der betroffene Lautsprecher keinen Mucks mehr von sich gibt und ausgetauscht werden muss. Eine Reparatur ist aufwändig, denn um an die Spule heranzukommen muss die Membran herausgeschnitten und ein Ersatzteil samt neuer Spule eingesetzt, zentriert und verklebt werden. Dieses so genannte „Reconing" durch den Hersteller oder eine Fachwerkstatt ist bei fast allen Markenfabrikaten möglich und auf jeden Fall erheblich günstiger als ein Neukauf. Zwar muss der defekte Lautsprecher eingesandt werden, der Service funktioniert in der Regel jedoch recht gut. „No-Name"-Produkte sind dagegen oft irreparabel und landen nach einmaliger Überlastung zwangsläufig in der Mülltonne. Markenfabrikate mögen anfangs teuer sein – im Servicefall machen sie sich ob der Herstellerleistungen jedoch schnell bezahlt. Das gilt auch für Hochtöner (z. B. JBL, BMS), deren Membranen samt Spulen als Ersatzteil erhältlich sind und im Bedarfsfall sogar eigenhändig gewechselt werden können.

11.3.2 Leistungsangaben

Solange nicht explizit angegeben ist, um welche Leistung es sich genau handelt, sind Leistungsangaben für Lautsprecher mit Vorsicht zu genießen. In der Praxis gilt es, zwischen der Nennleistung und der Impulsspitzenleistung zu unterscheiden. Die Nenn- bzw. Sinusleistung muss der mit einem konstanten Dauerton (meist 1 kHz-Sinus) gespeiste Lautsprecher über einen gewissen Zeitraum problemlos erbringen können. Diese Messvorschrift (DIN 45500) hat allerdings kaum etwas mit realen Betriebsbedingungen eines P.A.-Lautsprechers zu tun. Geeigneter ist daher die „RMS"- Leistungsangabe („Root Mean Square" = „quadratischer Mittelwert"), die mit Frequenzen des gesamten Hörbereichs ermittelt wird. Die „RMS"-Leistung beträgt in der Regel ca. 60% der Nennleistung, fällt also geringer aus. Sollen im Werbeprospekt beeindruckende Zahlen stehen, bedient man sich seitens unseriöser Hersteller gerne nur der Impulsspitzenleistung. Diese muss der Lautsprecher nur ca. zwei Sekunden lang aushalten können. Daher lässt sich meistens das Doppelte der Nennleistung veranschlagen.

In der Praxis ist es üblich, die Lautsprecher leistungsmäßig überzudimensionieren. Deren Nenn- oder RMS-Leistung sollte immer etwas über der maximalen Ausgangsleistung der Endstufe liegen. Wenn Sie einen Lautsprecher an der oberen Belastungsgrenze betreiben, steigen nämlich die Eigenverzerrungen (Klirrfaktor) stark an – der Lautsprecher produziert zunehmend Geräusche, die im zugeführten Signal nicht enthalten sind. Daher ist es von Vorteil, wenn sich die gewünschte Maximallautstärke bereits bei 60 – 70% Auslastung einstellt. Korrekte Aussteuerung der Endstufe vorausgesetzt, bestehen bei Überdimensionierung außerdem noch Leistungsreserven für Signalspitzen. Vermeiden Sie jedoch permanente Endstufenübersteuerung! Ein verzerrtes Endstufensignal enthält Oberwellen und Gleichspannungsanteile, die auch einem überdimensionierten Lautsprecher gefährlich werden können.

11.3.3 Wirkungsgrade

Neben der Belastbarkeit eines Lautsprechers ist auch der produzierbare Schalldruck – meist etwas irreführend als „Wirkungsgrad" bezeichnet – von erheblicher Bedeutung. Da man als Anwender ja hauptsächlich an Fakten („Wie laut ist meine Box?") interessiert ist, wird bei käuflichen Boxen unter Angabe der Lautsprecherbestückung eine standardisierte Schalldruckmessung durchgeführt: Der Lautsprecher bekommt dabei eine Leistung von einem Watt zugeführt, im Abstand von einem Meter befindet sich auf Höhe der Membran ein Messmikrofon, das in Verbindung mit einem Messgerät den abgestrahlten Schalldruck ermittelt. Die Angabe „98 dB / 1 W / 1 m" beispielsweise besagt, dass der betroffene Lautsprecher bei dieser Messung 98 dB Schalldruck erzeugt hat. Dies ist übrigens für einen P.A.-Tieftöner ein guter Durchschnittswert. Hochtöner schneiden diesbezüglich besser ab: Mit einem Watt zugeführter Leistung produzieren diese in einem Meter Entfernung bis zu 120 dB SPL!

Um diese Zahlen etwas in den Griff zu bekommen, sei nochmals darauf hingewiesen, dass eine Steigerung von +10 dB SPL ungefähr einer Verdopplung der durch den Menschen wahrgenommenen Lautstärke entspricht. Ein sehr guter P.A.-Speaker für den Bassbereich mit beispielsweise 102 dB Schalldruck (1 W / 1 m) ist bei gleicher Leistungszufuhr daher doppelt(!) so laut wie ein weiches HiFi-Chassis, das es dabei gerade mal auf 92 dB SPL bringt.

Für die Praxis ist diese Tatsache von erheblicher Bedeutung. Hartnäckig hält sich nämlich der Irrglaube, ein Lautsprecher mit „vielen Watts" sei automatisch auch sehr laut und dadurch besser als ein geringer belastbares Chassis. Die maximal zuführbare Leistung ist bei der Auswahl eines Speakers zwar ein wichtiges Kriterium, genauso wichtig ist aber auch der Wirkungsgrad.

Beispiel: Ein billiger, mit „300 Watt" gekennzeichneter Lautsprecher vermag diese Leistung ja tatsächlich auch umzusetzen, geschieht dies allerdings nur mit 90 dB SPL Wirkungsgrad, haben Sie ein schlechtes Geschäft gemacht. Ein solcher Lautsprecher vernichtet eine Menge Ihrer teuer bezahlten Endstufenleistung, ohne dass Schalldruck dabei herauskommt. Ein hochwertiger und entsprechend teurer 300 Watt-Speaker mit 100 dB SPL ist bei gleicher Leistungszufuhr doppelt so laut. Umkehrschluss: Um die 90 dB SPL des billigen Lautsprechers zu erreichen, benötigt der teure Speaker nur 30(!) Watt Verstärkerleistung (doppelte Lautstärke = zehnfache Verstärkerleistung; halbe Lautstärke = 1/10 Verstärkerleistung, siehe Kapitel 1).

Fazit: Verwenden Sie Lautsprecher mit exzellentem Wirkungsgrad, können Sie mit relativ wenig Leistung hohe Lautstärken erzeugen. Auch wenn derartige Speaker preislich sehr hoch angesiedelt sind, zahlt sich dies durch eine kompaktere Anlage aus – Sie benötigen schlicht und einfach weniger „dicke" Endstufen. Lautsprecher mit schlechtem Wirkungsgrad kosten zwar weniger, zum Erreichen der gleichen Lautstärke sind aber zusätzliche Boxen, Endstufen und natürlich deren Transport erforderlich, was den scheinbaren Preisvorteil in einen klaren Nachteil verwandelt.

11.4 Lautsprecherboxen

11.4.1 Akustischer Kurzschluss

Einen Lautsprecher ohne Gehäuse zu betreiben macht wenig Sinn. Wer dies einmal ausprobiert, wird feststellen, dass lediglich mittlere und hohe Frequenzen zu hören sind – der Bassbereich geht völlig unter. Verantwortlich dafür ist ein Phänomen, das man als „akustischen Kurzschluss" bezeichnet.

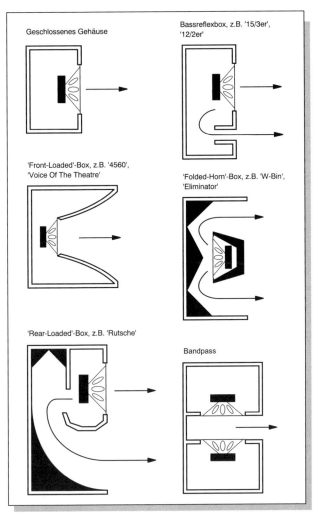

Abb 11.7: Prinzipien unterschiedlicher Lautsprecherboxen

Was ist darunter zu verstehen? Bewegt sich die Lautsprechermembran nach vorne, wird die Luft davor bekanntlich verdichtet – hinter der Membran ergibt sich Unterdruck. Bei umgekehrter Bewegung kehren sich diese Verhältnisse gerade um. Da Membranschwingungen niedriger Frequenz gegenüber hohen Tönen wesentlich langsamer ausfallen, hat die verdichtete Luft genügend Zeit, um den Lautsprecherkorb in Richtung des Unterdrucks herumzuströmen. Über- und Unterdruck neutralisieren sich auf diese Weise, die tieffrequenten Schallwellen entstehen erst gar nicht. Aus diesem Grund muss ein Lautsprecher unbedingt in ein Gehäuse eingebaut sein, welches das direkte Umströmen der Luft um den Rand verhindert.

11.4.2 Geschlossene Gehäuse

Die einfachste Form der Lautsprecherbox, das geschlossenen Gehäuse, findet in der P.A.-Technik höchstens mal als Hochtonaufsatz Verwendung. Für den Bassbereich ist der damit erreichbare Schalldruck viel zu gering. Das geschlossene Gehäuse wird meistens erst durch den Einbau des Lautsprechers luftdicht verschlossenen. Dadurch entsteht hinter der Membran ein elastisches Luftpolster, das während des Betriebs abwechselnd verdichtet oder entspannt wird. Dieser Vorgang „schluckt" natürlich einen Teil der zugeführten Leistung, der Lautsprecher wird bedämpft. Darüber hinaus werden die vom Lautsprecher rückseitig abgestrahlten Schallwellen nicht ausgenutzt, was den schlechten Wirkungsgrad einer solchen Box erklärt.

11.4.3 Bassreflexboxen

Der logische nächste Schritt besteht nun darin, auf der Gehäusevorderseite eine Art „Druckausgleichsöffnung" vorzusehen. Damit schlägt man zwei Fliegen mit einer Klappe: Einmal wird die Box „entlüftet" und der Lautsprecher muss nicht mehr gegen ein Luftpolster ankämpfen. Des Weiteren gelangt der rückseitig abgestrahlte Schall durch diese so genannte Reflexöffnung nach außen, was den Wirkungsgrad einer solchen Box natürlich wesentlich verbessert. Damit sich der rückwärtige Schall phasenrichtig zum Direktschall addiert und nicht etwa ungewollte Auslöschungen produziert, müssen die Abmessungen und Position der Reflexöffnung und auch die Länge des Tunnels durch Berechnungen, Simulationen und Tests genau ermittelt werden. Notwendig ist meistens auch die innere Bedämpfung der Gehäusewände mit einer Lage Dämmwatte. Auf diese Weise mindert man Resonanzen durch stehende Wellen. Das Reflexprinzip funktioniert wegen seiner Frequenzabhängigkeit nur in einem relativ schmalen Tieftonbereich, so dass man in diesem Zusammenhang von Bassreflexboxen spricht (Abbildung 11.7). Für höhere Frequenzen ist die Öffnung wirkungslos, darunter tritt ein akustischer Kurzschluss ein. Verwendung findet das Ganze vornehmlich bei kompakten „12/2er"- oder „15/3er"-Mehrwegeboxen, bei direkt strahlenden Subwoofern, bei Bühnenmonitoren und auch bei HiFi-Ausführungen. Groß-P.A.s mit nach Frequenzwegen getrennten Boxen verwenden wegen der noch besseren Basswiedergabe vorzugsweise Hornsysteme und/oder spezielle Subwoofer.

11.4.4 Exponentialboxen

Bei der so genannten „Front-Loaded-Box" (Abbildung 11.7) sitzt der Lautsprecher in einer luftdichten Kammer und strahlt den Schall über ein kurzes Horn nach vorne ab. Dies eignet sich besonders für die Wiedergabe des mittleren Frequenzbereiches. Da es sich prinzipiell wieder um ein geschlossenes Gehäuse mit den genannten Nachteilen handelt, und darüber hinaus das Horn recht kurz ist, liefert diese Anordnung keine besonders gute Basswiedergabe.

Für den Bassbereich wesentlich effektiver erweisen sich dagegen Exponentialboxen mit längeren Hörnern. Ähnlich wie bei einer Trompete oder einer Posaune erweitert sich die Schallaustrittsöffnung hier nach einer Exponentialfunktion, was besonders gute Ankopplung des Tieftöners an das Medium Luft mit entsprechend optimalen Schalldruckwerten ermöglicht. Aufgrund der tiefen Frequenzen muss der Schalltrichter natürlich wesentlich größer und länger konstruiert sein. Damit die Gehäuse noch einigermaßen transportabel ausfallen, wird das Exponentialhorn gefaltet („Folded Horn"-Box, „W-Bin"), es lenkt den produzierten Schall erst in die Abstrahlrichtung um. Aus diesem Grund ist der Lautsprecher „verkehrt herum" eingebaut.

Eine Kreuzung zwischen Bassreflex- und Exponentialbox stellt schließlich die „Rear-Loaded"-Box, dem Praktiker auch als „Bass-Rutsche" geläufig, dar. Der Lautsprecher strahlt seinen Direktschall nach vorne ab, der rückwärtige Schall wird durch einen verschachtelten Trichter umgelenkt und phasenrichtig dazu addiert.

11.4.5 Bandpässe

Beim Bandpass-Gehäuse strahlen ein oder mehrere Lautsprecher in eine Resonanzkammer, mit deren Hilfe man dann in einem schmalen Frequenzbereich hohe Schalldrücke aufbauen kann. Sinnvoll ist das im Subbass-Bereich von 40 – 90 Hz. Bandpässe benötigen weniger Platz als Hornboxen und sind demnach besonders bei festen P.A.-Installationen mit entsprechenden Vorgaben interessant.

11.4.6 Motorboxen

Eine Ausnahmestellung nehmen die so genannten „Servo-Drive"-Boxen (z. B.

Quantum Sound Basstech 7) ein. Ursprünglich zu Forschungszwecken in der Flugzeug- und Autoindustrie erdacht, setzte man diese Motorbässe auch in P.A.-Anlagen eine Zeit lang ein. Mittlerweile ist das Ganze aber wieder aus der Mode gekommen. Anstelle einer Schwingspule treibt ein mit dem Ausgangssignal der Endstufe gespeister Elektromotor die Lautsprechermembran(en) an. Die Übertragung der vom Motor gelieferten Drehbewegung in Hübe erfolgt über ein mechanisches Pleuelgestänge, das die speziell für diesen Zweck konstruierten Lautsprechermembranen antreibt. Vorteil: Durch die starre Kopplung ergeben sich für sämtliche Frequenzen identische Auslenkungen, so dass der Frequenzgang einer Motorbox linear verläuft. Aufgrund der mechanischen Trägheit des Antriebssystems funktioniert das Ganze natürlich nur im Subwoofer-Betrieb, also für Frequenzen von 20 bis ca. 100 Hz.

11.4.7 Koaxial-Boxen

Das Prinzip des Koaxial-Lautsprechers, Mitten- und Hochtöner zu einer näherungsweise idealen, punktförmigen Schallquelle zusammenzufassen, findet auch im Boxenbau Anwendung. Grundlage dafür liefert die „Front Loaded"-Box mit dem üblichen Mittentöner am Hornende. Der Hochtöner wird samt eigenem Horn einfach davor platziert.

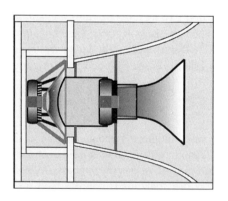

Abb. 11.8: Bei Koaxial-Boxen ist der Hochtöner inmitten des Horns für den Mitteltöner platziert

11.4.8 Line-Array-Boxen

Zu den neueren Trends im Boxensektor gehören Line-Array-Systeme, obwohl die dahinter stehende Idee des akustischen Linienstrahlers bereits viele Jahre existiert und besonders im ELA-Bereich (Stichwort: „Tonsäule") umgesetzt wird. Grundsätzlich handelt es sich um aktiv getrennte Fullrange-Boxen vornehmlich für den Flugbetrieb, die äußerst dekorativ und Platz sparend in Traversensysteme zu integrieren sind. Dank ausgeklügelter Abstimmung und Anpassung der einzelnen Chassis mit Hilfe so genannter „Waveguides" erreichen Line-Array-Boxen sehr enge vertikale Schallabstrahlwinkel – die produzierten Schallwellen verlassen in Form nahezu zylinderförmiger „Schallstrahlen" die Gehäuse (Abbildung 11.9). Dadurch kann bei entsprechender Ausrichtung z. B. in einer großen Halle die vorhandene Schallenergie sehr exakt auf die unterschiedlichen Publikumsbereiche wie Innenraum, Tribünen und Ränge projiziert werden, während störende reflektierende Oberflächen wie umlaufende Banden, Glasscheiben von Reporterkabinen oder VIP-Lounges sich weitgehend ausblenden lassen. Dies verbessert die Klangqualität der Beschallung deutlich, zumal nur geringste Interferenz-Effekte zwischen den einzelnen Boxen untereinander entstehen.

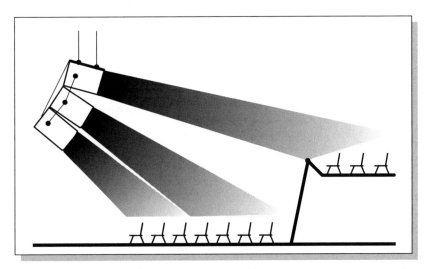

Abb. 11.9: Durch entsprechendes Anwinkeln strahlen Line-Array-Boxen Dank starker Bündelung ihre Schallenergie nur dort hin, wo sie benötigt werden

Aufgrund der starken Schallbündelung steigt auch die Reichweite im Hochtonbereich beträchtlich, was bei Open-Air-Veranstaltungen die eine oder andere Delay-Line durchaus einsparen kann. Auch in Sachen Handling, Gewicht und

Transportvolumen sind Line-Array-Systeme bei Großbeschallungen konventionellen Boxenkonzepten klar überlegen.

Abb. 11.10: Dank ausgeklügelter mechanischer Vorrichtungen kann das „VDOSC"-System schnell und mit wenig Personal aufgebaut werden. Rechts eine komplett geflogene „VDOSC-*Banane*" inkusive der Endstufen-Racks

Mitte der 1990er Jahre gelang dem französischen Physiker und Inhaber der Firma L-Acoustics, Christian Heil, als erstem mit einem Line-Array der erfolgreiche Einstieg in die Großbeschallung. Dabei handelte es sich um das heute sehr renomierte „VDOSC"-System. Bis zu 16 Boxen bei nur zwei Flugpunkten kann eine „VDOSC-Banane" lang sein

Das System wird mit drei Wegen aktiv gefahren, zusätzlich üblich ist ein Subbass-Weg, dessen Boxen allerdings am Boden bleiben. Um in hohen Hallen lange Kabelwege zu den Boxen zu vermeiden, können die Endstufenracks ebenfalls geflogen werden.

Mittlerweile haben in Sachen Line Array-Entwicklung fast alle bekannten Hersteller nachgezogen. Neben L-Acoustics „VDOSC" zählen Clair I4, JBL „VerTec", Meyer M3D, HK-Audio „Cohedra" und Nexo „GEO" zu den bekanntesten Systemen dieser Art.

Abb. 11.11: HK-Audio „Cohedra"-Line-Array, hier in einer Rückansicht

12 Das Monitorsystem

12.1 Wozu eine Monitoranlage?

Das Hauptanliegen eines P.A.-Systems ist es, die Publikumsbereiche mit der auf der Bühne gespielten Musik akustisch optimal auszuleuchten. Aber nicht nur das Publikum, sondern auch die Bühne muss zur Orientierung und Information der Musiker mit teilweise sehr speziellen Abmischungen beschallt werden. Speziell für diesen Zweck wird eine zweite Beschallungsanlage, das so genannte Monitorsystem, installiert. Sänger, Schlagzeuger, Bläser und meistens auch die Keyboarder haben in der Backline nämlich keine eigenen Verstärker. Die einzige Möglichkeit sich selbst und teilweise auch die Mitmusiker spielen zu hören, besteht nur durch Zuhilfenahme des Monitorsystems.

In diesem Zusammenhang gleich ein wichtiger Gedanke voraus, der besonders in kleineren Örtlichkeiten von Bedeutung ist: Solange es sich um die Bühne handelt, sind Monitorsystem und Verstärkerbackline notwendige Hilfsmittel. Leider gelangt der damit produzierte Schall auch in den Publikumsbereich und stellt dort so etwas wie akustische Umweltverschmutzung dar. Logische Folgerung: Je leiser das Monitorsystem und die Backline, umso weniger Probleme bereitet der Frontsound. Eine Faustregel besagt, dass man die Front-P.A. bis zu zehn Dezibel über dem Bühnenschall, also doppelt so laut fahren muss, nur um die Bühne akustisch zu verdecken. Ein echter Teufelskreis, denn besonders bei unerfahrenen Bands oder Leuten mit ausgeprägtem Ego ist die Bühne meistens schon derartig laut, dass beim Hinzufahren einer nicht so leistungsstarken P.A. aufgrund von Überlagerung zwischen Bühne/Monitor und Front nur noch undefinierbarer Klangbrei entsteht. Ist das F.o.H.-System hingegen stark genug, entstehen Lautstärken jenseits von Gut und Böse – absolut gesundheitsschädlich und oft auch gegen behördliche Auflagen und gegen den Willen von Publikum und Veranstalter verstoßend!

Totale Entkopplung zwischen Bühne und P.A. gibt es in der Praxis nur in sehr großen Hallen und bei Open-Airs – es sei denn, die Akteure verwenden In-Ear-Monitoring (siehe Abschnitt 12.6) und spielen ihre Instrumente ohne Bühnen-verstärker direkt in die P.A. In dieser Situation haben Sie am F.o.H.-Pult die bestmögliche Kontrolle. Kleine Locations zwingen zu Kompromissen: Oft müssen Sie Ihren F.o.H.-Sound um zwei oder drei laute Bühnenkomponenten (oft Snare, E-Bass und E-Gitarre) „drumherum" aufbauen. Sie sollten also immer versuchen, durch überlegten Monitormix (nur so viel, wie unbedingt nötig) und durch Kooperation, Disziplin und Kompromissbereitschaft seitens der Musiker (nur so laut, wie unbedingt nötig) das Übersprechen zwischen Bühne und P.A. zu minimieren.

12.2 Monitormix auf der Bühne

Selbst in kleinen Räumlichkeiten bis etwa 100 Personen, die Sie normalerweise nur mit einer Klein-P.A. und der direkten Backline beschallen, bedeutet eine kleine Monitorbox für den Sänger schon eine gewaltige Hilfe. Zur Vorbeugung gegen Rückkopplungen müssen die Frontboxen nämlich immer von den Gesangs-mikrofonen abgewandt, also meistens davor postiert werden. Auf der Bühne ist dann erfahrungsgemäß vom Gesang nicht allzu viel zu hören (siehe Abbildung 12.1).

Der Anschluss des Monitors ist ganz einfach: Am Mischpult bzw. am Powermixer wird dafür ein Ausspielweg in Beschlag genommen. Die Stellun-gen der zugehörigen Aux-Potis bestimmen die Anteile der jeweiligen Mischpult-kanäle am Monitorsignal. Soll ein Kanal nicht auf dem Monitor, sondern nur auf den Frontboxen zu hören sein, ist der entsprechende Regler einfach an den linken Anschlag zu drehen, also zu schließen. Das auf diese Weise gemischte Monitor-signal liegt nach Öffnung des Aux-Master-Reglers, der den Summenpegel bestimmt, an der zugehörigen Aux-Buchse an und kann nach entsprechender Verstärkung durch eine Leistungsendstufe der oder den Monitorboxen zuge-führt werden. Sinnvoll ist es, noch einen Terzband-Equalizer oder parametrische Notch-Filter zwischenzuschalten, um Feedback-kritische Frequenzen bei Be-darf schmalbandig abzusenken.

Besonders praktisch: Manche Powermixer gestatten den Split ihrer Stereo-Endstufen, so dass ein Kanal beide Frontboxen (deren Parallelschaltung ergibt meist 4 Ω-Abschluss – der Endstufenkanal wird optimal ausgenutzt), der andere die Monitorboxen versorgt. Bleibt nur zu beachten, dass der ausgewählte Monitorweg „pre" – also vor den Kanalfadern abzweigt. Nur dann ist der Monitormix vom Hauptmix in der Lautstärke unabhängig. Ein solcher Weg wird auf manch älterem Pult auch als „Foldback" („F/B", „F/Back") bezeichnet. Ist noch ein zweiter „F/B"- Weg vorhanden, kann dieser einen weiteren Monitorkanal versorgen, dessen Mischung vom ersten dann völlig unabhängig ist. Hierzu sind dann allerdings auch ein weiterer Endstufenkanal und zusätzliche Monitorboxen nötig.

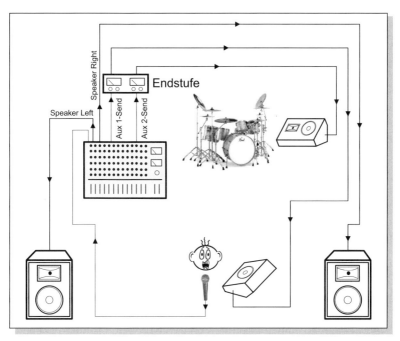

Abb. 12.1: Einfaches Monitoring: Über „Aux 1 Send" wird vom Powermischer das Monitorsignal für den Sänger und über „Aux 2 Send" das für den Schlagzeuger abgezweigt

12.3 Monitormix über das F.o.H.-Pult

Selbst bei größeren P.A.s und Locations wird die Monitoranlage sehr oft über das F.o.H.-Mischpult mitbedient. Die Anzahl der Monitorwege richtet sich dabei nach den vorhandenen „Pre"- Effektwegen. Kleine Pulte besitzen ein bis zwei, größere Ausführungen bis zu acht Wege, wobei das „Pre/Post"-Routing einzeln, in Zweier- oder in Vierergruppen umstellbar ist. Resultat hieraus: Je mehr Monitorwege Sie benötigen, umso weniger Effektwege stehen Ihnen zur Verfügung. Die Bedienung erfolgt genauso wie beim Powermixer: Jeder Eingangskanal kann durch das zugehörige Aux-Poti auf dem jeweiligen Monitorweg eingeblendet werden. „Post"-Wege eignen sich wegen der Abhängigkeit des Signalpegels vom Hauptkanalfader für den Monitor nicht.

12.3.1 Problematik

Den Monitormix auf dem F.o.H.-Pult zu erstellen birgt etliche Probleme und ist eigentlich nicht sinnvoll, für viele Bands und Veranstaltungen oft aber die einzige Möglichkeit, denn ein völlig abgetrenntes Monitorsystem mit eigenem Mischpult schlägt mit erheblich höherem technischen und finanziellen Aufwand zu Buche.

Das Hauptproblem beim Monitormix auf dem F.o.H.-Pult liegt darin, dass der Tontechniker im Publikum den Monitorsound, den er gestaltet, nicht hören kann. Somit müssen während des Soundchecks zuerst die Klangeinstellungen und das Einpfeifen mit Hilfe eines Assistenten, die Mischungen dann anhand von Hinweisen der Musiker möglichst perfekt vorgenommen werden. Nachteilig ist manchmal auch die Tatsache, dass die die Monitore speisenden Aux-Wege zwar vor den Kanalfadern, aber oft erst hinter den Klangregelungen abzweigen. Änderungen, die Sie zur Optimierung des Frontsounds während der Show hier vornehmen, wirken sich dann immer auch auf den Monitorsound aus. Beispiel: Der Gesang klingt im Saal zu aggressiv. Also versuchen Sie, mittels parametrischem Mittenfilter den kritischen Bereich etwas abzusenken. Dies führt zwangsläufig dazu, dass der Gesang auf den Monitorboxen in Ermangelung der bedämpften Mitten leiser wird bzw. völlig untergeht, weil gerade diese Frequenzen für die Durchsetzungsfähigkeit gegenüber dem Bühnenpegel wichtig sind. Ein erfahrener Tontechniker regelt daher den Monitorpegel des betroffenen Kanals gleich etwas nach, was aber die verloren gegangene Sprachverständlichkeit nicht vollständig ersetzen kann. Daher ist es meist zweckmäßiger, wenn das Mischpult die Aux-Signale ungefiltert vor den Kanal-EQs abgreift. Zur Klangoptimierung und für das Bedämpfen rückkoppelnder Frequenzen setzen Sie auch hier pro Weg stets einen Terzband-EQ ein.

Ein weiteres Problem stellen eingeschleifte Insert-Effekte in den Kanälen dar, die sich natürlich auch auf den Monitor auswirken und dort nicht immer willkommen sind. Beispiel Kompressor: Dessen Klang verdichtende Wirkung ist auf den Frontboxen willkommen, auf dem Monitor hingegen kann bei lauter Bühne die Durchsetzungsfähigkeit der nun in der Dynamik reduzierten Lead-Vocals beträchtlich leiden. Also müssen Sie den Monitorpegel erhöhen und stoßen gleich auf das nächste Problem: Durch das notwendige Nachverstärken des komprimierten Signals mit dem Output-Regler des Kompressors hat sich der „Gain before Feedback"-Abstand verschlechtert – der Monitor neigt eher zu Rückkopplungen, die Sie wieder mit dem EQ ausfiltern müssen und dadurch erneut Klang und manchmal auch Durchsetzungsvermögen verlieren. Damit der Monitor die volle Dynamik erhält, können Sie die Kompression natürlich auch in einem im Signalweg weiter hinten liegenden Subgruppen-Insert durchführen, oder Sie probieren folgenden Trick: Legen Sie sich das Monitor-kritischste

Signal (meistens ist es der Lead-Gesang) mit Hilfe eines XLR-Y-Adapters einfach auf zwei benachbarte Mischpultkanäle! Den einen Kanal nutzen Sie samt eingeschleiftem Kompressor wie gehabt für den Frontsound, mit dem anderen versorgen Sie über dessen Aux-Potis nur die Monitore, der Fader bleibt geschlossen. Jetzt ist es plötzlich von Vorteil, wenn die Aux-Wege hinter dem Kanal-EQ abzweigen, denn dann haben Sie für den Monitor sogar noch eine individuelle Klangregelung! Je nach Anzahl der freien Mischpultkanäle lässt sich natürlich auch noch mit anderen Signalen, z. B. allen Gesängen, derart verfahren.

12.3.2 Gestaltung des Monitormix

Sind nur zwei Monitorwege vorhanden, muss man auf der Bühne zu Kompromissen bereit sein. Auf den Monitorkanälen läuft dann „Durchschnittsprogramm" also ein Mix, mit dem (hoffentlich) jeder der beteiligten Musiker etwas anfangen kann. Wunschprogramm für jede Box einzeln ist leider nicht möglich und auf kleinen Bühnen auch nicht zwingend erforderlich: Der Direktschallanteil von Drums, E-Gitarren und dem Bass ist hier nämlich meistens schon laut genug, so dass man diese Instrumente grundsätzlich erst einmal vom Monitor fern halten kann. Lieber die jeweiligen Verstärker so postieren, dass sie auf der Bühne gut zu hören sind und ihre Schallleistung nicht unnötig ins Publikum strahlen.

Abb. 12.2: d&b M2-Bodenmonitor

Absolute Monitor-Priorität hat dagegen der Gesang: Ein Sänger, der seine Stimme nicht hört, bekommt mit Sicherheit Intonationsprobleme. Des Weiteren ist der Gesang auch für die anderen Musiker eine wichtige Orientierungshilfe, so dass die Stimme(n) auf beiden Monitorwegen vorhanden sein müssen. Sofern vorhanden, rangieren Keyboards, akustische Gitarren und Gebläse dann gleich dahinter. Da hier via DI-Box oder Mikrofon direkt in die P.A. gespielt wird, benötigen die jeweiligen Musiker sie zur Kontrolle klar und deutlich auf dem Monitor. Bei nur zwei Monitorwegen können Sie es aber nicht jedem recht machen. Individuelle Einstellungen gelangen zwangsläufig auch zu den Kollegen. Ein Sänger beispielsweise kann aber einem lauten Saxofon auf seinem Monitor gar nichts abgewinnen.

Die einzige Möglichkeit ist somit der schon angesprochene Kompromiss, in Verbindung mit einer leisen Bühne ein Durchschnittsprogramm auf den Monitorboxen zu fahren. Benutzt der Keyboarder in einem solchen Fall einen eigenen, von der P.A. unabhängigen Aktiv-Monitor, der von einem Keyboard-Submischer gespeist wird, stellt dies für das Monitorsystem zweifelsohne eine beträchtliche Entlastung dar. Ist trotzdem kein ausreichendes Monitoring möglich, bleibt zwangsläufig nur der Einsatz zusätzlicher Monitorwege.

12.4 Monitormix über ein zusätzliches Pult

In der Praxis wird dann ein zweites Mischpult eingesetzt, das direkt am Ort des Geschehens, nämlich an der Bühnenseite postiert ist. Dies bringt den großen Vorteil, dass dieses Pult in unmittelbarer Nähe der Musiker von diesen mitbedient werden kann. Ist dafür gar ein extra Tontechniker zuständig, steht direkter und unauffälliger Kommunikation durch Blickkontakt und kurze Zeichen nichts im Weg. Wird dagegen die Monitoranlage über das F.o.H.-Mischpult gesteuert, können Änderungswünsche während der Veranstaltung nur durch Ansage oder unprofessionelle Gestik kundgetan werden.

Die Aufgabe des Monitorpults unterscheidet sich vom F.o.H.-Mixer durch die Anzahl der zu erstellenden Mischungen. Während das Frontpult alle Eingangssignale auf eine Stereosumme mischt und gelegentlich auch weitere Mono-Summen für Center-Cluster oder Delay-Lines bereitstellt, produziert das Monitorpult für jeden Monitorweg ein individuelles Mono-Ausgangssignal. Die dem Monitorpult zugeführten Signale sind mit den Eingangssignalen des Frontpults identisch, also muss auch die Anzahl der Eingangskanäle übereinstimmen. Die praktische Erfahrung zeigt jedoch, dass nicht immer alle Signale für den Monitormix benötigt werden, so dass Sie oft auch mit einem kleineren Monitorpult auskommen.

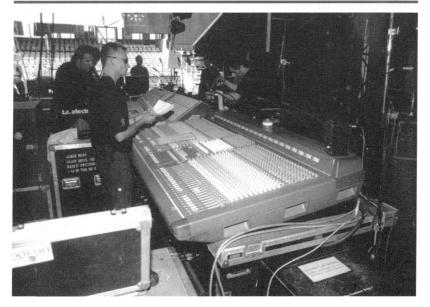

Abb. 12.3: Monitorplatz einer professionellen Open-Air-Festivalbühne.
Die beiden Pulte werden abwechselnd benutzt, was die Umbau- und
Einstellzeiten zwischen den einzelnen Künstlern verkürzt

12.4.1 Anschluss des Monitorpults

Aufwändig ist hingegen die Verschaltung: Da Sie beide Mischpulte eingangsseitig kanalweise parallel schalten, müssen Sie jedes Bühnensignal in Form eines „Y"-Splits teilen. Dies funktioniert am einfachsten und billigsten durch direktes paralleles Verkoppeln in der Stagebox (Abbildung 12.4), die dann zum Anschluss des Monitorpults via Multicore einen extra Abgriff in Form einer Multipin-Buchse (Harting o.ä.) erhält.

Wenn Sie mit einem 19"-tauglichen Monitorpult auskommen, können Sie das zusätzliche Multicore-Kabel aber auch einsparen, indem Sie das Pult zusammen mit einem entsprechend bestückten XLR-Steckfeld und anderen benötigten Geräten wie Equalizern, In-Ear-Sendern usw. in ein rollbares W-Rack einbauen und intern verkabeln. Die F.o.H.-Signale werden dann mit einer XLR-Subsnake auf das Hauptmulticore weitergegeben.

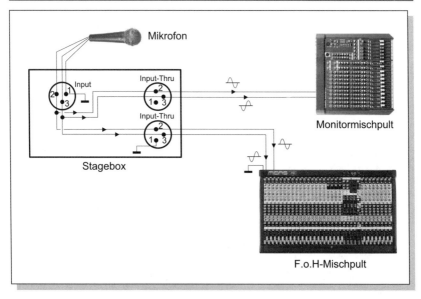

Abb. 12.4: Die einfachste Möglichkeit, Monitor- und F.o.H.-Pult zu koppeln. Die Mischpulteingänge werden in der Stagebox parallel geschaltet. Die Masse ist zum Monitorpult hin aufgetrennt, um Brummschleifen zu vermeiden

Obwohl es meistens funktioniert, ist das direkte Verkoppeln leider keine technisch saubere Lösung. Die Signalquellen werden stets von zwei parallelen Eingangswiderständen abgeschlossen, was eine zu niedrige Gesamtimpedanz ergeben kann. Signaldämpfungen und Klangeinbußen in Form von Höhenverlusten sind die Folge (siehe auch Anhang A7 und A9). Treten Brummeinstreuungen durch Masseschleifen auf, trennt man die Signalmassen zu einem Pult hin ab. Beachten Sie, dass ein auf diese Weise isoliertes Mischpult keine Phantomspeisung mehr liefern kann. Also wird in den meisten Fällen die mit kanalweise schaltbarer Phantompower besser ausgestattete F.o.H-Konsole diese Aufgabe übernehmen und das einfachere Monitorpult von der Signalmasse abgetrennt. Auch bei durchverbundenen Massen sollten Sie Phantompower immer nur von einem Pult schicken. Doppelversorgung verursacht bei ungleichen Spannungen Ausgleichsströme, die Störgeräusche auf den Signalwegen nach sich ziehen können.

Professionelle Verleiher arbeiten üblicherweise mit aktiven Splitsystemen. Die Signalteilung erfolgt hier mit 1:1-Trennübertragern, davor sorgt ein elektronischer Impedanzwandler für die notwendige Entkopplung (siehe auch Abschnitt 3.2). Ähnlich wie bei einer DI-Box werden dadurch die beiden Pulte unter Einhaltung optimaler Signalanpassung galvanisch voneinander getrennt, und sehr oft ist auch noch ein dritter oder vierter Abgriff, z. B. für parallelen Fernseh/ Rundfunkton oder für einen Mehrspur-Mittschnitt, vorhanden.

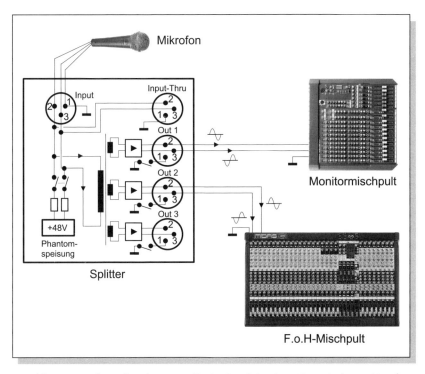

Abb. 12.5: Aufwändig, aber zuverlässig. Durch je einen Trenntrafo pro Kanal werden sämtliche Bühnensignale gesplittet. Die Mischpulteingänge sind vollständig voneinander entkoppelt, was Klangverluste und unerwünschte Wechselwirkungen zwischen den beiden Pulten verhindert

Da pro Kanal ein Übertrager erforderlich ist und Sie noch zusätzliche Multicores plus Multipinstecker und XLR-Auflösungen benötigen, ist diese Lösung leider sehr kostenintensiv. Wenn als Band oder Verleiher diese Investition getätigt werden soll, achten Sie darauf, dass das auserkorene Split-System auch Phantomspeisung auf die XLR-Eingänge legen kann. Die Phantomspeisung der Mischpulte – alles Gleichspannung – kann die Trenntrafos leider nicht passieren und gelangt daher auch nicht zu den Signalquellen. Oder Sie verwenden einen Splitter mit direkt verkoppelter Input-Thru-Buchse wie in Abbildung 12.5.

Üblich ist die Unterbringung von zwei oder vier Split-Einheiten innerhalb eines 1 HE/19"-Gehäuses. Der gewünschten Kanalzahl entsprechend stellen Sie sich daraus ein Rack zusammen, das dann die klassische XLR-Stagebox auf der

Bühne ersetzt. Sinnvoll ist auch der Einbau zweier Multipin-Buchsen, auf die Sie die Ausgänge für Monitor- und F.o.H.-Pult auflegen. Dann nämlich können die beiden Konsolen bequem und Zeit sparend via Multicore-Kabel angedockt werden.

Abb. 12.6: BSS MSR 604II-Signalsplitter zum Ankoppeln weiterer Mischpulte.
Ein 19"-Einschub dupliziert vier Kanäle trafosymmetrisch

12.4.2 Das Monitorpult

Waren spezielle Monitorpulte früher lange Zeit Mangelware, so hat sich diese Situation mittlerweile gründlich geändert. Einfache Monitormischer gibt es schon als 19"-Rackpulte (z. B. Mitec Stage Server). Diese sind praktisch, wenn Sie als nicht zu große und allzu laute Band Ihren Monitormix auf der Bühne selbst erstellen wollen und gut klingende Monitorboxen besitzen, so dass Ihnen die einfach gehaltenen Equalizer des kleinen Mischers ausreichen. Auch Mini-Monitormischer für die Montage am Mikrofonstativ gibt es mittlerweile (z. B. Shure P4M). Hier legen Sie die eigenen Signale an, die selbstverständlich auch an das F.o.H.-Pult weitergegeben werden können. Zusätzlich ist es möglich, weitere Mischungen z. B. von der Haupt-Monitorkonsole oder von anderen Mini-Pulten, in Ihren Mix zu integrieren.

Sind hingegen aufwändigere Mischungen und höhere Lautstärken gefragt, kommen Sie um ein entsprechendes Monitorpult mit Zusatz-EQs und um qualifizierte Bedienung durch einen Techniker nicht mehr herum. Verwenden Sie hierfür am besten ein F.o.H.-Pult, bei dem Sie die Busse und natürlich auch die Ausgangsbuchsen der Aux-Wege und der Subgruppen auf Knopfdruck vertauschen können ("Aux Flip"-Funktion, z. B. beim Altair „Electra" oder der Allen & Heath GL-Serie). Vorteile: Anstelle der unübersichtlichen Drehpotis der Aux-Master-Sektion bestimmen nun die Subgruppen-Fader die einzelnen Monitor-Gesamtpegel. Als Ausgänge fungieren die symmetrischen XLR-Buchsen der Subgruppen – Aux-Wege sind ob der ebenfalls hier anzuschließenden Effektgeräte oft nur mit Klinkenbuchsen bestückt. Wie viele Monitorwege lassen sich unabhängig voneinander erstellen? Dies hängt nach wie vor von der Anzahl der Aux-Wege bzw. Subgruppen ab. Vergessen Sie jedoch nicht die Stereosumme, die unter Zuhilfenahme der Panorama-Regler zwei weitere Monitorwege versorgen kann.

Das Wichtigste schlechthin ist schließlich die Flexibilität: Sie können ein solches Pult sowohl als Monitor-, wie auch als F.o.H.-Konsole einsetzen.

Abb. 12.7: Sowohl als Monitor- wie auch als F.o.H.-Pult zu verwenden:
Allen & Heath GL 4000

Reine Monitorkonsolen sind hingegen auf die Aufgabe, viele einzelne Mono-summen zu erstellen, spezialisiert. Große Pulte besitzen bis zu 20 Aux-Wege, deren Kanalzug-Potis aus Platzgründen manchmal als Tandemversionen mit einem inneren Drehknopf und einem äußeren Ring realisiert sind. Die Knöpfe regeln stets die ungeraden „Odd"-Aux-Wege (1, 3, 5 usw.), die Ringe hingegen die geraden „Even"-Kanäle (2, 4, 6 usw.). Des leichteren Anschließens wegen befinden sich die zugehörigen Ausgangsbuchsen je in einer Reihe nebeneinan-der. So kann zunächst über die bequemer zu bedienenden Knöpfe gemischt werden, wenn Sie einmal nicht so viele Monitorwege benötigen. Erst bei größerer Anzahl bzw. stereofonen In-Ear-Mischungen nehmen Sie die Ringe bzw. die geraden Wege hinzu. Für Letzteres macht es Sinn, dass sich die Achsen beider Potis in beliebigem Winkel zueinander sperren lassen. Dann nämlich dreht sich der Ring immer mit, wenn Sie den Knopf bedienen, so dass linker und rechter Kanal im gleichen Verhältnis beeinflusst werden. Zusätzlich gibt es auch noch eine Stereosumme, die Sie als weitere Monitorwege, etwa zum Ansteuern der Sidefills an den Bühnenseiten, nutzen können.

12.5 Monitorboxen

12.5.1 Bodenmonitore

Auf professionellen Bühnen ist es üblich, bei jedem Musiker mindestens eine Monitorbox aufzustellen. Als praktische bandeigne Kompaktlösung bei nicht so lauter Performance funktionieren auf kleinen Bühnen bereits Kleinstboxen mit speziellen Halterungen für die zusätzlich Montage an den Mikrofonständern recht ordentlich. Die Standard-Monitorbox für den Boden dagegen ist das so genannte „Wedge", eine abgeschrägte Ausführung, die je nach Platzierung unter zwei verschiedenen Winkeln schräg nach oben in Richtung des dahinter stehenden Musikers abstrahlen kann. Eine solche Box besitzt in der Regel einen 12"-Tieftöner in Verbindung mit einem passiv getrennten 1"-Hochtöner. Hochwertige Ausführungen können mittels vieradriger Speakon-Kabel auch aktiv angefahren werden, wofür Sie allerdings pro Weg eine aktive Frequenzweiche und eine Zweikanal-Endstufe benötigen. Wählen Sie hierfür Geräte, die hohe Leistungen auch im 2 Ω-Betrieb sicher abgeben können, denn dann lassen sich bis zu vier Boxen mit je acht Ohm Impedanz parallel anschließen und auf größeren Bühnen als „Monitorzeile" nebeneinander oder auch im Quadrat anordnen, um zum Beispiel für einen agilen Sänger den Platz vom Drumpodest bis zur Bühnenkante von vier Seiten aus optimal auszuleuchten.

Im Gegensatz zu Frontboxen strahlt das Horn eines Monitor-Hochtöners oft „quadratisch", beispielsweise 90° x 90°, ab. Dies ermöglicht bessere akustische Projektion in die Tiefe, wenn der Musiker mal ein, zwei Schritte von der Box zurücktritt. Sollen Signale vom Bass oder der Bassdrum auf den Monitor, empfiehlt sich eher eine 15"/2"-Bestückung. Derartige Boxen fallen allerdings größer und schwerer aus als die im Allgemeinen einfacher zu handhabenden 12"-Monitore und benötigen auch mehr Endstufenleistung.

Besonders im semiprofessionellen Bereich gewinnen aktive Bodenmonitore zunehmend an Bedeutung. Hier befindet sich die Endstufe mit im Gehäuse, eine solche Box kann daher direkt vom Mixer mit einem Line-Signal angesteuert werden. Dank Class-D-Verstärkung und Schaltnetzteiltechnik ist es mittlerweile sogar möglich, steilflankige Aktivweichen einzusetzen und Hoch- und Tieftöner über eigene Endstufenkanäle getrennt anzufahren, ohne dass die Box gleich ein utopisch hohes Gewicht auf die Waage bringt. Für eine kleine Anlage ist dies sowohl eine praktische wie auch preisgünstige Lösung – es bedarf keiner zusätzlichen Endstufe plus Rack und Verkabelung, was den Transportaufwand klein hält. Lediglich für Strom müssen Sie an den entsprechenden Stellen der Bühne sorgen. Manchmal ist es auch noch möglich, von der aktiven Box aus einen zusätzlichen „Slave", also eine gewöhnliche passive Monitorbox, mitzuversorgen.

12.5.2 Fills

Im hinteren Bühnenbereich stehen die Instrumente meist auf Podesten – für Wedges ist da manchmal kein Platz mehr. Dann ist es praktisch, wenn die Monitorboxen über Flansche verfügen, so dass Sie sie mittels Boxenständer auf Kopfhöhe des zu versorgenden Musikers justieren können. Sind von einer Klein-P.A. qualitativ hochwertige (!) Boxen vorhanden, können diese selbstverständlich für solche Monitoranwendungen auch mal zweckentfremdet werden.

Womit die Multifunktionsboxen angesprochen sind. Diese eignen sich sowohl für das Monitoring, verfügen aber auch über Hochständerflansche und Flugösen für den normalen Beschallungseinsatz. Beachten Sie aber, dass sich die Abstrahlcharakteristik des Horns ändert, wenn eine für vertikale Positionierung gedachte Box plötzlich auf der Seite liegend betrieben wird. Um dies zu kompensieren, sind einige Fabrikate (z. B. Nexo PS-Serie) mit um 90° drehbaren Hörnern ausgestattet.

Abb. 12.8: Multifunktionsboxen können sowohl als Bodenmonitore verwendet, wie auch mittels Fluggeschirr in die Traverse gehängt werden

Zur zusätzlichen akustischen Unterstützung stehen oder hängen links und rechts am Bühnenrand die „Side-Fills", die durch zusätzliche Beschallung von den Seiten her die komplette Bühne akustisch ausleuchten. Je nach Größe kommen hier nicht selten komplette P.A.-Stacks zum Einsatz, die in Clubs als F.o.H.-System völlig ausreichen würden. Dem Bewegungsdrang der Musiker steht somit nichts mehr im Wege, denn die Gefahr, sich selbst plötzlich nicht mehr zu hören, ist bei einer guten Signalverteilung über die Boxen bzw. einem aufmerksamen Techniker, der einem das Signal nachführt, gering.

12.6 „In Ear"-Monitoring (IEM)

Von professionellen Bühnen ist es nicht mehr wegzudenken, und auch semiprofessionelle Anwender freunden sich Dank neuer, nicht mehr so exorbitant teurer Geräte immer mehr mit dem Gedanken an, die altgediente Monitoranlage gegen leichte Ohrhörer und Drahtlostechnik einzutauschen. „In Ear"-Monitoring (IEM), also die Zuspielung der Monitorsignale via Kopf- bzw. Ohrhörer, funktioniert folgendermaßen: Die Monitormischungen werden in gewohnter Manier am Mischpult erstellt. Anstatt in die Monitorendstufen, schicken Sie diese Signale via Sender in den Äther, wobei pro Monitorweg eine Frequenz bzw. ein Kanal in Anspruch genommen wird. Die zu versorgenden Musiker sind mit Empfängern ausgestattet, die die Signale auffangen, verstärken und speziellen Ohrhörern zuführen. Selbstverständlich können überwiegend stationär arbeitende Drummer, Keyboarder oder Chorsänger/innen auf die Drahtlostechnik auch verzichten und ein kostengünstigeres, kabelgestütztes Set verwenden.

12.6.1 Die Ohrhörer

Drei Kategorien von Ohrhörern gibt es, aber nur zwei davon funktionieren beim IEM ordentlich. Ungeeignet sind handelsübliche, leicht am Ohr eingehangene Walkman-Hörer. Diese lassen zu viel Umgebungsschall passieren, was die Wahrnehmung des Monitormixes erschwert und dazu führt, dass die Hörer auf einer lauten Bühne gehörschädigend laut aufgedreht werden müssen. Dies verfehlt Sinn und Zweck der Übung deutlich, außerdem lässt der Sitz dieser Teile in den Ohrmuscheln bei Bewegung auf der Bühne zu wünschen übrig.

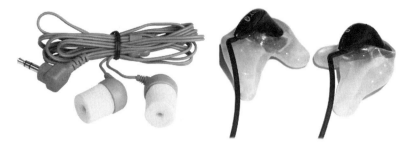

Abb. 12.9: Halboffener „In Ear"-Hörer mit Schaumstoffring-Polster (links), daneben eine maßgefertigte Otoplastik

Die professionellste und leider auch teuerste Lösung besteht darin, beim Hörgeräte-Akustiker individuelle Ohrabdrücke aus Formmasse anfertigen zu lassen, anhand derer dann passende Silikon-Ohrformteile, so genannte Otoplastiken, mit integrierten Hörern eigener Wahl hergestellt werden. Diese sind bequem und schmerzfrei zu tragen und dichten das Gehör vollständig gegen die Umgebung ab. Auf lauten Bühnen erhalten Sie damit automatisch auch Gehörschutz. Starke Schweißbildung kann jedoch den Sitz der Ohrformteile im Laufe des Auftritts beeinträchtigen und zu unangenehmen Schmatzgeräuschen führen.

Meistens funktioniert der goldene Mittelweg am besten: Verwenden Sie Ohrhörer, die sich mit Hilfe auswechselbarer Schaumstoffringe oder Silikonzapfen („Tannenbäumchen") in den Gehörgängen selbst fixieren (z. B. Voicetronic VT-03, Sennheiser IE3 oder Shure E2). Diese dämpfen die Umgebung so weit ab, dass der Monitormix auch ohne übermäßige Lautstärke deutlich zu hören ist, lassen auf der anderen Seite aber auch noch genug Bühnenschall passieren, dass man bezüglich des Musizierens nicht die Orientierung verliert. Durch unterschiedlich starke Ringe und festeres oder leichteres Einsetzen in die Ohren können Sie diese Balance auch noch ein wenig steuern. Bei den Hörern selbst sind Einwegsysteme am häufigsten anzutreffen, teurere Mehrwegewandler besitzen für Bässe und Höhen getrennte Treiber und versprechen ein ausgeglicheneres Klangbild. Welche der Varianten letztlich die beste ist, hängt natürlich stark von der jeweiligen Bühnensituation und auch vom eigenen Empfinden ab und muss auf jeden Fall ausprobiert werden.

12.6.2 Vorteile des In-Ear-Monitorings

Die Vorteile dieser Art der direkten Trommelfell-Beschallung liegen auf der Hand: Je mehr Musiker Sie auf diese Weise versorgen, umso weniger Monitorboxen werden benötigt. Dies reduziert zunächst einmal den Transportaufwand – zusätzlich zu den Boxen bleibt auch das Rack mit den notwendigen Endstufen und die Verkabelung zu Hause, so dass Sie eventuell auch mit einem kleineren, billigeren und vor Ort leichter zu parkenden Transportfahrzeug auskommen. Auch die Auf-, Um- und Abbauzeiten verkürzen sich, zusätzlich sinkt die Bühnenlautstärke erheblich. Dies versetzt Sie am F.o.H.-Pult in die glückliche Lage, bei Bedarf auch niedrige Lautstärken bei voller Soundkontrolle durch die P.A. realisieren zu können, weil der Bühnenpegel, den Sie übertönen müssen, nicht mehr so hoch liegt. Auch der F.o.H.-Sound ist besser und transparenter geworden. Die gefürchtete, mit zunehmender Konzertdauer nicht selten eskalierende „Monitorschlacht" – meistens ausgelöst durch einen lauter gedrehten Instrumentenverstärker und deswegen nicht mehr hörbarer Monitore – unterbleibt, ebenso das Übersprechen in die Mikrofone und die daraus resultierenden Klangverfärbungen bis hin zu Rückkopplungen. Auch für die Musiker auf der Bühne ergeben sich Vorteile: Korrekte Einstellungen vorausgesetzt, sind die Monitorsignale über Ohrhörer stets präsent und deutlich wahrzunehmen und klingen von der Bühnenposition unabhängig immer gleich, was bei Lautsprecherboxen nicht der Fall ist. Außerdem kann jeder seine individuelle Gesamt-lautstärke bequem am jeweiligen Empfänger selbst regeln und das Signal am Mischpult auch mit Effekten wie Hall oder Delay versehen (lassen), wenn die entsprechenden technischen Voraussetzungen dafür gegeben sind. Des Weite-ren ist mit In-Ear-Monitoring wesentlich intonationsgenaueres und entspannteres Singen möglich, das auch die Stimmbänder weniger hart beansprucht.

12.6.3 Nachteile des In-Ear-Monitorings

Üblicherweise ist es für den sonst räumlich hörenden Menschen eine akustisch ungewohnte Situation, sich mit verschlossenen Ohren zu bewegen. Nicht viel anders sieht es auf der Bühne aus: Den In-Ear-Mix hört man deutlich, die akustische Umgebung ist jedoch weit in den Hintergrund gerückt. Publikums-reaktionen wie Applaus werden nur indirekt wahrgenommen, kurze Absprachen der Musiker untereinander zwischen den Stücken sind kaum durchführbar. Viele Künstler empfinden die Isolation durch die Ohrhörer derart intensiv, dass nicht selten Raum-Mikrofone mit Richtwirkung (Hyperniere oder Keule) zum Ein-fangen von Live-Ambience installiert und zum In-Ear-Mix hinzugemischt werden. Ambience-Bohrungen, also zusätzliche Schalleintrittswege in den Hörern sind eine weitere Möglichkeit.

Ein anderes Problem, das vor allem die einfacheren, monofon angesteuerten In-Ear-Setups betrifft, ist die so genannte „Im Kopf-Lokalisation". Wenn Sie schon einmal ein Monosignal via Kopfhörer wahrgenommen haben, kennen Sie die engräumige, mitten im Kopf befindliche Wahrnehmungsebene. Stereo ist da schon angenehmer, erfordert aber technischen Aufwand in Form stereofoner Aux-Wege. Schließlich ist auch der Klang einer verzerrten Gitarre auf den winzigen Hörern nicht jedermanns Sache, wenn man einen guten Verstärker spielt und diesen eigentlich lieber „in natura" hören möchte...

Im Zuge dieser Erfahrung benutzen manche Künstler nur einen Hörer, das andere Ohr bleibt frei. Eigentlich ein logischer Kompromiss, vom medizini-schen Standpunkt des Gehörschutzes aus ist das aber fatal: Weil das freie Ohr den vollen Bühnenpegel hört, muss für ausgeglichene Wahrnehmung das IEM auf dem anderen Ohr genauso laut aufgedreht werden.

12.6.4 Subsonic-Shaker

Ein weiterer Nachteil des In-Ear-Monitorings ist bislang noch nicht zur Sprache gekommen: Werden auf der Bühne keine Monitorboxen mehr benutzt, entfällt natürlich auch die Komponente des körperlichen Schallempfindens, die besonders von Rock-Schlagzeugern gerne wahrgenommen wird. Normalerweise über-nimmt ein 15"-Bodenmonitor oder gleich ein komplettes Drumfill-Stack diese Aufgabe. Muss die Bühne aus produktionstechnischen Gründen leise bleiben,

Abb 12.10: Subsonic-Shaker,
am Drumhocker befestigt

hilft ein so genannter Subsonic-Shaker weiter, der vorzugweise am Hocker des Drummers befestigt wird und Bassdrum und teilweise auch Bass in Form von Vibrationen auf den Körper überträgt.

Dies funktioniert folgendermaßen: Anstelle einer Monitorbox wird ganz einfach der Subsonic-Shaker an den entsprechenden Endstufenkanal angeschlossen. Das Signal gelangt in einen Elektromagneten, der eine bewegliche Schwungmasse antreibt. In Verbindung mit IEM spürt der Drummer lautes Bassempfinden, ohne dass tatsächlich Schall erzeugt werden muss.

12.6.5 In-Ear-Praxis

Was die Auswahl der Sendefrequenzen und die technisch/rechtlichen Belange für das drahtlose In-Ear-Monitoring angeht, gelten die gleichen, bereits in Kapitel 6 erläuterten Gesetzmäßigkeiten wie auch für drahtlose Mikrofonanlagen. Sinnvoll ist es, sämtliche Sender in ein Rack einzubauen, das Sie am Monitorplatz erhöht aufstellen und so drehen sollten, dass die Antennen der Bühne und den Akteuren direkt zugewandt sind. Professionelle Anwender verwenden einen Antennen-Combiner, der die Signale der einzelnen Sender auf eine gemeinsame Richtantenne („Paddel") zusammenführt. Dies erhöht die Betriebssicherheit Ihrer Funkstrecken erheblich. Mittels eines Stativs auf Höhe gebracht und ausgerichtet, übermittelt die Richtantenne nahezu die komplette Sendeleistung gezielt in Richtung Bühne, während die normalen Teleskopantennen durch Rundum-Abstrahlung einen großen Teil verschenken. Außerdem können Sie die Sender nun so aufstellen, dass Sie deren Displays und somit die optimalen Sendepegel stets im Blick haben.

Anders als beim konventionellen Monitoring zählt beim IEM nur das Mischungsverhältnis einzelner Signale, nicht die Gesamtlautstärke des Wegs. Diese regelt der Empfänger. Im Interesse guter Signal/Rauschabstände steuern Sie die Funkstrecken alle gleich bis etwa -4 dB aus, dann haben Sie noch ein wenig „Luft" nach oben, falls das eine oder andere Signal während des Auftritts noch etwas angehoben werden muss. Um Verzerrungen durch Übersteuerungen zu verhindern, besitzen alle besseren IEM-Systeme integrierte Peak-Limiter, die bei gefährlichen impulsförmigen Signalen (z. B. umfallende Gesangsmikrofone) auch Gehörschutz betreiben.

Alle am Markt etablierten IEM-Systeme arbeiten mittlerweile stereofon, sind aber auch „Dual Mono"-tauglich. Dies verschafft Ihnen besonders bei eingeschränkten Monitor-Mischmöglichkeiten einen großen Vorteil. Legen Sie den Frontmix in Mono auf den einen Kanal, den anderen beaufschlagen Sie mit dem jeweiligen Hauptinstrument des zu versorgenden Musikers. Dieser schaltet seinen Empfänger auf mono und kann jetzt mit Hilfe eines Balance-Reglers beide Signale ins rechte Verhältnis zueinander setzen.

Speziell für Drummer gibt es Systeme, die neben einem Mini-Mischpult zum Erstellen eines eigenen IEM-Mixes auch gleich eine Frequenzweiche plus Endstufe zum Antrieb eines Subsonic-Shakers enthalten (z. B. Aurasound, Hearsafe, Fischer Amps). Aus naheliegenden Gründen wird hier natürlich auf Wireless-Technik verzichtet.

Abb. 12.11: Fischer Amps Drum In-Ear-System. Das Gerät beinhaltet neben einem Mini-Mischpult und dem Anschluss für die Ohrhörer auch eine Tiefpass-Weiche und eine Endstufe zum Antrieb eines Subsonic-Shakers

Um Störgeräusche wie Brummen und Sirren auszuschließen, sollten Sie beim IEM sendeseitig nur mit hochwertiger Verkabelung und sauberer Masseführung arbeiten. Störpegel, die auf einer Monitorbox noch tolerierbar sind, werden auf den Ohrhörer nämlich schnell zur Qual!

Power On!

13 Die Stromversorgung

13.1 Einphasige Wechselstromversorgung

Die in Hausinstallationen übliche Schutzkontakt-Steckdose stellt Wechselstrom mit einer Spannung von 230 V bereit. Normalerweise ist ein solcher Stromkreis mit einer 16 A-Automatensicherung ausgerüstet, die es Ihnen gestattet, Stromstärken bis 16 Ampere bzw. 3680 Watt Leistung zu entnehmen. Solange Sie nur Beschallungen im kleinen Rahmen mit entsprechendem „kleinen Besteck" durchführen, können Sie ohne Bedenken einen solchen Hausanschluss verwenden – die bereitgestellte Leistung reicht für einen durchschnittlichen Powermischer bzw. eine entsprechende Endstufe vollkommen aus. Auch zusätzliches Equipment wie beispielsweise die Instrumenten-Backline einer Band oder ein kleiner Beamer für eine Projektion lassen sich noch anschließen. Wenn Sie sich nicht sicher sind, addieren Sie einfach die Leistungsaufnahmen aller angeschlossenen Geräte – die entsprechenden Watt- bzw. VA-Zahlen finden Sie auf den Typenschildern. Natürlich kann es vorkommen, dass der von Ihnen auserkorene Stromkreis noch in andere Räume verzweigt und dort weitere Verbraucher versorgt, was die zur Verfügung stehende Leistung einschränkt. Um den reibungslosen Ablauf der Veranstaltung zu gewähren, klären Sie diesen Punkt immer im Vorfeld ab.

Relativ einfach geht dann die Verkabelung vonstatten: Mittels handelsüblicher Verlängerungskabel und Mehrfach-Steckdosenleisten wird von der Hausdose ausgehend einfach zu allen Geräten verzweigt.

13.1.1 Stromkabel

Im Gegensatz zum häuslichen Gebrauch werden die zu einer mobilen P.A. gehörenden Stromkabel mechanisch um ein Vielfaches höher beansprucht. Die Qualität des verwendeten Materials muss daher deutlich über dem Level des gängigen Discounter-Sonderangebots liegen. Geizen Sie hier nicht und stellen

Sie professionelle Ansprüche, indem nur trittfeste Stromkabel möglichst mit Hartgummi-Isolation, wie sie auch in der Industrie und der Baubranche Verwendung finden, in Ihrer Kabelkiste landen. Um die Potenziale des Nullleiters, der Phase und der Erde übertragen zu können, benötigen Sie Kabel mit drei inneren Leitern, deren Querschnitte bei 16 A-Absicherung mindestens 1,5 mm^2, besser aber 2,5 mm^2 betragen müssen. Ein Elektrohandel, ein guter Lieferant für Bühnentechnik und gelegentlich auch ein gut sortierter Baumarkt ist zum Einkauf die richtige Adresse. Die im Haushalt üblichen Verlängerungskabel mit leichter PVC-Ummantelung sollten Sie aufgrund zu geringer Stabilität nicht verwenden.

Selbstverständlich ist auch ein gewisses Maß an Sorgfalt nötig: Tritt durch ein schadhaftes Kabel ein Defekt auf, liegt die komplette Stromversorgung schlagartig am Boden – von der Gefahr für Leib und Leben mal ganz zu schweigen.

13.1.2 Steckverbinder

Zum Anschluss wechselstrombetriebener Geräte an das Stromnetz findet hauptsächlich der Schutzkontaktstecker – kurz Schuko genannt – Verwendung, der mit Ausnahme Großbritanniens überall in Westeuropa in die Steckdosen passt. Benötigt ein Gerät aufgrund gekapselter Bauweise oder höherer Isolationsklasse keine Erdung, dann reicht bereits dessen „Sparversion", der Euro-Flachstecker mit nur zwei Kontaktstiften. Schukos können dagegen immer auch das Erdpotenzial übertragen – dafür sind die beiden zusätzlichen Kontaktzungen an den Seiten zuständig.

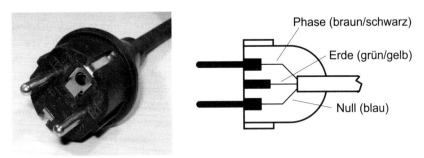

Phase (braun/schwarz)

Erde (grün/gelb)

Null (blau)

Abb. 13.1: Schuko-Stecker, rechts die Kontaktbelegung

Auf der Bühne ziehen Sie robuste Gummiausführungen den einfachen Plastiksteckern auf jeden Fall vor. Gleiches gilt auch für die Kupplungen am Ende von Verlängerungskabeln. Beim hektischen Abbau der Anlage kommt es nämlich oft genug vor, dass beim Aufwickeln der Stromkabel Stecker oder Kupplung über den Bühnenboden schleifen, an irgendwelche Pfosten anschlagen oder gar über Stock und Stein – sprich Absätze und Treppenstufen – hinunterpurzeln. Gummiausführungen überstehen derartige Belastungen viel eher als zerbrechliche Plastikhülsen.

Als Alternative zu den herkömmlichen Kaltgeräte-Netzkabeln (IEC) etabliert sich in der Veranstaltungstechnik mehr und mehr das Powercon-System. Powercon wird vornehmlich bei Geräten mit höherer elektrischer Anschlussleistung (Aktivboxen, kopfbewegte Scheinwerfer) verwendet und bietet vollständig gekapselte Kontakte. Elektrische Verbindung kommt erst zustande, wenn der Stecker in der Buchse durch eine kurze Drehung arretiert ist. Anders als bei Kaltgeräte-Steckern besteht dadurch Zugentlastung, und der Powercon-Stecker kann sich nicht aufgrund mechanischer Vibrationen lösen. Nachteilig ist allerdings die noch nicht so weite Verbreitung – bei einem vergessenen Kaltgeräte-Netzkabel bekommen Sie vor Ort erfahrungsgemäß weitaus einfacher Ersatz.

Abb. 13.2: Powercon-Einbaubuchse (links),
daneben ein dreipoliger „PN+E"-CEE-Stecker

Wird eine Schukoleitung hoher Dauerlast ausgesetzt, erhitzen sich die Kontakte von Stecker und Steckdose erheblich. Minderwertiges Material beginnt dabei langsam aber sicher zu verkokeln, aber auch Qualitätsschukos leiden über einen längeren Zeitraum hin beträchtlich darunter. Daher sollten Sie die Durchschnittsbelastung deutlich unterhalb der maximal möglichen 3680 Watt ansetzen.

Für hohe Dauerleistungen eignen sich die blauen „PN+E"-Verbinder – umgangssprachlich oft auch als „CEE-Blau" oder „Camping-Stecker" bezeichnet – aufgrund stärkerer, bis 32 A belastbarer Kontaktstifte wesentlich besser. Professionelle Verleiher statten ihr Equipment oft komplett damit aus, denn neben erhöhter Betriebssicherheit verhindert das exotische Steckerformat auch unbefugtes oder unwissendes Anzapfen der ausschließlich für die Tonanlage vorgesehenen Stromkreise. Oft genug ist es schon vorgekommen, dass am

Aufbautag alles reibungslos funktioniert und es während der Veranstaltung dann Stromprobleme gibt, weil die am Vortag noch nicht anwesende Cateringfirma planlos alle noch freien Schuko-Steckdosen mit irgendwelchen energiehungrigen Kochplatten belegt! Nachteil: CEE-Stecker, Kupplungen und Steckdosen sind um einiges teurer als Schuko, und Sie müssen ihren gesamten Kabelpark entsprechend umstellen.

Stromkabel plus Mehrfachsteckdosen sollten immer in ausreichender Menge in der Kabelkiste vorhanden sein, so dass Sie hinter dem vorhandenen Stromanschluss des Hauses alles selbst verkabeln können. Veranstaltungsspezifische Räumlichkeiten stellen einen diesbezüglich kaum vor Probleme, denn hier befinden sich sämtliche relevanten Steckdosen üblicherweise in Bühnennähe.

Ganz anders sieht dies aber bei Örtlichkeiten aus, die einmalig für eine Veranstaltung hergerichtet werden. Hier müssen nicht selten etliche Meter Kabel ausgelegt werden, die seitens des Veranstalters entweder nicht gestellt oder in der allgemeinen Hektik schlichtweg vergessen werden. Abhilfe: Erkundigen Sie sich im Vorfeld nach den Bedingungen und treffen Sie am besten bei einem Ortstermin die notwendigen Abmachungen. Darüber hinaus macht es einen guten Eindruck, wenn man als Band, Verleiher oder Produktionsfirma trotz alledem immer vorbereitet und entsprechend gut ausgerüstet vor Ort erscheint. Langer Rede kurzer Sinn: Mit 100 m Schuko-Verlängerungskabel für den „Fall der Fälle" sind Sie als Band wohl den meisten Problemen des Stromtransports gewappnet. Besonders praktisch sind mehrere kürzere Verlängerungen, die im Bedarfsfall dann einfach hintereinander geschaltet werden können.

13.2 Dreiphasige Wechselstromversorgung

13.2.1 CEE- und Camlock-Kabel

Sobald eine größere P.A. in Verbindung mit einer Lichtanlage installiert wird, ist die Nutzung eines Starkstromanschlusses nicht mehr zu umgehen. Zu diesem Zweck sind die roten CEE-Steckdosen vorgesehen, die man fast überall in Bühnennähe antrifft. Über fünf Kontakte werden die drei Drehstromphasen L1, L2, L3, der Nullleiter sowie das Erdpotenzial bereitgestellt (Einzelheiten siehe Anhang A4 und A5).

Je nach benötigter Stromstärke bzw. Leistung gibt es unterschiedliche Steckergrößen und Kabelstärken: Der kleinste CEE-Stecker ist bis 16 A, der größte bis 125 A pro Phase belastbar, 32 bzw. 63 Ampere sind am häufigsten anzutreffen. Führungsnuten am Gehäuse und unterschiedliche Kontaktdurchmesser sorgen dafür, dass die Stecker nur in einer Position einzustecken sind. Mechanische

Zugentlastung entsteht entweder durch die Klappe der Steckdose, die in den Stecker einhakt, oder durch einen stabilen Überwurfring aus Kunststoff, anzutreffen bei der 63 und 125 A-Version.

Den Stromstärken entsprechend unterschiedlich fallen die Leiterquerschnitte und die Gesamtdurchmesser der fünfadrigen Stromkabel aus: 16 A-Kabel sind mindestens mit 2,5 mm^2, 32 A-Kabel dagegen mit 6 mm^2 Minimalquerschnitt pro Ader zu bemessen. 125 A-Kabel besitzen gar 50 mm^2 Querschnitt pro Ader.

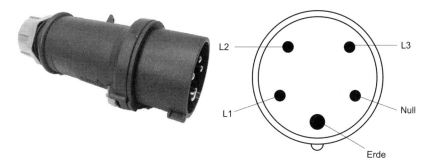

Abb. 13.3: Fünfpoliger CEE-Stecker für Dreiphasen-Wechselstrom, links die Belegung der Steckdose

Großveranstaltungen benötigen bezüglich des Strombedarfs am Haupteinspeisepunkt meist noch höhere Anschlusswerte, als sie mit 125 A-CEE-Kabeln zu transportieren sind. Dies ist mit einer einzelnen mehradrigen Leitung nicht mehr sicher durchzuführen, also kommen für die drei Phasen, den Nullleiter und die Erde fünf Einzelkabel mit Cam- oder Powerlock-Kupplungen zum Einsatz. Das Anschließen dieser Kabel ist eine Arbeit für Fachpersonal. Powerlock-Leitungen haben Querschnitte bis 120 mm^2 und können mit bis zu 400 Ampere Stromstärke belastet werden. Entsprechend hoch ist auch das Gewicht – als Einzelperson stoßen Sie rasch an Ihre Grenzen, wenn Sie nur ein zehn Meter langes Verlängerungsstück tragen sollen. Deshalb ist das Verlegen von Powerlock-Leitungen eine bei Technikern und Bühnenhelfern sehr beliebte sportliche Angelegenheit, die immer gleich einen ganzen Trupp Leute erfordert. Vom Einspeisepunkt des örtlichen Energieversorgers werden die Kabel zu einer mobilen Stromstation geführt und dort auf die bekannten CEE-Drehstromanschlüsse adaptiert. Neben den üblichen Sicherungen gibt es hier auch Messgeräte, die über Spannung, Stromstärke, die richtige Phasenbelegung und korrekte Null und Erdung Auskunft geben.

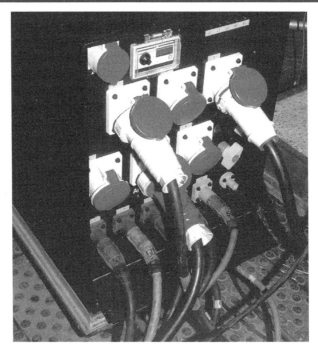

Abb. 13.4: Stromstation, die Drehstrom mit unterschiedlichen Anschluss-
werten über 32 und 16 A-CEE-Dosen bereitstellt. Die Speisung erfolgt
über die zu unterst angeordneten Camlock-Kabel

13.2.2 Nutzung von Starkstromanschlüssen

Bevor Sie den Starkstromanschluss zur Versorgung der Instrumentenbackline,
der P.A. und des Lichts nutzen können, müssen die drei Drehstromphasen in 230
V-Einphasenanschlüsse aufgesplittet werden. Eine zur Anlage gehörende Strom-
verteilung, die auch Sicherungsautomaten und FI-Schutzschalter für jede Phase
enthält, übernimmt diese Aufgabe. Gelegentlich sind sogar auch Volt- und
Amperemeter anzutreffen, die Sie über die momentanen Spannungszustände
und den Leistungsbedarf auf den einzelnen Phasen informieren. Hinter diesem
Verteiler stehen dann für gewöhnlich pro Phase einige parallel geschaltete 230
V-Schukosteckdosen zur Verfügung, von denen Sie über bühnentaugliche
Verlängerungskabel zu den einzelnen Geräten gelangen. Oft gibt es auch weitere
extra abgesicherte CEE-Steckdosen „eine Nummer kleiner" als die Einspeisung.
    Zur Verbindung des Stromkastens mit der hauseigenen CEE-Steckdose benö-
tigen Sie ein entsprechend der Absicherung des Anschlusses dimensioniertes

Drehstrom-Verlängerungskabel. Passt der Hausanschluss nicht auf das eigene Equipment, wird er häufig mit Reduzieradaptern „63 auf 32" und „32 auf 16" – kurzen Kabelstücken mit den entsprechenden Steckern und Kupplungen dran – passend gemacht. So praktisch derartige Adapter sind, sie sind leider *nicht* zulässig, weil nicht sicher ausgeschlossen werden kann, dass über die geringer belastbare Kupplung am Adapterende nicht doch höhere Leistungen als zulässig gezogen werden. Wenn Sie einen Drehstromanschluss herunteradaptieren möchten, müssen Sie immer eine passende Unterabsicherung zwischenschalten. In der Praxis funktioniert dies mit einer entsprechenden CEE-Unterverteilung am sichersten. Das Hinaufadaptieren, z. B. 16 A auf 32 A, ist dagegen auch mit dem einfachen Kabelstück erlaubt. Hier wird davon ausgegangen, dass der 16 A-Anschluss der Installation bereits die passende Absicherung besitzt, die bei Überlastung auslöst.

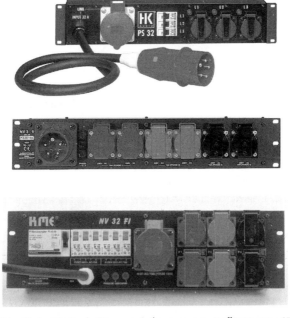

Abb. 13.5: 19"-Rack-Stromverteilungen zum Auflösen von CEE-Drehstromanschlüssen auf drei einzelne Schuko-Wechselstromphasen

Damit das Nebeneinander von Audio- und Lichtanlage ohne Brumm- und Sirrgeräusche in den Lautsprechern funktioniert, sind einige wichtige Punkte von Bedeutung: Zum Steuern der Scheinwerfer dienen leistungsstarke Dimmer, die beim Herunterregeln elektromagnetische Oberwellen erzeugen. Funktechnisch gesehen, sind diese Geräte häufig schlecht abgeschirmt und strahlen daher nicht selten wie Sender diese Frequenzen in die Gegend. Besonders Singlecoil-Pickups von elektrischen Gitarren und Bässen erweisen sich dafür als sehr anfällig. Die in den jeweiligen Verstärkern dann auftretenden Störgeräusche sind überall gefürchtet, denn ohne Modifikation der Instrumente (Humbucker-Pickup oder Kompensationsspule) bekommt man sie kaum in den Griff. Folglich ist das Übel am Ort der Entstehung zu bekämpfen: Damit wenig abgestrahlt wird, müssen die verwendeten Dimmer möglichst „dichte" Gehäuse aufweisen (Qualitätsprodukte!). Genauso wichtig sind für alle Geräte der Lichtanlage gesonderte Racks, die Sie bei der Aufstellung von den Audioracks und der Backline so weit wie möglich fernhalten. Neben der Abstrahlung von elektromagnetischen Feldern kann ein Dimmer seine Oberwellen allerdings auch in das Stromnetz einkoppeln und dieses in näherer Umgebung völlig verseuchen. Werden Audiogeräte über den gleichen Stromkreis mitversorgt, bekommt man mit schöner Regelmäßigkeit Probleme durch auftretendes Sirren und Brummen, das sich über die Stromversorgung einschleicht. Getrennte Phasen für Ton und Licht sind daher die mindeste Voraussetzung für störungsfreien Betrieb. Benötigen beide Anlage Dreiphasenstrom, achten Sie darauf, dass die Versorgung über möglichst wenig gemeinsame Kabelstrecke (Stichwort: geringe Widerstandskopplung) stattfindet. Dies ist gegeben, wenn Ihnen die Hausinstallation zwei passende Drehstrom-Steckdosen bereitstellt. Dann können Sie Ton und Licht völlig getrennt verkabeln.

Auch die korrekte Leitungsführung in Kabelbäumen und auf der Bühne ist von erheblicher Bedeutung. Audiokabel sollten Sie von stark belasteten Stromkabeln stets fern halten. Sind Überkreuzungen nötig, so sollte das nur unter einem Winkel von 90° geschehen. Problematisch ist die parallele Leitungsführung, weil die teilweise beträchtlichen Magnetfelder der Lastkabel dann ideale Bedingungen zum Übersprechen in die Signalleitungen vorfinden.

13.3 Einsatz von Stromaggregaten

Veranstaltungen abseits städtischer Bebauungen benötigen eine mobile Stromversorgung in Form eines Aggregats. Hierbei handelt es sich um einen Generator, der von einem Verbrennungsmotor angetrieben wird. Kleine Aggregate bis 5 KW Leistung arbeiten üblicherweise mit Benzinmotoren, sind handlich und im Betrieb auch recht leise. Leider steht hier oft nur eine einzelne Wechselstromphase zur Verfügung, und auch das Tankvolumen gestattet meist keinen langen Dauerbetrieb. Inwieweit die Leistung ausreicht, müssen Sie im Vorfeld ausrechnen, indem Sie den Bedarf aller vorgesehenen Verbraucher addieren und mindestens 20% Reserve einkalkulieren.

Günstige Geräte aus dem Baumarkt sollten Sie nur auf unkritischen Veranstaltungen wie Privatfeiern einsetzen, denn der damit erzeugbare Strom genügt in Sachen Stabilität keinen professionellen Ansprüchen. Sobald eine stärkere P.A., ein Lichtsystem und auch noch diverse Catering-Geräte Strom benötigen, sind stärkere Dieselaggregate mit Drehstromgeneratoren gefragt, die man dann am besten zumietet. Auf größeren Festivals arbeiten üblicherweise mehrere Aggregate in LKW-Größe parallel, um auch im Falle eines technischen Defekts die Versorgung sicherzustellen. Damit die Geräuschentwicklung nicht stört, müssen Sie das Aggregat meist etwas abseits aufstellen und einen längeren Kabelweg einplanen. Sehr wichtig ist die ordnungsgemäße Erdung, die ein in den Boden getriebener Erdspieß liefert. Hier wird dann ein Schutzleiter angeschlossen, der das Erdpotenzial auf die Steckdosen des Generators und von dort aus über die Verkabelung auf alle Endverbraucher verteilt. Mangelhafte Erdung am Generator führt im Falle eines defekten Endgeräts zu Fehlerspannungen auf dem Schutzleiter und zu Stromschlagrisiken, denn FI-Schutzschalter lösen dann nicht aus!

Achten Sie bei Generatorversorgung unbedingt auf eine möglichst gleichmäßige Belastung aller drei Phasen, um Schieflasten zu vermeiden. Schieflast entsteht, wenn eine Phase gegenüber dem Rest übermäßig stark beansprucht wird. Durch den damit verbundenen Spannungseinbruch verschiebt sich der Sternpunkt des Drehstromsystems (siehe auch Abschnitt A4), die Spannungen auf den anderen beiden Phasen steigen unzulässig hoch an und gefährden die dort angeschlossenen Verbraucher. Die gleiche Gefahr tritt übrigens auch bei nicht angeklemmtem oder instabilem Nullleiter (Stichwort: „Bauerndrehstrom") auf. Schon ein einziger Wackelkontakt in einem der Drehstromkabel oder Stromkästen kann für die Geräte fatale Folgen haben.

Rhythmisch stark schwankende Verbraucherströme, die besonders bei lauter, Bass betonter Musikperformance in Verbindung mit einer entsprechenden Lightshow auftreten, stellen Stromaggregate gelegentlich vor arge Probleme, obwohl die Maximallast noch gar nicht erreicht ist. Schuld daran ist die besonders bei Benzinern oft sehr empfindlich reagierende Drehzahlregulierung. Gemäß den geforderten Lastspitzen gibt das Aggregat ruckartig Gas im Musiktakt, was zu Instabilitäten führt. Abhilfe schafft eine stabile Grundlast auf allen drei Phasen, die Sie etwa durch den ständigen Betrieb dreier unmittelbar hinter dem Generator angeschlossener PAR-Scheinwerfer erreichen können. Dieselmotore arbeiten unter diesen Bedingungen meistens stabiler und bekommen erst an der oberen Leistungsgrenze Probleme. Deutliches Indiz dafür ist der schwarze Rauchausstoß am Auspuff und die nur mühselig konstant gehaltene Drehzahl. Irgendwann wird dann auch die Überlastsicherung ansprechen, oder das Aggregat bleibt einfach stehen.

Zu guter Letzt noch ein Tipp, der eigentlich selbstverständlich sein sollte: Überprüfen Sie schon gleich bei der Inbetriebnahme, dass das Aggregat voll betankt ist und genügend Reserve bereit steht. Mitten in der Nacht einen leer gefahrenen Dieselgenerator bei Taschenlampenlicht mit vorher mühsam beschafftem Treibstoff zu befüllen und wieder in Gang zu setzen, ist wahrlich kein Vergnügen.

13.4 Zubehör

13.4.1 Kabeltrommeln

Kabeltrommeln erweisen sich nur in Form stabiler Metallausführungen als sinnvolle Investition. In aufgewickeltem Zustand können längere Schuko-Kabel damit sicher, bequem und Platz sparend transportiert werden. Doch Vorsicht: Tritt während des Betriebs hohe Strombelastung auf, muss die Trommel vollständig abgewickelt sein! Aufgewickelte Kabelstränge bilden eine Luftspule mit induktivem Widerstand. Dieser wirkt unter Last ganz ähnlich wie die Vorschaltdrossel einer Leuchtstoffröhre – nämlich strombegrenzend. Am Ende des Kabels entsteht dann erheblicher Spannungsverlust, der die Funktion der angeschlossenen Geräte beeinträchtigt. Abgesehen davon kann eine hoch belastete Kabeltrommel in aufgewickeltem Zustand infolge des Leitungswiderstands und mangelnder Umluft derart erhitzen, dass sie zusammenschmilzt und ein erhebliches Brandrisiko darstellt! Professionelle Ausführungen besitzen aus diesem Grund in den Kern eingebaute Temperaturschalter, die bei Überhitzung den Strom abschalten und erst nach entsprechender Abkühlung von Hand wieder zu aktivieren sind.

13.4.2 Schutzschalter

Ein FI-Schutzschalter zwischen versorgender Steckdose und erstem Verlängerungskabel erhöht die Betriebssicherheit der Anlage erheblich. Entgegen vieler Irrmeinungen hat ein FI nichts mit einem normalen Sicherungsautomaten gemein, der bei Überlastung auslöst. Unabhängig von der gerade entnommenen Leistung vergleicht der FI ständig die Stromstärke auf dem Phasenleiter mit dem rückfließenden Strom des Nullleiters. Diese sind normalerweise gleich groß. Zeigt sich ein Unterschied, muss irgendwo in den angeschlossenen Geräten „Strom verloren gehen" – sprich Fehlerstrom gen Erde abfließen. Dies ist gleichbedeutend mit einem Defekt (siehe Anhang A5), daher wird bei Überschreitung einer maximalen Stromstärken-Differenz (meistens 10 oder 30 mA) der komplette nachfolgende Stromkreis vom FI abgetrennt.

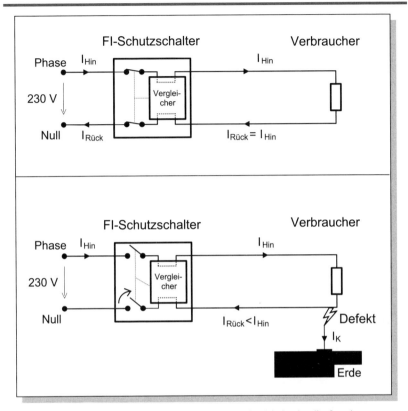

Abb. 13.6: Funktion eines FI-Schutzschalters: Gleicht der hinfließende Strom dem rückfließenden, bleiben die Schalter geschlossen. Fließt bei einem Defekt Strom gen Erde (untere Skizze), erkennt dies der Vergleicher und öffnet die Schalter – der gesamte Stromkreis ist unterbrochen

Neben den Montageausführungen für Sicherungskästen gibt es FI-Schutzschalter auch als Koppelstücke mit Schukostecker und -kupplung zu erstehen. Diese lassen sich sehr einfach zwischen Steckdose und Verlängerung einfügen. Die professionellste Lösung stellt indes eine entsprechend ausgestattete 19"-Steckdosenleiste oder eine Kabeltrommel dar, die neben dem FI auch einen normalen Sicherungsautomaten gegen Überlast besitzt. Um die Funktion des FIs zu überprüfen gibt es einen Testknopf zum probeweisen Auslösen – eine Prozedur, die Sie bei jedem Aufbau durchführen sollten.

13.4.3 Power-Conditioner
Ist bei einer Freiluft- oder Festzelt-Veranstaltung das Stromnetz hoch belastet,

führen dauernde Unterspannung sowie Spannungsschwankungen zu erheblichen Problemen beim Betrieb der P.A. Je nach Belastung unterschiedlich laute Brummgeräusche auf den Boxen gehört in einer solchen Situation noch zu den harmlosen Dingen – viel schlimmer ist die Beeinflussung digital arbeitender Signalprozessoren (P.A.-Controller, Effektgeräte) oder auch Lichtsteuergeräte, die bei Spannungseinbrüchen unweigerlich resetten oder gar abstürzen. Aus diesem Grund arbeitet professionelles Equipment vornehmlich mit Schaltnetzteilen, die abweichende Netzspannungen und auch –schwankungen bis zu einem gewissen Grad ausregeln können.

Eleganter ist jedoch das Einfügen so genannter „Power Conditioner". Ursprünglich nur zur Versorgung einzelner Effektprozessor-Sideracks vorgesehen, gibt es mittlerweile auch leistungsstärkere Geräte, die die Filterung und Regulierung ganzer Drehstromphasen ermöglichen.

Abb. 13.7: Power-Conditioner von Furman für die Rackmontage

Wie funktioniert ein solches Gerät? Wesentlicher Bestandteil ist ein leistungsstarker Trenntransformator, dessen Sekundärspule eine größere Anzahl Abgriffe besitzt. Die hier anliegenden Spannungen sind in 10 V-Schritten um die eigentliche Netzspannung von 230 Volt nach oben und nach unten gegliedert. Zusätzliche Elektronik überwacht das speisende Stromnetz und schaltet bei zu geringer Spannung sekundärseitig auf entsprechend höhere Abgriffe. Genauso kann zu hohe Netzspannung kompensiert werden, indem jetzt einfach ein niederer Abgriff in Anspruch genommen wird. Zusätzlich gibt es HF-Filter, die hochfrequente Stör- und Schaltimpulse blockieren.

13.5 Phantomspeisung

Phantomspeisung – so mancher mag bei diesem Begriff kurioserweise schon an die Ernährung längst verblichener Vorfahren gedacht haben – bedeutet nichts anderes als die Stromversorgung aktiver Signalquellen vom Mischpult her über die Audio-Verbindungskabel. Wie bereits in Kapitel 4 und Kapitel 7 erwähnt, benötigen Kondensatormikrofone aufgrund ihres Funktionsprinzips eine Versorgungsgleichspannung. Aktive DI-Boxen verwenden zur Pufferung und Impedanzwandlung von hochohmigen unsymmetrischen Signalquellen elektronische Verstärker, die ebenfalls mit Energie versorgt werden müssen. Als Alternative zum Batteriebetrieb besteht hier nun die Möglichkeit der externen Spannungsversorgung, die von einem „phantom-tauglichen" Mischpult, einem speziellen Speisegerät oder auch von einem zwischengeschalteten Signalsplitter übernommen wird.

13.5.1 Wie funktioniert's?

In früher Urzeit, als die Hersteller sich noch nicht über eine einheitliche Versorgung hatten einigen können, geisterten verschiedene Arten von unsymmetrischen Tonaderspeisungen durch die Tonstudios. Jeder Hersteller hatte bezüglich der Steckerbelegungen und Betriebsspannungen so seine eigenen Vorstellungen, folglich waren Kabel und Mikrofone nicht kompatibel. Identische Stecker vorausgesetzt, konnte es beim Anschluss eines Mikrofons des Herstellers X an das Kabel des Herstellers Y durchaus passieren, dass die eingeschaltete Tonaderspeisung Y das Mikrofon X beschädigte, oder aber das Speisegerät Y durch das angeschlossene Mikrofon X kurzgeschlossen wurde. Glücklicherweise sind diese Zeiten vorbei. Heutzutage hat sich die symmetrische Phantomspeisung durchgesetzt, welche lediglich die üblichen, zweiadrig-abgeschirmten Mikrofon- bzw. NF-Kabel benötigt. Symmetrische Signalführung zwischen Signalquelle und Mischpulteingang ist allerdings zwingende Voraussetzung!

Das Prinzip ist anhand des Schaltbilds in Abbildung 13.8 zu erkennen: Das Netzteil des Mischpultes erzeugt für die Phantomspeisung eine Gleichspannung von 48 Volt (± 4 V Toleranz), die über zwei möglichst identische Widerstände ($R = 6,8$ kΩ) auf beide Tonadern des symmetrischen Verbindungskabels gelegt wird. Vornehmlich bei professionellen Pulten gelangen die 48 V manchmal auch nur über einen einzelnen Widerstand ($R = 3,3$ kΩ) auf eine primärseitige Mittenanzapfung des jeweiligen Mischpult-Eingangsübertragers. In beiden Fällen dient der Kabelschirm der Gleichspannung als Minuspol. Am anderen Kabelende wird die Gleichspannung innerhalb der angeschlossenen Signalquelle wiederum über gleiche Widerstände von den Tonadern abgezweigt und der Mikrofonkapsel bzw. der Elektronik zugeführt.

Die Signalquellen sind ausgangsseitig, die Mischpultkanäle eingangsseitig mit Abblockkondensatoren (C) oder – bei professionellem Equipment – gar mit Übertragern (Ü) versehen. Diese Bauteile blockieren Gleichstrom – schädliches

Eindringen der Phantomspannung in die Verstärkerschaltkreise wird auf diese Weise verhindert. Was aber passiert mit den zusätzlich vorhandenen und nicht unwichtigen NF-Signalen der Quellen? Nun, grundsätzlich ist es immer möglich, zu einem wechselspannungsförmigen Audiosignal eine „unbewegliche" Gleichspannung zu addieren. Da es einer Wechselspannung „ganz gleich" ist, ob sie sich einer Gleichspannung von 0 V (Normalbetrieb) oder +48 V (Phantompower ein) überlagert, geschieht dies ohne Signalbeeinträchtigung.

Weiterer Vorteil: Den Bezugspunkt (Minuspol) betreffend, sind Phantomspannung und Tonsignal vollständig voneinander entkoppelt. Die Gleichspannung benutzt den Kabelschirm als Rückführung, das Audiosignal die zweite, gegenphasige Tonader.

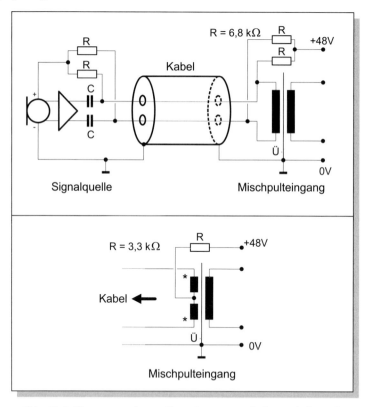

Abb. 13.8: Phantomspeisung über ein symmetrisches Kabel. Beide Tonadern besitzen gleiches Potenzial (+48 V), die Versorgungsspannung liegt zwischen den Adern und dem Kabelschirm an. Alternativ kann die Einspeisung auf der Mischpultseite auch per Übertrager-Mittenanzapfung über einen einzelnen Widerstand erfolgen (untere Skizze)

Die Widerstände dienen der Strombegrenzung. Wird ein unsymmetrisches oder defektes Kabel angeschlossen oder tritt während des Betriebs ein Fehler auf, bekommt sehr oft mindestens eine Tonader Masseverbindung, welche natürlich auch die angelegte Phantomspannung kurzschließt. In diesem Fall begrenzen die Widerstände den fließenden Kurzschlussstrom auf einen geringen Wert. Dem speisenden Netzteil bleibt auf diese Weise Überlastung erspart und – besonders wichtig – auf den anderen Mischpultkanälen ist die Phantomspeisung weiterhin verfügbar.

Nachteil: Die Widerstände begrenzen natürlich auch die verfügbare Leistung. Es lassen sich lediglich geringe, für die meisten Signalquellen jedoch ausreichende Ströme entnehmen. Laut neuer Norm müssen innerhalb der Toleranz 10 mA Stromstärke möglich sein, die Praxis zeigt leider ein anderes Bild: Besonders Mischpulte und Powermischer in den unteren Preissegmenten sind deutlich knapper dimensioniert (siehe auch Abschnitt 7.3.2).

Warum dürfen die Widerstandswerte nicht voneinander abweichen? Hier wird der Vorteil der elektrischen Brückenschaltung ausgenutzt: Gleiche Widerstände legen beide Tonadern auf identisches Gleichspannungs-Potenzial – die Differenz zwischen Pin 2 und Pin 3 ist folglich null, so dass Sie ohne Probleme auch herkömmliche dynamische Mikrofone anschließen können. Schädlicher Gleichstromfluss durch die Mikrofonspulen ist bei gleichem Potenzial der Anschlüsse nicht möglich. Dies gilt aber lediglich für symmetrische Phantomspeisung. Sollte aus irgendeinem Grund unsymmetrische Tonaderspeisung vorhanden sein, muss diese beim Anschluss eines dynamischen Mikrofons ausgeschaltet sein, sonst besteht akute Gefahr für die Schwingspule!

13.5.2 Praktische Tipps

Schalten Sie die Phantomspannung bzw. stöpseln Sie die Kabel und Signalquellen nur bei heruntergezogenen Kanalfadern ein und aus! Im ersten Moment werden nämlich die Abblockkondensatoren durch die Phantomspannung aufgeladen (Ausgleichsvorgang), was auf der Signalleitung einen starken Impuls zur Folge hat. Dieser Impuls, bei offenen Kanälen über die Lautsprecher als lautes Knallen hörbar, enthält Frequenzen des gesamten Audiobereiches und stellt daher besonders für die geringer belastbaren Hochtöner eine Gefahr dar.

Beim Anschluss von unsymmetrischen Signalquellen wie Tape, CD-Player oder Effektgeräten ist es ratsam, die Phantomspannung auf den betroffenen Eingangskanälen vorsichtshalber auszuschalten. Da bei unsymmetrischer Leitungsführung ein Anschlusspin des symmetrischen Eingangs Masseverbindung erhält (Pin 3 und Pin 1 verbunden), tritt der schon beschriebene Kurzschlussfall ein. Außerdem ist bei (billigen) HiFi-Geräten bezüglich der Gleichspannungsfestigkeit der Signalausgänge Vorsicht geboten, denn für den

Betrieb an einer gleichspannungsführenden Tonader sind die meisten nicht gebaut worden. Durchaus möglich, dass diese der auf einer Ader immer noch präsenten 48 V-Phantomspannung auf Dauer nicht gewachsen sind.

14 Steck- und Kabelverbindungen

In der Praxis zeigt sich leider allzu häufig folgendes Bild: In Boxen, Endstufen, Mischpult und Effekte investiert man gerne eine Menge Geld, während für die notwendigen Kabel scheinbar nur ungern Qualitätsware gekauft wird. Die Zuverlässigkeit eines P.A.-Systems steht und fällt aber mit dem Zustand der Steck- und Kabelverbindungen. Kaum ein Anwender macht sich Gedanken darüber, was so unscheinbare Dinge wie Kabel im Live-Betrieb eigentlich auszuhalten haben: An Kabeln wird heftig gezogen und gezerrt, Kabel werden geknickt, und es wird darauf herumgetreten – vom strammen Aufwickeln über dem Ellbogen mal ganz zu schweigen. Und irgendwann fragt man sich verwundert, wie denn plötzlich Brummen und Sirren in die Anlage gelangen. Um Funktionsstörungen durch defekte oder mangelhafte Kabelverbindungen möglichst gering zu halten, muss die verwendete Hardware von allerbester Qualität und optimal verarbeitet sein. Auf jeden Fall bedeutet der Einkauf des Materials bzw. fertiger Qualitätskabel erheblichen finanziellen Aufwand, den man zunächst gar nicht bedacht und eingeplant hatte.

Unter Berücksichtigung der eigenen Arbeitszeit rechnet sich bei einer größeren Menge Standardkabel (z. B. 100 x NF XLR, 10 m) für einen professionellen Verleihbetrieb die Eigenanfertigung kaum, hier sollten Sie eher versuchen, bei einem Händler einen ordentlichen Rabatt zu bekommen. Muss nur der Kabelbedarf der eigenen Band-P.A. gedeckt werden oder sind bloß einzelne Kabel oder gar Spezialadapter erforderlich, sieht die Sache schon anders aus. Oft haben Sie auch gar keine andere Wahl, denn gerade Adapter sind in der benötigten Form beim Händler meistens nicht vorrätig. Dann ist es meist einfacher und billiger, nur die Einzelteile zu kaufen und sich selbst ans Werk zu machen. Die Praxis zeigt darüber hinaus, dass man die Notwendigkeit eines Adapters oder eines Spezialkabels erst dann erkennt, wenn diese Dinge tatsächlich benötigt werden. Wie das Leben so spielt, ist das meistens kurz vor der Show der Fall. Wer dann nicht selbst löten kann, der hat ein Problem!

Selbst wenn es auf einen Schlag teuer kommt, empfiehlt es sich auch im Sinne von Ersatzteilen, Kabel und Stecker in größeren Mengen mit Rabatt zu ordern. Das davon nicht gleich benötigte Material wandert in die Ersatzteilkiste und ist im „Falle des Falles" (hoffentlich) immer griffbereit. Wenn Sie dagegen wegen jedes einzelnen XLR-Steckers Ihren Händler immer aufs Neue besuchen, bezahlen Sie unnötiges Geld.

14.1 Stecker, Buchsen und Kupplungen

14.1.1 XLR-Stecker

Bei den in P.A.-Systemen am häufigsten benutzten Audioverbindungen handelt es sich um dreipolige XLR-Stecker („XLR-male") und -Kupplungen („XLR-female"), die in unterschiedlichen Ausführungen erhältlich sind. XLR-Stecker kommen teilweise bei Lautsprecher- als auch bei symmetrischen NF-Bühnenkabeln zur Anwendung. Die Vorteile: Ausgezeichnete Kontakteigenschaften, Verriegelung gegenüber unbeabsichtigtem Herausziehen und Stabilität. Ob zur Überbrückung besonders weiter Wege oder schlicht und einfach nur zum Transport auf einer Kabeltrommel: XLR-Kabel können Sie problemlos in Reihe schalten und auf diese Weise verlängern.

Abb. 14.1: XLR-Stecker und Kupplung der Firma Neutrik: unten links eine Einbaubuchse mit Verriegelung, daneben ein 90°-Winkelstecker

XLR-Stecker gibt es von verschiedenen Herstellern in unterschiedlichen Ausführungen und Preislagen. Allzu billige Versionen sollten Sie meiden, hier bestehen die inneren Steckereinsätze häufig aus einem bakelitähnlichen bruchanfälligem Kunststoff, die „on the road" erfahrungsgemäß nicht lange durchhalten. Als „XLR-Klassiker" gilt seit langem der Switchcraft „A3" mit Madenschrauben-Zugentlastung. So einem die Schräubchen beim Einsetzen nicht auf Nimmerwiedersehen zu Boden gefallen sind, drücken sie beim Hereindrehen auf zwei gegenüber liegende Metalleinlagen, die dann das Kabel fest halten. Das Steckersegment wird am Metallkörper durch eine weitere Madenschraube mit linksläufigem Gewinde fixiert. Diese muss dafür aus dem Segment herausgedreht werden. Die Nummerierung der einzelnen Kontaktstifte ist auf der Innenseite des Segments auf den Kunststoff geprägt. Wegen des geringeren Montageaufwands hat in den letzten Jahren auch der Neutrik „NC 3" weite Verbreitung gefunden. Dieser XLR-Stecker besitzt einen verkürzten Metallkörper, auf den nach erfolgtem Einsatz des Steckerelements von hinten eine Kunststofftülle aufgeschraubt wird. Eine vorher einzusetzende Kunststoffklammer fixiert das Kabel nach dem Festziehen und dient auf diese Weise als Zugentlastung. Ebenso stellen Neutrik eine Reihe abgewinkelter XLR-Kupplungen her, die das Kabel im 90°-Winkel fortführen. Diese bewähren sich bei den Gesangsmikrofonen von Keyboardern und Schlagzeugern immer wieder, wenn aus optischen Gründen das Kabel eng am Stativgalgen laufen soll. Auch gibt es Kupplungen mit integrierten Schaltern, die die Kontaktpins 2 und 3 gegeneinander kurzschließen und so das Signal unterbrechen.

14.1.2 Cinch-Stecker

Mit den in HiFi-Gefilden üblichen Cinch-Steckern werden Sie konfrontiert, sobald DAT-Recorder, MiniDisc- und CD-Player in Ihr P.A.-Setup integriert werden müssen. Cinch-Stecker gibt es mit Metall- und farbigen Kunststoffhülsen. Letztere bieten den Vorteil, beispielsweise die beiden Kanäle eines Stereosignals durch unterschiedliche Farben einfach zu kennzeichnen. Metallausführungen dagegen sind stabiler und können auch dickere Kabel aufnehmen.

Abb. 14.2: Cinch-Stecker, hier Metallausführungen

Bei Kleinmixern schon lange üblich, gehören Cinch-Buchsen im CD-Zuspielweg auch bei größeren P.A.-Mischpulten immer häufiger zur Grundausstattung.

Obwohl diese Verbindungen den Klinken- und XLR-Steckern stabilitätsmäßig nicht das Wasser reichen können, ist es zum Anschluss eines CD-Players immer noch besser, nur ein reines Cinchkabel und nicht noch irgendwelche zwischengeschalteten Adapter auf Klinke oder XLR zu verwenden.

14.1.3 Klinkenstecker

Was Musiker-Equipment angeht, sind Klinkenstecker die Allroundverbinder schlechthin, und es gibt sie in Mono- und in Stereo-Ausführungen. Stereostecker unterscheiden sich von der Monoversion durch einen zusätzlichen mittleren Ringkontakt am Schaft. Am häufigsten anzutreffen ist die aus der analogen Telefontechnik stammende 6,3 mm-Version (1/4"-Plug), die Sie im Interesse ausreichender Stabilität auch ausschließlich verwenden sollten. 3,5 mm-Miniklinken (z. B. Walkman, iPod, Laptop, PC-Soundkarte u.v.m.) erweisen sich aus Stabilitätsgründen für professionelles Arbeiten als ungeeignet – versuchen Sie also, mittels Adapter(kabel) möglichst schnell auf ein professionelles Format zu kommen.

Ganz gleich, ob Sie nun auf der Bühne mit Gitarre, Bass und Keyboards oder als „P.A.-Mensch" am Mischpult mit Effektgeräten hantieren, die überall präsenten, unsymmetrischen Signalausgänge sind vorwiegend mit Klinkenbuchsen beschaltet. Aus Platz- und/oder Kostengründen werden Klinkenbuchsen manches Mal aber auch für symmetrische Ein- und Ausgänge benutzt. Hierbei handelt es sich dann natürlich um Stereo-Ausführungen, die mit der Aufschrift „Balanced" gekennzeichnet sind.

Um den Vorteil der symmetrischen Leitung auszunutzen, müssen Sie allerdings zweiadrig-abgeschirmte, mit Stereo-Klinkensteckern versehene Kabel verwenden. Ein hier eingestöpselter Monostecker schließt mit seinem längeren Masseschaft den mittleren Kontakt der Buchse und damit auch die dort angelötete Tonader gegen Masse kurz – vorbei ist's mit der Symmetrie!

Abb. 14.3: Professionelle Vollmetall-Klinkenstecker,
links eine dreipolige Stereoversion

Die Qualität der im Handel erhältlichen Klinkenstecker variiert sehr stark. Billigversionen bestehen nur aus zwei Teilen, nämlich dem Steckersegment und einer abschraubbaren Kunststoffhülle. Eine quetschbare Kralle am Ende der Masse-Anschlussfahne dient gleichzeitig auch als Zugentlastung für das Kabel. Das Steckersegment selbst wird nur durch eine schwache Nietverbindung zusammengehalten, die sich nach kurzer Zeit lockert und lustig hin- und herdrehen lässt. Es ist leicht einzusehen, dass innerhalb einer mobilen P.A. hiermit keine dauerhaft zuverlässigen Verbindungen zustande kommen. Außerdem sind die Kunststoffhülsen sehr bruchanfällig.

Um einiges stabiler präsentieren sich dagegen die vom Prinzip her identischen Metallversionen. Hier gibt es noch einen Isolationsschlauch, der vor dem Anlöten über das Kabel geschoben wird, später dann die Lötkontakte überdeckt und so Kurzschlüsse mit der noch aufzuschraubenden Metallhülle vermeidet. Auch eine spiralförmige Knickschutztülle ist meistens dabei.

Vollmetall-Klinkenstecker wie etwa der Neutrik „NP2C" stellen schließlich die professionellen Versionen dar. Deren Steckersegmente sind wesentlich besser verarbeitet. Nach dem Anlöten des Kabels wird eine stabile Metallhülse von vorne über den Stecker geschoben und mit einer von hinten aufschraubbaren Kabeltülle befestigt. Genau wie bei den XLR-Steckern klammert dabei ein innerer Kunststoffeinsatz das Kabel und sorgt auf diese Weise für zuverlässige Zugentlastung. Aus Stabilitätsgründen sind professionelle Effekt- oder Insert-Multicores fast ausschließlich nur mit dieser Version bestückt, die sich auch bestens für Instrumentenkabel eignet.

Neben den genannten Kleinsignal-Anwendungen werden die 6,3 mm-Klinkenstecker bei einigen wenigen Powermischern und Endstufen leider immer noch für den Anschluss von Lautsprecherboxen verwendet. Entsprechend groß ist die Verwechslungsquote zwischen zweiadrigen Lastkabeln ohne Schirm und abgeschirmten NF-Leitungen für Line- und Mikrofon-Signale. Glücklicherweise gehört diese Unsitte inzwischen größtenteils der Vergangenheit an, denn Lautsprecherboxen kommen mittlerweile nur noch mit XLR- und/oder Speakon-Bestückung in den Handel. Abgesehen davon, dass meistens keine Verriegelung gegen unbeabsichtigtes Herausziehen vorhanden ist, kann der Klinkenstecker aufgrund der kleinen Kontaktfläche an der Spitze hohe Leistungen nur mit Verlusten übertragen. Die Kontakte sind nicht vor Berührung geschützt, und konstruktionsbedingtermaßen entstehen beim Ein- und beim Ausstöpseln Kurzschlüsse, welche die Endstufenausgänge gegen Masse brücken. Bei anliegenden Signalen fließen dann unzulässig hohe Ströme. Auch ist es aus Platzgründen meistens nicht möglich, zwei Leiter mit 4 mm^2 Querschnitt im Inneren kurzschlusssicher anzulöten und dann die Hülse aufzuschrauben.

14.1.4 Speakon-Stecker

Alle diese Nachteile sind den eben schon erwähnten Speakon-Steckern fremd. Diese Verbinder werden ausschließlich zum Anschluss von Lautsprecherboxen an die Endstufen bzw. Ampracks verwendet. Speakon-Stecker sind aus schlagfestem Kunststoff gefertigt, und es gibt drei Versionen: Die von den Abmessungen her identischen Ausführungen NL-2 und NL-4 besitzen zwei respektive vier, die dickere NL-8-Variante sogar acht vollständig gekapselte Kontakte. So können Sie mit NL-4 und NL-8 auch mehradrige Lautsprecherkabel für aktiv gefahrene Mehrwegeboxen realisieren.

Mittlerweile ist die dritte Generation Speakons auf dem Markt. Die ersten Stecker dieser Art besitzen den berüchtigten blauen Ring, dessen Anschlussprozedere immer wieder zu Missverständnissen führt – nicht funktionierende Verbindungen sind die Folge. Bevor dieser Stecker eingestöpselt wird, ist erst der blaue Ring gegen den Uhrzeigersinn bis an den Anschlag zu drehen. Dann stöpseln Sie den Stecker anhand der Führungsnuten ein und drehen ihn in der Buchse um ca. 45° im Uhrzeigersinn, bis Sie wiederum einen Anschlag spüren. Ohne diese Drehung kommt kein elektrischer Kontakt zustande. Zuletzt ist nur noch der blaue Ring um ca. 90° mit der Uhr zu drehen, um den Stecker zu fixieren. Wenden Sie hier nicht zu viel Kraft auf, sonst überdrehen Sie den Anschlag, was den Stecker beschädigt. Wegen dieses Problems verzichtet bereits die zweite Generation auf den Ring und besitzt stattdessen – ähnlich wie eine XLR-Buchse – eine Metallverriegelung, die nach der 45°-Drehung des Steckers in der Endposition einrastet. Gleiches vollführen auch die neuesten Speakons, deren komplette Außenseite eine bewegliche Schnappverriegelung beherbergt.

Abb. 14.4: Links ein Speakon-Stecker NL-8,
danebem eine abgewinkelte NL-4-Version

Im Inneren warten zwei, vier oder acht Schraubklemmen auf Belegung. Quetschen Sie vorher die den Steckern beiliegenden Aderendhülsen auf die abisolierten Kabelenden, dies verbessert die Kontaktflächen und reduziert die Übergangswiderstände. Zur Befestigung dienen Madenschrauben mit 1 mm-Inbus-Fassung, deren Festigkeit manchmal leider zu wünschen übrig lässt, und die deshalb öfter mal nachgezogen werden müssen. Wer ganz sicher gehen möchte, sichert deshalb die Schrauben nach dem Festziehen mit je einem Tropfen Lack. Festlöten der Kabel ist bei Speakon-Steckern aus Sicherheitsgründen nicht erlaubt. Lötstellen besitzen stets höhere Übergangswiderstände als Quetsch- oder Steckverbindungen. Fließen andauernd hohe Stromstärken, zerstört die am Übergangswiderstand auftretende Verlustleistung langsam aber sicher die Lötung. Neuere Speakons besitzen anstelle der Schrauben auch Steckfassungen mit Widerhaken.

Trotz einiger anfänglicher Kinderkrankheiten trägt das Speakon-System den beträchtlichen Ausgangsspannungen von Hochleistungsendstufen durch erhöhte Sicherheit Rechnung. Für den Anwender besteht völliger Schutz vor unbeabsichtigter Berührung der Kontakte. XLR- oder gar Klinkenstecker können hier nicht mithalten. Außerdem gehört die vielgestellte Frage, ob nun Lautsprecher- oder symmetrisches Mikrofonkabel bei Speakon-Bestückung endgültig der Vergangenheit an.

14.1.5 EP-Stecker

EP-Stecker und -Buchsen (Hersteller: Amphenol) sind vollständig aus Metall gefertigt und stellen für den Pro-Audio-Bereich die professionellere Variante zu Speakon dar. Vornehmlich anzutreffen sind die Versionen „EP-4" und „EP-8" mit ebensovielen Kontakten, die hauptsächlich zum Ansteuern aktiv getrennter Boxen und Monitore verwendet werden. Im Inneren anschließen lassen sich Leiterquerschnitte bis 16 mm². Damit sich die Verbindung während des Betriebs nicht löst, gibt es eine mechanische Verriegelung ähnlich wie bei den XLR-Steckern.

14.1.6 Multipin-Stecker

Werden die Enden von Multicorekabeln nicht auf XLR-Stecker aufgespleißt oder direkt in die Stagebox montiert, finden beim Anschluss meistens Multipin-Stecker, sowie die dazu passenden Buchsen bzw. Kupplungen Verwendung. Ein solcher Stecker bietet aufgrund seiner Konstruktion zuverlässige Verbindung und ist in wenigen Sekunden am Mischpult, am Effektrack oder an einem Split-System angedockt. Vertauschte Signale aufgrund verwechselter Stecker gehören damit der Vergangenheit an.

Weite Verbreitung haben die Multipin-Stecker der Hersteller Amphenol, Contact und Harting gefunden. Dabei handelt es sich um äußerst stabile Ausführungen, die je nach Größe bis zu 108 Kontakte aufweisen. Die Metallgussgehäuse besitzen stabile Kabelzugentlastungen und Verschlussbügel zum Sichern der Verbindung, auch Verschlussdeckel zum Schutz der Kontakte während des Transports gehören zur Ausstattung. Das Herzstück bildet ein Steckereinsatz, welcher die mitgelieferten Kontaktfederstifte aufnimmt. Vorher müssen natürlich die einzelnen Signaladern des Kabels angelötet oder „gecrimpt" werden. Danach setzt man die Stifte in den Träger ein, wo sie einrasten und dadurch fixiert sind.

Abb. 14.5: Professionelle Multipin-Verbinder zum Ankoppeln von Multicores

14.2 Kabelmaterial

14.2.1 Bühnenkabel

Symmetrische NF-Bühnentonleitungen zum Anschluss von Mikrofonen, DI-Ausgängen usw. benötigen zweiadrig-abgeschirmtes Kabelmaterial. Der Schirm stellt einen dritten Leiter dar, der Massepotenzial führt. Weil auf NF-Leitungen nur geringe Stromstärken fließen, können die Querschnitte der Adern klein gehalten werden. Meistens betragen sie 0,14 oder 0,22 mm². Die äußere Ummantelung muss angesichts der eingangs bereits erwähnten Belastungen widerstandsfähig und flexibel sein.

Als Material dafür hat sich Gummi oder geschmeidiges Spezial-PVC bewährt – nur solche Kabel lassen sich bequem und sicher verlegen, ohne dass dabei gefährliche Fußangeln in Form von Schlaufen entstehen. Zusätzliche in die Seele eingearbeitete Textil- oder Kunststoffschnüre verbessern die Trittstabilität und stabilisieren die innere Anordnung. Wird hier nachlässig gefertigt, verdrehen, verschieben und stauchen sich Adern und Schirm durch das ständige Auf- und Abwickeln mit der Zeit. Minderwertige Kabel erkennen Sie an entsprechenden Ausbeulungen und Vertwistungen im Inneren. Dazu kommt meist noch die Tatsache, dass im Material des Außenmantels oft übermäßig Kreide vermengt ist, die Feuchtigkeit anzieht. Zwar verflüchtigt sich diese unter Wärmeeinwirkung wieder, allerdings entschwinden dabei auch die Weichmacher, die die Kabelhülle geschmeidig halten sollen. Die Folge: Das Material wird schnell spröde und platzt auf – vorzugsweise an jenen Stellen, wo sich bereits besagte Ausbeulungen und Vertwistungen gebildet haben. Übermäßge Kreideanteile in Kabelmanteln aus Gummi erkennen Sie übrigens, wenn Sie mit dem Fingernagel oder einer Klinge über die Oberfläche kratzen und in der entstehenden Kratzspur weiße Kalkpartikel sichtbar werden.

14.2.2 Lautsprecherkabel

Lautsprecherkabel sind in der Regel nur zweiadrig ausgeführt. Ein zusätzlicher Schirm ist wegen des niederohmigen Lautsprechersignals nicht erforderlich, wenngleich es auch einadrige Lautsprecherkabel mit ummantelndem Drahtgeflecht gibt. Für die Stabilität gilt dasselbe wie für die Bühnentonleitungen, aufgrund der zu übertragenden Leistungen muss aber der Querschnitt der Signaladern entsprechend großzügiger bemessen sein. Dies gilt besonders für Bassboxen, die ja bekanntlich den höchsten Anteil der gesamten Endstufenleistung zugeführt bekommen. Je größer der Querschnitt, umso geringer ist der Spannungsabfall und damit der Leistungsverlust auf dem Kabel. Mit 4 mm² pro Ader sind Sie beim Bass in jedem Fall auf der sicheren Seite, für Mitten- und Hochtonboxen genügen auch 1,5 mm². Eher von Bedeutung ist die Kabellänge: Um unnötigen Leistungseinbußen vorzubeugen, sollten Lautsprecherkabel nicht länger als unbedingt notwendig ausgeführt werden. Logische Schlussfolgerung für die Praxis: Platzieren Sie die Endstufen stets in unmittelbarer Nähe der Boxen.

Bei nicht eindeutiger Kennzeichnung der Kabel – z. B. durch ihre Farbe oder entsprechende Aufdrucke – besteht zwischen Mikrofon- und Lautsprecherleitungen mit XLR-Steckern akute Verwechslungsgefahr, wenngleich Letztere meistens schwerer ausfallen und auch mit härterer Ummantelung versehen sind. Während eine zweiadrige Lautsprecherleitung ohne Abschirmung hinter einem Mikrofon gar nicht oder nur in Begleitung von starken Störgeräuschen funktioniert, ist der umgekehrte Fall nicht so leicht zu erkennen. Eine Mikrofonleitung kann aufgrund der kompletten Steckerbelegung nämlich auch Lautsprechersignale befördern, ist aber für höhere Leistungen bezüglich des Kabelquerschnitts stark unterdimensioniert. Die Folgen: Klangverluste, Erwärmung der Leitung, Endstufenleistung bleibt unnötig auf der Strecke, und im ungünstigsten Fall brennt das Kabel sogar durch!

14.2.3 Multicore-Kabel

Besteht zwischen Mischpult und Bühne größere Entfernung, ist der Einsatz eines Multicore-Kabels sinnvoll. Sämtliche Signale laufen dann nur noch durch ein einziges Kabel mit entsprechend vielen Adern. Auf der Bühne ersparen Multicore-Unterverteilungen (6-, 8- oder 12-fach) das lästige „Strippenziehen" mit einzelnen NF-Leitungen zur zentralen Stagebox. Das Ankoppeln des Effekt-Sideracks ans Mischpult via Multicore dauert letztlich nur Sekunden und sorgt am Frontplatz für aufgeräumte Optik.

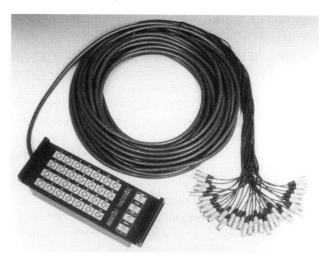

Abb. 14.6: Multicore-Kabel mit angelöteten XLR-Steckern und fest montierter Stagebox

Aufgrund der parallelen Anordnung aller Signal führenden Leitungen innerhalb eines Multicores ist die Gefahr des Signalübersprechens zwischen den einzelnen Leitern recht groß. Qualitätskabel mit hochwertigen Innenabschirmungen sind daher ein absolutes Muss. Deren Herstellung ist entsprechend aufwändig, wodurch der recht hohe Meterpreis zustande kommt. Bei symmetrischer Signal-führung benötigen Sie pro Mischpultkanal bekanntlich zwei Adern plus Ab-schirmung, und genau nach diesem Prinzip sind Multicorekabel auch organi-siert: Je zwei isolierte Signaldrähte bilden ein Paar und sind mit eng gewickelter Abschirmfolie und einer Isolation gegen die Nachbarpaare umgeben. Eine zusätzliche Abschirmung umfasst alle vorhandenen Paare, erst dann folgt die Außenhaut des Kabels.

NF-Multicores gibt es in verschiedenen Stärken. Kleine P.A.s verwenden häufig die Variante „20+1". Hier gibt es 21 symmetrisch nutzbare Adern für 16 Bühnensignale und vier Returns – eine Ader dient als Reserve und kann zusätzlich belegt oder umgelötet werden, falls im Laufe der Zeit irgendwann einmal ein Signaldraht im Inneren des Multicores bricht. Als Standard gelten hingegen Kabel mit 32 Paaren, was für 24 Eingangssignale, die rücklaufende Stereosumme und vier Monitorwege gerade ausreicht. Aufwändigere P.A.-Systeme benötigen hingegen mehr als 32 Paare. Wie bereits erwähnt, teilt man in einem solchen Fall die Signale auf zwei oder mehrere Multicores auf.

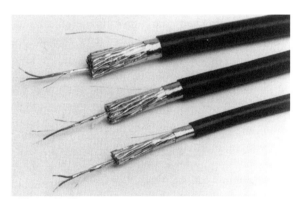

Abb. 14.7: Multicore-Kabel

Für die Belegung der Multipin-Stecker gibt es keine allgemein gültige Vor-schrift, denn diese ist natürlich von der jeweiligen P.A. abhängig. Auch müssen Sie entscheiden, ob das Multicore Einzel- oder Gesamtmasse haben soll. Bei der professionellen Einzelmasseführung benötigt jeder Kanal drei Pins – zwei für das symmetrische Audiosignal und einer für die zugehörige Masse. Die Abschir-mung des Außenmantels bekommt lediglich mit den Metallgehäusen der Multipin-Stecker Kontakt. Vorteil: Weil hier alle Massen voneinander isoliert sind, können Sie auch potenzialfremde Signalkreise übertragen, ohne Masseschleifen zu verursachen. Fassen Sie dagegen alle Abschirmungen des Kabels zu einer

Gesamtmasse zusammen, benötigen Sie weniger Anschlusspins und kommen mit kleineren und billigeren Multipin-Steckern aus. Allerdings kann ein solches Multicore die Quelle von Brummproblemen sein, wenn nicht nur die Mischpultsignale, sondern auch Intercom- oder DMX-Verbindungen übertragen werden sollen. Die Kontaktierung der Stecker erfolgt durchlaufend: Zuerst alle Eingangskanäle, dann die Returns in Form der Monitor- und Summensignale. Um bei Gesamtmasse eine zuverlässige Verbindung mit geringem Übergangswiderstand zu erhalten, sollten Sie sicherheitshalber gleich zwei, drei oder mehr Stifte parallel mit den vorher zusammengefassten Einzelabschirmungen beschalten.

14.3 Gängige Kabelverbindungen

14.3.1 XLR/XLR

XLR-Bühnenkabel übertragen grundsätzlich symmetrische Signale. Bis auf wenige Ausnahmen legen sämtliche Hersteller das „heiße" Signal auf Pin 2 der XLR-Buchsen, während das gegenphasige Pendant Pin 3 zugedacht ist. Der Kabelschirm kommt auf Pin 1 und kann beim Auftreten einer Brummschleife an einem Kabelende auch weggelassen bzw. aufgetrennt werden. Bei der Herstellung von XLR/XLR-Kabeln müssen Sie eigentlich nur darauf achten, dass gleiche Adern stets auf gleiche Pins gelötet werden. Vertauschen von 2 und 3 verursacht ein phasengedrehtes Signal, kann aber auch eine Phasendrehung rückgängig machen, wenn die Buchse der Signalquelle anders herum beschaltet sein sollte.

Manche XLR-Stecker bieten noch eine vierte Lötfahne, die auf deren Metallgehäuse führt und bei käuflichen Kabeln manchmal zusätzlich mit dem Schirm, also mit Masse belegt ist. Grundsätzlich geht das in Ordnung, nur überbrückt ein solches Kabel geräteinterne Ground-Lift-Schalter, so dass sich bei Brummproblemen die Gerätemassen nicht mehr von der Signalmasse abtrennen lassen. Zur Erinnerung: Ein Ground-Lift-Schalter unterbricht immer die Verbindung zwischen Massepin 1 und der Erde bzw. dem Gehäuse. Über die metallene XLR-Buchse gelangt das Gehäusepotenzial aber immer auf das Chassis des XLR-Steckers, und wenn in dessen Inneren eine Verbindung zum Kabelschirm besteht, ist der geräteinterne Ground-Lift unwirksam, weil umgangen. In einem solchen Fall trennen Sie einfach diese zusätzliche Verbindung innerhalb des Steckers auf, und alles ist wieder im Lot.

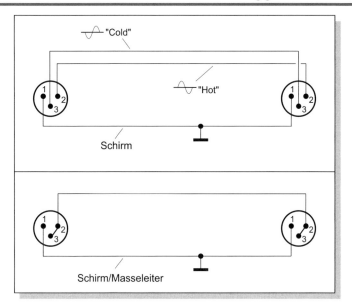

Abb. 14.8: Beschaltung XLR/XLR-Kabel, unten die Variante
mit Brücke für Lautsprecherkabel

Wie in Abbildung 14.8 unten zu sehen, ist bei XLR-bestückten Lautsprecher-kabeln eine eingelötete Brücke zwischen Pin 2 und Pin 3 vorteilhaft, da manche Boxen ihr Signal über Pin 2, andere hingegen über Pin 3 erhalten. Gebrückte Kabel funktionieren dann bei beiden Varianten.

14.3.2 Klinke/Klinke

Beim Klinke/Klinke-Kabel wird der innere Leiter des Audiokabels an die kurze Kontaktfahne gelötet, so dass das Signal an der Spitze des Klinkensteckers anliegt. Die Masse, also der Kabelschirm, kommt dagegen auf den Schaft. Dreipolige Klinkenstecker können symmetrische Mono- oder unsymmetrische Stereosignale übertragen. Das gleichphasige „heiße" Signal bzw. der linke Kanal liegt dabei auf der Spitze, während der „kalte" Leiter bzw. der rechte Stereokanal über den mittleren Ring läuft. Die beiden Adern dürfen nicht vertauscht werden, sonst entsteht unfreiwilligerweise ein um 180° gedrehtes „Out of Phase"-Signal bzw. die Stereokanäle erscheinen seitenverkehrt.

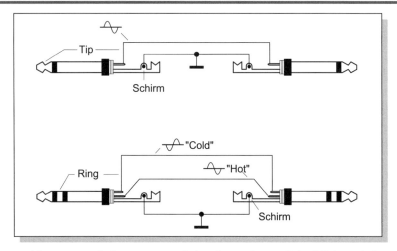

Abb. 14.9: Beschaltung symmetrisches/stereofones Klinke/Klinke-Kabel

14.3.3 Stereoklinke/XLR

Gelegentlich kommt es vor, dass gewisse Geräte aus Platzgründen keine XLR-Buchsen anbieten, über dreipolige Klinkenbuchsen aber dennoch symmetrische Signale liefern können. Dann benötigen Sie ein Stereoklinke-XLR-Kabel, das Sie gemäß Abbildung 14.10 beschalten.

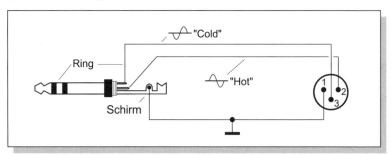

Abb. 14.10: Beschaltung symmetrisches Klinke/XLR-Kabel

14.3.4 XLR/Monoklinke

Wie schon in Kapitel 5 erläutert, erzeugt eine symmetrische Signalquelle von Masse aus gesehen zwei Signale, die sich selbstverständlich auch getrennt anzapfen, also unsymmetrisch verwenden lassen. Dies ist der Fall bei einem Kabel mit XLR-Kupplung, das am anderen Ende auf einen Mono-Klinkenstecker mündet. Beim Öffnen dieses Steckers finden Sie eine Signalader zusammen mit dem Kabelschirm auf den Masseschaft gelötet, während die andere ihr Signal über die Spitze regulär weitergibt. Dieses Kabel nutzt die Quelle nur unsymmetrisch, das nicht benötigte Signal wird einfach kurzgeschlossen.

Bei passiven Signalquellen wie Mikrofonspulen oder Übertragern ist diese Vorgehensweise unproblematisch. Aktive Quellen wie symmetrische DI-Ausgänge von Verstärkern können durch diesen Kurzschluss aber Schaden erleiden. Soll hier eine unsymmetrische Anzapfung erfolgen, trennen Sie die auf Masse gelötete Signalader vorher besser ab und lassen die Verbindung offen.

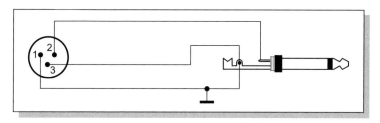

Abb. 14.11: Beschaltung unsymmetrisches XLR/Klinke-Kabel

Lautsprecherkabel mit XLR/Monoklinken-Bestückung statten Sie am besten wieder mit je einer Brücke zwischen Pin 2 und Pin 3 aus.

14.3.5 Monoklinke/XLR

Wenn seitens des XLR-Steckers zwischen Pin 3 und der Masse auf Pin 1 eine Brücke eingelötet ist, lässt sich ein symmetrischer Eingang von Monoklinke ausgehend auch unsymmetrisch speisen. Das Signal passiert dann über Pin 2. Die Brücke ist notwendig, um den nicht benötigten, zweiten Signalzweig des symmetrischen Eingangs im wahrsten Sinne des Wortes „stillzulegen". Fehlt diese Verbindung gen Masse, „schwimmt" der Eingang auf undefiniertem Potenzial, und es gelangen zusätzlich zum Signal von Pin 2 auch Brummstörungen in den Signalweg.

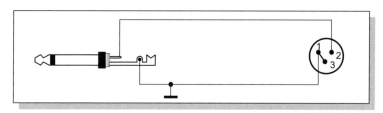

Abb. 14.12: Beschaltung unsymmetrisches Klinke/XLR-Kabel

14.3.6 Stereoklinke/2 x Monoklinke

Diese „Y"-Verbindung wird hauptsächlich für Insertbuchsen, also zum Einschleifen von Effekten benötigt. Meistens führt die Spitze der Stereoklinke das „Send"-Signal, der Return kehrt über den mittleren Ring ins Gerät zurück. Vorsicht: Nicht alle Hersteller halten sich an diese Beschaltungsweise! Verstummt der Signalweg bei eingestecktem Stereostecker, vertauschen Sie ganz einfach die beiden Monoklinken am Effektgerät. Dieses „Y"-Kabel kann Ihnen auch dazu dienen, das an einer Stereobuchse anliegende Stereosignale auf zwei Monokanäle zu splitten.

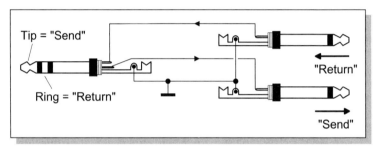

Abb. 14.13: Beschaltung Y-Insert-Kabel „Stereoklinke auf zwei Mal Monoklinke"

14.3.7 Speakon/Speakon

Speakon-Kabel zum Anschluss von Lautsprecherboxen an die Endstufen funktionieren universell, wenn sie vieradrig ausgeführt und – wie in Abbildung 14.14 zu sehen – die Kontakte der Stecker „Nummer auf Nummer" durchlaufend verbunden sind. Ein solches Kabel können Sie sowohl für Normalbetrieb (nur die Kontakte „1+" und „1-" werden benötigt), für den Brückenbetrieb einer Endstufe an einer Bassbox (nur die Kontakte „1+" und „2+" werden benötigt) und natürlich für aktiven Zweiweg-Betrieb (alle Kontakte werden benötigt) einsetzen. Zweiadrige Kabel sind hingegen meist auf den Normalbetrieb beschränkt, und die Belegung der Speakon-Stecker muss für andere Anwendungen geändert werden. Wenn Sie von vorneherein nur auf vieradrige Kabel setzen, sparen Sie sich das lästige Unterscheiden und setzen sich nicht der Gefahr aus, bei einer Produktion plötzlich mit den falschen Kabeln im Gepäck dazustehen.

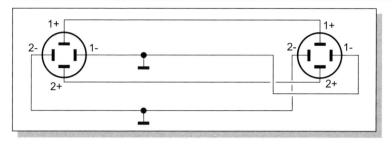

Abb. 14.14: Beschaltung Speakon/Speakon-Lautsprecherkabel

14.3.8 XLR/Speakon

Die Belegung von XLR/Speakonkabel sieht folgendermaßen aus: Im XLR-Stecker bzw. in der XLR-Kupplung werden die Pins 2 und 3 aus bekannten Gründen gebrückt. Die Masse von Pin 1 kommt auf Kontakt „1–" des Speakon-Steckers, während der zweite Leiter auf die „1+"-Klemme gelegt wird.

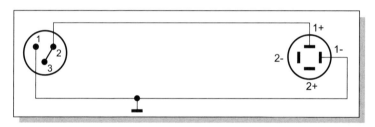

Abb. 14.15: Beschaltung XLR/Speakon-Lautsprecherkabel

14.4 Herstellung und Reparatur von Kabeln

14.4.1 Grundsätzliches über das Löten

Eine Lötstelle ist eine elektrisch leitfähige Verbindung zweier lötbarer Metalloberflächen durch einen dritten Werkstoff, das so genannte Lot. Das Lot besitzt erheblich niedrigeren Schmelzpunkt als die zu verbindenden Metalle. Beim Verflüssigen durch Wärmezufuhr bleibt es an den zu lötenden Oberflächen haften. Wichtig ist die Tatsache, dass die zu verbindenden Werkstücke dabei selbst nicht schmelzen. Eine Lötstelle ist daher durch neuerliches Erhitzen immer wieder aufzutrennen.

Lötarbeiten unterteilen sich in das Weich- und das Hartlöten. Hartgelötet wird mit Lötlampe, Gasbrenner und Hartlot bei Temperaturen oberhalb 450° Celsius, was für Audioanwendungen nicht in Frage kommt. Folglich interessiert hier nur das Weichlöten mit Lötkolben und Weichlot.

14.4.2 Lötkolben, Lötspitzen und Lötzinn

Die Palette der im Handel erhältlichen, fürs Weichlöten in Frage kommenden Lötkolben reicht von einfachen, sehr preisgünstigen Ausführungen mit 230 V-Heizelement über Lötpistolen, gasbetriebenen Lötspitzen bis hin zu temperaturgeregelten Lötstationen. Letztere eignen sich zum Herstellen und Reparieren von Kabeln besonders gut, sind aber leider ziemlich teuer: Der Lötkolben wird hier aus einem vorgeschalteten Trafo mit 24 V Wechselspannung versorgt, und die in die Heizpatrone eingesetzte Spitze bestimmt durch einen wärmeempfindlichen Kontakt die Löttemperatur. Nach deren Erreichen schaltet der Heizstrom in Intervallen ein und aus und hält auf diese Weise die Temperatur genügend konstant. Absolute Elektronik-Profis arbeiten übrigens mit elektronischen Temperaturregelungen. Je nach Anforderung ist damit eine sehr genaue Dosierung der eingesetzten Wärmemenge möglich. Derartige Lötstationen besitzen manchmal auch eine Absaugeeinrichtung für altes Lötzinn.

Was die Leistung betrifft, so ist zum Meistern sämtlicher Lötsituationen an einem P.A.-System, im Heimstudio oder beim Aufbau eines Racks ein Lötkolben mit 30 – 50 Watt Leistung völlig ausreichend. Geringere Wattzahlen bedeuten ein zu kleines Wärmereservoir. Bei manchen Anwendungen (z. B. das Anlöten des Kabelschirms an einen Vollmetall-Klinkenstecker) kommt dann nicht schnell genug Wärme nach. Das Lötbad schmilzt und fließt nur sehr träge, und die Lötspitze scheint förmlich festzufrieren. Als Folge stellen sich die so gefürchteten „kalten" Lötstellen ein, die immer dann entstehen, wenn die Löttemperatur nicht genügend über dem Schmelzpunkt des Lots gelegen hat. Ist der Lötkolben dagegen überdimensioniert, steht zu viel Wärme zur Verfügung, die im Handumdrehen die Isolationen von Kabeln und Steckern zum Schmelzen bringt. Schlossermeisters Hammerlötkolben sowie alle anderen artverwandten „Brateisen" mit Leistungen bis zu 250 Watt sind aus diesem Grund absolut ungeeignet!

Die Lötspitze trägt ihre Bezeichnung nicht umsonst, sie sollte tatsächlich auch die Form einer Spitze haben. Vor allem in billige Lötkolben sind meistens breite, keilförmige Flacheisen eingespannt, die für filigrane Lötarbeiten innerhalb eines Steckers oder auf einer Platine aufgrund der zu großen Abmessungen absolut nicht zu verwenden sind. Ein Austausch gegen eine geeignetere Form kann hier viel Ärger ersparen. Aufgrund der guten Wärmeleitfähigkeit bestehen die Lötspitzen meistens aus Kupfer, das durch das ständige Aufheizen und Abkühlen mit der Zeit verzundert. Oberflächenveredelte Spitzen schieben dem einen deutlichen Riegel vor und erfreuen sich längerer Lebensdauer.

Als Lötzinn darf nur spezielles Elektronik-Lot verwendet werden, das in Drahtform in Stärken ab 1 mm erhältlich ist. Üblich sind Zinn-Blei-Legierungen (Sn60/Pb40) mit Kolofoniumzusatz als Flussmittel. Das Flussmittel dient zum Reinigen der zu lötenden Oberflächen. In flüssiger Form entfernt es Oxidationsrückstände, die das Anhaften des Zinns sonst verhindern würden. Andere zusätzliche Flussmittel sind für Präzisionslötungen an elektrischen Kontakten absolut tabu! Lötpaste, Löthonig oder Lötwasser leisten bei der Reparatur der häuslichen Dachrinne hervorragende Dienste, elektrische Kontakte, Stecker oder gar Platinen reagieren auf Derartiges aber äußerst allergisch. Die schleichende Zerstörung von Kontakt, Leiterbahn und Isolation ist dann vorprogrammiert und nur noch eine Frage der Zeit.

14.4.3 Audiokabel selbst löten

Damit abtropfendes Lötzinn keine Beschädigungen verursacht, sollten Sie Lötarbeiten nur auf einer dafür vorgesehenen, möglichst wärmeunempfindlichen Unterlage durchführen. Zum Fixieren von Kabel und Stecker ist ein kleiner Schraubstock, wie Sie ihn manchmal günstig im Baumarkt finden, äußerst hilfreich.

Bevor die Arbeit beginnt, muss die Lötspitze ausreichend aufgeheizt sein. Halten Sie ein Stückchen Lötzinn versuchsweise an die Spitze – bei zügigem Abschmelzen unter Rauchentwicklung ist der Lötkolben heiß genug. Wichtig ist nun das Reinigen der Spitze. Erfahrungsgemäß haften zu Beginn noch Zinnreste und dunkle Flussmittelrückstände vom letzten Mal an, die Sie durch Abstreifen an einem feuchten Schwamm entfernen. Bei Lötstationen ist ein solcher Reinigungsschwamm übrigens inklusive und sollte ausreichend mit Wasser befeuchtet sein. Die hier verwendeten Lötspitzen sind nämlich besonders oberflächenbehandelt und von empfindlicher Natur, folglich dürfen sie nicht an einem Lötstein oder einer sonstigen, relativ harten Oberfläche abgezogen werden.

Als erstes schneiden Sie das Kabel auf die benötigte Länge zu, die anzulötenden Stecker werden auseinander genommen, und sämtliche von hinten festzuschraubenden Steckerhülsen, Knickschutztüllen und Isolationsschläuche schieben Sie in der richtigen Reihenfolge richtig herum auf. Dies wird im Eifer des Gefechts nämlich gerne vergessen. Ist der Stecker dann angelötet, bekommen Sie die Hülsen nicht mehr auf das Kabel und dürfen noch mal von vorne anfangen.

Mit einem scharfen Messer ritzen Sie nun ca. 2 cm hinter jedem Kabelende die äußere Isolation rundherum ein. Um die Innereien nicht zu beschädigen, darf der Schnitt nicht zu tief erfolgen. Durch etwas Biegen und Walken bricht die Einschnittstelle, und Sie können die Isolation abziehen, worauf die inneren

Adern und der Kabelschirm zum Vorschein kommen. Wer will und hat, kann hierfür natürlich auch eine Abisolierzange verwenden.

Der nächste Schritt besteht darin, den Schirm von den Adern zu lösen, wozu je nach Art des Geflechts ein spitzer Gegenstand in Form einer Ahle oder einer stärkeren Nadel erforderlich sein kann. Mit diesem kämmen Sie die einzelnen Drähtchen frei, biegen alle zur Seite und verdrillen sie zwischen zwei Fingerkuppen miteinander. Obacht: Werden dabei nicht alle erfasst, können die Ausreißer später Kurzschlüsse mit den Signaladern verursachen! Sind noch irgendwelche Textil-Ummantelungen oder Vliespapiere, wie sie die Hersteller zur Verbesserung der Stabilität und zur Pufferung von mechanischer Belastung mit einarbeiten, vorhanden, entfernen Sie sie im abisolierten Teil mit einem Messer oder einer kleinen Schere. Als nächstes kommen dann die Signaladern an die Reihe: Mit einer Abisolierzange, einem Seitenschneider oder einem Messer werden ca. 5 mm der Isolation entfernt und die Litzen dann einzeln verdrillt.

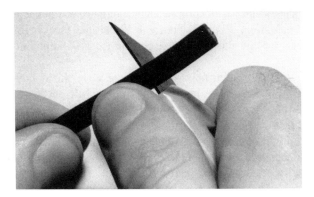

Abb. 14.16: Mit einem Messer wird die Isolation leicht eingeritzt

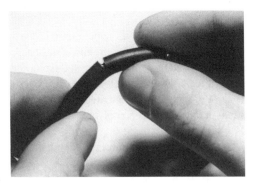

Abb. 14.17: Etwas Biegen und Walken erleichtert das Entfernen der Isolation

Abb. 14.18: Schirm, Adern und Textilschnüre sind freigelegt

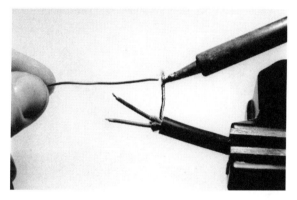

Abb. 14.19: Verzinnen des aufgedrillten Schirmes und der abisolierten Adern

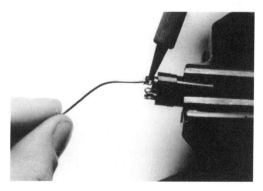

Abb. 14.20: Verzinnen der Lötkontakte am Stecker

Abb. 14.21: Falsches Vorgehen beim Verzinnen:
Die Folge ist eine kalte Lötstelle

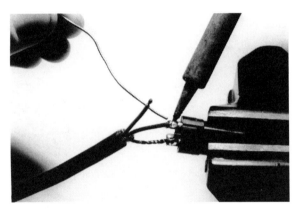

Abb. 14.22: Anlöten der Signaladern

Nun kommt erstmalig der Lötkolben zum Einsatz, nämlich zum Verzinnen der frei gelegten blanken Stellen: Fixieren Sie das Kabelende im Schraubstock, und führen Sie nacheinander die Lötspitze an die blanken Enden von Schirm und Adern, wobei mit der anderen Hand etwas Lötzinn zugeführt wird. Damit sich dieses gleichmäßig verteilt, muss bei dickeren Kabelenden die Lötspitze auch mal von der anderen Seite her angelegt werden. Nach zwei, drei Sekunden ist das Kupfer vollständig benetzt und wird durch langsames Wegbewegen des Lötkolbens aus dem Schmelzbad gezogen. Dabei dürfen keine Tropfen hängenbleiben, Sie sollten also nicht zu viel Zinn verwenden. Da sich aufgrund der hohen Temperatur einzelne Drähtchen des Schirms durch die Isolation der Signaladern hindurchschmelzen können, führen Sie das Verzinnen generell zügig durch. Andernfalls ergeben sich Kurzschlüsse.

Nachdem auch das andere Ende des Kabels derartig vorbereitet ist, sind die Stecker an der Reihe: Diese kommen nacheinander in den Schraubstock, und nach kurzer Reinigung der Lötspitze am Lötschwamm setzen Sie die Spitze auf die Lötfahnen auf und führen Zinn zu. Auch hier ist nach ein, zwei Sekunden genügend Lot geflossen und hat die Lötflächen ausreichend überzogen. Vor dem Anlöten des Kabels sollten Sie erst prüfen, ob die Zugentlastung des Steckers auch auf der äußeren Kabelummantelung zu liegen kommt. Ist dies nicht der Fall, haben Sie zu lang abisoliert. Die frei gelegten Leiter und der aufgedrillte Schirm müssen dann noch etwas gekürzt und eventuell neu verzinnt werden. Wenn im Steckerinneren genügend Platz vorhanden ist, können Sie das Kabel auch einige Millimeter schieben.

Doch endlich ist es soweit: Halten Sie die verzinnten Oberflächen einfach aufeinander und erhitzen mit dem Lötkolben, so dass das Zinn verschmilzt und das Kabel anhaftet. Danach fixieren Sie beide Teile so, dass sie auch bei neuerlichem Erhitzen nicht verrutschen können. Halten Sie den Lötkolben nun ein letztes Mal an die Lötstelle und führen noch etwas Zinn zu. Die Lötung ist nach zwei, drei Sekunden beendet, wenn sich das Lot gleichmäßig und frei von Klumpen verteilt hat. Dann entfernen Sie die Lötspitze vorsichtig.

Einige Sekunden müssen Sie jetzt noch ausharren, dann ist das Zinn vollständig erstarrt – Kabel und Stecker dürfen nun bewegt werden. Erfolgt hingegen während des Abkühlens bereits Bewegung, verändert sich die Struktur des erstarrenden Lots in ungünstiger Art und Weise. Schlechte Kontakteigenschaften und nur geringe Lebensdauer der Lötverbindung sind die Folge. Derartige „kalte" Lötstellen lassen sich durch erneutes Erhitzen unter Dreingabe von noch etwas Zinn aber leicht beseitigen.

Ein häufiger Fehler beim Löten ist, erst das Zinn an die Lötspitze zu bringen und den dann anhaftenden Tropfen möglichst zitterfrei zum Werkstück zu bugsieren, wie in Abbildung 14.23 zu sehen ist. In dieser Zeit ist aber ein Großteil des Flussmittels bereits verbrannt und unwirksam geworden, so dass die Oberflächen nicht mehr richtig gereinigt werden. Als Folge davon haftet das Zinn nur unvollständig und in Klumpen an. Die Oberfläche sieht matt und porig aus, und der Lötstelle ist keine lange Lebensdauer beschieden.

Zum Schluss bleibt nicht mehr zu tun, als die Stecker zusammenzubauen und das Kabel mit dem Ohmmeter zu prüfen. Ist noch zusätzliche Isolation und ein wenig mechanische Stabilisierung nötig, kommt vor dem Anlöten noch ein passendes Stück Schrumpfschlauch über das Kabel, das Sie später über die Kontakte schieben und mit Heißluft oder der Wärme der Lötkolbenspitze (bitte nicht berühren!) einschrumpfen. Bleibt nur noch anzumerken, dass die beim Löten entstehenden Dämpfe der Gesundheit nicht unbedingt förderlich sind. Direktes Einatmen ist daher zu vermeiden, der Arbeitsplatz sollte nach Möglichkeit gut belüftet sein.

14.4.4 Reparatur von Audiokabeln

Durch den Austausch von angeknacksten XLR- und Klinkensteckern lassen sich die meisten der bei einer Inspektion aussortierten Kabel wieder flott machen. Dabei lohnt es sich, aus noch intakten Einzelteilen der beschädigten Stecker ein kleines Ersatzteillager anzulegen, auf das Sie bei späteren Reparaturen zurückgreifen können. Besonders die winzigen Schräubchen und auch die Verriegelungszapfen plus Federn von XLR-Steckern gehen gerne mal verloren, und dann ist man für Ersatz dankbar.

Die weitaus häufigste Arbeit an einem Kabel ist der komplette Austausch eines Steckers. Dieser geht folgendermaßen vonstatten: Den defekten Stecker zwicken Sie einige Zentimeter hinter der Kabeltülle ab. Nicht sinnvoll ist es, den Stecker zu öffnen und abzulöten. Die ersten Zentimeter des Kabels sind nämlich durch die Zugentlastung stark gequetscht worden. Unmittelbar hinter dem Stecker unterliegt ein Kabel zudem erhöhter Biegebeanspruchung, so dass Sie bei der Montage eines neuen Steckers auf diese ersten zehn Zentimeter verzichten sollten. Zwar wird das Kabel dadurch etwas kürzer, aber das müssen Sie in Kauf nehmen. Verfahren Sie dann wie im vorherigen Abschnitt beschrieben, wobei Sie nicht vergessen sollten, sämtliche Knickschutztüllen und Steckerhülsen vorher aufzuschieben.

14.4.5 Reparatur von Stromkabeln

Audiokabel zum Anschluss von Signalquellen führen für den Menschen ungefährliche Ströme und Spannungen. Fehler bei der Herstellung oder der Reparatur äußern sich durch unzureichende Verbindungen oder gar gänzliche Funkstille. Irgendwelche Beschädigungen oder Gefahren für Mensch und Material sind aber nicht zu befürchten.

Ganz anders sieht dies bei Stromversorgungs- und teilweise auch bei Lautsprecherkabeln aus. Ist hier die äußere Isolation beschädigt oder lässt sich gar die blanke Litze sehen, muss das Kabel sofort ausgetauscht werden, denn eine derartige Beschädigung ist irreparabel! Dass das Umwickeln der betroffenen Stelle mit Gaffa-Tape äußerst fahrlässig und unverantwortlich ist, versteht sich hoffentlich von selbst, folglich müssen Sie dem energisch einen Riegel vorschieben. Die Verwendung von schadhaften Kabeln und Steckern, sowie unsachgemäße Reparaturen bergen ein erhebliches Gefahrenpotenzial für alle beteiligten Personen. Aus diesem Grund müssen sämtliche Eingriffe in die Stromversorgung – und sei es auch nur das Beseitigen eines Wackelkontakts im Inneren eines Schukosteckers – sorgfältig und gewissenhaft durchgeführt werden. Wenn Sie diesbezügliche Zweifel an Ihren handwerklichen Fähigkeiten hegen, dann überlassen Sie Arbeiten an der Stromversorgung lieber einer Elektrofachkraft. Stellt es sich nämlich heraus, dass ein Unfall auf mangelhaften

Zustand der elektrischen Versorgung zurückzuführen ist, hat man als Verantwortlicher ruckzuck eine Menge Ärger am Hals. Versicherungen können die Zahlungen verweigern, von Anzeigen wegen grober Fahrlässigkeit mal ganz zu schweigen. Daher wird im Rahmen dieses Buches auch nur auf das Auswechseln von beschädigten Schukosteckern und -kupplungen eingegangen. Dies geht recht einfach vonstatten, und erfahrungsgemäß besteht hier auch der höchste Reparaturbedarf. Herstellung oder Reparatur der in Kapitel 13 angesprochenen Starkstromverteiler, die das Dreiphasennetz in Einphasenanschlüsse aufteilen, ist dagegen Sache eines qualifizierten Elektrikers!

Das Auswechseln eines Schukosteckers oder einer Kupplung gestaltet sich ganz ähnlich wie bei einem Audiostecker. Auch hier wird aus genannten Gründen der defekte Stecker inklusive einiger Zentimeter Kabel abgezwickt. Da gegenüber Audiokabeln kein Schirm vorhanden ist, schneidet man beim Abisolieren der äußeren Hülle sehr schnell zu tief ein und verletzt die Isolation der inneren Leiter. Überprüfen Sie diese nach dem Abziehen der äußeren Hülle an der betroffenen Stelle sofort! Zeigen sich Einschnitte, muss abgezwickt und neu begonnen werden.

Die Kontaktstifte eines Schukosteckers besitzen Schraubbefestigungen zum Anschluss der inneren Leiter. Vorher müssen die Enden natürlich einige Millimeter abisoliert und mit den Fingern einzeln verdrillt werden. Üblich ist dann das Überstülpen einer zum Drahtquerschnitt passenden Aderendhülse, die Sie mit einer dafür vorgesehenen Zange anquetschen. Nicht zulässig sind Lötverbindungen oder das Verzinnen der Enden, siehe Abschnitt 14.1.4. Erst danach erfolgt die Montage an die Kontakte: Der grün-gelbe Erdleiter kommt auf die seitlichen Zungen, Null- und Phasenleiter werden in beliebiger Reihenfolge an die Stifte geschraubt (siehe auch Kapitel 13, Abbildung 13.1).

Die Zugentlastung besteht meistens aus einem kleinen Bügel, der mit zwei Schrauben so weit angezogen wird, dass das darunter durchlaufende Kabel fest klemmt. Damit die Zugentlastung sicher auf der äußeren Kabelhülle aufsitzt, muss die Ummantelung komplett in den Stecker hineinreichen. Sind die drei Adern von außen sichtbar, haben Sie zu lang abisoliert und müssen die Leiter wieder etwas kürzen. Verlegen Sie vor dem Zusammenschrauben die Drähte derart, dass sie zwischen den Steckerhälften nirgends einklemmen. An dieser Stelle sei noch angemerkt, dass der Erdleiter stets etwas länger als die anderen beiden Drähte belassen sein sollte. Bei einem kräftigen Ruck reißt dieser dann nämlich als Letztes ab, und die Schutzerdung bleibt solange wie möglich bestehen.

15 Zubehör, Werkzeug und das „Drumherum"

15.1 MagLite, Ledermann und Gaffa-Tape

„Beginnt die Show, geht zuerst das Licht aus", diese Weisheit hat seit Generationen ihre Gültigkeit. Um danach nicht völlig im Dunkeln zu tappen, gibt es die unterschiedlichsten Formen der Beleuchtung. Diese beginnen bei praktischen Schwanenhalslampen für die Mischpultoberfläche, erstrecken sich über mit Glühbirnen bestückte 1 HE-Einschübe zur Rackbeleuchtung und enden bei der allseits beliebten, mit einer Gürteltasche kombinierten MagLite-Taschenlampe. Dank eines drehbaren Reflektors wirft diese bei Bedarf einen unauffälligen, weil sehr engen, hellen Lichtkegel.

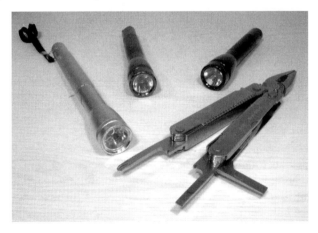

Abb. 15.1: „MagLite"-Taschenlampen, „Leatherman"-Werkzeug

Als Alternative zum Glühbirnchen gibt es diesen Lampentyp mittlerweile auch mit weniger batteriehungrigen LED-Leuchtmitteln bestückt. Für Arbeiten in Dunkelheit haben sich Leuchten mit Stirnband bewährt. Die trägt man ähnlich wie eine Grubenlampe auf dem Kopf und hat zum Arbeiten beide Hände frei.

Um die „Gürtelausstattung" jedes ernsthaften Technikers zu komplettieren, sei auch gleich das berühmte „Leatherman"-Tool erwähnt. Von der Idee her mit einem Schweizer Taschenmesser vergleichbar, umfasst der „Ledermann" neben diversen Schraubendrehern und Klingen auch eine immer wieder nützliche Kombizange.

Ebenfalls wichtig: Kabelbinder, schwarzer Bühnenmolton zum dezenten Verdecken grobschlächtiger Flightcases und des üblichen Kabelgewirrs, sowie mehrere Rollen Gaffa-Tape. Dieses schon legendäre textilverstärkte Klebeband gibt es in unterschiedlichen Qualitäten vorzugsweise in den Farben weiß, schwarz und schwarz-gelb. Praktischerweise eignet es sich gleichermaßen gut zum Abkleben von verlegten Kabeln, zum Reparieren zerissener Hosen, oder – mehrlagige Anwendung ist Voraussetzung – zum Anschleppen batterieschwacher Tourautos in kalten Winternächten. Hier sollten Sie unbedingt auf die Qualität achten. Und kaufen Sie immer größere Mengen ein, das spart Prozente. Billiges Gaffa ist bei Weitem nicht so stabil und beständig wie die etwas teurere Qualitätsware. Außerdem quillt der Kleber gerne und hinterlässt beim Abziehen unschöne Rückstände.

Abb. 15.2: Professionelles Gaffa-Tape

Klebeband ist auch in anderen Ausführungen stets notwendig: Zum Beschriften der Mischpultfader verwenden Sie vorzugsweise leichtes Krepp- oder PVC-Band („Zumbel"), was sich rückstandsfrei wieder entfernen lässt. Gaffa-Tape ist hierzu weniger geeignet – so mancher Mischpult-Kunstlederbezug hat schon dran glauben müssen. Ebenfalls wichtig: rot-weißes und gelb-schwarzes Absperr- bzw. Klebeband zur Sicherheitsmarkierung von Treppenstufen, Kabelmatten, hervorstehender Stativ- und Liftbeine u.v.m.

Da sich Defekte meistens an den Verbindungskabeln einstellen, sollte neben Ersatzkabeln jeder verwendete Stecker – egal ob Audio oder Stromversorgung – mindestens einmal in Reserve vorhanden sein. Für XLR- und Klinkenkabel gibt es spezielle Testgeräte (z. B. von Alphaton, Behringer oder ProCo), die je nach Ausführung neben Kurzschluss und Leerlauf auch verdrehte Phasenlage, hochohmige Übergänge und übermäßige Kabelkapazitäten anzeigen.

Besonders wichtig im Gepäck sind Ersatzkontaktstifte für die Multipinstecker der Multicores. Im Laufe der Zeit kommt es schon mal vor, dass eine Kontaktfeder bricht, worauf sich der zugehörige Stift beim Aufsetzen des Steckers aus dem Einsatz löst – der Signalweg ist entweder unterbrochen oder mit einem Wackelkontakt behaftet.

Des Weiteren gehört ein Satz Feinsicherungen in den gängigen Stärken in die Ersatzteilkiste. In diesem Zusammenhang überprüfen Sie einmal, ob Ihre verwendeten P.A.-Komponenten alle mit herkömmlichen Sicherungen arbeiten, oder ob auch die längeren „US"-Typen erforderlich sind. Letztlich ist es nie verkehrt, beide Versionen mitzuführen, denn diese werden – je nach Herkunftsland – auch bei den Instrumentenverstärkern verwendet, so dass Sie im Bedarfsfall dem Kollegen Musiker, der sich erfahrungsgemäß nicht so sehr für Sicherungen interessiert, aushelfen können.

15.2 Werkzeug für „On the road"

Um bei eventuellen Pannen im P.A.-System vor Ort gerüstet zu sein, gehört ein entsprechend ausgestatteter Werkzeugkoffer stets mit zum Inventar. Ständige Pflege und Wartung der Anlage einmal vorausgesetzt, handelt es sich bei auftretenden Problemen meistens nur um Kleinigkeiten, die bloß einige wenige Handgriffe, allerdings auch immer das richtige Werkzeug erfordern:

Zum Lösen und Befestigen von Schrauben jeglicher Art ist ein Satz Schraubendreher erforderlich. Generell kommen Sie mit je vier Schlitz- und Kreuzschlitzdrehern unterschiedlicher Größen aus. Als sinnvoll erweisen sich bis zur Spitze isolierte Schäfte – diese Werkzeuge eignen sich dann auch für Elektroarbeiten. Einige Inbusschlüssel sowie Maul-Schraubenschlüssel für Außensechskant-Köpfe ergänzen Ihre Ausstattung trefflich. Auch ein Steckschlüsselkasten mit Ratsche und zusätzlichen TORX-Einsätzen macht sich ein ums andere Mal nützlich. An Zangen genügen dagegen eine gute Kombizange, eine spitze Telefonzange, ein Seitenschneider und eine kleine Rohrzange. Ebenfalls wichtig: Schneidwerkzeug in Form eines scharfen Messers zum Abisolieren von Kabeln, sowie eine kräftige Schere für universelle Anwendungen.

Die Überprüfung des örtlichen Stromanschlusses vor (!) dem Anschluss der eigenen Geräte geht am einfachsten mit einem Duspol-Spannungsprüfer vonstatten. Die zwischen den Prüfspitzen anliegende Spannung wird durch aufleuchtende Glimm- bzw. LED-Lampen angezeigt. Nähere Hinweise hierzu in Kapitel 13 und 16. Ein besonders wichtiges Utensil stellt schließlich der Lötkolben plus Lot dar. Hierüber gibt Abschnitt 14.4 erschöpfend Auskunft. Genauso erforderlich ist ein Vielfachmessgerät oder zumindest doch ein Durchgangsprüfer. Zu diesem Thema mehr im nächsten Abschnitt.

15.3 Arbeiten mit einem Vielfachmessgerät

Ein Vielfachmessgerät – in folgenden Abschnitt Multimeter genannt – ist eines der wichtigsten Werkzeuge zur Wartung und Fehlersuche bei elektrischen Geräten. Sie können damit Spannungen, Stromstärken und Widerstände messen und aus den Ergebnissen Rückschlüsse auf korrektes bzw. nicht korrektes elektrisches Betriebsverhalten ziehen.

15.3.1 Ausführungen

Multimeter arbeiten heutzutage fast ausschließlich digital. Gegenüber analogen Geräten gibt es kein empfindliches mechanisches Messwerk mehr – ein Digitalmultimeter ist daher wesentlich robuster und somit ideal für die harten Anforderungen im Beschallungswesen. Brauchbare Ausführungen gibt es schon für unter 50 Euro zu erstehen, anzuraten ist jedoch eher der Kauf eines etwas teureren Exemplars mit stabilem stoßfestem Hartgummi-Gehäuse.

Den erforderlichen Strom liefert meist ein 9 V-Block. Achten Sie bei den Messleitungen auf stabile Gummikabel und ersetzen Sie die beiliegenden Kabel notfalls, wenn Sie Ihnen zu dünn und zu fragil erscheinen. Üblicherweise dienen geräteseitig Bananenstecker zum Anschluss, auf der anderen Seite gibt es Messspitzen oder Krokodilklemmen. Damit können Sie die Messleitungen sehr leicht an den Messpunkten befestigen und bekommen die Hände frei, was die Arbeit in den meisten Fällen erheblich vereinfacht.

15.3.2 Messbereiche

Um unterschiedliche Spannungen, Ströme oder Widerstände messen zu können, gibt es beim Multimeter mehrere Messbereiche mit unterschiedlichen Empfindlichkeiten. Diese werden entweder mit Drucktasten oder einem großen Drehschalter eingestellt. Die bei den Schalterstellungen aufgedruckten Zahlen stellen immer das Ende des jeweiligen Messbereiches dar.

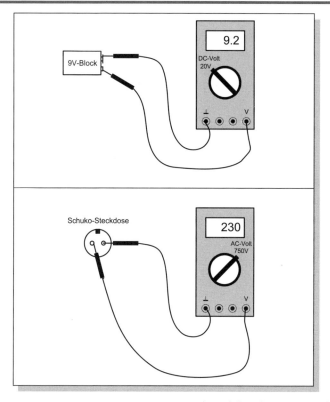

Abb. 15.3: Spannungsmessungen. Batterie und Steckdose benötigen aufgrund unterschiedlicher Spannungen und Stromarten verschiedene Messbereiche

Beispiel: Um das Multimeter anfangs etwas kennen zu lernen, messen Sie einfach mal die bereits bekannte Spannung einer 9 V-Batterie (siehe Abbildung 15.3). Da es sich bei einer Batterie um eine Gleichspannungsquelle handelt, schalten Sie das Messgerät in den „DC Volt"-Modus. Die schwarze Messleitung wird in die Massebuchse („Common", „Ground") eingestöpselt, die rote Leitung kommt in den Eingang für Spannungsmessung. Da das voraussichtliche Ergebnis bekannt ist, gestaltet sich die Auswahl des Messbereiches einfach: Werden die Spitzen der Messschnüre an die Pole der Batterie gehalten, ist das Ergebnis von ca. 9 V im „20 V"-Messbereich am besten abzulesen. Wenn Sie dagegen den empfindlicheren „200 mV"-Bereich wählen, erweist sich die zu messende Spannung als viel zu groß und eine Messbereichsüberschreitung tritt ein. Diese quittiert die Anzeige meistens mit einer Überlauf-Meldung, oder es erscheint ein entsprechendes Symbol („Overflow", „Error"). In höheren Messbereichen von 200 oder gar 1000 V ist der Messwert von 9 V genauso abzulesen, nur leidet hier die Genauigkeit, denn Nachkommastellen werden nicht mehr angezeigt. Ist die zu messende Spannung einer Quelle unbekannt, beginnen Sie stets mit dem gröbsten Messbereich und schalten das Messgerät dann nach und nach empfindlicher – solange, bis das Ergebnis korrekt angezeigt wird.

Natürlich ist auch die Messung von Wechselspannung und -strom möglich. Die gängigen Multimeter sind allerdings auf Wechselgrößen aus dem Stromnetz, also auf sinusförmige Verläufe bei einer Frequenz von 50/60 Hz (siehe Anhang A3) optimiert. Andere Kurvenformen bzw. höhere Frequenzen verursachen Fehlmessungen!

15.3.3 Messen von Stromstärken

Extra Eingangsbuchsen sind für Stromstärke-Messungen nötig. Das Multimeter müssen Sie hierfür in den Stromkreis einschleifen, also in Reihe zum Verbraucher schalten. Bei einer Gleichstrommessung kommt der Wahlschalter in die Stellung „DC-Ampere", bei Wechselstrom dagegen auf „AC-Ampere". Die Messung erfolgt über einen integrierten Lastwiderstand geringer Ohmzahl, einen so genannten „Shunt". Der durch den Widerstand fließende Strom verursacht einen geringen, zur Stromstärke proportionalen Spannungsabfall, aus dem das Messgerät dann die Stromstärke errechnet und auf dem Display anzeigt. Die Wahl des geeigneten Messbereiches geschieht analog zur Spannungsmessung.

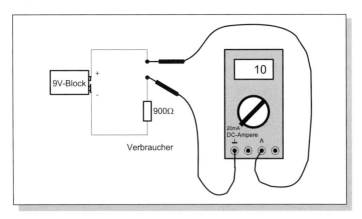

Abb. 15.4: Stromstärkemessung: Das Multimeter muss dafür „in Reihe" zum Verbraucher geschaltet werden. Dies ist nur durch das Auftrennen des Stromkreises möglich

Mit herkömmlichen Multimetern lassen sich in der Regel Ströme bis 20 A erfassen, die Messungen hoher Stromstärken sollten jedoch nicht allzu lange andauern. Da sich der innere Lastwiderstand dabei stark erwärmt, bekommt dies einerseits dem Gerät nicht besonders, andererseits verfälscht dadurch das Messergebnis. Wird der höchst zulässige Stromwert überschritten, brennt im Messgerät eine Sicherung durch – der Strompfad ist bis zu deren Auswechslung unterbrochen.

Alternativ zu dieser klassischen Methode gibt es natürlich auch induktive Messverfahren. Weil hier ein Sensor die magnetische Feldstärke längs eines Strom durchflossenen Kabels misst und das angeschlossene Messgerät hieraus die Stromstärke errechnet, muss der Stromkreis nicht mehr aufgetrennt werden. Dies vermeidet natürlich sämtliche eingangs genannten Nachteile, übersteigt allerdings die Möglichkeiten eines einfachen Multimeters.

15.3.4 Widerstandsmessungen

Nach Anwahl des „Ω"-Bereiches erscheint zwischen den Messspitzen eine geringe Messgleichspannung, die abhängig vom Ohmschen Widerstand des dazwischen befindlichen Messobjekts einen geringen Stromfluss verursacht. Dieser Stromfluss verkleinert die ursprüngliche Messspannung (Spannungsabfall am bekannten Innenwiderstand des Messgeräts), so dass das Multimeter aus der Differenz auf den zwischen den Messbuchsen befindlichen Widerstand schließen kann.

Beachten Sie immer, dass bei Widerstandsmessungen der Ohmsche Widerstand der Messleitungen, sowie die Übergangswiderstände an den Messbuchsen und -spitzen stets in das Ergebnis mit eingehen. Dies verfälscht besonders die Messungen von niedrigen Widerständen (0 – 10 Ohm). Daher ist bei hochwertigen Multimetern meistens ein Nullabgleich möglich. Diesen führen Sie folgendermaßen durch: Bei miteinander kurzgeschlossenen (!) Messspitzen stellen Sie die Anzeige mittels Tastendruck auf „0.00"-Ohm, so dass die Kabelwiderstände stets vom Ergebnis abgezogen werden. Einfache Multimeter besitzen diese Möglichkeit nicht, der gemessene Wert ist stets etwas zu groß. Der Abweichung kommen Sie auf die Spur, indem Sie bei kurzgeschlossenen Messspitzen und niedrigstem Messbereich einfach die Anzeige ablesen. Dieser Wert – meistens ist er vernachlässigbar gering – muss bei den folgenden Messungen dann immer abgezogen werden.

Hauptaufgabe für Ihr Multimeter wird im Beschallungswesen ohne Frage das „Durchpiepsen" von Kabeln und die Suche nach etwaigen zusätzlichen Erd- und Masseverbindungen sein. Bei dieser einfachen Form der Widerstandsmessung interessiert der genaue Messwert weniger, man ist lediglich am „Durchgang" (geringer Widerstand = Verbindung) oder am „Leerlauf" (unendlicher Widerstand = keine Verbindung) interessiert. Für diese Arbeit sollte Ihr Messgerät auch einen akustisch arbeitenden Durchgangsprüfer aufweisen. Normalerweise ist dieser im niedrigsten Widerstandsmessbereich von 0 – 200 Ohm aktiviert. Bei gemessenem Durchgang ertönt dann ein Summton, dessen Frequenz sich nach dem Ohmschen Widerstand zwischen den Messbuchsen richtet.

15.4 Wegwerfen oder Wiederaufladen? – Batterien contra Akkumulatoren

Wenn Sie auf der Bühne stets eine größere Anzahl batteriebetriebener Geräte verwenden, lohnt sich der Einsatz von wiederaufladbaren Akkus. Einweg-Batterien fallen nach einmaligem Gebrauch dem Sondermüll anheim, zuvor hat schon die Herstellung den 15fachen Energiebetrag dessen verschlungen, was die Batterie schließlich leistet. Akkumulatoren hingegen erreichen bei richtiger Behandlung mehrere hundert Lade/Entladezyklen. Sämtliche gängigen Batterieformate wie Monozellen, Babyzellen, Mignon oder 9 V-Blocks gibt es auch als Akkuversion. Zwar müssen Sie am Anfang erst einmal investieren, über den Nutzungszeitraum gesehen zahlt sich dies aber um ein Vielfaches aus. Wenn Sie einige wichtige Punkte bei der Anwendung beachten, sind Akkus gegenüber Batterien ein gleichwertiger Ersatz.

15.4.1 Nickel-Cadmium- und Nickel-Metallhydrid-Akkus

NiCd-Akkus waren in der Veranstaltungstechnik viele Jahre lang die Nummer eins unter den wieder aufladbaren Akkumulatoren, mittlerweile sind sie aber nicht mehr zeitgemäß. Ein Grund dafür ist die geringe Kapazität, die nur ein Viertel der von Alkali-Mangan-Batterien beträgt. Die erreichbare Gerätelaufzeit fällt dementsprechend verkürzt aus. Problematisch ist auch die geringere Spannung einer einzelnen NC-Zelle – gegenüber den 1,5 V der Alkali-Mangan-Batterie liegen hier nur 1,2 V an. Viele Wireless-Systeme neueren Datums besitzen mittlerweile Sender mit integrierter Spannungsüberwachung und Selbstabschaltung bei Unterspannung, arbeiten damit also nicht zuverlässig. Die Spannung und damit auch die abgegebene Leistung bleibt bis kurz vor der vollständigen Entladung weitgehend stabil, geht dann aber ziemlich schnell in die Knie. Bei einem leeren NiCd-Akku gibt es daher kaum Vorwarnzeit – der Ausfall erfolgt ziemlich abrupt. Neben der Existenz des giftigen Schwermetalls Cadmium, das eine fachgerechte Entsorgung benötigt, ist auch der Memory-Effekt problematisch: Wird ein NiCd-Akku mehrere Male nur halb entleert und wieder aufgeladen, verliert er Kapazität, die sich auch durch mehrere nachfolgende, komplette Entlade/Ladezyklen nicht vollständig wiederherstellen lässt.

Aus diesen Gründen wird mittlerweile der umweltverträglichere Nickel-Metallhydrid-Akku (NiMH) bevorzugt. Dessen Entladeverhalten ist dem der

NiCd-Zelle zwar ähnlich, es gibt jedoch keinen Memory-Effekt, und auch die Kapazität ist mit ca. 50% der einer Alkali-Mangan-Batterie akzeptabeler.

15.4.2 Akku-Praxis

Damit der Akku-Betrieb in der Praxis zuverlässig funktioniert, ist etwas Logistik und Disziplin vonnöten, die im hektischen Live-Betrieb leider oft auf der Strecke bleibt. Als erstes müssen Sie sich über das Ladegerät ein paar Gedanken machen. Leider wird hier häufig das Billigste vom Billigen benutzt, das überhaupt aufzutreiben ist, und damit ist das Schicksal Ihrer Akkus meist schon im Vorfeld besiegelt.

Einfache Lader erkennen weder den Zustand der zum Laden eingelegten Zellen, noch schalten sie beim Erreichen der Endspannung ab. Die häufige Folge ist Überladung, die einen Akku ruckzuck unbrauchbar machen kann. Wird einem Akku mehr Energie zugeführt als er speichern kann, erwärmt sich der Elektrolyt im Inneren sehr stark – Gasentwicklung ist die Folge. Der entstehende Überdruck entweicht dann durch ein Sicherheitsventil. Funktioniert dieses nicht richtig (Billigprodukte!), besteht Explosionsgefahr! Durch das Ausgasen des Elektrolyten geht auf jeden Fall einiges an Speichervermögen verloren. Die austretenden Dämpfe verursachen darüber hinaus kristallartige Ablagerungen an den Elektroden, die den elektrischen Kontakt verschlechtern.

Genauso schädlich ist übrigens die Tiefentladung, die eintritt, wenn vergessen wurde, Akku-bestückte Geräte nach Benutzung auszuschalten und die Zellen zu entnehmen. Ab einem bestimmten Entladepunkt polt sich die interne Spannungszelle um. Der Akku ist dann innerlich beschädigt und kann nicht mehr richtig aufgeladen werden. Auch billige Ladegeräte können Tiefentladung verursachen, wenn man sie vom Netz trennt und die Akkus in den Ladeschächten belässt.

Langer Rede kurzer Sinn: Um Akkus zuverlässig einzusetzen, müssen »intelligente« Ladegeräte (z. B. von Fischer Amps) benutzt werden. Diese Geräte erkennen zu Anfang der Ladezyklen die Zustände der eingelegten Akkus und passen die Ladegeschwindigkeiten entsprechend an, so dass jederzeit die optimale Behandlung sichergestellt ist. Werden noch NiCd-Zellen benutzt, muss der Lader zunächst eine kontrollierte Entladung durchführen, um den Memory-Effekt zu vermeiden. NiMH-Akkus hingegen können direkt befüllt werden. Beim Erreichen der Endspannungen schalten die Geräte dann auf Erhaltungsladung zurück. Selbst wenn zeitweise kein Stromnetz angeschlossen ist, können die Akkus in einem solchen Lader gefahrlos verbleiben und müssen vor der Benutzung nur kurz nachgeladen werden.

Abb. 15.5: Fischer Amps-Rackrahmen für Akkulader

15.5 Racks und Flightcases

15.5.1 Was ist ein Racksystem?

Unter einem Racksystem versteht man eine Ansammlung von elektronischem Equipment in einzelnen genormten Gehäusen, die innerhalb eines ebenfalls genormten Rahmens bzw. Racks untergebracht ist. Dieses Rack kann ein leichter Handkoffer aus Kunststoff sein, eine stabile roadtaugliche Transportkiste aus Holz und Aluminiumprofilen, ein nüchterner Metallschrank oder auch ein gediegenes Stück Studiomobiliar. Identisch sind nur die Abmessungseinheiten. In der Musiker- und Beschallungsszene hat sich das in der Industrie schon seit langem bewährte 19-Zoll-System (19" = 482 mm) durchgesetzt. Passend zu den Racks werden Endstufen, Netzteile, Effektgeräte und vieles mehr als Einschubgehäuse geliefert, deren Höhen in Höheneinheiten (HEs; 1 HE = 45 mm) gestaffelt sind. Kennzeichen eines solchen Einschubs sind die „Rackohren", also die an beiden Seiten überstehende, 19" breite Frontplatte mit außenliegenden Bohrungen. Die Geräte werden mit 6 mm-Schrauben beidseitig an den Rackschienen befestigt. Dabei handelt es sich um Profile mit darin beweglichen Gewindestücken – die stufenlose Wahl der Einbauhöhe bzw. ein Verschieben der Geräte vor dem Festziehen der Schrauben ist dadurch kein Problem mehr.

Die Vorteile von Racksystemen liegen auf der Hand und sind die Investition stets wert: Weil racktaugliche Geräte fest eingebaut und vorverkabelt werden können, sparen Musiker und P.A.-Leute beim Auf- und Abbau des Equipments sehr viel Zeit. Die unter professionellen Aspekten optimalen Transport- und Aufbewahrungsbedingungen für die oft sehr wertvollen Geräte sind weitere

Gründe. Größere Racks besitzen aber nicht selten hohes Gewicht und Abmessungen, die den Transport durch eine Person alleine im Kleinwagen schwierig bis unmöglich machen.

15.5.2 Rackausführungen

Die Bauweise und Ausstattung eines Racks richtet sich nach der Transportweise und Art und Menge der unterzubringenden Geräte. Als Standard für P.A. und Musiker-Bühnenracks gelten „Double-Door"-Ausführungen: An Vorder- und Rückseite sitzen abnehmbare Deckel, diese Racks sind für die üblichen 19"-Einschübe mit geringer Höhe und großer Einbautiefe gedacht. Darüber hinaus gibt es auch noch die so genannten L- bzw. W(inkel)-Racks. Keyboarder, die für den Bühnenbetrieb 19"-Klangmodule, 19"-Effekte und ein 19"-Mischpult zu einem Racksystem zusammenfassen wollen, werden hier fündig, darüber hinaus ist das Winkelrack auch als mobiler IEM-Monitorplatz für Bands interessant. Die Deckel sitzen an Vorder- und Oberseite, wo auch die Montageschienen für die 19"-Geräte verlaufen. Aus Stabilitätsgründen ist die Rückwand fest montiert, Zugang zu den Geräterückseiten bekommen Sie hier nur durch eine kleine Serviceklappe. Da normale Rackmischer bis zu zehn HE Platz benötigen, bauen Sie diese zwecks optimaler Platzausnutzung von oben her liegend ein, der untere Teil des Racks wird dann mit den weiteren 19"-Komponenten konventionell von vorne bestückt.

Damit nicht unnötig Geld investiert wird, erfordert die Auswahl etwas Planung und weise Voraussicht: Da an der Ausrüstung doch immer wieder mal etwas verändert und ergänzt wird, sollten Sie anfangs mit den HEs nicht zu sehr geizen und etwas Reserve einplanen. Andererseits sind auch die zur Verfügung stehenden Transportmöglichkeiten zu beachten – zu große Racks passen bekanntermaßen nicht in jeden PKW. Keinesfalls unterschätzen dürfen Sie das Gewicht eines voll bestückten Racks. Ist es erforderlich, dieses auch mal alleine tragen zu müssen, sollten Sie schon aus gesundheitlichen Gründen sechs HE nicht überschreiten. Dann lieber das Equipment auf zwei oder drei kleine Racks verteilen, einige Gänge mehr vornehmen und etwas mehr Zeit für die zusätzliche Verkabelung einplanen. Wirbelsäule und Bandscheiben danken es in späteren Lebensjahren.

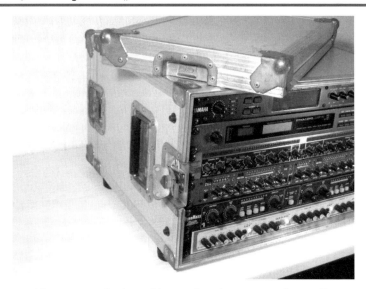

Abb. 15.6: Standard „Double Door"-Rack, 6 HE, mit Klappgriffen
und Butterfly-Verschlüssen

Racks werden üblicherweise aus 6 mm-Sperrholz mit kratzfester Farboberfläche gebaut. An den Ecken und Kanten sitzen Profile und Schutzecken aus Aluminium und Stahl. Derartiges bietet ausreichend Schutz, wenn es beim Transport in einem Bus oder LKW mal ein wenig rauer zugeht. Gummifüße oder Holzkufen an den Unterseiten ermöglichen das Aufstellen vor Ort, schwere Endstufenracks besitzen gar untermontierte Rollbretter. Wählen Sie hier immer „Blue Wheels" mit 80 oder 100 mm Durchmesser – alle vier Rollen müssen lenk- und mindestens zwei davon bremsbar sein. So kommen Sie auch auf unebenem Untergrund noch einigermaßen voran und können Ihre Cases auf der Stelle wenden und sichern, was beim Be- und Entladen des LKW wichtig ist. Ebenfalls beachten sollten Sie die Rackverschlüsse und -griffe, es gibt sie in verschiedenen Versionen auf dem Markt: Als billigere Variante gelten einfache Bügelverschlüsse und aufschraubbare Klappgriffe, dem gegenüber stehen ins Holz versenkte Butterfly-Schlösser und rückfedernde Klappgriffe mit Griffmulde. Sind Sie Ihr eigener Roadie und transportieren das Rack einigermaßen vorsichtig im eigenen PKW, reicht die billigere Variante meistens aus. Andernfalls sollten Sie die teurere Ausführung vorziehen. Butterfly-Verschlüsse sind aufgrund ihrer Konstruktion wesentlich resistenter gegenüber Beschädigungen, wie sie beim Verladen und Stapeln auftreten können.

Wenn Sie mit Ihrem Equipment ständig über große Entfernungen im professionellen Einsatz unterwegs sind, sind zumindest für die Sideracks von F.o.H.-

und Monitorplatz doppelwandige, gepolsterte Rack-Ausführungen ratsam. Zwischen den inneren und äußeren Wänden dieser Cases ist fester Dämmstoff angebracht, der Erschütterungen abmildert und isolierend wirkt. In Abwandlung dessen können Sie auch 19"-Rahmen aus Holz bauen lassen und diese wiederum in gepolsterten Haubencases verpacken (siehe Abbildung 15.8). Beide Bauweisen verteuern natürlich die ganze Angelegenheit. Dazu kommt ein wesentlich höheres Gewicht, so dass diese Ausführungen wirklich nur professionellen Anwendern zu empfehlen sind.

15.5.3 Racks selbst bauen

Um es kurz zu machen: Der Selbstbau nur eines einzelnen Racks lohnt sich nicht, denn ohne Erfahrung und das richtige Werkzeug (unter anderem Kreissäge, Stichsäge, Gehrungssäge, Nietpistole) bekommen Sie den Zuschnitt besonders bei den Profilschienen nicht richtig hin, so dass später die Kanten nicht richtig abschließen, die Deckel nicht passen usw. Professionelle Flightcasebauer besitzen Planungssoftware, die nach Eingabe der Rackart und einiger Maße die komplette Teileliste inklusive der Zuschnittmaße fehlerfrei zusammenstellt. Im Verbund mit maschinellem Zuschnitt und Fertigungsroutine ist deren Qualität natürlich weitaus besser als bei einmaliger Einzelfertigung zu Hause. Die gelegentlich anzutreffenden Rack-Bausätze werden ebenfalls nach dieser Methode zusammengestellt. Doch auch hier sind die Anforderungen an die eigenen handwerklichen Fähigkeiten noch recht hoch, von der Arbeitszeit ganz zu schweigen. Standardracks in guter Qualität aus Großserienfertigung gibt es inzwischen so preisgünstig, dass der finanzielle Vorteil des Selbstbaus nicht mehr so viel ausmacht wie noch vor ein paar Jahren.

15.5.4 Geräteanordnung

Natürlich hat die optimale Bedienbarkeit von der Vorderseite aus Priorität bei der Geräteanordnung, dennoch sollte möglichst dem Gewicht und der Einbautiefe entsprechend von unten her im Rack montiert werden – das schwerste und größte Gerät bekommt die unterste Position. Auf diese Weise dient der Rackboden diesem als Stütze, das Gewicht muss nicht von der Frontplatte und den Rackschienen alleine gehalten werden. Schwere Endstufen sollten generell mit rückseitigen Befestigungswinkeln versehen werden. Nach dem Verbinden mit dem Rackboden oder einer rückseitigen Montageschiene wird dadurch dem Gehäuse zusätzliche Stabilität gegeben. Von Vorteil ist bei dieser Anordnung auch die Übersichtlichkeit der hinteren Geräteanschlüsse: Da kein Gerät von einem Gehäuse größerer Einbautiefe überdeckt wird, sind alle frei zugänglich.

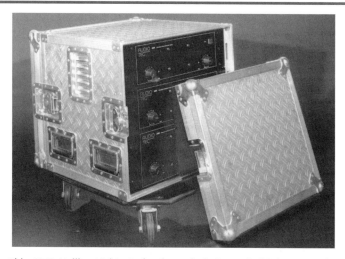

Abb. 15.7: Vollbestückte Endstufenracks haben erhebliches Gewicht. Deswegen ist hier ein Rollbrett fest untermontiert

Beachten Sie auch, dass beim Betrieb von Rack-Komponenten Verlustwärme anfällt, die an die Luft abgegeben werden muss. Diesem Zweck dienen Lüftungsschlitze an den Gehäuseoberseiten. Achten Sie deshalb beim Einbau darauf, dass diese nicht völlig abgedeckt werden – Luftschlitze, sowie die Ansaugöffnungen für eingebaute Lüfterkühlungen müssen immer frei bleiben. Gelegentlich ist es sogar erforderlich, zwischen zwei Rackkomponenten einige Zentimeter Platz zu lassen. Weil erwärmte Luft aufsteigt, treten besonders im oberen Bereich geschlossener Racks häufig Wärmestaus auf. Hier sollten Sie dann einen zusätzlichen Lüfter vorsehen.

Die Stromversorgung ist der nächste wichtige Punkt. Anzustreben ist eine feste Verkabelung, so dass dem Rack nur über ein einziges Netzkabel Strom zugeführt wird. Die Stromverteilung zu den einzelnen Komponenten erfolgt dann über eine Mehrfach-Steckdosenleiste. Wenn zusätzliche Montageschienen im hinteren Teil des Racks angebracht werden, steht der Verwendung einer 19"-Steckdosenleiste eigentlich nur deren recht hoher Preis im Weg. Im Vergleich mit den herkömmlichen Baumarkt-Angeboten erweist sich diese Lösung aber als wesentlich professioneller: Direkt unter der Rackdecke frei zugänglich angebracht, können Sie selbst die niemals ganz zu vermeidenden, externen Steckernetzteile einigermaßen sicher befestigen, indem Sie nach dem Einstecken ganz einfach lange Kabelbinder um Steckergehäuse und 19"-Steckdosenleiste schlingen.

Die herkömmliche Leiste – sofern sie überhaupt eine Öse für Schraubbefestigung besitzt – muss dagegen stets plan an der Decke oder einer Seitenwand angeschraubt werden, da die Einbautiefen der 19"-Einschübe inklusive des Platzes für die Stecker und Kabel meistens den ganzen Platz am Rackboden beanspruchen. Das Befestigen eines Steckernetzteils mit Kabelbinder ist dabei kaum möglich. Als praktisch erweist sich übrigens auch ein in die Leiste integrierter Schalter, mit dem der Strom zentral ein- und ausgeschaltet werden kann. Noch ein Tipp: Wenn Sie 45°- oder 90°-Steckdosen verwenden, sind Sie gegenüber den normalen Ausführungen im Vorteil, denn die Kabel von abgewinkelten Netzsteckern werden zur Seite weggeführt, ohne benachbarte Steckdosen zu überdecken. Auch für die leidigen Steckernetzteile ist dies eine praktische Lösung. Als besonders nützlich speziell für mobile P.A.-Racks erweisen sich Power-Conditioner zum Beispiel von Furman. Diese Geräte überwachen, stabilisieren und filtern die 230 V-Stromversorgung und sind für unterschiedliche Leistungsanforderungen (Rack, kompletter Frontplatz, komplette P.A.-Drehstromphase) in verschiedenen Ausführungen erhältlich. Der Strom wird über rückseitig eingebaute IEC- oder Schuko-Steckdosen verteilt. Bei den kleineren Geräten kommen Sie zusätzlich in den Genuss einer herausziehbaren Rackbeleuchtung, für deren sinnvollen Einsatz das Gerät im Rack aber an oberster Stelle platziert werden muss.

Sind alle Geräte eingebaut und an die Stromversorgung angeschlossen, sind Sie mit einem heillosen Durcheinander von zu langen Stromkabeln konfrontiert. Daher ist es sinnvoll, die Netzkabel nach dem Festlegen der Geräteanordnung und deren Prüfung auf einwandfreie Funktion mit Hilfe von Kabelbindern zu einem Kabelbaum zusammenzufassen, der dann akkurat im Rack verstaut werden kann. Auch besteht die Möglichkeit, die einzelnen Kabel auf die tatsächlich benötigte Länge zu kürzen. Dabei darf aber nicht zu knapp abgeschnitten werden. Da heutzutage fast ausschließlich Kabel mit angespritztem Schukostecker zur Anwendung kommen, muss dieser nämlich ersetzt werden. Das dafür notwendige Abisolieren verbraucht noch ca. 3 – 4 cm, die dann nicht mehr zur Verfügung stehen. Also großzügig kalkulieren und lieber noch einen Zentimeter zugeben.

Wie auch schon in Kapitel 14, so auch noch einmal an dieser Stelle der Hinweis, dass beim Hantieren mit Netzspannung Lebensgefahr besteht und sämtliche diesbezüglichen Arbeiten gewissenhaft und korrekt ausgeführt werden müssen! Wer das Abzwicken des Netzkabels scheut, kann anstelle des Kabelbaums mit Kabelbindern auch ein kompaktes Bündel daraus schnüren. Doch Vorsicht: Aufgerollte Netzkabel wirken wie Luftspulen, deren Magnetfelder Brummeinstreuungen in die Signalkabel verursachen können.

Womit der nächste kritische Punkt angesprochen ist: Die Verkabelung der Signalbuchsen muss grundsätzlich mit dicht abgeschirmten Kabeln erfolgen. Falls symmetrische Signalführung möglich ist, sollten Sie sie nutzen. Da in einem Rack viele Stromleitungen und Netztrafos anzutreffen sind, schwirren auch entsprechend viele Magnetfelder umher. Daher verwenden Sie am besten das gleiche Material wie auch bei den Bühnenkabeln. Billige Patchkabel aus Gummi neigen nämlich dazu, den einen oder anderen „Brumm" einzufangen - sie sind für diese Anwendung ungeeignet.

15.5.5 Brummprobleme

Prinzipiell ist mit dem 19"-System jede beliebige Geräteanordnung realisierbar. Abstriche müssen jedoch gemacht werden, wenn bei Übereinandermontage Lüftungsschlitze verdeckt werden oder sich zwei Einschübe gegenseitig beeinflussen. So kann es immer wieder mal vorkommen, dass der Netztrafo einer Endstufe durch elektromagnetische Abstrahlung in die Signalpfade eines darüber angeordneten Gerätes einstreut. Genauso kann ein 19"-Wireless-Empfänger durch die Taktfrequenzen von benachbarten digitalen Signalverarbeitern erheblich gestört werden. Dies erkennen Sie, indem Sie bei eingeschaltetem System einen der verdächtigen Einschübe langsam aus dem Rack ziehen – das Störgeräusch wird dabei sofort leiser. Treten solche Probleme auf, hilft meistens eine andere Geräteanordnung – hier müssen Sie dann etwas experimentiert werden.

Manchmal entstehen jedoch auch von der Anordnung unabhängige Brummgeräusche im Signalweg. Mit ziemlicher Sicherheit handelt es sich dann um Masseschleifen, die durch den gleichzeitigen Kontakt der Gehäuse bzw. Gerätemassen über die Rackschienen, über die Abschirmungen der Signalkabel und über die Schutzleiter zwischen den Gehäusen entstehen (vergleiche Anhang A5, Erdung). Alle Geräte mit Schutzleiter bis auf ein einziges müssen dann elektrisch isoliert ins Rack eingebaut werden. Ob ein Gehäuse geerdet ist, erkennen Sie am dreipoligen Netzkabel bzw. an den vorhandenen seitlichen Kontaktzungen der Schukostecker. Im Zweifelsfall kontrollieren Sie mit dem Ohmmeter den Durchgang des Schutzleiters, wozu Sie eine Messspitze an die seitliche Kontaktzunge des herausgezogenen Schukos halten, die andere kommt auf eine blanke Gehäusestelle.

Für die isolierte Rackmontage gibt es im Handel ein spezielles „Humfree"-Isolationskit: Passende Kunststoff-Ummantelungen mit entsprechend ausgestanzten Schraubenlöchern werden über die „Rackohren" gestülpt und sorgen auf diese Weise für Isolation zwischen Frontplatte und Rackschiene. Die Befestigung erfolgt dann mit Unterlegscheiben aus Kunststoff und speziellen Schrauben, die unterhalb des Kopfes isoliert sind.

Mit etwas Geschick können Sie so etwas aber auch leicht selbst herstellen: Die Isolation wird aus nicht zu dünner Kunststofffolie einfach herausgeschnitten, die normalen Befestigungsschrauben isolieren Sie unterhalb des Kopfes mit etwas Schrumpfschlauch aus dem Elektronikladen. Unterlegscheiben aus Kunststoff sind beim Kauf eines Racks sowieso meistens den Schrauben beigelegt und bieten neben der erforderlichen Isolation auch Schutz vor Kratzern auf den Frontplatten. Nach dem Einbau kontrollieren Sie schließlich noch kurz mit einem Durchgangsprüfer oder dem Ohmmeter (eine Messspitze auf die Rackschiene, die andere aufs Gehäuse), ob die Isolation auch wirksam ist.

In hartnäckigen Fällen isolieren Sie weitere Kontaktmöglichkeiten zwischen den Gehäusen durch Zwischenlegen eines zugeschnittenen Stücks Kartons oder Pappe zwischen Einschübe ohne Gummifüße. Außerdem werden dadurch die Ober- und Unterseiten vor Kratzern bewahrt, die durch hervorstehende Schrauben schnell entstehen. Ein neues Gerät sieht dann rasch alt aus und verliert an Wiederverkaufswert.

Nur ein einziges geerdetes Gerät (vorzugsweise eine schwere Endstufe o. ä.) bauen Sie ohne Isolation ins Rack ein. Dies bringt den Vorteil, dass dann die Rackschienen und alle weiteren dazu Kontakt führenden Metallteile ebenfalls geerdet sind.

Zur Brummunterdrückung nicht zulässig (!) ist das Unterbrechen der Schutzleiter durch Abkleben der Schukostecker oder gar diesbezügliche Manipulationen der Mehrfachsteckdose! Dadurch geht die Schutzerdung verloren, und wenn aufgrund eines internen Defekts Netzspannung auf ein derart behandeltes Gehäuse gelangt, kann sie entweder gar nicht oder nur über zu hochohmige Umwege wie die Abschirmung der Signalkabel auf ein anderes Gerät und von dort aus gen Erde abfließen. Bei Berührung erhalten Sie dann einen empfindlichen, unter Umständen tödlichen elektrischen Schlag!

15.5.6 F.o.H.- und Monitor-Sideracks

Unter dem Aspekt der Transporthäufigkeit von P.A.-Equipment sind für die Effektgeräte an Front- und Monitorplatz nur stabile Sperrholz-Racks empfehlenswert, alles andere werden Sie früher oder später bereuen. Meistens werden auch noch weitere notwendige 19"-Einschübe wie die Mischpult-Netzteile oder Steckfelder für Multicores hier montiert. Entweder gibt es einen großen „Kühlschrank" auf Rollen für alles, oder Sie verteilen Ihr Equipment der Funktion entsprechend auf mehrere kleinere Racks (z. B. „EQ"-Rack, „Dyna"-Rack, „FX"-Rack, „PSU"-Rack usw.). Letztere Variante hat den Vorteil, dass die Einzelkisten leichter zu tragen und in Kleinbussen und Pkws recht einfach zu verladen und zu transportieren sind. „Kühlschränke" eignen sich dagegen nur für professionelle Produktionen, die über Lkws, Hebebühnen, Laderampen und genügend kräftige Helfer verfügen. Auch sind Sie mit den kleineren Racks bei Platz- und Sichtproblemen am Frontplatz bezüglich der Anordnung flexibler. Nachteilig ist lediglich der für die Verkabelung notwendige zusätzliche Zeitaufwand.

Abb. 15.8: Professionelle Monitor-Sideracks aus Holz, die zum Transport extra „eingecast" werden

Die Anordnung der Geräte ist Geschmackssache und ergibt sich letztlich aus der Bedienhäufigkeit: Die Mischpult-Netzteile rücken pro Veranstaltung (hoffentlich) nur zwei Mal in den Mittelpunkt des Interesses und werden dementsprechend zu unterst im Rack platziert. Den Master-EQ dagegen sollten Sie auch ohne großes Kopfdrehen und Niederknien bedienen können. Displays digitaler Effekt-prozessoren lassen sich aus spitzem Winkel nur schlecht ablesen, so dass sich bei wichtigen Effektgeräten ebenfalls ein Platz an der Sonne empfiehlt. Die jeweils richtige Einbaureihenfolge wird jeder Tonmensch mit etwas Erfahrung und Kenntnis der eigenen Arbeitsweise schnell selbst herausfinden.

Live is live

16 Die Praxis

16.1 Sprachbeschallung

Zu Anfang eine Situation, die in Musikerkreisen so gut wie nie vorkommt, in der Verleihbranche aber alltäglich ist: der so genannte „Industrie"- bzw. „Konferenzjob". In der Regel handelt es sich hierbei um reine Sprachbeschallungen in meist recht gediegenem Ambiente, z. B. in Konferenzsälen von Hotels, Firmen usw., oder aber auch in großen Hallen. Im einfachsten Fall ist die Ansprache eines Redners mit einer an die Größe des Auditoriums angepassten Anzahl kleiner Boxen zu übertragen. Aufwändige „Industriejobs" hingegen umfassen die Übertragung kompletter Talkrunden, Audio-Einspielungen von Videogeräten, PCs, CDs u.v.m.

Die Liste des dafür notwendigen Equipments beginnt bei der Auswahl der richtigen Boxen. Da viele Kunden Wert auf möglichst unsichtbare Technik legen, dürfen diese in den Abmessungen nicht zu groß ausfallen. Da kommt es Ihnen als Anwender gerade recht, dass für reine Sprachübertragung keine exorbitante Tiefbass-Wiedergabe nötig ist, so dass Sie mit guten Kleinboxen (z. B. L-Acoustics MTD 108, HK-Audio VT 108, Kling & Freitag CA 106 oder Nexo PS10) voll und ganz auskommen. Diese können Sie zudem Platz sparend transportieren und mit Hilfe von Boxenstativen leicht alleine aufstellen und auch wieder abbauen. Zum Mischen und Verstärken genügt bei kleinen Events ein zuverlässiger Powermischer mit Einschleifmöglichkeiten (wichtig!) schon vollauf, mehr Flexibilität bringt Ihnen erfahrungsgemäß aber ein „richtiges" Mischpult. Wegen der umfangreichen Möglichkeiten bei geringem Platzbedarf finden besonders in diesem Bereich kleine Digitalpulte mehr und mehr Verwendung.

Abb. 16.1: Hochwertige Kleinbox für Sprach- und Multimedia-Beschallungen: Kling & Freitag CA 106. Die Gehäuseform und das quadratisch abstrahlende Horn erlauben auch den Einsatz als Bodenmonitor

Handelt es sich um eine Ansprache von einem Rednerpult aus, verwenden Sie am besten zwei Schwanenhals-Kondensatormikrofone mit Nieren- oder Supernieren-Charakteristik, deren Kapseln Sie mit einigen Zentimetern Abstand nebeneinander auf die Mundhöhe des Redners ausrichten. Zwei Mikrofone erfassen einen breiteren Bereich, so dass Kopfdrehungen des Redners nicht so drastische Pegelsprünge verursachen. Außerdem ist für alle Fälle das Ersatzmikrofon gleich mitinstalliert. Natürlich können Sie Pegelschwankungen auch mit Hilfe eines Kompressors ausgleichen, dadurch geht aber der „Gain before Feedback"-Abstand verloren. Die Anlage neigt eher zu Rückkopplungen, und in akustisch schwierigen Räumen können Sie unter Umständen keine ausreichende Lautstärke mehr fahren.

Des Weiteren verursachen zwei Mikrofone auf gleicher Höhe manchmal Phasing-Geräusche, wenn sie gleichlaut eingestellt sind und sich der Redner während des Sprechens bewegt bzw. den Kopf rasch dreht. Dann sollten Sie den Abstand zwischen den Kapseln noch etwas verringern oder den Pegel von einem der beiden Mikrofone um drei bis vier Dezibel verringern.

Doch das wesentliche Problem der Sprachbeschallung ist die Rückkopplungsgrenze, die die maximal mögliche Lautstärke bestimmt. Um hier zusätzliche Reserven zu gewinnen, gehört ein hochwertiger Terz-Equalizer unbedingt mit zur Ausstattung dazu. Diesen schalten Sie zwischen Mischpult und Endstufe oder schleifen ihn in die entsprechenden Kanal- oder Subgruppen-Inserts ein. Beim Soundcheck begibt sich ein Helfer hinter die Mikrofone, während Sie am Pult langsam die Lautstärke erhöhen – so lange, bis zu den Sprechproben die erste Rückkopplung langsam mitzuschwingen beginnt. Durch Absenken des entsprechenden Frequenzbands um anfängliche 6 dB am EQ wird der Klang wieder sauber, und Sie können die Lautstärke weiter vorsichtig erhöhen, bis ein erneutes Feedback aufschwingt. Handelt es sich um dieselbe Frequenz, müssen Sie das erste Filter noch ein wenig tiefer ziehen. Meistens wird aber eine andere Frequenz zu schwingen beginnen, die Sie dann ebenfalls mit dem passenden EQ-Filter eliminieren.

Erfahrungsgemäß reichen zwei bis drei Bedämpfungen dieser Art vollkommen aus, um auch bei leisen Rednern auf ausreichende Lautstärke zu kommen. Bedenken Sie, dass die EQ-Absenkungen auch immer Einfluss auf den Klang ausüben. Aus diesem Grund ist in manchen Situationen der Einsatz schmalbandiger parametrischer Notch-Filter in analoger oder digitaler Ausführung sinnvoller, weil diese sich exakt auf den Störfrequenzen platzieren und in Bandbreite und Absenkung anpassen lassen. Mehr zum Thema „Einpfeifen" finden Sie in Abschnitt 16.3.11, „Einstellen der Monitoranlage". Ebenso wichtig ist aber auch ein überlegter Aufbau der Boxen. Richten Sie diese so aus, dass der Zuhörerbereich akustisch gut ausgeleuchtet wird und möglichst wenig Schall zu den Mikrofonen zurückgelangt.

16.2 Band mit Klein-P.A.

16.2.1 Aufbau

Wenn Sie Ihre Auftritte mit einer Klein-P.A. in Clubs, Kneipen oder ähnlichen Räumlichkeiten bestreiten, ist es besonders wichtig, den Veranstalter stets über den Platzbedarf der Band plus Anlage zu informieren. Besonders Leute, die nur sehr selten eine Veranstaltung organisieren, haben diesbezüglich meist vollkommen falsche Vorstellungen. Als „Platz für die Band" wird dann oft ein unübersichtliches Eckchen auserkoren, das die Motivation der Musiker beim Eintreffen am Veranstaltungsort erst einmal gehörig in den Keller rutschen lässt. Selbst wenn Sie einige Rahmenbedingungen vertraglich festlegen – ein klärendes Vorab-Gespräch mit dem Veranstalter zur Abstimmung (Ankunft? Stromanschluss? Platz für das Equipment? Getränke?) beseitigt Probleme und baut Vertrauen auf. Gelegentlich sind auch Ortstermine zusammen mit dem Veranstalter sinnvoll.

Abb. 16.2: Powermischer zum Umhängen: Soundcraft „Gigrac"

Kalkulieren Sie die Aufbauzeit stets großzügig! „Aufbauen und loslegen" ist nicht jedermanns Geschmack und vermittelt auch keinen professionellen Eindruck. Auch sollte nach Möglichkeit während des Aufbaus noch kein Publikum anwesend sein. Beim Ausladen des Equipments legen Sie selbiges dann erst einmal im Saal in Bühnennähe ab. „Alles auf die Bühne" bringt meistens nur Stress und Mehrarbeit, da diese zum Aufbau frei(geräumt) sein muss und Sie Ihre Ausrüstung nur einmal unnötig mehr in die Hand nehmen müssen! Während der Drummer das Schlagzeug aufbaut („Ist der Teppich rutschfest ausgelegt?"), kümmern Sie sich um das Hauptstromkabel, knobeln auf der Bühne den besten Mixerstandort aus, stellen an den Bühnenseiten die Boxen auf und nehmen die Verkabelung vor. Diese verläuft ebenfalls möglichst immer am Rand – quer gespannte Kabel bedeuten böse Fußangeln und schaden der Bühnenoptik, was dem Veranstalter und dem Publikum nicht unbedingt Professionalität vermittelt. Sind Türen oder Durchgänge zu passieren, gibt es zwei Möglichkeiten: Entweder die Kabel bleiben am Boden und werden mit Kabelmatten aus Gummi und schwarz-gelbem Gaffa-Tape gesichert, oder der Weg führt über die Türrahmen entlang, wo kleine Nägel bzw. Haken, Kabelbinder und wiederum Gaffa-Tape hilfreich sind. Kabel am Boden erfordern innerhalb eines Durchgangs immer eine stabile Trittabdeckung, sonst erfreuen sich die Leitungen keiner langen Lebensdauer, von der Stolpergefahr mal ganz abgesehen! Beachten Sie dies besonders bei teuren Multicores.

Ist die Arbeit schließlich so weit gediehen, beginnt der Rest der Band die Verstärker der Backline und die Instrumente aufzustellen. Erst dann folgen die vorderen Monitorboxen und die Mikrofonstative.

Kommt der Strom aus einer normal im Haus installierten Schuko-Steckdose, sollte die Verdrahtung und die anliegende Spannung eigentlich in Ordnung sein. Eine kurze Kontrolle mit einem Prüfgerät (Duspol) vor dem Einstecken des

Hauptkabels Ihrer Anlage bringt letzte Gewissheit – auf diese Weise erfahren Sie übrigens auch auf völlig ungefährliche Art und Weise, ob der Schutzleiter im Inneren der Dose korrekt angeklemmt ist! Generell kontrollieren sollten Sie, wenn mobile Generatoren bzw. mobile Stromkästen (Veranstaltungen im Festzelt und ähnliches) verwendet werden. Dasselbe gilt immer für Drehstromsteckdosen (Belegung der Kontakte siehe Abbildung 13.3 in Kapitel 13). Bei einem Verdrahtungsfehler können hier nämlich anstelle der üblichen 230 V plötzlich satte 400 V an den Schuko-Steckdosen der Drehstrom-Auflösung anliegen (Phase gegen Phase). Nicht minder gefährlich sind Überspannungen, verursacht durch schlecht kontaktierte oder gar fehlende Nullleiter. Beide Fälle veranlassen die eigenen Geräte zu blitzschnellem Ableben.

16.2.2 Soundcheck

Recht einfach geht dann die Inbetriebnahme der Klein-P.A. vonstatten: Zuerst eingeschaltet wird immer das Mischpult, dann sind periphere Effektgeräte, Frequenzweichen und zuletzt die Endstufen bzw. die Aktivboxen an der Reihe. Alle Master- und Monitorfader, sowie die Pegelsteller der Endstufen sind dabei geschlossen. Vorher muss natürlich die gesamte Verkabelung erfolgt sein. Dann öffnen Sie den Master ein wenig und testen sämtliche Gesangsmikros auf Funktion. Pegeln Sie die Kanäle mit den Gain-Reglern so hoch ein, dass bei lautem, konzertadäquatem Gesang noch keine Übersteuerungen entstehen (Peak-LEDs beachten). Sofern vorhanden, folgen dann die Keyboards, akustische Gitarren und eventuell noch Drummikros.

Zur Klangeinstellung: Justieren Sie die Kanal-EQs so, dass der Gesang frequenzmäßig ausgewogen erklingt. Zu viel Bass macht den Sound „wummrig" und schwer verständlich, Ploppgeräusche sind über Gebühr laut zu hören und verursachen unangenehmes Nachdröhnen.

Zu viele Mitten hingegen verfärben den Klang der Stimme ins Blecherne. Wenn es telefonartig in den Ohren schmerzt und der Kanal zwischen 500 und 1500 Hz anfällig für Rückkopplungen ist, steuern Sie mit Hilfe der Mittenregler gegen. Selbiges gilt auch bei zu vielen Höhen, die sich durch schrillen „zischelnden" Sound und ebenfalls durch Rückkopplungsanfälligkeit auf höheren Frequenzen äußern. Ist ein Frequenzbereich dagegen unterrepräsentiert, muss natürlich angehoben werden.

Der in kleinen Mischpulten und Powermischern vorhandene Summen-EQ dient dazu, das Klangbild der Boxen zu optimieren und wird vorher mit Hilfe von Musik derart eingestellt, dass Bässe, Mitten und Höhen ausgewogen erklingen. Wenn Sie über Ihre Boxen sowieso keine basshaltigen Instrumente wiedergeben können, erzeugt das Absenken des untersten Frequenzbands (63 Hz) einen wirkungsvollen Low-Cut. Dadurch wird die bei kleinen Aktivsystemen oder

Powermischern im Allgemeinen nicht so üppige Ausgangsleistung nicht auch noch durch nutzlosen Mikrofon-Trittschall vergeudet. Kanaleigene Low-Cut-Filter gehören bei Powermischern und Kleinpulten leider noch nicht zur Standard-Ausstattung. Apropos Trittschall, achten Sie in diesem Zusammenhang unbedingt darauf, dass die Beine Ihrer Mikrofonstative an den Enden Kunststoffhülsen besitzen! Diese gehen im Laufe der Zeit gerne verloren, und das blanke Metall auf dem Bühnenboden lässt erwiesenermaßen einige Dezibel mehr Vibrationen passieren. Gleiches gilt auch, wenn die Stativstange durch den Metallfuß durchrutscht und am Boden aufsitzt.

Weil bei Kleinpulten und Powermischern meistens nur ein grober Oktav-EQ zur Verfügung steht, der keine Feineingriffe erlaubt, kann das Abgleichen auf die Boxen auch vorab im Proberaum geschehen. In einem anderen Raum wird diese Einstellung dann auch funktionieren – meistens sind gar keine oder nur geringe Änderungen nötig. Diese nehmen Sie dann vor, wenn alle Kanäle einer identischen Frequenzkorrektur bedürfen. Beispiel: Zeigen die Regler aller Kanal-Klangregelungen nach erfolgtem Check überall starke Höhenanhebungen, so kann dies auch global am Summen-EQ eingestellt werden, wobei die Höhenregler der Einzelkanäle wieder zurück in Richtung Mittelstellung kommen. Normalerweise finden Sie auf einem Powermischer die optimale Klangeinstellung sehr schnell – so viele Möglichkeiten gibt es schließlich nicht. Sinnvoll ist es, sich diese zu merken und bei späteren Gigs als Basis zu verwenden.

Abschließend werden die Einzelkanäle des Mischpults, sowie die anderen, nicht abgenommenen Instrumente in der Lautstärke aufeinander abgestimmt. Dafür spielen Sie einen Titel gemeinsam komplett durch, wobei auch einmal vor der Bühne im Zuschauerbereich gehört (Voraussetzung: lange Kabel bzw. Sender) und das Ganze von dort aus beurteilt werden sollte. Danach ist nur noch der Monitor in der Lautstärke zu justieren.

16.3 Band mit eigenem P.A.-System

16.3.1 Die eigene P.A. – ja oder nein?

Besonders Top 40- und Tanzkapellen, aber auch Rockbands mit regionalem Bekanntheitsgrad und entsprechendem Publikumszuspruch besitzen häufig eigenes Ton- und Lichtequipment, für dessen Transport und Betreuung nicht selten auch zusätzliche Helfer zuständig sind.

Lohnt sich für eine solche Band der Aufwand mit eigener P.A. überhaupt, oder ist es besser, immer eine Verleihfirma samt Personal anzuheuern? Diese Frage ist zunächst mal ein reines Rechenexempel und hängt in erster Linie von den Einnahmen ab. Neben den Investitionen für Kauf und Instandhaltung des technischen Equipments fallen pro Auftritt natürlich auch Kosten für die Helfer/ Techniker an. Was den Transport angeht, macht bei viel beschäftigten Bands mit großem Aktionsradius ein eigenes, zuverlässiges Transportfahrzeug (Lieferwagen oder kleiner Lkw) durchaus Sinn. Dann sparen Sie auf Dauer nämlich eine große Menge Ladearbeit und auch Zeit, da das Equipment stets an Bord verbleiben kann. Auch ist es möglich, ein genaues, Equipment schonendes Ladeschema auszuknobeln, das vor Ort schnelles Be- und Entladen ermöglicht. Bei Mietfahrzeugen ist dies aufgrund immer wieder anderer Größenverhältnisse nicht so ohne Weiteres möglich. Ein gesicherter Unterstand in Form einer Garage ist für ein eigenes Fahrzeug allein schon aus versicherungstechnischen Gründen anzuraten. Falls Sie das alles jetzt abschreckt, bedenken Sie, dass eine immer wieder ausgeladene P.A. ebenfalls sicheren Lagerraum benötigt.

Der größte Vorteil einer eigenen Anlage besteht darin, dass Sie bei jedem Auftritt exakt das gleiche Material am Start haben, was sich auf Dauer günstig auf die benötigte Aufbauzeit auswirkt und bei sehr speziellem Showcharakter auch unerlässlich ist. Vergessen Sie auch nicht, dass sich alle diesbezüglichen Kosten von der Steuer absetzen lassen bzw. Sie Ihr Equipment abschreiben können.

Verleihfirmen hingegen bieten den Vorteil, sich nicht selbst um die ganze P.A.- und Transportlogistik kümmern zu müssen. Haben Sie einen guten und zuverlässigen Verleiher gefunden, teilen Sie lediglich einige wichtige Rahmendaten der einzelnen Termine mit, die Firma erledigt den Rest. Allerdings kann es passieren, dass Sie je nach aktueller Situation immer mal anderes Material und andere Leute bekommen.

16.3.2 Aufbau und Inbetriebnahme

Der Aufbau der Anlage geht am schnellsten vonstatten, wenn Sie Ihre Cases gleich beim Hereinrollen an denjenigen Stellen platzieren, an denen sie später dann auch gebraucht werden. Im Regelfall heißt das: Traversen, Lichtbars plus Stative und ähnliches gleich auf die Bühne, P.A.-Boxen und Amping an die Seiten, die F.o.H.-Cases in den Saal, Schuko- und NF-Kabelkisten möglichst zentral in die Mitte.

Abb. 16.3: Eine professionelle Festival-Konzertbühne noch
während des Aufbaus

Solange noch an den Boxen und am Licht gearbeitet wird, stören Instrumente und Verstärker auf der Bühne erheblich und haben folglich dort noch nichts verloren, zumal die Gefahr der unbeabsichtigten Beschädigung der Backline während dieses Zeitraums sehr groß ist. Während auf der Bühne P.A. und Licht installiert werden, läuft parallel dazu der Aufbau des Mischpults im Saal.

Die Drehstrom-Steckdosen vor dem Anschluss kurz auf korrekte Verdrahtung zu überprüfen, dauert nur eine Minute und kann im Fehlerfall eine Menge Ärger ersparen. Sind schließlich die erforderlichen Strom- und Multicorekabel gelegt und gesichert, die Verkabelung der Boxen, Controller und der Endstufen abgeschlossen, wird zu einem ersten Funktionstest eingeschaltet. Achten Sie darauf, dass anfangs alle Lautstärkeregler der Endstufen geschlossen sind. Gleiches gilt für die Master- und Monitorwege des Mischpults. Zuerst bekommen Mixer und Effektrack Strom, danach aktivieren Sie den/die Controller und alle Endstufen. Schicken Sie nun ein Musiksignal vom Pult ab und kontrollieren Sie am Controller bzw. an der Frequenzweiche, ob Signal anliegt (LED-Anzeigen). Jetzt drehen Sie backstage nacheinander sämtliche Endstufen auf, wobei im Saal die einzelnen Frequenzwege der Anlage in entsprechender Reihenfolge hörbar werden. Funktioniert ein Weg nicht oder ist er mit Störgeräuschen behaftet, liegt meistens ein Fehler in der Verkabelung vor, allerdings kann auch ein am Controller stumm geschalteter Weg dafür verantwortlich sein. Sind die Frontboxen schließlich getestet, verfahren Sie genauso mit dem

Monitor. Fehlerquelle Nr. 1 hier sind vertauschte Wege. Bei gekennzeichneten Buchsen und Kabeln gehört das Umstöpseln an der Stagebox im Nachhinein bald der Vergangenheit an. Funktioniert die Anlage einwandfrei, werden der besseren Pegelübersicht wegen sämtliche Endstufenregler bis zum rechten Anschlag geöffnet.

Abb. 16.4: Zusammenbau einer S4-Boxenwand (Clair Brothers Groß-P.A.)

Besonders wichtig: Während dieser Tests haben alle Musiker – sollten sie doch schon auf der Bühne zugegen sein – Pause. Nervig wird es nämlich, wenn man einen Fehler suchen muss, derweil Drummer und Gitarrist sich lautstark am Klang ihrer Instrumente erfreuen.

16.3.3 Klangtest

Ist die P.A. in der beschriebenen Art und Weise betriebsbereit, steht ein kurzer Test des Klangs bzw. des Frequenzgangs an. Dies geschieht am einfachsten mit den eigenen Ohren – spielen Sie über die Anlage eine Ihnen vertraute Musikaufnahme nicht zu leise ab und kontrollieren Sie, ob Bässe, Mitten und Höhen ausgewogen klingen. Viele Tonleute nehmen häufig noch eines der Gesangsmikrofone und testen mit der eigenen Stimme zusätzlich. Stimmt die Klangbalance nicht, prüfen Sie zuerst die korrekten Pegelverhältnisse der einzelnen Frequenzwege an der Frequenzweiche und versuchen Sie, durch entsprechende

Dosierungen die Frequenzabstimmung so optimal wie möglich zu bekommen. Erst dann sollte der im Effektrack befindliche Master-Equalizer, der die L/R-Summe bearbeitet, hinzugezogen werden und dem Sound den Feinschliff verpassen. Wie bereits in Abschnitt 8.3.2 erklärt, macht an dieser Stelle nur ein Terz-Equalizer mit 31 Bändern richtig Sinn, denn nur dieser liefert Ihnen genügend feine Auflösung des Audiofrequenzbereiches, so dass Sie einzelne Frequenzen gezielt bearbeiten können.

Einige Tipps zum Einstellen: Filterungen auf grafischen EQs werden grundsätzlich aus neutraler Position erstellt, d.h., alle Regler kommen anfänglich auf die Nulllinie. Dann sollten Sie stets versuchen, ihr Klangziel nur mit Absenkungen zu erreichen, denn auf Absenkungen reagiert das menschliche Gehör weniger sensibel als auf starke Anhebungen.

Beispiel: Klingt die abgespielte Testmusik bei linearer EQ-Einstellung in den Mitten aggressiv (was häufig der Fall ist), senken Sie einfach im Bereich von 1 – 4 kHz (ausprobieren!) einige dB ab. Rein theoretisch wäre diesem Problem ja auch mit dem Anheben der Bässe und Höhen zu begegnen – in der Praxis handeln Sie sich dadurch aber nur einen unregelmäßigen Frequenz- und Phasengang ein, weil jetzt unnötig viele Filter den Klang beeinflussen. Bestimmt haben Sie noch den wellenförmigen Frequenzgang aus Abbildung 8.9 vor Augen, der bei Anhebung mehrerer benachbarter Frequenzbänder immer entsteht. Aus diesem Grund ist es auch nicht sinnvoll, eine Änderung des Gesamtpegels durch Verschieben sämtlicher Regler um den gleichen Betrag nach oben oder nach unten durchzuführen, weil sich gerade dann diese Einflüsse negativ bemerkbar machen. Je weniger Filter das Signal beeinflussen, umso besser, also benutzen Sie für zusätzliche Gesamtpegel-Korrekturen immer nur den am EQ vorhandenen Level-Regler.

16.3.4 Arbeiten mit einem Spektrum-Analyzer

Zusätzlich zum Klangtest mit Musik und dem Gehör erfolgt bei professionellen Produktionen größeren Ausmaßes oftmals das dem Laien so geheimnisvoll anmutende Ritual des „Einrauschens". Was passiert hierbei? Beim Einrauschen wird der Frequenzgang der Lautsprechersysteme unter Einfluss der Raumakustik auf einem Spektrum-Analyzer sichtbar gemacht. Unter- bzw. überbetonte Frequenzbereiche sowie schmalbandige Resonanzen sind mit etwas Übung sofort zu erkennen.

Wie funktioniert der Spektrum-Analyzer? Ein Spektrum-Analyzer dient zum Messen der Frequenz-Zusammensetzung elektrischer Signale innerhalb eines definierten Frequenzbereiches. Im Beschallungswesen ist dies stets der Audiobereich von 20 – 20000 Hz. Ähnlich wie bei einem grafischen Equalizer zerlegen im Inneren des Analyzers Bandfilter das zu messende Eingangssignal in einzelne Frequenzbänder. Diese werden dann aber nicht angehoben oder abgesenkt, sondern lediglich im Pegel gemessen und via LED-Ketten oder LCD-Displays durch auf- und abwandernde Balken optisch dargestellt. Auf diese Weise erhalten Sie einen optischen Eindruck über die Frequenz-Zusammensetzung des eingespeisten Signals. Handelt es sich dabei beispielsweise um herkömmliche Rock- und Popmusik, lassen sich einige markante Instrumente auf dem Display sofort erkennen: Im Bassbereich von 50 – 250 Hz werden sich die Anzeigen stets im Takt der Basslinien und der Bassdrum bewegen, im Bereich ab 5 kHz aufwärts sind HiHat und Beckenschläge deutlich auszumachen.

Wie können Sie einen Analyzer zum Einstellen eines optimalen, ausgewogen klingenden P.A.-Frequenzgangs einsetzen? Um Schwächen in der Übertragungskette Boxen-Raumakustik aufzudecken, ist als erstes ein Messsignal vonnöten, das im Frequenzbereich von 20 – 20000 Hz alle Frequenzen mit gleicher Amplitude bereitstellt. Dies ist bei einem Rauschsignal der Fall. Der in den Analyzer integrierte Rauschgenerator erzeugt üblicherweise Weißes und Rosa Rauschen („Pink Noise"). Letzteres ist auf den benötigten Audiofrequenzbereich 20 – 20000 Hz bandbegrenzt und besitzt zu höheren Frequenzen hin einen Pegelabfall von 6 dB/Oktave, entspricht in seiner Zusammensetzung also in etwa dem Charakter des später über die Anlage wiedergegebenen Musikprogramms. Weißes Rauschen hingegen liefert auf allen Frequenzbändern stets identische Durchschnittspegel. Dies erkennen Sie sofort, wenn Sie das Rauschsignal zur Anschauung einmal direkt auf den Analyzer schalten. Dass die Spitzenwerte ständig „zappeln", liegt daran, dass innerhalb eines Rauschsignals einzelne Frequenzen nicht kontinuierlich anliegen, sondern immer nur sporadisch auftauchen. Es ist daher nur mit Hilfe der Wahrscheinlichkeitsrechnung möglich, über die Häufigkeit des Auftretens einer bestimmten Frequenz innerhalb eines Zeitabschnitts Auskunft zu geben.

Abb. 16.5: Professioneller Audio-Analyzer DN 6000 von Klark-Teknik

Für die Praxis sind diese Aspekte jedoch von geringerer Bedeutung. Aufgrund der Tatsache, dass Rauschsignale alle Frequenzen des Audiobereiches quasi gleichzeitig bereitstellen, eignen sie sich natürlich hervorragend für Frequenzgangmessungen. Was passiert dabei? Das vom Rauschgenerator erzeugte Rauschen wird vorzugsweise über einen Zuspielweg auf das Pult gegeben und über die Lautsprecher hörbar gemacht. Natürlich muss dieses Signal auch über den Summen-EQ laufen. Befinden sich noch andere Klangregelungen im Signalweg, so stellen Sie diese auf neutral oder betätigen am besten die Bypass-Taste. Das von den Boxen abgestrahlte Rauschen wird nun von einem linearen Messmikrofon aufgenommen und dem Analyzer zugeführt. Zeigt dieser in bestimmten Frequenzbereichen Einbrüche oder Überhöhungen an, kann dies durch Anheben bzw. Absenken der entsprechenden Bänder am Summen-EQ kompensiert werden.

So weit die (theoretische) Vorgehensweise. Bei aller Euphorie begegnen dem Anwender beim Arbeiten mit dem Analyzer in der Praxis jedoch einige Tücken, die das Einrauschen nicht selten komplett in Frage stellen. Erfahrungen zeigen nämlich, dass eine nur mit dem Analyzer eingemessene P.A. nicht zwangsläufig auch gut klingt. Verantwortlich dafür sind mehrere Faktoren, deren Einfluss die Messungen maßgeblich beeinflussen:

Zunächst einmal sei gesagt, dass herkömmliche Spektrum-Analyzer stets in Echtzeit messen. Was am Eingang anliegt, erscheint in seiner Frequenz-Zusammensetzung auf dem Display. Messmikrofon und Analyzer unterscheiden nicht (!) zwischen dem Direktschall aus den Boxen und dem Diffusschallfeld des Raums, sondern überlagern beide Einflüsse. Auf dem Display ist demnach nicht erkennbar, ob Unregelmäßigkeiten im Frequenzgang tatsächlich von den Boxen kommen, der Raumakustik anzukreiden sind, oder ob ein ungünstiger Mikrofonstandort übermäßig starke Reflexionen z. B. vom Boden in die Messung einfließen lässt. Im Gegensatz dazu bewertet das menschliche Gehör die Klangverhältnisse von Direktschall und Reflexionen ganz anders – mit etwas Erfahrung und in der richtigen Position sind Sie durchaus in der Lage, zwischen gut klingenden Boxen und schlechten Raumeinflüssen zu unterscheiden.

Wesentlich für die Aussagekraft einer Messung ist in dieser Situation natürlich auch die Position des Messmikrofons. Je näher Sie an die Boxen herangehen, umso geringer wird der Anteil des Diffusschallfelds – also der Raumakustik. Nun kann es aber auch nicht Sinn der Sache sein, die Boxen im Frequenzgang fein säuberlich abzugleichen, während die Raumakustik bei dieser Einstellung gewisse Frequenzen aufschaukeln lässt oder gar verschluckt. Daher wird – nicht zuletzt auch aus Bequemlichkeit – das Mikrofon meistens beim Mischpult platziert, da dieser Ort für den Mixer letztlich repräsentativ ist.

Trotz der genannten Einschränkungen kann sich ein Analyser durchaus als sehr hilfreich erweisen, und wenn Sie ihn nur zum Aufspüren rückkopplungsfreudiger Frequenzen, z. B. in der Monitoranlage, verwenden. Voraussetzung ist, dass Sie dem Gerät nicht blind und ehrfürchtig vertrauen, sondern lernen, die Aussagekraft der Anzeigen unter den jeweils gegebenen akustischen Verhältnissen einzuschätzen. Der Analyzer ist lediglich als zusätzliches Hilfsmittel zu den eignen Ohren anzusehen. Noch gar nicht zur Sprache gekommen ist nämlich folgender Gedanke: Das Einrauschen geschieht in leerer Halle, ist diese dann mit Menschen gefüllt, verändert sich die Akustik erheblich. Diese Veränderungen – von Band und Mixer angesichts des doch eher bescheidenen Klangs beim nachmittäglichen Soundcheck oft herbeigesehnt – äußern sich durch weniger Reflexionen und damit verringerte Nachhallpegel, gleichzeitig werden die hohen Frequenzen bedämpft. Aus diesem Grund sind bei Konzertbeginn bei einer vorher optimal abgeglichenen Anlage oft noch einige feine Korrekturen im Frequenzgang nötig.

Damit Sie kritischen Frequenzen wirkungsvoll entgegenfiltern können, müssen die Frequenzbänder des Summen-EQ mit denen des Analyzers identisch sein! Aus diesem Grund gilt beim Analyzer die gleiche ISO-Mittenfrequenz-Normung wie auch beim Equalizer, manches Mal sind beide Funktionen sogar in einem Gerät kombiniert. Zeigt der Analyzer während der Show dann die P.A.-Summe an, ist dies dem Aufspüren von unerwünschten Subbässen oder kritischen Feedback-Frequenzen hilfreich. Genauso wie beim Einrauschen muss dafür allerdings genügend feine Auflösung des Audiobereiches gegeben sein, die nur ein recht teurer 31 Band-Terz-Analyzer bietet. Geräte aus der „HiFi-Ecke" besitzen meist Oktavfilter, messen viel zu grob und taugen leider nur als Lichtorgel! Dies sei besonders dem semiprofessionellen Anwender ans Herz gelegt, dessen finanzielle Möglichkeiten für einen professionellen „31-Bander" nicht ausreichen und der deshalb mit einem Oktav- oder 2/3-Oktav-Analyzer liebäugelt. Investieren Sie Ihr Geld lieber erst mal in gute Boxen und einen hochwertigen Controller, dann können Sie sich den Analyzer auch sparen! In einer semiprofessionellen Anlage stellt ein solches Gerät keine absolute Notwendigkeit dar.

In den letzten Jahren haben sich einige weitere Messverfahren („TEF", „MLISSA", „FFT") etabliert, die die genannten Nachteile des Realtime-Spektrum-Analyzers teilweise ausschalten. Diese Geräte, die zunehmend auch als Software für den eigenen Laptop erhältlich sind, eignen sich aus Kosten- und Know-how-Gründen jedoch nur für professionelle Anwender. Eingehende Beschreibungen würden den Rahmen dieses Buches sprengen.

16.3.5 Vorbereitungen am F.o.H.-Mischpult

Normalerweise ist es üblich, die F.o.H.-Arbeit mit einem vollständig „genullten" Pult zu beginnen, d.h. sämtliche Gain-Regler stehen auf Linksanschlag, die

EQs sind neutral gestellt und ausgeschaltet, Aux-Wege halten Sie allesamt geschlossen, und auch die übrigen Schalter und Regler befinden sich im gleichen neutralen oder geschlossenen Ausgangszustand. Dies zwingt Sie beim Einstellen der Kanäle zu methodischem Arbeiten und hilft, Fehler durch nicht beachtete und unbeabsichtigt offen stehende Regler zu vermeiden. Außerdem lernen Sie dadurch ein Ihnen möglicherweise fremdes Pult eines Verleihers schneller kennen. Wenn Sie ein bandeigenes Pult besitzen, das immer unter denselben Bedingungen betrieben wird, können bestimmte EQ-, Monitor- und Routing-Grundeinstellungen natürlich auch stehenbleiben, nur der Feinabgleich wird von Konzert zu Konzert verändert. Doch sei gesagt, dass ein Neuanfang von Zeit zu Zeit Geist und Ohren wachhält. Pulte von Verleihfirmen werden nach Benutzung übrigens immer „genullt", da der nächste Einsatz für gewöhnlich völlig anders ausfällt und häufig auch ein anderer Techniker zuständig ist.

Die Arbeit am Pult beginnt mit der Zuordnung der Instrumente auf die Mischpultkanäle. Bands, die viel mit unterschiedlichen Verleihern oder nur mit Agenturen arbeiten, haben dafür einen so genannten „Technical Rider", eine Liste, die Informationen über die einzelnen Instrumente und deren Position auf der Bühne enthält. Für gewöhnlich werden darin auch Angaben über die gewünschten Mikrofone, die Pultbelegung und die Position der Monitore gemacht. Diese Liste geht dem Verleiher bzw. dem Veranstalter im Vorfeld zu, so dass entsprechend geplant und vorbereitet werden kann.

Wenn Sie aber eigenes Equipment haben, kennen Sie natürlich die einzelnen Instrumente und die Anzahl der Signale Ihrer Band genau. Prinzipiell ist damit jede beliebige Pultbelegung möglich, aus Gründen der Übersicht empfiehlt es sich aber, zusammengehörende Instrumente nebeneinander anzuordnen und auf einem unter den Fadern angebrachten Streifen Krepp-Papier zu vermerken. Üblich ist es, links außen mit dem Schlagzeug zu beginnen: Auf Kanal 1 liegt die Bassdrum, dann folgen Snare, HiHat, Toms und ein oder zwei Overhead-Mikrofone. Durch Betätigen der jeweiligen Schalter weisen Sie allen Drumkanälen das Subgruppen-Pärchen „1 – 2" zu, was den Vorteil bringt, dass das komplette Drumset später mit nur zwei Reglern in der Lautstärke geregelt werden kann, ohne die Position der Einzelkanalfader verändern zu müssen (siehe auch Abschnitt 7.4).

Als nächstes an der Reihe sind Bass, elektrische und akustische Gitarren und die Keyboards, die ohne Subgruppe direkt auf den Mix geroutet werden. Schließlich folgen noch Blasinstrumente und die Gesangsmikrofone, wofür bei größerer Anzahl wieder Subgruppen, z. B. „3 – 4" und „5 – 6", zu empfehlen sind. Die optische Reihenfolge der Mikrofone und Instrumente sollten Sie in etwa auf das Pult übertragen – dies erleichtert die Orientierung enorm. Wenig Sinn macht es beispielsweise, bei einem vierköpfigen Bläsersatz dem links stehenden Posaunisten von den vier „Gebläsereglern" ausgerechnet den Fader rechts außen zuzuweisen. Gleiches gilt natürlich auch für Gitarren- und Gesangsmikros.

Abb. 16.6: Klebt man nicht benötigte Regler – wie hier in der Master-Sektion – mit Tape ab, fördert das die Übersicht. Gleiches empfiehlt sich, wenn bestimmte Reglerstellungen während der Veranstaltung nicht verändert werden dürfen und nacheinander mehrere Techniker das Pult bedienen

Als nächstes kümmern Sie sich um die Aux-Wege, über die Sie Ihre Effektgeräte und die Monitorwege auf der Bühne ansteuern. Stellen Sie fest, inwiefern diese „Pre/Post" konfigurierbar sind (siehe auch Abschnitt 7.3.8), und teilen Sie die Wege gemäß den Anforderungen in Monitor- und Effektwege auf. Zweckmäßig ist es, die jeweils angesteuerten Monitorboxen und Effektgeräte ebenfalls auf einem Kreppstreifen zu vermerken, den Sie auf Höhe der Potis seitlich anbringen. Am übersichtlichsten wird das Ganze, wenn Sie die Effektgeräte-Anordnung im Siderack bei der Zuordnung der Aux-Wege einfach übernehmen.

Abb. 16.7: Professionelles F.o.H.-Siderack, bestückt mit Effektprozessoren

Ist die Verkabelung abgeschlossen und der F.o.H.-Platz betriebsbereit, testen Sie die Effektwege zunächst mal im Stillen. Also Talkback-Mikro oder CD-Player in einen freien Kanal stöpseln, diesen anschalten und einpegeln, Kanalfader und nacheinander alle Aux-Potis öffnen und im Rack schauen, ob die zugehörigen Effektgeräte auf ihren LED-Ketten eintreffende Signale anzeigen. Ist dies nicht der Fall, haben Sie entweder vergessen, die Aux-Master-Regler, die die Gesamtpegel der Aux-Wege bestimmen, zu öffnen, oder die Verkabelung weist Fehler auf, die Sie durch Umstecken oder Kabelwechsel beheben. Auch ein eingestecktes Insertkabel kann das Signal blockieren, wenn „Send" und „Return" vertauscht sind (Buchsenbelegung des Pults beachten) oder der angeschlossene Signalbearbeiter noch ausgeschaltet oder heruntergedreht ist. Daher schalten Sie Kompressoren, Noisegates und externe Equalizer bei Beginn der Arbeit grundsätzlich auf „Bypass" oder stecken die Insertkabel später. Erhalten alle Prozessoren schließlich ihre Signale, setzen Sie den Kopfhörer auf und checken die jeweiligen Return-Kanäle mit „PFL". Ist nichts zu hören und nichts auf der LED-Anzeige des Pults, liegt dies meist an zu wenig Gain und/oder zu wenig Ausgangspegel vom Effektprozessor. Auch kann eine Klinke-Line/XLR-Mic-Umschaltung, ein gedrückter PAD-Schalter oder – ganz profan – ein gemuteter oder ausgeschalteter Kanal schuld sein.

Wenn Sie sicher sind, dass die Verkabelung funktioniert und alle Effekte dort anliegen, wo Sie sie haben wollen, kann der Line- und der Soundcheck mit der Bühne beginnen. Hierzu gleich ein wichtiger Hinweis im Voraus: Falsch ist es, sämtliche Instrumente einzeln auf bombastischen Sound (= „viele Bässe, viele Höhen") zu trimmen und dann zu erwarten, dass der Gesamtsound genauso bombastisch ausfällt. Sind mehr oder weniger alle Instrumente im gesamten Frequenzbereich vertreten, ergibt deren Überlagerung mit ziemlicher Sicherheit nur unerträglichen Klangbrei. Beispiel: Solo gespielt klingen Gitarren- und Keyboardsounds mit ordentlich Bassanteil eindrucksvoll (was Sie durchaus ermutigen sollte, bei Solopassagen den Sound auch mal ordentlich „fett" zu machen). Kommen nun aber die Bassdrum und der Bass dazu – jene Instrumente, die eigentlich für den Bassbereich zuständig sind – so ergeben sich Überlagerungen, die oft Übersteuerungen und Frequenzauslöschungen im Bassweg verursachen. Dass dann kein optimaler Gesamtsound mehr entstehen kann, ist sicherlich einsehbar. Wenn Sie im Gegenzug die Bässe der Gitarren und Keyboards zurücknehmen, wird deren Fehlen im Gesamtsound kaum auffallen. Legen Sie also für jedes Instrument den wichtigsten Frequenzbereich – quasi eine Art „Frequenzfenster" – fest, und bedämpfen Sie Frequenzen außerhalb mit der Klangregelung.

16.3.6 Drumcheck

Traditionsgemäß läutet der Drummer mit der Bassdrum den Soundcheck ein. Schalten Sie Kanal 1 ein, drücken Sie die PFL-Taste und drehen Sie die Gain-Regler so lange auf, bis die entsprechende „PFL"-Pegelanzeige bei jedem Bassdrumschlag knapp 0 dB erreicht. Höher sollte nicht eingepegelt werden, denn erfahrungsgemäß sind die Musiker beim Soundcheck immer leiser als beim späteren Konzert, so dass ein paar dB in Reserve nie verkehrt sind. Wenn Sie jetzt den Kanalfader öffnen, ertönt die Bassdrum aus den Boxen. Ist dies nicht der Fall, sind die Subgruppen 1 – 2 noch ausgeschaltet und/oder die Summenfader geschlossen. Den Kanalfader bringen Sie in die 0 dB-Position, auch mit allen anderen Kanälen verfahren Sie nach dem Einpegeln so.

Wie bereits in Abschnitt 4.6.3 erläutert, entstehen „amtliche", in der Rock- und Popmusik übliche Bassdrum-Sounds durch Anheben der Bässe bei 60 Hz und Betonen des Bereiches um 3500 Hz bei gleichzeitigem Herausfiltern des

„Holzes" bei 400 Hz, denn dadurch erhalten Sie mehr „Wumms" und mehr „Kick", also höherfrequentes Anschlaggeräusch. Großen Einfluss auf den Sound hat natürlich auch die Position des Mikrofons, worüber Abschnitt 4.6.3 ebenfalls Auskunft gibt.

Ein Kompressor im Kanal-Insert bringt der Bassdrum meistens noch einiges an Klangverbesserung: Bei Attackzeiten um 50 ms kommt besonders der Anschlag besser zur Geltung, weil der Kompressor leicht verzögert reagiert und erst das Nachschwingen der Trommel komprimiert. Der Sound erklingt dann insgesamt „tighter" und „runder" – tieffrequentes Bollern und Nachdröhnen wandert wirkungsvoll in den Hintergrund. Zu empfehlen ist ein Kompressionsverhältnis („Ratio") von etwa 4 : 1 und eine Verstärkungsrücknahme („Gain-Reduction") um 6 dB, die Releasezeit sollte 100 – 300 ms betragen. Diese Werte dienen allerdings nur als Anhaltspunkte für eigene Experimente.

Ratio, Attack- und Releasezeiten stellen Sie am besten vorab ein, die gewünschte Gain-Reduction ergibt sich durch Justage der Schwelle („Threshold"): Zunächst wird die Schwelle so hoch justiert, dass der Kompressor noch nicht reagiert, also den Klang noch nicht verändert. Bei den meisten Geräten ist das zugehörige Poti dafür in Richtung des rechten Anschlags zu stellen. Von dort aus drehen Sie nun langsam zurück – so lange, bis der Kompressor in die Dynamik des Signals eingreift. Dies ist an der aufleuchtenden LED-Kette zu sehen und schließlich auch zu hören. Dort, wo sich der gewünschte Effekt ergibt, wird die Schwelle belassen. Sinnvoll ist es, mit dem Level-Poti noch den durch die Kompression verursachten Pegelverlust auszugleichen.

Klingt die Bassdrum trotz aller EQ-Bemühungen und unterschiedlicher Mikropositionen nicht druckvoll genug, probieren Sie mal ein Noisegate aus, das Sie vor dem Kompressor einfügen. Einige 19"-Geräte (z. B. Estec Dynatwo) bieten diese Kombination von vorne herein an. Kurze Attackzeiten verschärfen die Attackphase der Bassdrum, und die dabei manchmal auftretenden, eigentlich unerwünschten Schaltknackser werten das Signal bei der P.A.-Wiedergabe nicht selten sogar auf!

Als nächstes ist die Snare an der Reihe: Kanal öffnen und Einpegeln funktioniert genauso wie bei der Bassdrum, nur ist hier die Betätigung des Low-Cuts und etwas Betonung um 300 Hz zu empfehlen – dies bringt der Snare mehr „Bottom" und Resonanz, zusätzliches Anheben der oberen Mitten um 4 kHz noch etwas Brillanz. Auch die Snare kann gelegentlich einen Kompressor vertragen. Unerfahrene Drummer schwanken hier nämlich häufig in der Anschlagskraft, so dass mit Kompressor die dabei entstehenden Lautstärkeunterschiede auf der P.A. nicht so deutlich hörbar werden.

Weil die HiHat keine relevanten tiefen Frequenzen erzeugt, senken Sie deren Bassbereich durch Low-Cut-Filter und Tiefenregler stark ab. So wird auch das tieffrequente Übersprechen anderer Schlagzeugteile vermindert. Übermäßige

Mittenbetonung ist nicht empfehlenswert, denn dies führt zu schäbig-blechernem Klang. Wird ein Kondensatormikro benutzt, klingt die HiHat auch ohne starke Höhenanhebung seidig-geschmeidig. Phantomspeisung einschalten (bei geschlossenem Fader) nicht vergessen.

Bei den Toms sind – was das klangliche Gesamtergebnis angeht – vor allem die Anschläge, weniger das Nachschwingen wichtig. Also favorisieren Sie den oberen Mittenbereich zwischen 1000 und 4000 Hz und gehen mit tieferen Frequenzen sparsam um, denn dröhnende Toms kommen gerne dem Bass frequenzmäßig in die Quere. Übermäßig lange Ausklingphasen lassen sich bequem mit Hilfe von Noisegates in den Griff bekommen, so dass Sie die Toms nicht Klang einschränkend bedämpfen müssen.

Auch für die Overheads gilt wieder die „Frequenzfenster-Theorie": Hier sollen vor allem hohe Frequenzen übertragen werden, also senken Sie Bässe und untere Mitten bis 300 Hz stark ab. Kondensatormikros klingen hier besser, weil natürlicher in den Höhen. Sind die Drummikros alle eingestellt, spielt der Drummer das ganze Set, während Sie die Lautstärken von Bassdrum, Snare und HiHat um die 0 dB-Marke herum aufeinander abstimmen, dann die Toms hinzufügen und auch die Overheads ein wenig öffnen, so dass das Set noch ein wenig „Raum" bekommt. Doch gelingt dies meist nur auf großen Bühnen. In kleineren Räumlichkeiten ist der Direktschall der Becken meist laut genug, so dass die Overheads oft gar nicht nötig sind. Mit den Pan-Reglern werden die Toms zwischen links und rechts verteilt, auch die Overheads ziehen Sie weit auseinander. Bassdrum, Snare und HiHat verbleiben hingegen in der Mitte.

16.3.7 Bass und Gitarre

Für ein ordentliches Bassfundament beim E-Bass sind vor allem Frequenzen um 60 – 90 Hz wichtig, während der typische „Fender-Knurr" verstärkt Anteile zwischen 250-500 Hz erfordert. Weitaus wichtiger als zunächst vermutet ist für modernen Basssound der Hochmitten- und Hochtonbereich, denn hier spielen sich die wichtigen Anschlaggeräusche ab. Besonders in größeren Hallen klingen die dicken Saiten des E-Basses auf der P.A. gerne „dröhnig" und laut, während mittlere Frequenzen sich kaum durchsetzen. Dies liegt meistens an tieffrequenten Raumresonanzen, die gerne um 100 Hz herum zuschlagen und schwierig in den Griff zu bekommen sind. Breite Mittenanhebung in Verbindung mit einem Kompressor hilft, das Problem in den Griff zu bekommen, auch das spätere Herausziehen von 100 und 125 Hz am Master-EQ kann sich für den Gesamtsound als nützlich erweisen. Praktisch ist ein vom Bassverstärker in der Backline unabhängiges Signal, das am einfachsten ein eingebauter DI-Output liefert. Dieser muss allerdings vor der Klangregelung des Bassamps abzweigen, was bei modernen Geräten durch Umschalten („Pre/Post-EQ") funktioniert. Ist dies nicht der Fall, hilft eine in das Instrumentenkabel eingeschleifte DI-Box weiter. In beiden Fällen kann der Bassist sich seinen Bühnensound einstellen, während der Mixer das Signal für den Saal optimiert. Kommen seitens des Bassisten Effekte oder wichtige Klangveränderungen (z. B. „Pre-Shape"-Filter für Slapsounds) ins Spiel, wird es schon schwieriger, denn dann gilt es, den gesamten Signalweg bis zur Endstufe des Bassverstärkers zu berücksichtigen. Hat der Bassist seine Anlage so justiert, dass der Bühnensound stimmt, ist diese Einstellung nicht unbedingt auch für die P.A. geeignet. Nicht selten müssen Sie am Pult der Bühneneinstellung entgegenfiltern. Wird während der Show dann noch etwas am Bühnensound „gedreht", wirkt sich dies auch immer auf die P.A. aus.

Abb. 16.8: Mikrofone zur Abnahme von Gitarrenverstärkern und -boxen. Um ein möglichst direktes Signal ohne Nebengeräusche zu bekommen, stehen die Mikros dicht an den Lautsprechern. Profis leisten sich hier gerne teure Studiomikrofone mit Spinnenaufhängung, ein Shure SM 57 auf einem normalen Stativ funktioniert aber genauso gut

Bei der E-Gitarre ist mit dem Kanal-EQ meist nicht mehr als grobe Klangkorrektur möglich, den Soundcharakter können Sie nicht ändern. Demnach benötigen Sie eine optimale, experimentell zu ermittelnde Mikroposition vor dem Lautsprecher des Verstärkers. Klingt die Gitarre zu dünn und ätzend in den

Höhen, hilft es meistens, das Mikro einige Zentimeter von der Kalotte zum Rand des Lautsprechers zu bewegen und/oder den Bereich um 3 kHz zu bedämpfen. Gegen Tiefbass schützt wieder das Low-Cut-Filter, herausgedrehte Bässe unter 100 Hz verbessern die Transparenz des Gesamtsounds, auch wenn die Gitarre beim Einzelcheck dadurch vielleicht etwas kraftlos klingt. Wenn der Sound gefällt, kann natürlich auch eine Direktabnahme des Verstärkers über eine Red Box oder einen Speaker-Simulator erfolgen. Schließlich noch die akustische Gitarre mit Piezo-Pickup oder einem sonstigen Tonabnehmersystem: Sind für einen ausgeglichenen Frontsound extreme Verbiegungen mit dem Kanal-EQ nötig, liegt dies meist an einem minderwertigen oder falsch eingebauten Tonabnehmer. Allerdings kann auch nur der interne EQ verstellt sein. Eine normale Mittelklasse-Akustikgitarre mit aktivem Pickup und neutralem EQ benötigt eigentlich nur eine mehr oder weniger starke Höhenanhebung für genügend Brillanz, was vom Alter der Saiten abhängig ist. Da Korpus und Pickup auch tieffrequenten Körperschall und Klopfgeräusche übertragen, sollte der Low-Cut stets aktiviert sein.

16.3.8 Keyboards

Tritt der inzwischen selten gewordene Fall ein, dass eine Pop/Rockband ein akustisches Klavier bzw. einen Flügel einsetzt, der über P.A. verstärkt werden muss, so befinden Sie sich inmitten einer der schwierigsten Aufnahmesituationen überhaupt. Über die „richtige" Abnahme eines Klaviers bzw. Flügels streiten sich sogar die Experten, was die Art, die Anzahl und die Platzierung der verwendeten Mikrofone angeht. Dem gegenüber ist der normale P.A.-Mensch mit seinen Möglichkeiten meist eingeschränkt. Beim Soundcheck fehlt einfach die Zeit zum längeren Experimentieren, und auch die Mikrofonauswahl beschränkt sich auf Standardtypen – Sie müssen nehmen, was da ist. Wie in Abschnitt 4.6.19 erwähnt, eignen sich Kondensatorkapseln in Form von Stativ- oder Grenzflächenmikrofonen am besten. Letztere können Sie als Alternative zu „unter den Saiten" auch unter den Deckel kleben.

Elektronische Klangerzeugung, wie sie auf heutigen Rock/Popbühnen von den Keyboardern fast ausschließlich verwendet wird, ist ungleich einfacher in der P.A.-Abnahme. Die Sounds liegen von Anfang an als elektrische Signale vor und können via DI-Box direkt ins Mischpult geschickt werden. Abhängig von der Größe des Pults und der Anzahl der Keyboards gibt es für den Tastenmann hier meistens zwei oder vier Kanäle, die mit einem oder zwei Stereosignalen beaufschlagt werden. Bei größerem Keyboard-Aufwand empfiehlt sich ein Submixer auf der Bühne, der ein vorgemischtes Stereosignal an die P.A. schickt. Dieses pegeln Sie wie gehabt auf ca. 0 dB ein und schicken dann von beiden Kanälen gleich große Anteile in mono auf den Keyboard-Monitor. Manche

Sounds sind nämlich ziemlich „breit" programmiert und entfalten drastische Stereowirkung. Nur einer der Stereokanäle auf dem Monitor kann da manchmal gehörig irritieren! Dies gilt auch für Pianosounds mit „Key Follow"-Charakter. Hier werden die Töne ihrer Tastaturposition entsprechend im Stereopanorama abgebildet, so dass z. B. hohe Töne mehr über den rechten, tiefe Töne dagegen mehr über den linken Kanal wiedergegeben werden. Die EQs schalten Sie ein, lassen sie aber zunächst noch linear stehen – es sei denn, es fehlt frappierend an Höhen oder Bässen (gegebenenfalls den Submixer überprüfen). Die meisten Keyboards klingen nämlich schon von sich aus ziemlich linear, so dass die EQs nur ab und zu zum Abschwächen zu heftiger, synthetischer Tiefbässe eingreifen müssen. Genauso können durch Mittenanhebung (1 – 2 kHz) manche Sounds kurzzeitig betont werden, ohne das Gesamtsignal anheben zu müssen. Besonders bei vorgemischten Sequenzer-Playbacks ist dies öfter mal erforderlich. Nicht vergessen sollten Sie, die Panorama-Potis auseinander zu drehen.

Mit dem Keyboarder sollten Sie sich auch einig sein, wie viel Pegelreserve dieser noch zur Verfügung hat und ob er diese einzusetzen gedenkt. Manchmal trifft man nämlich auf Kandidaten, die beim Soundcheck ihre Keyboards meist sogar völlig unabsichtlich mit stark gedrosseltem Pegelsteller spielen, um erst beim Auftritt zu bemerken, dass der Regler „auf viel zu leise" gestellt ist. Wird dann richtig „Gas gegeben", übersteuert natürlich der vorher auf den geringen Keyboard-Pegel optimal eingepegelte Kanalvorverstärker, was Verzerrungen auf der Front, auf dem Monitor und – so sie für die Keyboards benutzt werden – auch auf den Effektwegen verursacht. Also klären Sie dies routinemäßig beim Soundcheck ab. Wenn der Keyboarder sich selbst um unterschiedliche Lautstärken, z. B. bei Soli, kümmert, kommt dessen Regler beim Soundcheck auf „2/3-offen", und am Pult stellen Sie den Gain etwas niedriger ein. Zu niedrige Keyboardpegel erkennt man übrigens an der zur optimalen Einpegelung notwendigen Position der Gain-Potis bzw. der dB-Skala. Da Keyboards Line-Pegel um 0 dBu liefern, sind 20 – 30 dB weniger Verstärkung als z. B. bei dynamischen Mikrofonen nötig – die Regler müssen folglich niedriger stehen. Ist dies nicht der Fall, wurde entweder das Lautstärkepoti am Instrument zurückgedreht, oder der Pad-Schalter am Mischpult bzw. das Dämpfungspad in der zwischengeschalteten DI-Box ist versehentlich aktiv.

16.3.9 Blasinstrumente

Zur Abnahme von Saxofonen, Trompeten und Posaunen bieten sich kleine Clipmikrofone mit Kondensatorkapseln an, die sehr einfach am Schalltrichter befestigt werden können. Diese liefern in der Regel ein natürliches, frequenzmäßig ausgeglichenes Klangbild, so dass nur wenig EQ-Bearbeitung nötig ist. Lassen Sie die Bläser nacheinander ihre Instrumente kurz anspielen, wobei Sie in gewohnter Manier die Kanäle einpegeln und auf den (die) entsprechenden Monitorweg(e) routen. Gegen tief frequenten Berührungs- und Bewegungsschall helfen wieder die Low-Cut-Filter, bei Trompeten und Alt-Saxofonen kann auch der Bassregler noch einige dB absenken und dadurch nicht relevante, tiefe Frequenzanteile abschwächen. Klingen die Instrumente zu scharf und aufdringlich, sind zu viele obere Mitten im Spiel, trötig-blecherner Sound hingegen lässt auf zu viele Anteile im Bereich 600 – 1500 Hz schließen. Besonders wenn die eingangs erwähnten Clipmikros nicht zur Verfügung stehen und mit den üblichen dynamischen P.A.-Mikros gearbeitet wird, sind oft einige Korrekturen im Mittenbereich und etwas Höhenanhebung nötig.

16.3.10 Gesang

Je nach Anzahl der Vocal-Mikrofone und deren Verwendung nur für den Background oder für Lead-Gesang werden diese wahlweise über Subgruppen oder auch direkt in den Mix geführt. Grundsätzlich sollten Sie auch hier immer die Low-Cut-Filter benutzen. Zusätzlich hilft der Bassregler, tiefe sonore Stimmen durch Absenkung weniger „brummelig", sondern etwas geschmeidiger und besser verständlich zu machen. Letzteres kann auch durch Präsenzanhebung mit dem parametrischen Mittenfilter geschehen: Stellen Sie einige Dezibel Anhebung ein und drehen den Frequenzregler langsam über das Mittenband. An der Stelle, an der sich der beste Klangeindruck ergibt, wird das Poti belassen. Mit der gleichen Methode kann übrigens auch blechern-quäkiger Gesang mit zu vielen Mitten korrigiert werden – das Filter muss dann natürlich absenken, was durch Drehen des Level-Potis in die entgegengesetzte Richtung erreicht wird. Fehlenden Höhenglanz gleichen Sie mit dem Höhenregler aus. Die meisten der im Rock/Pop-Beschallungswesen üblichen dynamischen Mikrofonkapseln übertragen den Frequenzbereich oberhalb 10 kHz nämlich nicht mehr so intensiv wie beispielsweise die Mitten, so dass oft etwas Nachhilfe seitens des EQs notwendig ist.

Womit die wesentlichen Möglichkeiten der Filterung bei Gesangsmikros schon genannt sind. Ist damit kein zufrieden stellender Vocalsound hinzubekommen, wirkt ein versuchsweiser Mikrofonwechsel oft Wunder. Erfahrung und auch Vergleichstests zeigen, dass nicht jede Stimme automatisch mit jedem Fabrikat harmoniert. Bevor verzweifelt irgendwelche extremen Frequenzgang-Verbiegungen mit den EQ-Filtern vorgenommen werden, kann ein Mikrofontausch viel Stress ersparen. Natürlich werden auch die Gesangsmikros beim Soundcheck nacheinander mit den Gain-Reglern knapp unter 0 dB eingepegelt und durch Öffnen der Aux-Potis auf den benötigten Monitorwegen eingeblendet. Auch hier ist zu beachten, dass die meisten Sänger beim Soundcheck noch nicht eingesungen sind bzw. sich gerne etwas schonen. Die Gesangspegel sind also immer geringer als beim späteren Konzert, was Sie beim Einpegeln berücksichtigen sollten.

Auf der anderen Seite ist aber auch richtiger Umgang mit den Gesangsmikrofonen seitens der Sänger und Sängerinnen absolut erforderlich. Im Klartext: Über die Auswirkungen von Richtcharakteristik und Nahbesprechungseffekt muss man sich auf der Bühne im Klaren sein. Unerfahrene Leute singen oft zu weit entfernt von der Kapsel, halten den Mikrofonabstand nicht konstant bzw. drehen nervös den Kopf hin und her, so dass im Publikum der Gesang nur in Bruchstücken ankommt.

Das Zuhalten des hinteren Mikrofonkorbs beim Singen gilt in gewissen Kreisen als „coole Performance", verschlechtert aber den Klang drastisch und macht den Gesangskanal rückkopplungsanfällig, weil sich die Richtcharakteristik der Kapsel dabei in Richtung Kugel verändert. Besonders schlimm auch die Ansagen: Diese werden nur ungern geprobt, folglich ist man auf der Bühne unsicher und spricht im Vergleich zum Gesang derartig leise, dass Sie am Pult die Mikrofonfader ständig nachregeln müssen.

Das andere Extrem besteht darin, auch Backgroundpassagen und lang gehaltene Tönen mit geringst möglichem Abstand immer „volle Pulle" zu singen. Zwar lässt sich in beiden Fällen mittels Kompressor immer ein wenig gegensteuern, bei den geschilderten Extremen ist man aber machtlos. Vielen Sängern ist es leider nicht bewusst, dass das Mikrofon ein wesentlicher Teil der Stimme ist und dass seine Eigenschaften sehr vorteilhaft ausgenützt werden können. Beispielsweise lässt ein sehr geringer Mikroabstand die Stimme sehr nah und voluminös klingen. Durch den Nahbesprechungseffekt werden tiefe Frequenzen stark betont. Singt man dagegen Background, empfehlen sich zehn Zentimeter mehr Abstand. Das Ergebnis ist, die Stimme klingt von selbst etwas indirekter, und Sie müssen dies nicht durch eine Pegelkorrektur am Pult herbeiführen.

16.3.11 Einstellen der Monitoranlage

Das Hauptproblem der Monitoranlage liegt in der Rückkopplungsanfälligkeit mit den Gesangsmikros. Da der Gesang wesentlicher Bestandteil des Monitormixes ist und oft recht laut gefahren werden muss, ergeben sich unerwünschte Feedbacks vorzugsweise auf höheren Frequenzen. Um diese zu beseitigen, ist ein extra Soundcheck nur mit der Monitoranlage erforderlich, denn schlechter, nahe an der Koppelgrenze befindlicher Monitorsound verunsichert die Musiker ungemein.

Zunächst sollten Sie sicherstellen, dass die Monitorboxen gut klingen. Das ist leichter geschrieben als getan, denn die Soundqualität vieler Monitore, besonders im Low-Budget-Bereich, ist alles andere als erbauend. Zwar dient der Monitor vornehmlich zur Information der Musiker und muss nicht unbedingt High-End-Soundqualität liefern, ein kurzer Test mit den Gesangsmikros auf Sprachverständlichkeit ist aber nie verkehrt. Des Musikers Wunschsound – HiFi-seidene Höhen und punchiger Bass, alles megalaut – können Sie mit „08/15"-Equipment auf kleinen Bühnen in Clubs sowieso nicht realisieren, denn dies führt unweigerlich zu den besagten Rückkopplungen und macht manches Mal auch die Frontboxen überflüssig. Das Ziel lautet daher ganz klar, die Verständlichkeit zu optimieren. Dafür nicht unbedingt notwendige Frequenzen wie z. B. den Tiefbass unterhalb 100 Hz hält man deshalb gerne durch Absenken am EQ vom Monitor fern. Ausgenommen davon ist natürlich das Drumfill, belegt mit Bass und Bassdrum.

Wenn Sie als Frontmixer den Monitor schon im Blindflug mischen müssen, sollten Sie sich wenigstens einen optischen Überblick des Monitorzustands verschaffen. Dazu ist es unbedingt erforderlich, an die Einstellung der einzelnen Aux-Potis mit System heranzugehen. Bevor irgendein Kanal auf den Monitor oder die Frontboxen geschickt wird, pegeln Sie zuerst alle Mischpultkanäle auf gleiches 0 dB-Niveau ein, denn dann bedeuten gleiche Stellungen der Aux-Potis auch ungefähr gleiche Lautstärken auf dem Monitor. Praktisch ist es, wenn sich die anfänglich richtigen Lautstärken in 12-Uhr-Stellung der Potis ergeben, denn dann haben Sie optimalen Spielraum nach oben und nach unten. Dies wird durch entsprechendes Justieren des jeweiligen Aux-Summenreglers oder – bei ganz einfachem Equipment – der Pegelregler an den Monitor-Endstufen erreicht. Besonders praktisch ist es natürlich, wenn sich die einzelnen Monitorwege während der Show auch mal via PFL/AFL mit dem Kopfhörer abhören lassen.

Um die Feedbackgrenze möglichst hoch zu bekommen, achten Sie besonders auf korrekte Monitor-Mikrofonpositionen. Die Monitore dürfen die Bühnenmikros nur aus schallunempfindlichen Richtungen anstrahlen. Nierenmikros (z. B. SM 58) sind in Richtung des XLR-Steckers am unempfindlichsten, daher gehören die Monitore direkt vor das Stativ. Super- und Hyperniere haben ihre unempfindlichen Stellen ca. 60° außerhalb der Vertikalen, so dass hier seitlich-schräge Platzierung angebrachter erscheint.

Als nächstes loten Sie mit der so genannten „Pfeifprobe" für jeden Weg den vorhandenen Spielraum bis zum Rückkoppeln aus. Dies geschieht folgendermaßen: Sind die Mikrofone und Instrumente auf dem Mischpult eingepegelt und der Monitormix grob erstellt, werden die Frontboxen heruntergezogen. Dann drehen Sie vorzugsweise bei den Gesangsmikros für den jeweiligen Monitorweg die Aux-Potis einzeln über Gebühr weit auf – so lange, bis die erste Rückkopplung aufzuschwingen beginnt. Am Monitor-EQ werden nun durch gezieltes Absenken dieser Frequenz einige zusätzliche dBs Spielraum erstellt. Wie auch beim Master-EQ stehen hier alle EQ-Fader anfänglich auf der Nulllinie bzw. repräsentieren die anfängliche Klangkorrektur. Leute mit einem guten Gehör für Frequenzen ziehen automatisch den richtigen EQ-Regler um einige dBs nach unten – das Feedback verschwindet, um erst bei deutlich höherer Lautstärke wieder zu erscheinen. Wer mangels Erfahrung Probleme hat, die Frequenz gleich richtig zu deuten, der hebt probeweise einige verdächtige Frequenzbänder am EQ nacheinander an: Schwingt das vorher leise dahinwabernde Feedback plötzlich und heftig auf, ist der richtige Regler gefunden und wird auf einige dB Absenkung gestellt. Allerdings verändert das Absenken immer auch den Monitorsound! Nehmen Sie diese Maßnahme also nur in Anspruch nehmen, wenn es wirklich nicht anders geht. Am besten lokalisieren Sie beim Soundcheck mit der beschriebenen Methode zwei, drei kritische Frequenzen und versuchen Sie, zunächst ohne EQ auszukommen. Die betroffenen Regler stehen anfangs nur auf -1 dB Absenkung, greifen also noch nicht gravierend in den Monitorsound ein, sind aber für den Bedarfsfall markiert und schnell zu betätigen.

Notwendig ist es übrigens, dass sich während dieser Einpfeif-Prozedur ein Helfer auf die Bühne begibt (Gehörschutz nicht vergessen) und so die tatsächlichen akustischen Begebenheiten des dann später vor dem Mikro stehenden Musikers (Schallreflexionen bzw -abschottungen durch das Gesicht) simuliert. Falls Kopfbedeckungen wie Baseballkappen, Cowboyhüte o.ä. favorisiert werden, diese bitte auch beim Monitorcheck aufsetzen, denn dadurch können tückische Schallreflexionen und damit Klangverfärbungen entstehen.

Damit Sie beim Absenken die kritischen Frequenzen einigermaßen sicher treffen, ohne den Klang über Gebühr zu beeinträchtigen, sollten möglichst nur Terz-EQs mit 31 Bändern verwendet werden. 2/3-Oktav-EQs eignen sich eingeschränkt auch noch. Aufgrund ihrer zu breiten Filter unbrauchbar sind hingegen einfache Oktav-Equalizer. Sinnlos ist es, die Feedbacksuche durch unrealistisch hohe Monitorlautstärke zu übertreiben, denn dabei bewegen sich langsam aber sicher sämtliche EQ-Fader nach unten. Dies hat zur Folge, dass der Monitor immer leiser wird und der EQ nichts mehr zur höheren Koppelgrenze beiträgt. Nur wenn zwei, drei kritische Frequenzen (und eventuell auch noch etwas die Nachbarbänder) gezogen werden, die übrigen Regler aber auf der Nulllinie verbleiben, nützt der Equalizer etwas.

Natürlich leisten auch parametrische EQs oder – besonders elegant – elektronische Feedback-Killer (Sabine FBX oder Peavey Feedback-Ferret) nützliche Dienste. Während man Erstere manuell auf die kritischen Frequenzen abstimmt (Filter auf einige dB Absenkung stellen und dann die Frequenz so lange verändern, bis die Rückkopplung verschwindet), arbeiten die Digitalgeräte sogar automatisch. Üblicherweise stehen pro Weg zwölf, sechzehn und manchmal sogar noch mehr parametrische, schmalbandige Notchfilter bereit, denen Sie verschiedene Arbeitsmodi zuweisen können. So genannte feste Filter verändern nach einmaligem Abgleich ihre Frequenzposition nicht mehr – lediglich Güte und Absenkung können sich bei erneut auftretendem Feedback auf dieser Frequenz noch verändern. Andere Filter arbeiten im Suchmodus und werden beim Auftreten erneuter Feedback-Frequenzen während der Show immer wieder neu justiert.

Die Einstellung eines digitalen Feedback-Killers funktioniert wiederum mit der „Pfeifprobe" – der Prozessor wird anfangs „resettet", dann erhöhen Sie in bekannter Art und Weise die Monitorlautstärke und hören dabei, wie die aufschwingenden Rückkopplungen nacheinander vom Prozessor automatisch „eingefangen" und abgesenkt werden.

Abb. 16.9: Der digitale Feedback-Unterdrücker „Feedback Ferret II"
von Peavey

Einen größeren Nachteil besitzen die digitalen Feedback-Killer aber doch: Sie können nicht zwischen störendem und gewolltem Feedback, ausgelöst z. B. durch eine koppelnde E-Gitarre, unterscheiden und reagieren folglich auf alles, was im Frequenzgang nach eingeschwungenem Zustand aussieht. Sogar lang gezogene Trompeten oder Saxofontöne werden mit schöner Regelmäßigkeit bedämpft, so dass Sie derartige Monitorwege lieber analog filtern bzw. den Suchmodus und die Nachkorrektur hier abschalten sollten!

16.4 Effekte

16.4.1 Nachhall

„Der beste Hall ist der, den man nicht hört", lautet eine alte Tonstudio-Philosophie, die auch in der P.A.-Technik ihre Berechtigung hat. Diese ist allerdings nicht so zu verstehen, als dass man auf Nachhall gänzlich verzichten könnte. Künstlicher Hall bettet besonders den Gesang besser in das Gesamt-klangbild ein. Wichtig ist allerdings die richtige Dosierung: Wählen Sie diese so, dass der Zuhörer Hall und Stimme als „normales Ganzes" betrachtet, also nicht unbedingt zwischen beidem unterscheiden kann. Bekommt man bei kurzem

Wegschalten dieses Halls sofort den Eindruck, dass nun „etwas fehlt", ist der Effektanteil richtig dosiert. Übermäßiger Hallanteil erzeugt beim Zuhörer dagegen fast immer das unbewusste Gefühl „Ich höre Gesang mit viel Hall", was kurzzeitig vielleicht immer mal angebracht ist, auf Dauer aber nervt. Da der Hall im P.A.-Klangbild eine ständige Begleiterscheinung ist, verwenden Sie ihn von kurzzeitigen Ausnahmen abgesehen eher unauffällig. Ist ein Titel zu Ende, werden nach dem Ausklingen des letzten Tons Nachhall und andere Effekte durch Ausschalten oder Herunterziehen der Effekt-Returns von den Gesangs- mikros weggenommen. Erklingt die nachfolgende Ansage „trocken", kommt dies der Sprachverständlichkeit zugute. So wichtig der „Hallteppich" während der Musik für die Stimme ist, umso deplatzierter wirkt er bei Ansagen.

16.4.2 Delays

Delays kommen – von andauernd unterlegten „Short"-Delays einmal abgesehen – meist nur sporadisch zum Einsatz. Für die optimale Einstellung der Delayzeit benötigt der Mixer das Songtempo („bpm" = „beats per minute", also „Schläge pro Minute"), welches man mit folgender Formel in die benötigten ‚Millisekun- den pro Takt' umrechnen kann:

$$60 \times \frac{TS}{bpm} \times 1000 = \text{„Millisekunden pro Takt"}$$

Beispiel: Ein Song im 4/4-Takt wird mit einem Tempo von 100 bpm gespielt. Für „TS" („Time Signature") ist der Zähler des Taktmaßes einzusetzen, also eine 3 beim 3/4- bzw. eine 4 beim 4/4-Takt. Die Taktdauer beträgt:

$$60 \times \frac{4}{100} \times 1000 = 2400 \text{ Millisekunden}$$

Um nun ein Vierteldelay zu bekommen, sollten Sie folglich 600 ms (2400:4) für ein Achteldelay hingegen nur 300 ms einstellen.

Ganz schön kompliziert. Bevor nun allerorts das große Rechnen beginnt, sei angemerkt, dass sich in der Praxis die vorgegebenen Tempoangaben und säuberlich ausgerechneten Delayzeiten nur als Anhaltspunkte eignen. Nur wenige Bands (vornehmlich die, die mit Sequenzern und „Clicks" arbeiten) spielen ihre Songs live immer mit dem gleichen Tempo. So kommen Sie nicht umhin, die bei einem Song angegebene Delayzeit gefühlsmäßig dem tatsächli- chen „Beat" anzugleichen. Dies funktioniert am einfachsten mittels Kopfhörer und „PFL"-Funktion. Legen Sie sich das mit Delay zu versehende Signal und das Ausgangssignal des verzögernden Effektgeräts gemeinsam auf den Kopfhörer, öffnen Sie das Aux-Poti und kontrollieren Sie, ob die Delays ins Songtempo passen. Ist dies nicht der Fall, korrigieren Sie die Verzögerungszeit – erst dann wird das Delay in den Mix geschickt.

Besonders einfach funktioniert das Ganze, wenn sich die Delayzeiten am Prozessor manuell einstellen lassen. Als Anfang der 1980er Jahre die ersten Digital-Delays auf dem Markt erschienen, konnte man diesen Geräten das Tempo mittels Drehpoti oder durch zwei Tastendrücke vermitteln. Wurden diese während des Songs synchron zum Schlagzeug ausgeführt, stimmte automatisch das Timing der Echos. Als später dann die Multieffektgeräte populär wurden, geriet dieses nützliche Feature unverständlicherweise in Vergessenheit, um erst in letzter Zeit wieder verstärkt aufzutreten. Praktisch ist es, wenn man diese Tap-Funktion dann auch über einen zusätzlich anzuschließenden Fußtaster steuern kann, den man entweder zu Boden, oder auf das Siderack legt. Dies vereinfacht die Bedienung enorm und verhilft den meist recht empfindlichen Tap-Tastern auf den 19"-Frontplatten zu deutlich längerer Lebensdauer.

Um bei einem Multieffektgerät auf die Verzögerungszeiten Einfluss nehmen zu können, müssen die entsprechenden Parameter editiert werden, was bei einem komplexen Algorithmus mit mehreren, getrennt einstellbaren Delays lästig bis undurchführbar sein kann. In einem solchen Fall ist es sinnvoll, die betroffen Effektprogramme mehrmals im Speicher des Prozessors zu kopieren, im Nachhinein die Delayzeiten z. B. in 20 oder 50 ms-Schritten abzustufen und die modifizierten Programme mit entsprechendem Namen zu versehen. So lässt sich eine Abweichung vom Originaltempo durch Anwahl eines in der Zeit modifizierten Programms in etwa kompensieren.

16.5 Performance

Spielen auf Festivals mehrere Bands nacheinander über die gleiche P.A., erfolgen die Soundchecks – so sie überhaupt stattfinden müssen – gewöhnlich in umgekehrter Reihenfolge der Auftritte. Nach einem abgeschlossenen Test muss man die Bühne für die nächste Band meist komplett wieder räumen. Davon ist natürlich auch das Mischpult betroffen, das wieder neu eingestellt wird. Lediglich auf professionellen Großfestivals ist es üblich, dass jede Gruppe ihren eigenen F.o.H.- und Monitorplatz mitbringen kann. Als Alternative zur herkömmlichen Tabelle, in die Sie die gefundenen Potistellungen mit Pfeilen einzeichnen, ist in einer solchen Situation ein kleines Diktiergerät oder ein MiniDisc-Walkman mit Aufnahmefunktion, auf den Sie die Einstellungen aufsprechen, Gold wert. Durch späteres Abhören lässt sich in der Umbaupause der Mix zumindest ansatzweise sehr schnell wieder rekonstruieren. Digitale Mischpulte ersparen aufgrund ihrer Speichermöglichkeiten diese lästige Prozedur. Da beim Wiederaufbau die Mikrofonpositionen in der Regel jedoch immer etwas von denen des Soundchecks abweichen, ist bei Konzertbeginn für den Mixer (wie immer) erhöhte Aufmerksamkeit angesagt.

Bei kleineren lokalen Veranstaltungen ist es vorteilhaft, wenn die auftretenden Bands einen Teil der Backline gemeinsam benutzen. Einigt man sich beispielsweise auf ein gemeinsames Drumset, bleiben dem Publikum längere Zeitverzögerungen durch Umbau und Soundcheck erspart. Die einmal vorgenommene Drum-Abstimmung hat dann während des gesamten Konzerts Bestand – die Feinabstimmung auf den jeweiligen Schlagzeuger nehmen Sie während der ersten Songs vor. Ganz ähnlich ist es bei der Bassanlage: Die Boxen verbleiben auf der Bühne, lediglich der Amp wird gewechselt.

Dass bei Großfestivals die Bands mittlerweile mit recht kurzen Umbauzeiten auskommen, liegt daran, dass grundsätzlich mindestens zwei F.o.H.- und Monitorplätze installiert sind, die abwechselnd benutzt werden. Während eine Band spielt, wird hinter den Kulissen das Equipment der nächsten Gruppe auf Rollrisern aufgebaut, mikrofoniert und mit dem gerade nicht benutzen Monitor/ F.o.H.-Set getestet und eingepegelt. Ist deren Instrumentarium dann auf die Bühne gefahren und angeschlossen, erfolgt ein kurzer Soundcheck aller Signale mit dem Monitorpult. Diese Gelegenheit nutzt der Frontmixer, um via PFL ebenfalls alle Kanäle nochmals auf korrekte Funktion und Pegel zu prüfen. Dann wird es spannend: Die Band steigt ins Konzert ein. Am F.o.H.-Platz bewahren Sie Ruhe und gehen systematisch vor:

1. Nach dem Einsatz der Musik heisst es, die Ohren spitzen. Steht irgendein Instrument in der Lautstärke über Gebühr vor allen anderen (was bei ordentlich eingepegeltem Pult eigentlich kaum vorkommt), den ziehen Sie entsprechenden Fader leiser.

2. Dann sollten Sie den Lead-Gesang sofort klar und deutlich hervorheben. Nichts ist schlimmer als ein Sänger, der unter Drums, Gitarren und Keyboards „begraben" und nicht zu verstehen ist. Mehr als jeder andere Musiker wirkt der Sänger darüber hinaus für die Leute als Blickfang und Bezugsperson, und da fallen tontechnische Probleme sofort negativ auf! Ist die Hauptstimme im Lot, kontrollieren Sie gleich die Lautstärkeverhältnisse der anderen Gesangsmikros, so der gespielte Titel dafür Gelegenheit gibt. Bei optimalen EQ- und Gain-Einstellungen kommen dabei alle Background-Fader am Pult auf etwa gleicher Höhe zu liegen, während sich der Lead-Gesang 3 – 5 dB höher befindet. Steht die Kanaleinstellung des Gesangs einmal, muss bei einer gut eingespielten Band am Pult dann kaum mehr korrigierend eingegriffen werden. Unterschiedliche Verteilung der Mikros im Stereobild mittels Pan-Potis bringt in der Regel mehr Transparenz ins Klangbild, ist aber ungünstig, wenn der Lead-Gesang öfter von

Musiker zu Musiker wechselt. Mit dem zugewiesenen Subgruppen-Pärchen können Sie bequem den kompletten Gesang bezüglich der anderen Instrumente lautstärkemäßig platzieren, oder einfach die Balance zwischen Lead- und Chorgesang verändern bzw. das Ganze boosten, falls es an Pegelreserve fehlt. Auch öffnen Sie jetzt den Effekt-Return mit dem Gesangshall ein wenig, um Räumlichkeit auf die Stimme(n) zu bekommen.

3. Bei den Drums sollten Sie zuerst auf Snare, HiHat und Bassdrum achten. Besonders Letztere ist häufig viel zu laut. Rock- und Popbands der härteren Schiene und selbstverständlich auch die entsprechend orientierten P.A.-Companies betrachten es als Ehrensache, die Leistungsreserven ihrer Anlagen und die Mägen der Konzertbesucher mit einem ordentlichen „Killer-Kick" zu kitzeln. Dagegen ist im Grunde nichts einzuwenden. Wenn diese Vorgehensweise dann aber auch bei gediegeneren Tanz-, Jazz- und Oldiebands auf den entsprechenden Veranstaltungen praktiziert wird, entspricht dies nicht immer den Vorstellungen des Publikums (= Kunde), also Vorsicht. Als nächstes schenken Sie auch den Toms kurz Gehör und nehmen eventuell notwendige Korrekturen an den Fadern vor. Da vorher auch für die Drums ein Subgruppen-Pärchen reserviert wurde, besteht auch hier die Möglichkeit, die Drum-Gesamtlautstärke bequem zu bestimmen.

4. Jetzt können Sie den Bass so laut einstellen, dass er gut trägt, aber nicht zu sehr nach vorne kommt.

5. Als nächstes müssen Sie rasch die restlichen Instrumenten einsortieren, sonst entsteht das berüchtigte „Mittenloch": Drums und Bass sind in Ordnung, der Gesang deutlich laut darüber, während die Gitarre(n) im Hintergrund schmort und Keyboards nur zu erahnen sind. Also besteht der nächste Schritt dieser ersten Abgleichaktion, mit Gitarre und Keyboards eine Brücke zwischen den deutlich präsenten Drum-, Bass- und Gesangsanteilen zu bauen.

6. Erst wenn dies vollbracht ist und – wenn vorhanden – auch noch weitere Instrumente adäquat zu hören sind, beginnt die Feinarbeit an den EQs und den Effektwegen. Oft entsteht das Problem, dass sich Gitarren und Keyboards miteinander „beißen" – kein Wunder, schließlich rangieren die wichtigen Klanganteile dieser Instrumente im gleichen Frequenzbereich. Mit den EQs ist hier nur wenig auszurichten, eher sollten Sie versuchen, mit den Pan-Potis für Transparenz zu sorgen. Völlig aus der Welt schaffen können dieses Problem nur die Musiker in Form sinnvoller Arrangements und ebensolcher Soundauswahl. Schon im Proberaum zeigt es sich nämlich, ob Gitarren- und Keyboardklänge miteinander harmonieren, oder ob sich die Instrumente im Gesamtsound gegenseitig verdecken und in der Summe nur „Brei" produzieren, weil viel zu viel gleichzeitig gespielt wird. Entsprechend muss die Auswahl der Klänge und Effekte und auch die Gestaltung der einzelnen Instrumentenstimmen mit dem Ziel transparenter Gemeinsamkeit aufeinander abgestimmt sein.

7. Ist so weit alles im Lot, bleiben Sie weiterhin aufmerksam. Wenn es nötig ist, werden solierende Instrumente immer kurzzeitig in den Vordergrund gestellt. Zwischen den Stücken ist es oft nötig, die Ansagen in der Lautstärke anzuheben, damit sie deutlich zu verstehen sind.

So viel zum Einstieg in „Plug and Play"-Situationen. Haben Sie beim Soundcheck mehr Zeit, lassen Sie die Instrumente nacheinander einsteigen (z. B. erst Drums, dann Drums & Bass, dann Gitarre dazu usw.) und bauen den Sound entsprechend auf. Wege zum guten Sound gibt es letztlich eine Menge. Der eben beschriebene ist einer davon. Sicherlich wird sich jeder Mixer mit der Zeit so seine eigene, individuelle Vorgehensweise zulegen, und solange sie schnell und sicher zum Ziel führt, hat diese auch uneingeschränkte Berechtigung. Eines aber haben alle Wege gemeinsam: Systematik.

Anhang A: Wissenswertes um die Elektrotechnik

Unabhängig davon, ob Sie als Musiker mit einer Klein-P.A. arbeiten oder als Verleiher Groß-Systeme betreuen: Ohne Elektrizität funktionieren weder Verstärker noch Effektgeräte, und es können auch keine Audiosignale übertragen und verarbeitet werden. Das Thema „Strom" ist ein völlig eigenes Kapitel, und manche der in der P.A.-Praxis auftretenden Probleme sind meistens nur mit einigem elektrotechnischen Know-how zu deuten und wirkungsvoll zu beseitigen. Der folgende Abschnitt vermittelt daher in Kurzform einiges elektrotechnisches Wissen.

A1 Was ist elektrischer Strom ?

Unter elektrischem Strom ist die Bewegung von Ladungen bzw. Elektronen in elektrisch leitfähigen Materialien zu verstehen. Elektronen sind negativ geladene Elementarteilchen, die innerhalb der Atomhüllen die Atomkerne auf festen Bahnen umkreisen. Darüber hinaus existieren auch frei bewegliche Elektronen, die sich nicht an Atome gebunden haben. Diese sind für die elektrische Leitfähigkeit eines Materials verantwortlich. Je mehr freie Elektronen innerhalb eines Stoffes, umso besser leitet das Material den elektrischen Strom. Metalle beispielsweise enthalten sehr viele freie Elektronen und besitzen somit eine gute Leitfähigkeit. Kunststoffe, Gummi, Porzellan usw. besitzen dagegen nur sehr wenige bis gar keine freien Ladungsträger. Aus der daraus resultierenden schlechten Leitfähigkeit dieser Stoffe erklärt sich ihre Verwendung als Isolatoren.

Damit elektrischer Strom an einem Verbraucher Arbeit verrichten kann, ist ein geschlossener Stromkreis plus Stromquelle erforderlich. Im folgenden Beispiel (Abbildung A1) wird der wohl Einfachste aller Stromkreise dargestellt: Als Quelle dient eine Batterie, als Verbraucher eine Glühbirne, die aus der Batterie mit Strom versorgt wird. Am Minuspol der Batterie herrscht Elektronenüberschuss, des Pluspols Markenzeichen ist der Elektronenmangel. Als Folge dieses Ungleichgewichts baut sich zwischen den Polen ein Potenzialunterschied bzw. eine elektrische Spannung auf, die nach Ausgleich strebt. Aus diesem Grund fließen die Elektronen vom Minuspol der Batterie über den Verbraucher zum Pluspol, sobald der Stromkreis geschlossen ist. Um dem Zusammenbrechen der Spannung und somit einem Versiegen des Stromflusses vorzubeugen, muss die Batterie ständig weitere Elektronen am Minuspol bereitstellen.

Elektrischer Strom fließt demnach immer vom Ort des Elektronenüberschusses zum Ort des Elektronenmangels – sprich, vom Minuspol zum Pluspol. Dies ist die natürliche Stromrichtung. Per Definition gilt in der Elektrotechnik jedoch die technische Stromrichtung, und diese verläuft – wie sollte es auch anders sein – gerade entgegengesetzt, so dass der elektrische Strom stets von Plus nach Minus fließend angenommen wird.

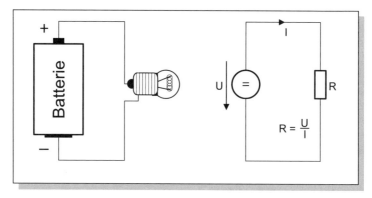

Abb. A1: Ein einfacher Stromkreis. Die Batterie speist die Glühbirne.
Dabei verursacht die Spannung U den Stromfluss I

Elektrizität stellt sich immer als Produkt physikalischer Arbeit ein. Eine Batterie oder ein Akku erzeugt beispielsweise durch chemische Reaktionen freie Elektronen. Einem Generator (z. B. Fahrraddynamo) wird dagegen mechanische Arbeit in Form von Drehbewegung zugeführt, die dieser dann mit Hilfe von Magnetfeldern und Induktionsspulen in elektrischen Strom umwandelt.

A2 Spannung, Strom, Widerstand, Leistung

Spannung, Strom, Widerstand und Leistung stehen als charakteristische Größen eines Stromkreises miteinander in direktem Zusammenhang:

A2.1 Spannung

Wie im vorherigen Abschnitt bereits erläutert, ist elektrische Spannung überall dort vorhanden, wo sich durch Elektronenüberschuss bzw. Elektronenmangel Potenzialunterschiede zwischen zwei Polen aufbauen. Dies ist z. B. an den Klemmen einer Batterie, eines Generators bzw. einer Steckdose der Fall. Elektrische Potenzialunterschiede kommen darüber hinaus auch in freier Natur vor. Etwa während eines Gewitters, wo sich zwischen den Wolken und dem Erdboden gewaltige Spannungen aufbauen, die dann durch die Luft „blitzartig" Potenzialausgleich suchen. Folglich ist die Spannung in einem Stromkreis die treibende Kraft, denn durch sie kommt Elektronenfluss überhaupt erst zustande. Um die Vorgänge anschaulich darzustellen, dient der Vergleich mit einer Wasserleitung als besonders bildhafter Vergleich: Die Spannung entspricht hier dem Druck, mit dem das Wasser durch die Leitung gepresst wird. Die gängige Abkürzung für die elektrische Spannung ist der Buchstabe U, die Einheit ist das Volt (V).

A2.2 Stromstärke

Der Begriff „Strom" ist für den täglichen Sprachgebrauch verallgemeinert worden. Alles, was irgendwie mit Elektrizität zu tun hat, trägt diese Bezeichnung. Aus elektrotechnischer Sicht ist mit diesem Begriff jedoch nur der Fluss von Ladungsträgern gemeint. Dieser ergibt sich aus der Menge der Ladungen bzw. Elektronen, die in einer gewissen Zeit den Stromkreis durchfließen. Auf das Beispiel der Wasserleitung übertragen, stellt die Stromstärke somit die Menge des durchfließenden Wassers pro Zeiteinheit dar. Als Kürzel für den Strom gilt der Buchstabe I, die Einheit der Stromstärke ist das Ampere (A).

A2.3 Widerstand

Ist ein Verbraucher in einen Stromkreis geschaltet, setzt er dem fließenden Strom einen Widerstand entgegen. Widerstand erklärt sich derart, dass die Elektronen in den Zuleitungen, an Kontaktübergängen (z. B. Steckern und Steckdosen) und in den Verbrauchern selbst einer gewissen „Reibung" ausgesetzt sind, die den Fluss behindert und damit die Stromstärke begrenzt. Als meist unerwünschter Nebeneffekt erwärmen sich dabei die stromdurchflossenen Materialien – diese Energie steht für die eigentliche Anwendung nicht mehr zur Verfügung, da sie als Verlustwärme an die Luft abgegeben wird. Für den Widerstand hat sich die Abkürzung R durchgesetzt, die Einheit ist das Ohm (W).

A2.4 Das Ohmsche Gesetz

Wie eingangs schon erwähnt, beeinflussen sich Spannung, Strom und Widerstand innerhalb eines Stromkreises. Diese Abhängigkeit ist im Ohmschen Gesetz formuliert:

$$R\,[\Omega] = \frac{U\;\;[\text{Volt}]}{I\;[\text{Ampere}]} \qquad U = R \times I$$

$$I = \frac{U}{R} \qquad \text{(Gl. A2.1)}$$

Wird ein Widerstand R von der Stromstärke I durchflossen, erhält man aus der Multiplikation beider die Spannung U, die an den Klemmen des Widerstands anliegt. Wird bei konstanter Spannung U der Widerstand R eines Stromkreises erhöht, reduziert sich damit automatisch die Stromstärke I.

Als anschaulicher Vergleich hierzu sei nochmals die Wasserleitung betrachtet: Ein dort eingebauter Wasserhahn stellt eine Rohrverengung und damit einen Durchflusswiderstand dar. Je nach Stellung des Hahns bzw. der Größe des Durchflusswiderstands verändert sich die Menge des durchströmenden Wassers.

A2.5 Leistung

Definitionsgemäß ist die Leistung die in einem bestimmten Zeitabschnitt vollbrachte Arbeit. Für die Leistung gilt die Abkürzung P, die Einheit ist das Watt (W). Die in einem Stromkreis umgesetzte Leistung können Sie aus den charakteristischen Größen Stromstärke, Spannung und Widerstand anhand folgender Formeln errechnen:

$$P = U \times I \;\; \text{oder} \;\; P = \frac{U^2}{R} \;\; \text{oder} \;\; P = R \times I^{\,2} \qquad \text{(Gl. A2.2)}$$

Befinden sich mehrere Widerstände im Stromkreis, müssen diese zuerst zu einem Gesamtwiderstand zusammengefasst werden. Dasselbe gilt analog für etwaige Teilspannungen und Teilströme. Die Berechnungsgrundlagen hierzu finden Sie in Abschnitt A9.

A3 Gleichstrom und Wechselstrom

Das einfache Beispiel Batterie/Glühlampe aus Abschnitt A1 stellt einen Gleichstromkreis dar. Gleichstromkreise zeichnen sich dadurch aus, dass nach dem Einschalten der Strom beständig in eine Richtung fließt, die Polarität (Plus/Minus) der Spannungsquelle also festgelegt ist. Abbildung A2 zeigt die Spannungs/Zeitkennlinie einer Gleichspannungsquelle, eine waagerechte Gerade. Spannungswert und Spannungsrichtung bleiben über der Zeit konstant.

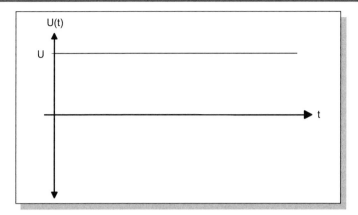

Abb. A2: Eine ideale Gleichspannungsquelle hält Strom und Spannung über der Zeit konstant. Die Kennlinie entspricht daher einer Geraden

Ganz anderen Charakter hat dagegen der Wechselstrom. Hier ist die Stromrichtung nicht festgelegt, die Polarität der Spannungsquelle ändert sich ständig. Daher gibt es bei der Wechselspannungsquelle mit „Phase" und „Null" andere Klemmenbezeichnungen. Der Nullleiter ist spannungsfrei, er dient der Stromrückführung. Auf dem Phasenleiter pendelt die Spannung zwischen einem positiven und einem negativen Maximalwert hin und her. In Abbildung A3 ist zur Verdeutlichung der Spannungsverlauf von industriellem Wechselstrom gezeichnet, so wie er vom E-Werk in die Haushalte geliefert wird.

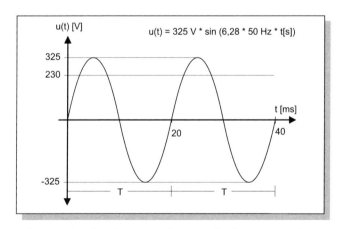

Abb. A3: Sinusförmiger Verlauf von Wechselstrom 230 V/50 Hz über der Zeit t. Gezeichnet sind zwei Schwingungen, die Spannung erreicht Maximalwerte von +/−325 V

Die Kurvenform des Wechselstroms ist wellenförmig, Spannung und Strom folgen einer Sinusfunktion. Die Frequenz f beschreibt die Anzahl der Schwingungen pro Sekunde, diese beträgt überall im europäischen Verbundnetz (von Sizilien bis zum Nordkap) synchron 50 Hertz. Da eine Schwingung aus zwei Halbwellen (Wellenberg und Wellental) besteht, kehrt sich die Spannungs- und Stromrichtung hundert Mal pro Sekunde um. Der Kehrwert der Frequenz (1/f) entspricht der Periodendauer T, die 20 Millisekunden beträgt – exakt diese Zeit wird für eine einzelne Schwingung benötigt. Die Spannung U beträgt überall im Verbundnetz 230 Volt (früher 220 Volt). Hierbei handelt es sich um den Effektivwert, einen leistungsbezogenen Mittelwert, der bei einer Sinuskurve 71% des eigentlichen Spitzenwerts beträgt. In einer üblichen 230V-Schukosteckdose erreicht die Spannung somit einen positiven bzw. negativen Spitzenwert von 325 Volt! Andere Länder, andere Sitten: Großbritannien versorgt seine Haushalte mit 240V/50Hz, auf dem amerikanischen Kontinent drehen sich die Generatoren etwas schneller, so dass die Wechselstromfrequenz dort 60 Hz beträgt. Die Spannung besitzt allerdings nur einen Wert von 120 Volt.

Wechselstrom bietet gegenüber Gleichstrom den Vorteil der Transformierbarkeit: Spannung und Stromstärke lassen sich sehr einfach herauf- oder herabsetzen. Auf diese Weise transportieren Kraftwerke elektrische Energie in Form von Hochspannung und vergleichsweise geringer Stromstärke mit geringstmöglichen Verluste vom Kraftwerk zum Verbraucher. Trafostationen übernehmen die Wandlung auf die üblichen 230 Volt, die dann in die Haushalte eingespeist werden.

Für viele elektrische Anwendungen ist jedoch Gleichstrom erforderlich, den Batterien und Akkus in besonders reiner Form liefern. Netzteile dienen zur Umwandlung von Wechselstrom in Gleichstrom, was durch Gleichrichtung, Kondensatorglättung und elektronische Stabilisierung geschieht.

A4 Dreiphasenstrom, Drehstrom

„Drehstrom", „Starkstrom", „Kraftstrom", alle diese Begriffe stehen letztlich für ein und dieselbe Sache, nämlich die Versorgung von elektrischen Verbrauchern mit Dreiphasenstrom. Beim Dreiphasenstrom stehen drei voneinander unabhängige Wechselstromkreise von je 230 V/50 Hz zur Verfügung. Grundsätzlich bekommt jeder Haushalt Dreiphasenstrom geliefert. Diese Tatsache ist vielen Anwendern jedoch meist gar nicht bewusst, da nur wenige Verbraucher (Elektromotore, E-Herd, Durchlauferhitzer u.ä.) mehrphasige Versorgung benötigen. Den meisten Elektrogeräten genügt eine einzelne Phase, so dass der Dreiphasenanschluss für diesen Zweck in Einphasenanschlüsse (Schuko-Steckdosen) aufgeteilt und unabhängig voneinander genutzt wird. Diese Konstellation ist in Abbildung A4 oben zu sehen: Die drei Verbraucher sind zwischen die Phasen L1, L2, L3 und den Nullleiter geschaltet, jeder Verbraucher erhält 230 V/50 Hz. Diese Art der Verschaltung heißt Sternschaltung.

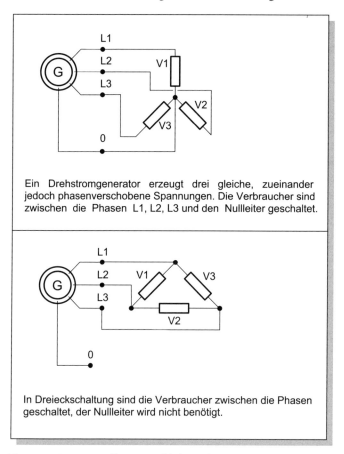

Ein Drehstromgenerator erzeugt drei gleiche, zueinander jedoch phasenverschobene Spannungen. Die Verbraucher sind zwischen die Phasen L1, L2, L3 und den Nullleiter geschaltet.

In Dreieckschaltung sind die Verbraucher zwischen die Phasen geschaltet, der Nullleiter wird nicht benötigt.

Abb. A4: Bei Hausinstallationen üblich ist die Sternschaltung, zu sehen in der oberen Skizze. Die Verbraucher sind zwischen die drei Drehstromphasen und den Nullleiter geschaltet und erhalten je 230 V Spannung. Die untere Dreieckschaltung hingegen benötigt die Null nicht, denn hier werden die Verbraucher von Phase zu Phase mit 400 V versorgt

Abbildung A5 zeigt nun das Besondere am Dreiphasennetz: An den Klemmen L1, L2 und L3 liegen die Spannungen nicht gleichphasig, sondern zueinander phasenverschoben an. Dies resultiert aus der Bauweise der Generatoren, welche die Spannungen im Kraftwerk erzeugen. Die Verschiebung beträgt von Phase zu

Phase je 120° bzw. 6,6 Millisekunden, so dass die drei Klemmen zu jedem Zeitpunkt zueinander unterschiedliche Spannungen aufweisen. Gegenüber dem Nullleiter lassen sich von jeder Klemme die gewohnten 230 V entnehmen, zwischen den Klemmen beträgt die Spannung aufgrund der Phasenverschiebung knapp 400 V (früher 380 V)!

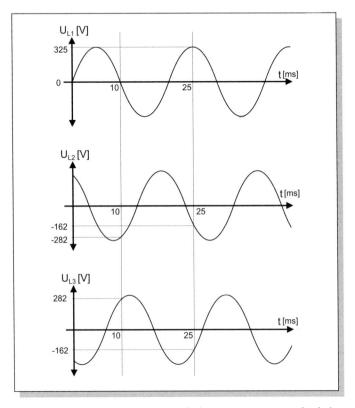

Abb. A5: Darstellung der phasenverschobenen Spannungsverläufe beim Dreiphasenstrom. Zum Zeitpunkt t = 10 ms beträgt die Spannung auf Phase L1 0V, auf Phase L2 –282 V und auf Phase L3 +282 V. Zum Zeitpunkt t = 25 ms liegen auf Phase L1 +325 V, auf Phase L2 und Phase L3 je –162 V an

Die Vorteile des Dreiphasennetzes: Der Anwender erhält drei voneinander völlig unabhängige Versorgungsstromkreise und kann zwischen zwei Spannungen wählen. Die hohe Spannung von 400 V ist für den P.A-Betrieb allerdings weniger relevant, sie wird meistens von Großverbrauchern wie elektrischen Maschinen, Heizgeräten u.ä. in Anspruch genommen. Der untere Teil von Abbildung A4 zeigt die Nutzung, diese Verschaltungsvariante heißt Dreieckschaltung.

Für den P.A-Betrieb bietet das Dreiphasennetz enorme Vorteile: Wenn Sie Licht und Ton aus getrennten Stromkreisen versorgen, minimieren Sie das Risiko von Störeinstreuungen über das Netz von Anfang an. Verursacher sind die für das Dimmen der Scheinwerfer erforderlichen leistungsstarken Phasenanschnittssteuerungen („Dimmerpacks"), die beim Herunterregeln hochfrequente Störspannungen erzeugen. Diese können bei Einphasenversorgung über den Stromanschluss in den Audioteil gelangen und erhebliche Brumm- und Zirpgeräusche verursachen. Getrennte Stromversorgung von Licht und Ton über unterschiedliche Phasen schließt diese Fehlerquelle aus.

A5 Erdung

A5.1 Schutzfunktion Erde

Die Erdung von Audio-Equipment und sonstigen Elektrogeräten, die mit Netzspannung betrieben werden, stellt eine Schutzmaßnahme für den Benutzer dar. Im Falle eines Isolationsdefekts im Inneren wie dem Bruch oder Abriss spannungsführender Kabel kann das Gehäuse plötzlich unter voller Netzspannung stehen, woraufhin Sie beim Berühren einen empfindlichen, unter Umständen sogar tödlichen elektrischen Schlag erhalten! Metallgehäuse, bzw. elektrisch leitende Gehäuseteile, die durch Personen berührt werden könnten, müssen daher geerdet werden. Dies geschieht über den Schutzleiter des Netzkabels, der mit dem Gehäuse leitend verbunden ist.

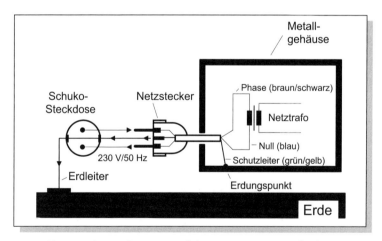

Abb. A6: Schutzerdung eines Elektrogerätes mit Metallgehäuse.
Dort erscheinende elektrische Spannungen werden vom grün-gelben
Schutzleiter ins Erdreich abgeführt

Wie funktioniert das Ganze? Wie die Bezeichnung „Erde" schon andeutet, wird zur Erdung die gewaltige Masse des Planeten genutzt. Der Erdboden bietet idealerweise ein stabiles Potenzial von 0 V, das durch einen eingegrabenen oder in den Boden getriebenen Erder über die grün-gelben Schutzleiter der Elektroinstallation auf die Erdungszungen der Steckdosen geführt wird. Als Erder finden Metallgitter bzw. –stangen Verwendung, nicht mehr zulässig ist die Verwendung der hauseigenen Wasserleitung, da hier immer mehr nicht leitende Kunststoffrohre verbaut werden. Von der Steckdose aus überträgt dann der Schutzleiter des Netzkabels das 0 V-Potenzial weiter auf das Gehäuse des Geräts. Liegt dort im Falle eines Defekts Spannung an, wird diese so genannte Fehlerspannung sofort über den Schutzleiter zur Erde hin abgeleitet. Meistens ist die Höhe der auftretenden Fehlerspannung mit der Netzspannung identisch und eine Verbindung zur Erde gleichbedeutend mit einem satten Gerätekurzschluss. Über den Schutzleiter fließt dann bis zum Ansprechen des Sicherungsautomaten bzw. eines FI-Schutzschalters ein hoher Fehlerstrom ab. Um dem gewachsen zu sein, muss der Querschnitt des Erdleiters beim Netzkabel mindestens genauso stark wie die beiden anderen Leiter, Phase und Null, dimensioniert sein.

Besonders wichtig ist auch guter elektrischer Kontakt zum Gehäuse. Je niederohmiger der Erdungsweg, umso besser. Eine schlechte Kontaktstelle besitzt hohen Übergangswiderstand, der im Defektfall den Ableitstrom begrenzt und Spannungsabfall verursacht. Die dabei entstehende Restspannung verbleibt dann auf dem Gehäuse und kann Ihnen unter Umständen noch gefährlich werden.

Wie kommt es, dass gerade viele Audiogeräte trotz Metallgehäuse und interner Netzteile keine Erdung besitzen? Wenn der Hersteller mit seinem Gerät eine höhere Isolationsklasse in Form von gekapselter Bauweise und besonders isolierten, Netzspannung führenden Kontakten erfüllt, kann die Erdung auch entfallen. Audiogeräten kommt dies besonders zugute, weil ohne Erdung natürlich auch keine brummanfälligen Masseschleifen entstehen können. Ob ein Gerät geerdet ist oder nicht, erkennen Sie am dreipoligen Netzkabel und am Schukostecker. Besitzt dieser seitlich eingelassene Kontaktflächen, die beim Einstecken auf die Erdungszungen der Steckdose treffen, ist dies ein Indiz für ein geerdetes Gehäuse.

Den letzten Zweifel räumen Sie mit dem Ohmmeter aus: Eine Messspitze kommt auf eine blanke Gehäusestelle, die andere auf den Schuko-Erdkontakt, und wenn Verbindung besteht, ist Erdung vorhanden.

A5.2 Signalmasse

Neben der Lebensrettung bei Defekten erfüllt die Erdung in der Signaltechnik noch eine weitere wichtige Funktion, nämlich das Ableiten von Störspannungen, die durch elektromagnetische Felder induziert werden. Dazu müssen Sie sich verdeutlichen, dass in einem Audiogerät neben der Gerätemasse – repräsentiert durch das Gehäuse – auch noch die weiter oben schon erwähnte Signalmasse existiert. Dieses weitere 0 V-Potenzial wird durch das interne Netzteil geschaffen, das die Betriebsspannungen für die Signal bearbeitende Elektronik bereitstellt. Die Signalmasse dient sowohl diesen Versorgungsgleichspannungen als auch unsymmetrischen Audiosignalen als gemeinsamer Bezugspunkt. Deswegen müssen die Schirme der Audiokabel immer mit der Signalmasse verbunden sein, sonst kommt kein Signaltransport zustande.

Was ist nun der Unterschied zwischen Geräte- und Signalmasse? Verglichen mit dem sehr stabilen 0 V-Potenzial der Gerätemasse, das durch die Erdung geschaffen wird, hängt die Signalmasse mehr oder weniger in der Luft. Sie ist derart instabil, dass von den Kabelschirmen kommende Störspannungen oft nicht ausreichend unterdrückt werden, sondern unkontrolliert auf den entsprechenden Masseleitungen umherschwirren können. Damit sind natürlich keine stabilen 0 V, sondern ein Spannungsverlauf entsprechend der Störungen auf der Signalmasse Realität, der diese letztlich in die Signalpfade transportiert, so dass sie als Brummen oder Sirren hörbar werden.

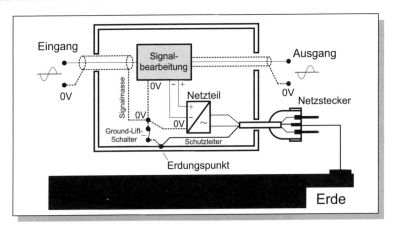

Abb. A7: Die Signalmasse – dargestellt durch gestrichelte Linien – ist zwecks Stabilisierung am Erdungspunkt mit dem Gehäuse und dem Schutzleiter verbunden. Ein Ground-Lift-Schalter ermöglicht es, diese Verbindung aufzutrennen um auftretende Brummschleifen zu unterbrechen

Abhilfe bringt – Sie ahnen es schon – eine geräteinterne Verbindung der instabilen empfindlichen Signalmasse mit dem Gehäuse, also der Gerätemasse. Da Letztere ja auch mit der Schutzerde in Verbindung steht, wird die Signalmasse automatisch auf das 0 V-Potenzial des Erdbodens gezogen und stabilisiert, so dass Störspannungen ungehindert ins Erdreich abfließen können – der Signalweg ist frei von Brummen und Sirren. Das Herstellen dieser Verbindung geschieht am besten an jener Stelle, an der auch der Erdleiter auf das Gehäuse geschraubt ist. Damit erreichen Sie, dass die Signalmasse auch tatsächliches Erdpotenzial bekommt. Eine Verbindung an anderer Stelle im Gehäuse kann aufgrund von Übergangswiderständen an den Kontakten schon wieder ein geringfügig höheres Signalmasse-Potenzial und damit Störanfälligkeit bedeuten.

Ist die Signalmasse einmal geerdet, dürfen keine weiteren Erdkontakte innerhalb oder außerhalb des Geräts hergestellt werden. Ansonsten entsteht die schon erwähnte Masseschleife, die unweigerlich einen Brummton im Signalweg verursacht. Beim Verbinden von zwei und mehr geerdeten Geräten durch Audioleitungen tritt aber gerade dieser Fall ein, siehe Abbildung A8: Über den Kabelschirm werden die Signalmassen der Geräte zusammengeschaltet. Da überall auch noch einzelne Erdung besteht, kommt durch die geräteinternen Brücken zu den Gerätemassen für die Signalmasse Mehrfacherdung zustande.

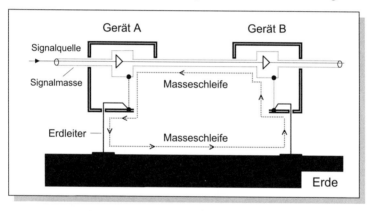

Abb. A8: Beim Verbinden zweier geerdeter Geräte durch eine Audioleitung bilden die beiden Schutzleiter mit dem Kabelschirm eine Masseschleife, die bei ungleichen Erdpotenzialen Brummgeräusche im Signalweg verursacht

Wieso führt eine derartige Konstellation zu Brummgeräuschen im Signalweg? Des Rätsels Lösung: Die Schutzleiter der einzelnen Geräte weisen abhängig von der Länge der Netzkabel geringe, zueinander unterschiedliche Ohmsche Widerstände auf, dazu addieren sich unterschiedliche Übergangswiderstände an Schukosteckern und internen Klemmen. Die Erdpotenziale der einzelnen Geräte weichen daher geringfügig voneinander ab, und für die Signalmasse ist kein eindeutiger Bezugspunkt mehr gegeben, über den eingestreute Störspannungen abfließen könnten. Folglich fließen geringe Ausgleichsströme über alle Kabelschirme und Erdleiter, die letztlich die Ursache für die störenden Brumm-geräusche im Signalweg sind. Im Grunde entspricht die aus Erdleitern und Kabelschirmen entstehende Schleifenkonstellation einer Antenne, die vornehmlich auf das 50 Hz-Wechselfeld der Netzversorgung reagiert.

A5.3 Brummunterdrückung

Wie dem „Brumm" beizukommen ist, wurde eben schon erwähnt: Unterbrechen Sie die Brummschleife mit Hilfe eines am Gerät vorhandenen Ground-Lift-Schalters. Dieser trennt die geräteinterne Verbindung zwischen Geräte- und Signalmasse auf, so dass Letztere in ihren ursprünglich instabilen und störan-fälligen Zustand zurückgelangt. Die Erdung des Gehäuses bleibt dabei auf jeden Fall erhalten, und sobald Sie über ein Audiokabel ein weiteres geerdetes Gerät anschließen, ist die Signalmasse über den Kabelschirm und dessen Erdleiter automatisch wieder stabil. Daraus folgt eine wichtige Regel: Beim unsymmet-rischen Verbinden mehrerer geerdeter Audiogeräte mit Ground-Lift-Schaltern sollten Sie diese bis auf einen alle öffnen. Dadurch erhält die Signalmasse den einen erforderlichen Kontakt zur Erde.

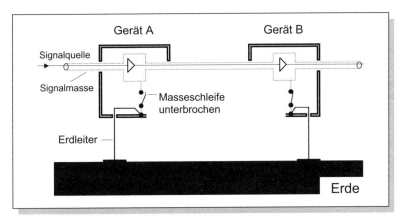

Abb. A9: Durch Öffnen aller Ground-Lift-Schalter bis auf einen einzigen wird die Masseschleife unterbrochen

Was aber ist zu tun, wenn bei geerdeten Geräten mit unsymmetrischen Signal-ports keine Ground-Lifts vorhanden sind? Gewiefte Bastler sind durchaus in der Lage, die Verbindung zwischen Signalmasse und Erdung im Inneren eines Geräts zu ermitteln und aufzutrennen. Dabei darf aber nie der Schutzleiter vom Gehäuse genommen werden! Oft ist eine solche Modifikation aus konstruktions-technischen Gründen aber nicht möglich. Dann bleibt nur das Abtrennen der Kabelschirme in jeweils einem Stecker der Audiokabel übrig. Der Signaltransport findet jetzt über den inneren Leiter und die Erdleiter der Netzkabel statt, was in der Praxis funktioniert, aber nicht unbedingt eine technisch brillante Lösung darstellt und durchaus Quelle für andere Störgeräusche sein kann. Also müssen Sie NF-Übertrager, also Trenntrafos, verwenden. Diese besitzen zwei ineinander geschachtelte Spulen, die Signale werden galvanisch getrennt, also ohne durchverbundene Signalmasse durch Magnetfelder übertragen.

All diese Probleme sind symmetrischen Signalports fremd: Da zum Signal-transport keine Signalmasseverbindung erforderlich ist, können Sie bei Brumm-problemen und fehlenden Ground-Lift-Schaltern getrost den Lötkolben anhei-zen, pro Audiokabel einen XLR-Stecker öffnen, den Schirm ablöten und so isolieren, dass keine Verbindung mit den Signaladern oder dem Steckergehäuse zustande kommt. Als Alternative dazu gibt es auch XLR-Ground-Lift-Adapter zum Einfügen in die Leitungen.

Ein beliebter, aber lebensgefährlicher und deswegen nicht zulässiger Trick zur Brummunterdrückung besteht darin, anstelle der Kabelschirme alle Schutzleiter bis auf einen einzelnen zu unterbrechen. Dies wird durch Abkleben der entspre-chenden Kontakte an den Schukosteckern mit Gaffa Tape erreicht. Eine optisch etwas ansprechendere Methode stellt die Mehrfachsteckdose mit intern abge-zwicktem Schutzleiter dar – kurios und daher etwas seltener ist das Einstecken des Schukosteckers durch eine Plastiktüte hindurch. Dies alles mag sich recht lustig anhören, Tatsache ist aber, dass derartige Aktionen erhebliche Brand- und Stromschlagrisiken verursachen! Manipulationen an Schutzleitern sind deshalb gemäß VDE-Vorschriften verboten!

Was kann in einer solchen Situation passieren? Betrachten Sie noch einmal Abbildung A8, und stellen Sie sich folgendes Szenario vor: Durch das Abkleben des Netzsteckers an Gerät A wird dessen Schutzleiter und damit auch die störende Brummschleife zwischen A und B unterbrochen. Mission erfüllt, könnte man meinen, doch die Gefahr lauert bereits im Hintergrund! Unterbro-chen ist nämlich auch die direkte niederohmige Schutzerdung von Gerät A, die im Fall des Falles einer lebensbedrohenden Fehlerspannung als „Notausgang" dient. Das Gehäuse ist jetzt nur noch über den schwachen Kabelschirm der Audioleitung und über die Signalmasse/Erde-Verbindung in Gerät B mit-geerdet. Tritt in Gerät A ein Defekt in der Form auf, dass die Phase des Stromkabels Kontakt zum Gehäuse bekommt, kann die hier jetzt aufliegende Netzspannung nicht direkt abfließen – der Weg gen Erde ist nur über die im Vergleich zum Schutzleiter relativ hochohmige Abschirmung der Tonleitung möglich. Wie bereits erläutert, lässt ein solch hoher Erdungswiderstand eine unter Umständen noch gefährliche Restspannung stehen, die als Berührspannung auf dem Gehäuse zugänglich bleibt.

Dies ist die erste und wesentliche Gefahr, doch das Szenario geht weiter: Der fließende Fehlerstrom erreicht bekanntlich hohe Stromstärke, für die der Kabelschirm der Tonleitung viel zu schwach dimensioniert ist. Die Folge: Starke Erwärmung, die bei längerer Belastung das Kabel durchbrennen lässt. Längere Belastung entsteht vor allem dann, wenn der Fehlerstrom durch den Widerstand des Kabelschirms (der sich bei Erhitzung übrigens erhöht) wiederum so weit begrenzt wird, dass die Stromstärke nicht ausreicht, die Netzsicherungen auszulösen. In diesem Fall fließt so lange Strom, bis das Kabel durchgebrannt ist. Danach besteht überhaupt keine Erdung mehr, und die volle Netzspannung liegt auf dem Gehäuse.

A6 Elektrische und magnetische Felder

Auf den Signalwegen von Beschallungsanlagen tummeln sich häufig unerwünschte Störungen in Form von Fremdsignalen, Sirren oder Netzbrummen. Fremdsignale entstehen durch Kanalübersprechen – die Signale sind nicht nur auf den zugewiesenen, sondern auch leise auf den Nachbarkanälen zu hören. Schuld an diesen Übersprechern sind oft schlechte Platinenlayouts und mangelhafte innere Abschirmungen preisgünstiger Mischpulte. Aber auch die parallele Anordnung einzelner Signalleitungen, z. B. im Inneren eines nicht so hochwertigen Multicore-Kabels, kann einen Teil dazu beitragen.

Der Hintergrund ist folgender: Wird ein Signal über eine Tonleitung geführt, so entstehen vom Leiter ausgehende elektrische und magnetische Felder, deren Stärken vom anliegenden Signalpegel und vom fließenden Strom abhängig sind. Diese Felder streuen in die in unmittelbarer Nähe angeordneten Nachbarleitungen ein. Zwischen den Signaladern kommt es zu kapazitiven und induktiven Kopplungen, die unerwünschte Störspannungen in Form der Nachbarsignale induzieren. Brummgeräusche gelangen ebenfalls durch elektrische oder magnetische Felder in den Signalkreis. Verursacher ist meist ein ungünstig platziertes Netzteil bzw. ungünstige Rackanordnung mehrerer Geräte. Transformator, Wechselstrom führende Kabel und Signalleitungen liegen so dicht beieinander, dass Störfelder überkoppeln können.

Abhilfe geschieht durch Abschirmung, sowie durch überlegte Platzierung aller Wechselstrom führenden Komponenten. Elektrische Felder lassen sich durch elektrisch leitfähige Schirme wie Metallfolien, leitfähige Lacke, enge Drahtgeflechte oder Bleche von der Umgebung fernhalten. Die Schirme müssen dabei guten Kontakt zur Signalmasse bzw. zur Erdung haben. Schwieriger zu dämpfen sind dagegen magnetische Felder, deren Ausbreitung nur magnetisch leitfähige Materialien wie Eisen, Nickel oder Kobalt verhindern. Magnetische Schirme bestehen aus entsprechenden Folien oder Blechen. Die magnetischen Feldlinien eines stromdurchflossenen Leiters werden durch diese Materialien abgelenkt – Massekontakt ist nicht erforderlich. Glücklicherweise sind die fließenden Ströme auf Signalleitungen und damit die Feldstärken von Magnetfeldern sehr gering (Ausnahme: Lautsprecherleitungen). Signalübersprechen wird daher hauptsächlich durch elektrische Felder verursacht.

A6.1 Entstehung von elektrischen Feldern

Sind an einem Ort viele Elektronen konzentriert, entsteht gegenüber der Umgebung der schon bekannte Potenzialunterschied, der neben der elektrischen Spannung auch ein elektrisches Feld hervorruft. Wenn Sie beispielsweise eine Batterie an zwei parallel zueinander liegende Metallplatten anschließen, übernehmen diese die Potenziale der Batterieklemmen, und es entsteht ein Plattenkondensator. Abbildung A10 zeigt eine solche Anordnung:

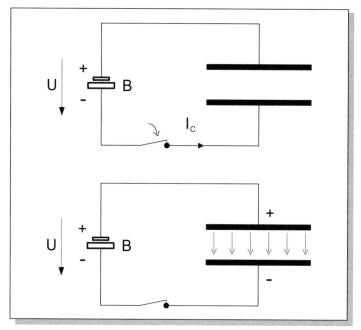

Abb. A10: Beim Anschließen des Kondensators an die Batterie fließt kurzzeitig ein Ladestrom (oberes Bild). Danach besitzen die Platten das Batteriepotenzial. Im Zwischenraum hat sich ein elektrisches Feld aufgebaut

Im Moment des Anschließens fließen gemäß der natürlichen Stromrichtung vom Minuspol der Batterie Elektronen auf die untere Platte. Sobald sich das Potenzial der Platten dem der Batterie angeglichen hat, versiegt dieser Stromfluss wieder, der Kondensator ist auf die Batteriespannung aufgeladen. Die negativ geladene Platte (Minuspol) wird dabei als Kathode bezeichnet, die positive Platte heißt

Anode. Zwischen beiden hat sich ein stabiles elektrisches Feld aufgebaut, dessen Stärke von der anliegenden Spannung und dem Plattenabstand abhängig ist.

A6.2 Kapazität

Wenn Sie nun die Batterie wieder abtrennen, bleibt dieses Feld bestehen. Der Kondensator ist somit in der Lage, in einem elektrischen Feld Energie zu speichern. Die charakteristische Größe eines Kondensators ist seine Kapazität, die ein Maß für die Speicherfähigkeit darstellt. Die Menge der speicherbaren Elektrizität ist dabei von der wirksamen Plattenfläche, dem Plattenabstand und dem Material (Dielektrikum) zwischen den Platten abhängig. Kapazitäten werden in Farad (F) gemessen, als Abkürzung wird der Buchstabe C verwendet.

Natürlich lassen sich die aufgebrachten Ladungen auch wieder entfernen. Zu diesem Zweck werden die beiden Platten entweder über einen Widerstand oder direkt miteinander verbunden. Der Strom I_c aus Abbildung A10 fließt nun in die andere Richtung, wobei sich Spannung und elektrische Feldstärke zwischen den Kondensatorplatten verringern. Der Kondensator ist vollständig entladen, wenn kein elektrisches Feld und keine Spannung zwischen den Platten mehr vorhanden ist.

Wird nun anstelle der Batterie eine Wechselspannungsquelle angeschlossen, so lädt diese die Kondensatorplatten im Takt der Frequenz um. Das elektrische Feld und der Strom I_c ändern ständig die Richtung. Durch das andauernde Umladen (hundert Mal pro Sekunde bei üblicher 50 Hz-Wechselspannung) geht der Strom I_c aber nicht mehr auf Null zurück, sondern nimmt einen konstanten Effektivwert an. Somit stellt ein in einen Wechselstromkreis geschalteter Kondensator einen Widerstand dar, dessen Wert von der Kapazität und der speisenden Frequenz der Wechselspannungsquelle abhängig ist. Je höher die Frequenz, umso geringer der Widerstand und umso höher die Stromstärke I_c (Ohmsches Gesetz, A2). Die genauen Berechnungsgrundlagen hierzu finden Sie in Abschnitt A9.

Die Entstehung von elektrischen Feldern ist immer mit dem Vorhandensein von Kapazität verknüpft. Bilden sich zwischen zwei Orten elektrische Feldlinien aus, stellt die jeweilige Anordnung elektrotechnisch gesehen immer einen Kondensator dar. So auch beim Audiokabel: Das zwischen dem Signal führenden Leiter und der Abschirmung entstehende elektrische Feld weist auf Kabelkapazität hin, die von den Abmessungen, den verwendeten Materialien und der Länge des Kabels abhängig ist.

A6.3 Entstehung von magnetischen Feldern

Ist die Existenz von elektrischen Feldern von der zwischen den beiden Gegenpolen anliegenden Spannung abhängig, entstehen magnetische Felder nur durch fließenden Strom. Abbildung A11 zeigt einen stromdurchflossenen Draht.

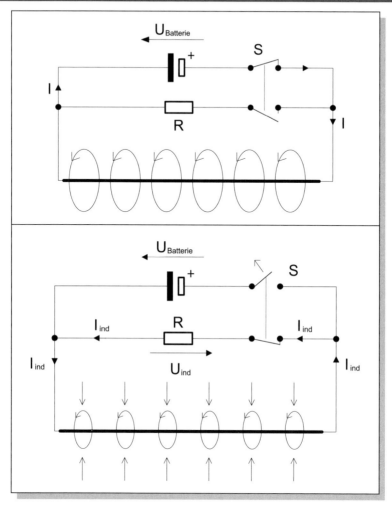

Abb. A11: Ein stromdurchflossener Leiter ist von einem Magnetfeld umgeben.
Wird der Stromfluss durch Öffnen des Schalters S plötzlich unterbrochen,
induziert das abklingende Magnetfeld einen Spannungsimpuls
(unteres Bild). Bei geschlossenem Stromkreis (über Widerstand R)
fließt dann auch ein induzierter Strom

Der Elektronenfluss hat ein Magnetfeld aufgebaut, dessen Feldlinien kreisförmig in sich geschlossen um den Leiter herum angeordnet sind. Je größer die Stromstärke, umso größer ist die magnetische Feldstärke. Auch in einem magnetischen Feld wird Energie gespeichert. Diese tritt beim plötzlichen

Unterbrechen des Stromflusses zu Tage. Das Magnetfeld wird dann nicht mehr länger aufrecht erhalten, die gespeicherte Energie induziert in dem Draht einen entgegen der abgeschalteten Versorgungsspannung gerichteten Spannungsimpuls, der bei geschlossenem Stromkreis einen ebenfalls entgegengesetzten Strom verursacht.

Das magnetische Speichervermögen wird als Induktivität bezeichnet. Deren Einheit ist das Henry (H), als abkürzender Buchstabe steht L. Die Induktivität eines einzelnen Drahts ist sehr gering, so dass Sie die geschilderten Ereignisse nur mit empfindlichen Messgeräten beobachten können. Wird der Draht aber als Spule aufgewickelt, dann addieren sich die Feldlinien und die Wirkungen jeder einzelnen Windung. Die Induktivität erhöht sich, so dass Sie technischen Nutzen (Netztrafo, Übertrager, Drosselspule) daraus ziehen können.

A7 Signalübertragung

Die innerhalb eines P.A.-Systems auftretenden Audiosignale sind mit elektrischen Wechselspannungen gleichzusetzen, also sind für deren Transport von den Signalquellen (z. B. Mikrofone) zu den Verbrauchern (z. B. Mischpulteingänge) geschlossene Stromkreise erforderlich, die über Verbindungskabel hergestellt werden. Im Vergleich zur herkömmlichen 50 Hz-Wechselstromversorgung im Haushalt bestehen jedoch wesentliche Unterschiede: Auf Audioleitungen sind – Lautsprecherkabel einmal ausgenommen – nur geringe Spannungen und Ströme anzutreffen. Nennenswerte Leistungen werden also nicht übertragen, ferner ist die Frequenz der übermittelten Signale natürlich nicht konstant. Musiksignale und andere Audioereignisse bestehen aus einer Überlagerung vieler Frequenzen, stellen also ein Frequenzgemisch dar. Audiosignale überstreichen der HiFi-Norm entsprechend einen Bereich von mindestens 16 – 20000 Hz, der über die Verbindungskabel möglichst unverfälscht übertragen werden muss.

Die Gewährleistung dessen hängt zunächst einmal von der Art und der Qualität des Kabelmaterials ab – Anlass für diverse windige Hersteller von „klangverbesserndem Sonderzubehör", besonders in der gut betuchten und technisch meist völlig ahnungslosen HiFi-Szene die unglaublichsten Gerüchte über Klang verändernde Einflüsse von Audiokabeln kursieren zu lassen. Deren Kundschaft investiert dann aus Unkenntnis oft Unsummen in extra dick vergoldete Steckverbindungen und angebliche „Superkabel", nur um ja keine Nuance an Klangveränderung erleiden zu müssen – schließlich war die gesamte Anlage ja schon teuer genug.

P.A.-Leute stehen derartigen Versuchen der Mystifizierung glücklicherweise etwas realistischer gegenüber. Dies ist zum großen Teil darin begründet, dass sich mobile P.A-Systeme abhängig vom Veranstaltungsort quasi jeden Tag etwas anders anhören und man sich folglich gar nicht so intensiv in die Anlage einhören kann. Eine Vielzahl von Parametern beeinflusst den Sound – auf die Idee, ein Kabel könne dazu merklich etwas beitragen, kommt hier so schnell keiner.

Können Verbindungskabel den Sound verändern oder nicht? Grundsätzlich muss diese Frage bejaht werden, Tatsache ist aber, dass für Klangeinbußen auf einer Kabelstrecke das Kabel nur sehr selten alleine verantwortlich ist. Die Ursache ist viel eher im Zusammenwirken der miteinander verbundenen Komponenten begründet. Um in Sachen Stabilität und Abschirmung professionellen Ansprüchen zu genügen, ist natürlich eine gewisse Kabelqualität Vorausset zung. Zuerst müssen jedoch Quelle und Verbraucher elektrisch zueinander passen. Genügend Aussteuerungsreserve am Eingang stellt beispielsweise sicher, dass die von der Quelle gelieferte Signalspannung adäquat, also ohne Übersteuerungsverzerrungen verarbeitet werden können. Stimmt das Verhältnis der Innenwiderstände von Signalquelle und Signaleingang nicht (Unteranpassung), vermag auch das beste und teuerste Kabel nichts zu retten. Signale aus hochohmigen Quellen sind dafür besonders anfällig, zumal bei diesen auch die Kabellänge bzw. die Kabelkapazität eine entscheidende, Höhen dämpfende Rolle spielt.

Doch allen Zweiflern sei gesagt: Moderne P.A.- und HiFi-Komponenten arbeiten überwiegend niederohmig. Daher können die üblichen Standardkabel (keine Billigware!) bedenkenlos verwendet werden. Investitionen in angeblich besonders verlustarme Kabel und Stecker, deren „klangliches Mehr" akustisch für niemanden zu erfassen ist, sind aus diesem Grund reine Geldverschwendung. In niederohmiger Umgebung unter richtigen Impedanzverhältnissen von Quelle und Verbraucher verursachen Kabel nur verschwindend geringe, für das menschliche Gehör nicht wahrnehmbare Veränderungen im Klang. Im Kleinsignalbetrieb, also bei Line-Pegel und Quellimpedanzen um 200 Ohm können auch größere Wege gefahrlos überbrückt werden.

Die einzige Ausnahme stellen Lautsprecherleitungen dar. Diese sind zwar extrem niederohmig, transportieren aber Leistung. Aus diesem Grund darf ein Lautsprecherkabel nur wenige Meter lang sein, der Querschnitt der Signaladern muss den fließenden Strömen entsprechend stark bemessen sein. Ansonsten drohen aufgrund des Leitungswiderstands Leistungsverluste, und der Dämpfungsfaktor der antreibenden Endstufe verschlechtert sich.

A7.1 Innenwiderstand

Die Innenwiderstände von Signalquellen und -eingängen sind vielen Praktikern meist suspekt, weil sie – der Name sagt es bereits – von außen nicht greifbar sind und sich unter fehlerhaften Betriebsbedingungen verheerend auf den Sound auswirken können. Dabei repräsentiert der Innenwiderstand bloß die Tatsache, dass – anders als in der Theorie – eine reale Signalquelle nicht beliebig stark belastet werden kann. Zum besseren Verständnis betrachten Sie den einfachen Stromkreis in Abbildung A12:

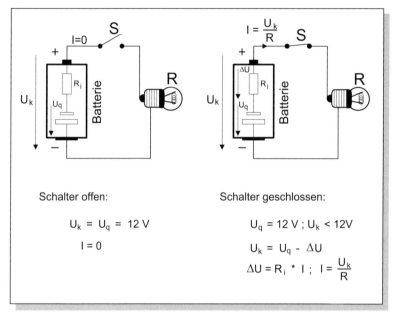

Abb. A12: Einfluss des Batterie-Innenwiderstands auf den Stromkreis.
Ist der Schalter offen (links), fließt kein Strom, und die Quellenspannung ist mit der Klemmenspannung identisch. Bei geschlossenem Schalter fällt eine Spannungsdifferenz über dem Innenwiderstand ab, um deren Betrag sich die Klemmenspannung verringert

Solange der Schalter in Abbildung A12 geöffnet ist, fließt über die Glühbirne kein Strom, es herrscht Leerlauf. Eine Messung an den Klemmen der Batterie ergibt in diesem Fall die angegebene Leerlaufspannung von 12 V. Wird der Schalter nun geschlossen, beginnt der Stromfluss. Eine erneute Messung direkt an den Batterieklemmen liefert nun plötzlich einen geringeren Spannungswert. Woran liegt das? Entscheidend für diesen Spannungsverlust ist die Tatsache, dass die Batterie aufgrund innerer Trägheit bei Stromfluss nicht in der Lage ist, schnell genügend Elektronen nachzuliefern. Ähnlich wie bei einer Wasserleitung mit plötzlich geöffnetem Hahn entsteht im Inneren einer Batterie unter Belastung „Druckabfall", wodurch die Spannung nicht auf dem Leerlaufwert gehalten werden kann. Je nach Stärke des fließenden Stroms geht also bereits vor den Batterieklemmen quasi im Inneren der Batterie ein Teil der Leerlaufspannung verloren. Aus dieser Differenz und dem fließenden Strom ergibt sich mit dem Ohmschen Gesetz der Innenwiderstand der Batterie. Der Innenwiderstand ist somit eine beschreibende Größe für die Belastungsfähigkeit einer Spannungsquelle.

Ein Beispiel: Eine frische Batterie hat einen Innenwiderstand von wenigen Milliohm, d.h., kurz nach dem Einschalten entspricht die Spannung unter Last nahezu der Leerlaufspannung. Bei fortdauerndem Betrieb erschöpft sich die Batterie mehr und mehr, die Folge ist eine kontinuierliche Verringerung der Spannung. Je nach Sichtweise ist dies auch mit einem Ansteigen des Innenwiderstands zu erklären. Nach langem Betrieb wird dieser schließlich so groß, dass die gesamte Leerlaufspannung daran abfällt. Unter Last gelangt keine Spannung mehr an die Klemmen – die Batterie ist leer.

Dieselben Überlegungen gelten auch für Signalausgänge – jede elektrische Quelle besitzt schließlich einen mehr oder weniger großen Innenwiderstand. Das eben beschriebene Ansteigen desselben ist allerdings eine individuelle Eigenart von Batterien und Akkus – in der Audiotechnik bleiben die Innenwiderstände bei fortdauerndem Betrieb natürlich konstant. Und noch ein weiterer wesentlicher Unterschied existiert: Da es sich beim Signalausgang um eine Wechselspannungsquelle handelt, die einen Frequenzumfang von mindestens 16 – 20000 Hz liefert, verhält sich der Innenwiderstand frequenzabhängig. Daher gelten die in technischen Unterlagen angegebenen Werte meistens für eine Bezugsfrequenz von 1 kHz, und man spricht bei einem frequenzabhängigen Innenwiderstand auch von einer „Impedanz".

Die im Audiowesen relevanten Komponenten wie Mikrofone, Tonabnehmer, DI-Boxen, CD-Player, Effektgeräte, Endstufen usw. unterteilt man anhand ihrer Innenwiderstände in nieder- und in hochohmige Quellen bzw. Eingänge und spricht analog dazu auch vom Ausgangs- und vom Eingangswiderstand. Zu den niederohmigen Signalquellen zählen vornehmlich aktive Geräte – also Komponenten, die interne Verstärker besitzen und auf Batteriebetrieb oder Stromversorgung von außen angewiesen sind. Die Lautsprecherausgänge von Leistungsendstufen beispielsweise besitzen Innenwiderstände im Milliohmbereich – aus diesem Grund kann ein solcher Ausgang an einen Lautsprecher bei hoher Signalspannung auch viel Strom, also viel Leistung liefern. CD-Player, DI-Boxen, Keyboards, Effektgeräte und Verstärker-Line-Outs usw. arbeiten ausgangsseitig ebenfalls niederohmig. Die Innenwiderstände liegen hier meist im Bereich von 50 Ohm aufwärts bis zu einem Kiloohm. Im Vergleich zur anfänglich betrachteten Batterie oder zur Leistungsendstufe sind diese Werte aber schon um einiges größer, so dass diese Quellen keine hohen Ausgangsströme, etwa für den direkten Betrieb eines Lautsprechers, zur Verfügung stellen können. Die akustische Wiedergabe des anliegenden Signals erfordert daher immer einen zwischengeschalteten Verstärker, der die dafür erforderliche Leistung bereitstellt bzw. den Ausgangswiderstand herabsetzt.

Schließlich noch die hochohmigen Quellen, dazu zählen vornehmlich die Tonabnehmer von passiven elektrischen Gitarren und Bässen. Diese besitzen Spulen, die aus mehreren tausend Windungen haardünnem Kupferdrahts bestehen. Je nach Fabrikat sind hier Ohmsche Widerstände zwischen 5 und 15 Kiloohm und mehr anzutreffen. Ferner gibt es auch einige hochohmige Mikrofontypen für Spezialanwendungen, die aber im P.A.- oder Musiker-Alltag keine Rolle spielen.

A7.2 Über- und Unteranpassung

Als nächstes stellt sich die Frage, wie mit hoch- und mit niederohmigen Quellen umzugehen ist bzw. wie die Signaleingänge, an die Sie sie anschließen wollen, beschaffen sein müssen. Grundsätzlich gilt das Prinzip der Überanpassung, d. h., der Innenwiderstand des Signaleingangs muss immer größer als der Ausgangswiderstand der angeschlossenen Quelle sein. Dieser wichtigen Bedingung kommen Sie mit Hilfe der Spannungsteiler-Regel, die sich aus dem Ohmschen Gesetz herleitet, auf die Spur:

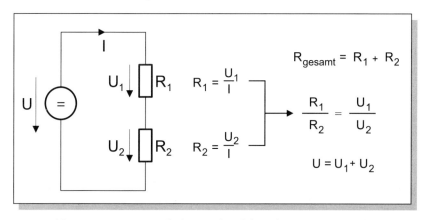

Abb. A13: Die Gesetzmäßigkeiten des elektrischen Spannungsteilers

Befinden sich in einem Stromkreis zwei oder mehrere Widerstände in Reihenschaltung, so ergibt sich der Gesamtwiderstand aus der Addition aller Einzelwiderstände. Die von der Quelle gelieferte Spannung teilt sich über den Einzelwiderständen in Einzelspannungen auf, die addiert wieder die Quellenspannung ergeben. Dabei sind die Werte der Einzelspannungen vom Verhältnis der Widerstandswerte abhängig. Zwei identische Widerstände beispielsweise halbieren die anliegende Spannung, ist ein Widerstand vier Mal so groß wie der andere, teilt sich die Spannung entsprechend im Verhältnis 4 : 1 auf.

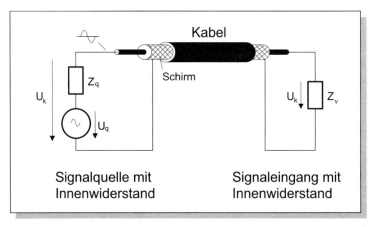

Abb. A14: Prinzip der Überanpassung: Wird die Impedanz des Eingangs groß gegenüber dem Ausgangswiderstand gewählt, geht hier nur wenig Signalpegel verloren, so dass der am Eingang ankommende Pegel nahezu der Quellenspannung am Ausgang entspricht

Betrachten Sie nun Abbildung A14: Eine Signalquelle ist über ein Kabel mit einem Eingang verbunden, die Innenwiderstände sind mit eingezeichnet. Deutlich ist zu erkennen, dass sich eine Reihenschaltung des Ausgangswiderstandes der Quelle mit dem Eingangswiderstand des Verbrauchers ergibt (der Kabelwiderstand ist vernachlässigt), und die Signalspannung teilt sich gemäß dem Impedanzverhältnis über beiden Widerständen auf. Um nun möglichst viel Signalspannung vom Ausgang auf den nachgeschalteten Eingang zu bekommen, muss der Ausgangswiderstand logischerweise klein gegenüber dem folgenden Eingangswiderstand sein, damit nur wenig Spannung im Inneren der Quelle verloren geht.

Ein Beispiel aus der Praxis: Ein Mikrofon vom Typ Shure SM58, wie es für Gesang und Instrumentenabnahme verwendet wird, besitzt einen Innenwiderstand von 150 Ohm. Damit das gelieferte Ausgangssignal möglichst ungedämpft den Mischpulteingang erreicht, muss dieser mindestens den 20-fachen Eingangswiderstand, also 3 Kiloohm, besitzen. In der Praxis wird dieses Überanpassungsverhältnis meist noch größer (Faktor 100 und mehr) gewählt. Universell verwendbare Mischpulteingänge besitzen in der Regel Impedanzen um 20 Kiloohm.

Ist der Eingangswiderstand des angeschlossenen Verbrauchers kleiner als die Quellenimpedanz, spricht man von Unteranpassung. In diesem Fall sorgt der im

Vergleich zum Eingang jetzt sehr hohe Innenwiderstand der Quelle – ähnlich wie bei der leeren Batterie – dafür, dass ein Großteil der erzeugten Signalspannung bereits daran abfällt, so dass das Ausgangssignal entweder gar nicht oder nur mit sehr geringem Pegel auf das Kabel gelangt. Übermäßige Belastung der Signalquelle durch zu niedrigen Eingangswiderstand des Signaleingangs ist bei Signalübertragungen daher unbedingt zu vermeiden, denn dies führt unweigerlich zu starker Dämpfung und auch zu Klangverfälschungen durch Beschneidung der hohen Frequenzen. Die Folge: Das übertragene Signal klingt leise, matt und dumpf. Aus diesem Grund sind zum Beispiel die Eingänge von Verstärkern für elektrische Gitarren grundsätzlich hochohmig ausgelegt – die Impedanz beträgt mehrere hundert Kiloohm. Da es sich bei einer passiven elektrischen Gitarre um eine hochohmige Quelle handelt, ist dies für ein günstiges Überanpassungsverhältnis unbedingt notwendig.

A8 Signalpegel

A8.1 Volt contra dBu und dBV

Für Signalpegel gelten prinzipiell die gleichen Betrachtungsweisen wie für Schalldruckpegel (vergleiche Kapitel 1). Dass es nicht immer sinnvoll ist, die Ausgangsspannungen von Signalquellen in Volt anzugeben, liegt daran, dass die im Audiowesen vorkommenden Spannungen einen sehr großen Voltbereich bis zu acht Zehnerpotenzen überstreichen können. Am unteren Ende der Skala rangieren beispielsweise die Empfangsantennen von Wireless-Systemen, die bei gutem Empfang eine Durchschnittsspannung von ca. einem Mikrovolt (1 μV, das sind 0,000001 V bzw. ein Millionstel Volt) liefern. Auf der anderen Seite liegen die Lautsprecherklemmen von Hochleistungsendstufen, an denen bei Vollaussteuerung Spitzenamplituden bis zu 150 V anliegen. Hier mit Spannungsangaben zu arbeiten liefert unhandliche Zahlenwerte, folglich hilft man sich mit einem mathematischen Trick weiter, der beispielsweise auch bei der Berechnung von Schallpegeln und überhaupt in der Naturwissenschaft gang und gäbe ist:

Sämtliche Signalspannungen werden mit der unten stehendernFormel, die den Zehnerlogarithmus enthält, in Signalpegel umgerechnet. Der Zehnerlogarithmus, der mathematisch gesehen die Umkehrung der Potenzierung zur Basis 10 darstellt, komprimiert die vorher unhandliche, weil sehr weite Spannungsskala auf eine überschaubare und bequem zu handhabende Dezibelskala (dB):

$$\text{Pegel [dBu]} = 20 \times \log\left(\frac{U\,[V]}{0{,}775\,V}\right)$$

Wie ist mit dieser Umrechnungsformel umzugehen? Bevor irgendeine Signal-spannung mit Hilfe des Logarithmus in Pegel umgerechnet werden kann, ist zunächst die Definition einer Bezugsspannung erforderlich. Eine in „dB" angegebene Größe bezieht sich nämlich immer auf einen Referenzwert. Für die Audiopegel wurde dieser in den Anfangstagen des Rundfunks auf 0,775 V festgelegt. Schon steht der Umrechnung in absolute Signalpegel nichts mehr im Wege: Angenommen, ein Mikrofon liefert eine Ausgangsspannung von einem Millivolt (0,001 V), und Sie wollen den entsprechenden Signalpegel bestimmen, so dividieren Sie einfach 0,001 durch 0,775, betätigen dann auf dem Taschenrechner die „log"- bzw. „lg"-Taste und multiplizieren das Ganze mit 20 – fertig. Und was kommt heraus? Das Display zeigt einen aufgerundeten Wert von -57,8 dBu.

Betrachten Sie als nächstes einen CD-Player, der Ihnen 0,775 V am Ausgang bereitstellt. Die gleichen Rechenschritte durchgeführt, zeigt das Rechnerdisplay – wer hätte das gedacht – natürlich 0 dBu. Die Bezugsspannung wird also immer bei 0 dB auf der Pegelskala abgebildet.

Um eindeutig zu kennzeichnen, dass Spannungspegel zur Bezugsspannung 0,775 V gemeint sind, wird der Bezeichnung „dB" noch das Anhängsel „u" zugefügt. Woraus messerscharf abzuleiten ist, dass leider auch noch andere Bezugswerte existieren, so dass bei unterlassener Kennzeichnung der Pegelan-gaben für gleiche dB-Werte unterschiedliche Signalspannungen gemeint sein können. Zum Glück gibt es zum „dBu" nur einen ernsthaften Konkurrenten, nämlich das „dBV". Mit „dBV" gekennzeichnete Pegel beziehen sich nicht auf 0,775 V, sondern auf 1 Volt. Die beiden oben angeführten Beispiele ergeben, setzt man anstelle 0,775 V den Wert 1 V in die Formel ein, einen Mikrofonpegel von -60 dBV und einen CD-Pegel von -2,2 dBV. Die Differenz zwischen dBV- und dBu-Pegeln beträgt also immer 2,2 dB. Wenn Sie nun zwischen „dBV"- und „dBu"-Pegel umrechnen möchten, müssen Sie nicht erst mühsam auf die Signalspannung zurückrechnen, die Bezugsspannung ändern und dann den neuen Pegel berechnen (Formeln siehe Abbildung A15), sondern Sie addieren bzw. subtrahieren einfach 2,2 dB.

Pegelangaben in „dBV" haben sich vornehmlich in Amerika etabliert, folglich ist amerikanisches Equipment entsprechend ausgelegt und beschriftet. In Europa hingegen orientiert man sich überwiegend am „dBu". Gelegentlich begegnet Ihnen auch das im Grunde überflüssige „dBm". Beim „dBm" wird als Bezugs-größe keine Spannung, sondern eine Leistung von einem Milliwatt an einer Last von 600 Ohm herangezogen. Es handelt sich hierbei also nicht um einen Spannungs-, sondern um einen Leistungspegel. Wenn Sie aber mit Hilfe des Ohmschen Gesetzes (siehe Gl. A1 und Abbildung A15) aus diesen Werten die zu Grunde liegende Spannung ausrechnen, werden Sie wieder auf die schon bekannte Bezugsspannung von 0,775 V stoßen. Daraus folgt: „dBm"- und

„dBu"-Pegel sind in der Praxis identisch, beim „dBm" wird lediglich auf die Definition über die Leistung Bezug genommen.

Spannung auf Pegel:	Pegel auf Spannung:
$P\,[dBu] = 20 \times \log \left(\dfrac{U\,[V]}{0{,}775\,V} \right)$	$U\,[V] = 0{,}775\,V \times 10^{\left(\frac{P\,[dBu]}{20} \right)}$
$P\,[dBV] = 20 \times \log \left(\dfrac{U\,[V]}{1\,V} \right)$	$U\,[V] = 1\,V \times 10^{\left(\frac{P\,[dBu]}{20} \right)}$
Ohmsches Gesetz:	$R = \dfrac{U}{I}$
Leistung:	$P = U \times I = \dfrac{U^2}{R}$

A8.2 Pegelniveaus

Momentane Pegelwerte zu betrachten ist bei Audiosignalen von zweitrangigem Interesse, da aufgrund der vorhanden Dynamik die Signalstärke ständig schwankt. Daher erweist sich die Angabe einer Pegelgrößenordnung, etwa der Durchschnitts- und/oder der Spitzenpegel, als wesentlich sinnvoller. Am unteren Ende der Pegelskala rangieren üblicherweise die Mikrofone, die je nach Lautstärke der aufgenommenen Schallquelle zwischen -60 und -30 dBu Pegel liefern. Kondensatormikros, die bauartbedingt interne Verstärker besitzen, können manchmal gar -20 dBu erreichen. In dieser Gegend sind auch passive Pickups von E-Gitarren und Bässen angesiedelt. Allerdings ergeben sich abhängig von Fabrikat und Spielweise große Abweichungen: Pickups mit starkem Magnetfeld und hoher Windungszahl liefern generell höheren Output und bei hartem Anschlag der Saiten kurzzeitige Spitzenpegel, die locker Line-Niveau und mehr erreichen können und somit weit über dem Durchschnitt liegen.

Bei -10 dBV (also -7,8 dBu) liegt der Normpegel für Homerecording-Studios, während professionelle Produktionen bei +4 dBu gefahren werden. Dazwischen, nämlich bei 0 dBu, ist der so genannte Line-Pegel angesiedelt, der von CD-Player, Keyboards und, wie bereits erwähnt, auch von akustischen Gitarren mit aktiven Piezo-Pickups sowie von E-Bässen erreicht werden kann.

Um P.A.-Endstufen ordentlich aussteuern zu können, sind manchmal bis zu +10 dBu und mehr erforderlich. Also bieten professionelle Mischpulte, Master-EQs und Frequenzweichen eine Aussteuerungsreserve über +20 dBu, um auch gelegentliche Peaks noch sauber verarbeiten zu können. Schließlich die Lautsprecherkabel: Hochleistungsendstufen können kurzzeitige Spitzen von +45,7 dBu (ca. 150 V) liefern, im Normalfall betragen die Pegel hier zwischen +30 bis +38 dBu.

Pegel in dBu	Spannung
-70	0,24 mV
-60	0,77 mV
-50	2,4 mV
-40	7,7 mV
-30	24,5 mV
-20	77,5 mV
-10	245 mV
(-10 dBV	316 mV)
-5	435 mV
0	775 mV
+4	1,22 V
+6	1,55 V
+10	2,45 V
+20	7,75 V
+30	24,5 V
+35	43,6 V
+38	61,6 V
+40	77,5 V
+50	245,0 V

Tabelle A1: Signalpegel und zugehörige Spannungen

A9 Elektronische Bauelemente und ihre Berechnungsgrundlagen

A9.1 Widerstände

Wie bereits in Abschnitt A2 erläutert, wird dem Elektronenfluss in stromdurchflossenen Leitern ein geringer Widerstand entgegengesetzt. Viele technische Anwendungen benötigen in ihren Stromkreisen jedoch höhere Widerstandswerte, somit muss in Form von Bauelementen künstlich Widerstand dazugeschaltet werden (z. B. Vorwiderstand zum Schutz einer Leuchtdiode vor Überlastung). Widerstandsbauelemente – im Folgenden einfach Widerstände genannt – gibt es in verschiedenen Ausführungen:

In Kohleschichtwiderständen wird der Strom über eine Grafitschicht geführt, deren begrenzte elektrische Leitfähigkeit den eigentlichen Widerstand darstellt. Kohleschichtwiderstände sind einfach und billig herzustellen. Da die Toleranzen des angegebenen Widerstandswerts bis zu 20% betragen, werden sie überall dort verwendet, wo es nicht auf absolute Genauigkeit ankommt.

Metallfilmwiderstände bestehen aus einer Widerstandslegierung (z. B. Nickel-Chrom). Der Widerstandswert kann im Gegensatz zu Grafitschichten sehr genau abgestimmt werden. Die Toleranzen liegen daher nur noch im Bereich von einem Prozent, hoch präzise Messwiderstände sind sogar bis auf 0,01% genau. Weitere Vorteile sind Langzeitkonstanz des Widerstandswerts und geringes thermisches Rauschen. Somit kommen Metallfilmwiderstände bevorzugt in hoch empfindlichen Verstärkerschaltungen und Messgeräten zum Einsatz. Da gegenüber Kohleschichtwiderständen auch höhere Zuverlässigkeit besteht, werden elektronische Qualitätsprodukte fast ausschließlich nur noch damit bestückt.

Spezieller Widerstandsdraht (z. B. Konstantan) dient als Grundlage für Drahtwiderstände. Aus Platzgründen wird dieser Draht aufgewickelt und in eine zementartige Masse eingegossen. Drahtwiderstände sind in der Regel für höhere Leistungen (Stichwort: passive Frequenzweichen) ausgelegt, sie besitzen daher größere Abmessungen. Aufgrund des aufgewickelten Drahts (wirkt wie eine Spule!) ist zusätzliche, manchmal nicht zu vernachlässigende Induktivität vorhanden. Drahtwiderstände sind daher für manche Anwendungen nicht zu verwenden. Der Wert eines Widerstands ergibt sich aus den auf dem Bauelement aufgedruckten Farbringen. In der folgenden Tabelle ist der zugehörige Code dargestellt:

Farbe:	1. Ring	2. Ring	3. Ring	4. Ring	Toleranz
schwarz	0	0		grün	0,5%
braun	1	1	0	braun	1%
rot	2	2	00	rot	2%
orange	3	3	000	gold	5%
gelb	4	4	0000	silber	10%
grün	5	5	00000	farblos	20%
blau	6	6	000000		
violett	7	7	0000000		
grau	8	8	00000000		
weiß	9	9	000000000		

Üblicherweise sind vier Farbringe vorhanden. Von links aus gelesen, reiht man für die ersten beiden Ringe die entsprechenden Ziffern aneinander. Der dritte Ring gibt dann über die Anzahl der noch anzuhängenden Nullen Auskunft. Alle Ziffern hintereinander gelesen ergeben den Widerstandswert in Ohm, der vierte Ring steht für die Toleranz.

Beispiel: rot-violett-rot-gold = 2700 Ohm bei 5% Toleranz

Da Metallfilmwiderstände bezüglich der Ohmzahl in kleineren Abstufungen erhältlich sind, wird zur Kennzeichnung hier ein fünfter Farbring benötigt. Der Code ist identisch, lediglich die Anzahl der anzuhängenden Nullen bestimmt sich nun durch den vierten Ring.

Beispiel: braun-rot-gelb-rot-braun = 12400 Ohm bei 1% Toleranz.

A9.2 Reihenschaltung von Widerständen, Spannungsteiler

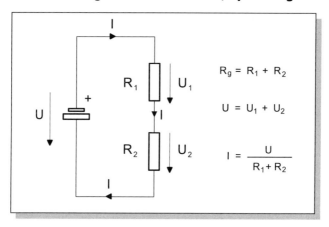

Abb. A16: Reihenschaltung von Widerständen

Werden Widerstände innerhalb eines Stromkreises in Reihe geschaltet, addieren sich ihre Widerstandswerte. Ein Beispiel hierzu ist in Abbildung A16 dargestellt, zwei Widerstände R_1 und R_2 sind in Serie geschaltet. Durch Addition der Ohmwerte können Sie sie zu einem Gesamtwiderstand R_g zusammenfassen:

$$R_g = R_1 + R_2 \qquad \text{(Gl. A9.1)}$$

Die Spannung U teilt sich über den Widerständen in die Teilspannungen U_1 und U_2 auf, die sich direkt proportional zu den Werten der Widerstände verhalten.

Dies bedeutet nichts anderes, als dass am größten Widerstand auch die größte Teilspannung anliegt. Aus dieser Gesetzmäßigkeit resultiert die Formel des Spannungsteilers:

$$\frac{U_1}{U_2} = \frac{R_1}{R_2} \qquad \text{(Gl. A9.2)}$$

Sind beispielsweise beide Widerstände gleich groß, so halbiert sich die Spannung U in ebenfalls zwei gleich große Teile. Ist R_1 doppelt so groß wie R_2, so fallen über R_1 zwei Drittel und über R_2 ein Drittel der Spannung U ab. Die Addition der Teilspannungen ergibt wieder die Ausgangsspannung U der Spannungsquelle:

$$U = U_1 + U_2 \qquad \text{(Gl. A9.3)}$$

Hierbei sind Spannungsabfälle in den Zuleitungen vernachlässigt. Wie eingangs bereits erwähnt, setzen Stromkabel und Übergangswiderstände an Kontaktstellen dem Stromfluss zusätzlichen Widerstand entgegen. Dieser ist jedoch meist so gering, dass die daraus resultierenden Spannungsabfälle vernachlässigt werden können. Die Spannung über den Widerständen entspricht in diesem Fall der Ausgangsspannung der Quelle.

Die Stromstärke I ist überall im Stromkreis gleich groß, ihr Wert lässt sich bei bekannter Spannung U und bekannten Widerständen R_1 und R_2 mit dem Ohmschen Gesetz (siehe Abbildung A2) berechnen. Da der Strom nacheinander durch beide Widerstände fließt, müssen Sie hier allerdings den Gesamtwiderstand R_g, also die Addition von R_1 und R_2, einsetzen.

A9.3 Parallelschaltung von Widerständen, Stromteiler

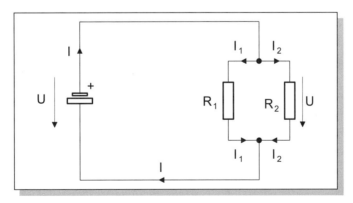

Abb. A17: Parallelschaltung von Widerständen

397

Bei parallel geschalteten Widerständen ergibt sich der Kehrwert des Gesamt-widerstands R_g aus der Addition der Kehrwerte der Einzelwiderstände. Abbil-dung A17 zeigt die Parallelschaltung zweier Widerstände R_1 und R_2:

$$\frac{1}{R_g} = \frac{1}{R_1} + \frac{1}{R_2} \qquad \text{(Gl. A9.4)}$$

Da sich erfahrungsgemäß mit Kehrwerten schlecht rechnen lässt, und man oftmals nur zwei parallele Widerstände zusammenfassen will (z. B. beim Parallelschalten zweier Boxen an einem Verstärkerausgang), können Sie Glei-chung A9.4 speziell für zwei parallele Widerstände auch einfacher darstellen:

$$R_g = \frac{R_1 * R_2}{R_1 + R_2} \qquad \text{(Gl. A9.5)}$$

Bei der Parallelschaltung verzweigt sich der Weg des Stroms I am oberen Knoten in die Teilströme I_1 und I_2. Deren Werte verhalten sich umgekehrt proportional zu den Werten der Widerstände, also fließt über den kleineren Widerstand der größere Teilstrom und umgekehrt. Sind beide Widerstände gleich groß, halbiert dies den Strom I in zwei gleich große Teile. Gleichung A9.6 formuliert die daraus resultierende Stromteilerregel:

$$\frac{I_1}{I_2} = \frac{R_2}{R_1} \qquad \text{(Gl. A9.6)}$$

Analog zu den Teilspannungen bei der Reihenschaltung addieren sich bei der Parallelschaltung die Teilströme nach dem Passieren der Widerstände wieder zur Gesamtstromstärke I:

$$I = I_1 + I_2 \qquad \text{(Gl. A9.7)}$$

Die an den parallelen Widerständen anliegende Spannung ist für jeden Wider-stand gleich groß und mit der Ausgangsspannung U der Quelle identisch. Auch hier sind Zuleitungswiderstände vernachlässigt.

A9.4 Potentiometer

Bei Potentiometern handelt es sich um veränderbare Widerstände, die zum Regeln und Einstellen von elektrischen Spannungen verwendet werden. Inner-halb eines Stromkreises sind sie meistens als Spannungsteiler geschaltet.

Im Inneren eines Potigehäuses befindet sich eine Widerstandsbahn aus Grafit, deren Gesamtwiderstand mit der aufgedruckten Ohmzahl des Potis identisch ist. Eine Dreh- oder Schiebebewegung führt nun einen Schleifer über die Bahn, wodurch eine Teilung des Gesamtwiderstands in zwei serielle, von der Position des Schleifers abhängige Widerstände erfolgt. Beide Widerstände addiert ergibt dabei immer wieder den Gesamtwiderstand. Steht das Poti an einem Anschlag, ist der Widerstand zwischen Anschlag und Schleifer immer gleich Null, der andere entspricht dann dem Gesamtwiderstand. In Mittelstellung – eine lineare Potikennlinie ist Voraussetzung – halbiert sich der Gesamtwiderstand in zwei gleich große Teile.

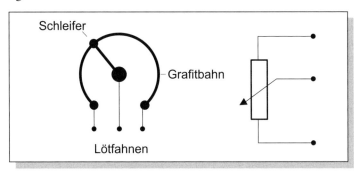

Abb. A18: Prinzip des Potentiometers (links), Schaltzeichen rechts

Die Potentiometerkennlinie beschreibt den Zusammenhang zwischen Drehwinkel bzw. Schiebeweg und der Widerstandsänderung. Lineare Potis weisen bei Bewegung des Schleifers konstante Änderung des Ohmwerts auf. Der Widerstand ist hier quasi gleichmäßig über die ganze Bahn verteilt. Ganz anders die logarithmischen Potis: Die Änderung des Widerstandswerts bei Bewegung des Schleifers erfolgt nicht mehr gleichmäßig, eher das Gegenteil ist der Fall. Wie bereits in Kapitel 7 erwähnt, profitieren von diesem Effekt besonders die Kanalfader des Mischpults: Im unteren Bereich erfolgt schnelle Widerstandsänderung, dadurch ist das Signal beim Aufziehen eines Kanals gleich präsent. Im oberen Drittel des Regelwegs geht die Änderung dann langsamer vonstatten, so dass Sie den Pegel feiner dosieren können. Lineare Potis erkennen Sie entweder durch den Aufdruck „lin" oder den Buchstaben „A" hinter dem aufgedruckten Widerstandswert, logarithmische Potis zeichnen sich durch das Anhängsel „log" oder den Buchstaben „B" aus.

Zum Anschluss eines Potentiometers dienen drei Lötfahnen. Der mittlere Anschluss hat Verbindung zum Schleifer, die beiden äußeren Kontakte sind mit den Enden der Grafitbahn verbunden.

A9.5 Kondensatoren

Kondensatoren gibt es je nach Verwendungszweck in unterschiedlichen Ausführungen. Für Hochfrequenzanwendungen (Sender, Empfänger, Taktoszillator für Mikroprozessoren usw.) sind meistens nur geringe Kapazitäten im Picofarad-Bereich (pF, Pico = 10^{-12}) erforderlich. Die entsprechenden Kondensatoren besitzen kleine Abmessungen, die Platten sind von einer Keramikmasse umgeben. Die Angabe der Kapazität erfolgt durch drei aufgedruckte Ziffern. Die ersten beiden werden zu einer zweistelligen Zahl kombiniert, die letzte Ziffer gibt Auskunft über die anzuhängenden Nullen. Dabei ist als Einheit immer das Picofarad gemeint. Beispiel: 103 = 10000 Picofarad.

Kondensatoren im Nanofarad-Bereich (nF, Nano = 10^{-9}) werden teilweise aus Keramik-, teils auch unter Verwendung von Kunststoff hergestellt, wobei die Letztgenannten geringere Toleranzen besitzen. Die Kapazitätsangabe entspricht entweder dem vorherigen Beispiel, oder der Wert ist explizit aufgedruckt.

Kapazitäten im Mikrofarad-Bereich (µF, Mikro = 10^{-6}) werden schließlich als Elektrolyt- bzw. als Tantalkondensatoren realisiert. Durch Verwendung eines festen oder flüssigen Elektrolyten erreicht man hohes Speichervermögen auf kleinem Volumen. Derartig große Kapazitäten finden beispielsweise in Netzteilen zum Glätten von gleichgerichtetem Wechselstrom Verwendung. Elektrolyt- und Tantalkondensatoren sind gepolte Bauelemente, d.h. Sie müssen sie der angegebenen Polung (+/–) entsprechend in den Stromkreis einfügen. Bei falscher Polung besteht akute Explosionsgefahr! Besonders die Tantalkondensatoren entledigen sich dabei feuerwerksartig ihres Innenlebens, was für Mensch und Material erheblich Gefährdung darstellt.

In einen Gleichstromkreis geschaltet, wirken Kondensatoren wie eine Unterbrechung. Lediglich nach dem Einschalten fließt kurz Ladestrom, danach wirkt der Kondensator wie ein offener Schalter. Ganz anders sieht das in einem Wechselstromkreis aus: Für Wechselstrom stellt ein Kondensator keine Unterbrechung, sondern einen Widerstand dar, dessen Wert von der Kapazität und der Wechselstromfrequenz abhängig ist:

$$X_C = \frac{1}{6{,}28 \times f \times C}$$

X_C : Widerstandswert des Kondensators in Ohm
f : Wechselstromfrequenz in Hertz
C : Kapazität in Farad

(Gl. A9.8)

Je höher die Frequenz und die Kapazität, umso geringer ist der dem Strom entgegengesetzte Widerstand. Allerdings verursachen Kondensatoren im Wechselstromkreis Phasenverschiebung zwischen Strom und Spannung. Durch das ständige Umladen der Platten verschieben sich die Sinuskurven von Strom und Spannung idealerweise um 90° zueinander.

A9.6 Parallel- und Reihenschaltung von Kondensatoren

Parallel geschaltete Kondensatoren können Sie durch Addition der Einzelkapazitäten zu einer Gesamtkapazität zusammenfassen:

$$C_g = C_1 + C_2 + \dots \qquad \text{(Gl.A9.9)}$$

Die Gesamtkapazität von seriell angeordneten Kondensatoren errechnet sich durch Bildung der Kehrwerte:

$$\frac{1}{C_g} = \frac{1}{C_1} + \frac{1}{C_2} + \dots \qquad \text{(Gl.A9.10)}$$

Speziell für die Reihenschaltung zweier Kondensatoren gilt folgende vereinfachte Formel:

$$C_g = \frac{C_1 * C_2}{C_1 + C_2} \qquad \text{(Gl.A9.11)}$$

Anhang B: Über die CD

Die beiliegende CD ist als akustische Ergänzung zum Buch gedacht, daher sind zu vielen angesprochenen Punkten Klangbeispiele zu hören. Einige davon sind ganz bewusst ein wenig drastischer dargestellt als man es normalerweise in der Praxis erlebt. Zur Wiedergabe verwenden Sie eine gute Stereoanlage. Die CD enthält Folgendes:

Track 1: Testen der Anlage
Track 2: Wahrnehmung unterschiedlicher Pegel
Track 3: Frequenzen
Track 4: Phasengedrehte Boxen
Track 5: Kammfiltereffekt
Track 6: Künstlicher Kammfiltereffekt
Track 7: Mikrofonrichtcharakteristik
Track 8: Parametrischer Equalizer I
Track 9: Parametrischer Equalizer II
Track 10: Parametrischer Equalizer III
Track 11: Parametrischer Equalizer IV
Track 12: Grafischer Equalizer
Track 13: Kompressor
Track 14: Noisegate
Track 15: Exciter
Track 16: Mono-Delay
Track 17: Ping-Pong-Delay
Track 18: „Room"-Nachhall
Track 19: „Chamber"-Nachhall
Track 20: „Large Hall"-Nachhall
Track 21: „Cathedral"-Nachhall
Track 22: Pre-Delay
Track 23: „Schlechte Akustik"
Track 24: „Gated"-Nachhall
Track 25: Chorus auf akustischer Gitarre
Track 26: Chorus auf Snare
Track 27: Flanger auf Schlagzeugbecken
Track 28: Phaser auf Schlagzeugbecken
Track 29: Harmonizer
Track 30: 2-Weg-Frequenzweiche
Track 31: 3-Weg-Frequenzweiche

Nähere Informationen zu den einzelnen Tracks finden Sie im Buch innerhalb der Kapitel und auch in moderierter Form auf der CD. **Vorsicht bitte mit den Tracks 1 und 2!** Diese enthalten zum Teil sehr tiefe und hohe Messtöne, die bei zu hoher Wiedergabelautstärke Ihre Boxen beschädigen können und darüber hinaus nicht unbedingt zum Wohlbefinden von Mensch und Tier beitragen.

Testen der Anlage

Bevor Sie sich die Klangbeispiele zum Buch anhören, erfolgt mit CD-Track 1 ein kurzer Test der Abhöranlage. Was da eingangs klingt wie der Soundtrack eines schlechten 1960er Jahre-Science Fiction-Films, sind in Wirklichkeit Messsignale zur Kanalidentifikation. Das erste Signal, der langsame Bass-Sweep, liegt auf dem linken Kanal, muss also aus der linken Lautsprecherbox ertönen. Danach kommt der schnellere Mid-Sweep über den rechten Kanal. Sind die Verhältnisse bei Ihnen umgekehrt, sollten Sie zuerst die richtige Anschlussfolge Ihrer Lautsprecherboxen am Verstärker überprüfen. Die wahrscheinlichere Ursache bei vertauschten Kanälen wird aber das Verbindungskabel zwischen CD-Player und Verstärker sein. Vertauschen Sie einfach an einem Ende die Cinch-Stecker, und das richtige Klangbild wird sich einstellen.

Zum Testen der Phasenlage dienen die beiden folgenden Rauschsignale: Signal 1 hat korrekte Phase, während Signal 2 auf einem Kanal phasengedreht aufgenommen ist. Dies können Sie nachvollziehen, indem Sie Ihren Verstärker probeweise einmal auf Mono schalten: Identische gegenphasige Signale löschen sich beim Summieren gegeneinander aus – es herrscht plötzlich eindrucksvolle Stille. Im herkömmlichen Stereobetrieb klingt das zweite Rauschen gegenüber dem ersten ungewöhnlich flach, eng und „in die Mitte gedrückt". Sind die Verhältnisse auf Ihrer Anlage umgekehrt, so dass Signal 2 gegenüber dem ersten Rauschen plötzlich „in die Breite" geht, ist mit ziemlicher Sicherheit eine Ihrer Lautsprecherleitungen falsch herum angeschlossen. Das solten Sie korrigieren.

Schließlich testen Sie noch die Lautsprecher: Zu diesem Zweck erklingen drei Sweeps, einmal über den Bass-, über den Mitten- und über den Hochtonbereich, welche die Lautsprecher sauber wiedergeben sollten. Sind irgendwelche Nebengeräusche wie Flattern, Schnarren oder Sirren zu hören, ist dies meist ein Anzeichen für einen defekten Lautsprecher – es sei denn, Ihr Verstärker produziert aufgrund eines technischen Fehlers Verzerrungen oder Teile Ihrer Wohnungseinrichtung schwingen mit.

Anhang C: Glossar

Kein Spezialgebiet ohne Fachbegriffe – diese Tatsache trifft auch für den Beschallungssektor zu. Daher zum Schluss ein Lexikon von Fachausdrücken samt kurzer Erklärung zum schnellen Nachlesen:

A/B-Betrieb: Damit die vom Mischpult kommenden Summensignale im Klang möglichst unverfälscht die Endstufen durchlaufen, müssen die zur Verstärkung verwendeten Transistoren mit Ruhestrom betrieben werden. Das Anlegen von Ruhestrom schiebt den Arbeitspunkt einer Transistorstufe in den linearen Kennlinienbereich, so dass die Verstärkung verzerrungsarm vonstatten geht. Nachteil: Ruheströme tragen nichts zur Ausgangsleistung einer Endstufe bei, sondern müssen stets als Verlustleistung bzw. als Abwärme verbucht werden. Hierbei gilt es Kompromisse zu finden: Der sogenannte „Class A"-Betrieb liefert exzellente Klangergebnisse (HiFi-Enthusiasten schwören drauf), benötigt aber derart viel Ruhestrom, dass der Wirkungsgrad einer solchen Endstufe bei nur wenigen Prozent liegt. Mit anderen Worten: A-Endstufen werden übermässig heiß und liefern nur geringe Ausgangsleistungen – für P.A.-Zwecke ungeeignet. Im „Class B"-Betrieb wird der Ruhestrom minimiert – die Endstufe liefert mehr Ausgangsleistung bei geringerer Erwärmung. Da nun aber verstärkt auch nicht lineare Bereiche der Transistorkennlinien durchlaufen werden, fügt die B-Endstufe dem Signal Verzerrungen hinzu, der Klirrfaktor steigt, und der Klang leidet. Folglich arbeiten die meisten herkömmlichen P.A.-Endstufen im A/B-Betrieb, der mit knapp 70% Wirkungsgrad einen guten Kompromiss zwischen Klangqualität und Ausgangs- bzw. Verlustleistung darstellt.

Abstrahlverhalten: Räumliche Verteilung von Schallwellen, die durch einen Lautsprecher bzw. eine Lautsprecherbox abgestrahlt werden.

AC: Abkürzung für „Alternating Current", zu deutsch „Wechselstrom".

A/D-Wandler: Analog/Digital-Wandler, elektronischer Baustein, welcher analoge Spannungsverläufe bzw. Signale in binäre Informationen umsetzt.

Aeroquips: In die Flugschiene einrastende und sich selbst sichernde Ösen zum Hängen von Boxen.

AES/EBU: Kürzel für „Audio Engineering Society/European Broadcast Union Digital Interface". Hinter dieser Bezeichnung verbirgt sich eine vornehmlich im professionellen Bereich verbreitete Digitalschnittstelle für Audiodaten.

AFL: „After Fader Listening", Abhören eines Signalwegs (vorzugsweise Aux-Weg oder Subgruppe) über Kopfhörer unter Einbeziehung des Summenreglers/faders.

Algorithmus: Rechen- oder Arbeitsvorschrift mit genau festgelegtem Ablauf.

Alignment: Laufzeitanpassung einzelner Frequenzwege durch kurze Verzögerungen im Millisekunden-Bereich, um z. B. bei unterschiedlichen Hörnern voneinander abweichende Einbautiefen der Treiber auszugleichen.

Ameise: Palettenhubwagen bzw. kleiner Gabelstapler.

Amp: Kürzel für „Amplifier", zu deutsch „Verstärker".

Ampel: 180°- bzw. 360°-Anordnung von Lautsprecherboxen unter der Hallendecke, die meistens zum festinstallierten Inventar gehört, zwecks Informationsbeschallung (Sprache) die Zuschauerränge bzw. Tribünen versorgt und bei Konzerten wegen klanglicher Defizite in der Musikwiedergabe meistens nicht benutzt wird.

Analyser: Messgerät, das die Frequenzzusammensetzung eines Audiosignals misst und als Frequenzspektrum optisch darstellt. Wird vorzugsweise beim Einrauschen von P.A.-Systemen zur Kontrolle des Frequenzgangs bzw. auch beim „Einpfeifen" der Monitoranlage verwendet.

Aux-Weg: Mischpult-Ausspielweg zum Ansteuern von Effektgeräten und/oder Monitorwegen. Jeder Aux-Weg besitzt einen extra Signalbus, also ist es möglich, hier eine vom Endmix völlig unabhängige Mischung zu erstellen. Zu diesem Zweck besitzt jeder Mischpultkanal ein entsprechendes Aux-Poti, welches den jeweiligen Signalpegel auf dem Aux-Weg bestimmt.

Backline: Instrumente, Boxen, Verstärker, Podeste, Dekoelemente usw., die zur Band und nicht zur P.A. gehören.

Balanced: Symmetrische Signalführung.

Bandpass: Kombination aus Hoch- und Tiefpassfilter. Ein Bandpassfilter lässt die Frequenzanteile zwischen oberer und unterer Grenzfrequenz passieren, darunter bzw. darüber wirkt es als Sperre. Auch: Bassboxen, deren Lautsprecher in eine Resonatorkammer strahlen, so dass innerhalb eines schmalen Frequenzbereiches (meistens Bass) hohe Schalldrücke entstehen.

Bassreflexsystem: Durch eine genau berechnete Gehäuseöffnung an der Vorderseite einer Box wird der vom Lautsprecher rückseitig abgestrahlte Schall phasenrichtig zu den nach vorne laufenden Schallwellen addiert, was im Bassbereich den Schalldruck der Box erhöht.

Bauerndrehstrom: Drehstrom ohne Nullleiter. Wird ein Dreiphasensystem durch einen in Sternschaltung befindlichen Verbraucher auf allen Phasen exakt gleich belastet, bleibt der Nullleiter stromfrei und kann weggelassen werden. Diese Tatsache machte man sich früher besonders bei stationären landwirtschaftlichen Maschinen zunutze und versorgte die dort eingesetzten Elektromotore lediglich über vieradrige Kabel mit drei Drehstromphasen und dem Schutzleiter. Normale Installationen hingegen benötigen den Nullleiter dringend! Andernfalls verschiebt sich bei ungleicher Belastung der Phasen der Sternpunkt, was zu unzulässigen Spannungsanstiegen und Beschädigungen der angeschlossenen Verbraucher führt.

Beamer: Videoprojektor.

Bi-Amping: Getrennte Verstärkung und Abstrahlung eines vorher mittels Frequenzweiche in Hoch- und Tieftonweg gesplitteten Audiosignals durch seperate Endstufen und Lautsprecher.

Bridged: Im „Bridged"-Betrieb werden die beiden Verstärker einer Stereo-Endstufe so zusammengeschaltet, dass ihre Einzelleistungen addiert an einer Lautsprecherklemme zur Verfügung stehen. Eine gebrückte Stereo-Endstufe kann also nur ein Monosignal verarbeiten. Zu beachten ist die minimale Abschlussimpedanz der Verstärker, speziell im „Mono-Bridged"-Betrieb ist diese aufgrund verdoppelter Spannungsabgabe ebenfalls doppelt so hoch und darf durch die Lautsprecherimpedanz nicht unterschritten werden, sonst droht der Endstufe durch die zu hohe Stromentnahme Überlastung. Beim „Parallel-Mono"-Betrieb hingegen arbeiten beide Kanäle eingangs- sowie ausgangsseitig parallel. Auch hier addieren sich die Leistungen beider Kanäle, die minimale Lautsprecherimpedanz bleibt erhalten.

Brummschleife: Werden mehrere geerdete Geräte über Signalkabel miteinander verbunden, entsteht über die Abschirmungen eine Mehrfacherdung bzw. Erdschleife, die im Signalweg ein tieffrequentes Brummen erzeugen kann. Diese Brummschleife darf nicht durch Abkleben der Erdkontakte an den Netzsteckern unterbrochen werden, bei einem Defekt besteht dann nämlich Lebensgefahr! Korrekte Vorgehensweise: Bei allen Geräten bis auf das Letzte die Ground-Lift-Schalter öffnen und so einen einzigen, definierten Bezugspunkt für die Signalmasse herstellen. Sollte dies nicht funktionieren, NF-Trenntrafos in die Audioleitungen einfügen, um galvanische Trennungen zu erhalten.

Bucket: Kleiner mobiler Vorschalttransformator 230/120 Volt für amerikanisches Equipment auf europäischen Bühnen.

Bus: Datenleitung, über die binäre Informationen („Bits") in Form von Rechtecksignalen übertragen werden. Bei analogen Mischpulten bezeichnet man die

Signal-Sammelschienen der Subgruppen, der Summen, der Aux-Wege usw. ebenfalls gerne als „Busse".

Bypass: Signalumleitung, etwa um ein Effektgerät oder einen Equalizer herum. Das Signal erfährt dann keiner Bearbeitung.

Cabletrunk: Transportcase für Strom-, NF- und Boxenkabel.

Caddy: Stabile Transportkiste bzw. -käfig vorzugsweise für schwere Kabelbäume.

Capacitor: Kondensator. Elektronisches Bauteil, das Energie in einem elektrischen Feld speichern kann. Kennzeichnende Größe eines Kondensators ist die Kapazität (Einheit Farad), je größer die Kapazität, desto größer die Speicherfähigkeit.

Carrier: Träger. Eine mittels Oszillator im Sender eines Wireless-Systems erzeugte, hochfrequente Sinusschwingung, die im Takt der niederfrequenten Nachricht in der Frequenz moduliert und über die Sendeantenne abgestrahlt wird.

Case: Stabile Transportkiste mit Metallbeschlägen, Butterfly-Schlössern und Rollen.

Catering: Verpflegung von Musikern, Technikern und Gästen während einer Veranstaltung bzw. Tour.

Catwalk: Laufsteg.

Center-Cluster: Zusätzliche, zental angeordnete bzw. geflogene Lautsprechergruppe, die z. B. bei weit auseinander stehenden Boxentürmen das in der Mitte und nahe der Bühne befindliche Publikum beschallt.

Class D: Verstärker-Betriebsart, die nur die Verstärkung von rechteckförmigen Signalen zulässt. „Class D"- bzw. Schaltverstärker dienen in der Regelungstechnik zum Ansteuern von Schrittmotoren. Da die zur Verstärkung verwendeten Transistorstufen ohne Ruhestrom arbeiten, liegt der Wirkungsgrad einer solchen Endstufe bei über 90%. Verzerrungsfreie Verstärkung von Audiosignalen ist ohne besondere Massnahmen mit einer solchen Endstufe nicht möglich. Siehe auch „A/B-Betrieb", „Digitale Endstufe", „PWM".

Clipping: Übersteuerung von Endstufen, Effektgeräten und Mischpult-Eingangskanälen durch zu hohe Eingangspegel. Übersteuernde Geräte produzieren hässlich klingende Signalverzerrungen (Oberwellen). Besonders bei überisteuerten Endstufen werden dem Ausgangssignal Gleichspannungsanteile beigefügt, die den angeschlossenen Lautsprechern gefährlich werden können.

Cluster: Gruppe von Lautsprecherboxen.

Condenser: Obwohl ein „Kondensor" eigentlich eine Anordnung optischer Linsen in einem Projektor oder Objektiv darstellt, steht im anglo-amerikanischen Sprachgebrauch diese Bezeichnung für ein Kondensatormikrofon.

Cone: engl. „Membran".

Controller: Eine auf ein Boxensystem abgestimmte, meist voll digital agierende Steuerungseinheit. Abgeglichene Frequenzweichen, Limiter und Delays innerhalb eines Controllers sorgen für optimale Frequenz-, Pegel- und Zeitverhältnisse. Beschädigungen der Lautsprecher durch Fehlbedienungen sind weitgehend ausgeschlossen.

Coverage: siehe „Abstrahlverhalten".

Crash-Barrier: Stabile Absperrgitter mit Selbstsicherung gegen Verschieben.

Crest-Faktor: Verhältnis zwischen Spitzenamplitude zu durchschnittlichem RMS-Wert eines Audiosignals.

Crossover: Frequenzweiche, bestehend aus Hoch- und Tiefpassfilter mit gleicher Grenzfrequenz, so dass sich die Dämpfungsflanken der Filter dort „überkreuzen".

Crosstalk: Signalübersprechen, z. B. zwischen den Signaladern eines Multicores.

Cue: Startkommando, z. B. für eine Musikeinspielung. Auch Vorhörfunktion bei Tonbandmaschinen und DJ-Pulten.

Cue-Wedge: Abhörbox, die vorzugsweise am Monitorpult zur akustischen Kontrolle der Monitorwege benutzt wird.

Curven: Geflogene Boxencluster optimal anwinkeln.

Dancefloor: Leicht erhöhte Ladefläche über dem Auflieger eines Lkw-Trailers.

dB: Dezibel, logarithmisches Beschreibungmaß für Signalpegel, Schalldruck, Lautstärke usw. Mit „dB" werden Größenverhältnisse bezüglich einer Referenzgröße beschrieben.

DC: Abkürzung für „Direct Current", zu deutsch „Gleichstrom".

Delay: Zeitliche Verzögerung von Audiosignalen. Delays (Echos) werden meistens als Effekt eingesetzt. Gilt es, große Hallen oder Open-Airs zu beschallen, werden für die hinteren Zuschauerbereiche oft zusätzliche Boxen installiert. Um die Schalllaufzeit von den Hauptboxen in den hinteren Bereich auszugleichen, fährt man die Zusatzboxen mit einem verzögerten Signal (Line-Delay).

Desk: Mischpult.

DI-Box: Direct-Injection-Box. Signalwandler, der ein unsymmetrisches Tonsignal symmetriert und für den Transport über ein längeres Verbindungskabel zum Mischpult die richtigen Impedanzverhältnisse herstellt. Ist auch zum wirkungsvollen Unterbrechen von Brummschleifen mittels integriertem Ground-Lift-Schalter nützlich.

Digitale Endstufe: Der im Grunde irreführende Begriff „digitale Endstufe" bezieht sich nur auf das Funktionsprinzip der Verstärkerelektronik und nicht etwa auf digitale Signalverarbeitung. Um Endstufen bei gesteigerten Ausgangsleistungen kleiner und leichter bauen zu können, verwenden die Hersteller neben Schaltnetzteilen auch „Class D"-Verstärker mit vorgeschalteten PWM-Modulatoren (siehe „Class D", „PWM").

Dipping: Absenken von Frequenzbändern mittels EQ.

Diode: Elektronisches Bauteil, das Strom nur in eine Richtung fließen lässt.

Diversity: Gegenüber einem „No Diversity"-Wireless-Empfänger zeichnet sich eine „True Diversity"-Anlage dadurch aus, dass zwei völlig autarke Empfangskreise inklusiver zweier Antennen vorhanden sind, die beide das gleiche Signal detektieren. Hintergrund ist die Minimierung von Aussetzern, die entstehen, wenn direkt abgestrahlte und reflektierte, phasenverschobene Funkwellen durch ungünstige Überlagerung so genannte „Funklöcher" verursachen. Gelangt eine Antenne in einen solchen Auslöschungsbereich, liefert im Regelfall die zweite, räumlich versetzte Antenne noch genügend Signal, so dass im Empfänger nur stets auf das stärkere Signal geschaltet werden muss, um eine weitgehend störungsfreie Übertragung aufrecht zu erhalten.

DMX: Digitale serielle Schnittstelle zum Fernsteuern beweglicher Scheinwerfer von einem DMX-fähigen Lichtpult aus.

Drehstrom: Dreiphasige Wechselstromversorgung, welche im P.A.-Bereich dazu genutzt wird, Licht und Ton über getrennte Stromkreise zu versorgen und somit dem Übergreifen netzbedingter Störungen aus dem Lichtteil in den Audioteil vorzubeugen. Der Begriff „Drehstrom" stammt aus der elektrischen Antriebstechnik. Bei Verwendung aller drei Phasen lässt sich in einem Drehstrommotor ein effektives Drehfeld erzeugen, das einen sehr wirtschaftlichen Betrieb des Motors erlaubt.

Drop-Outs: Aussetzer bei der Übertragung von Audiosignalen. Verursacher: defekte Verbindungskabel; schwierige Sende/Empfangsverhältnisse von Wireless-Systemen; verschmutzte und schlecht justierte Laufwerke von Bandmaschinen, Video/DAT-Recordern oder Tape-Decks.

Dry: „Trockenes" Audiosignal ohne Hall- oder sonstige Effektanteile.

DSP: Abkürzung für „Digital Signal Processor".

Duspol: Prüfgerät zum Testen der Stromanschlüsse auf korrekte Spannungen, vorhandene Erde und angeklemmten Nullleiter.

Dynamikumfang: Der gesamte nutzbare Pegelbereich eines Signalverarbeiters. Dieser erstreckt sich vom Heraustreten eines Signals aus dem Grundrauschen bis hin zum Einsetzen übersteuerungsbedingter Verzerrungen.

Effektivwert: Quadratischer Mittelwert von Wechselspannung und Wechselstrom. Effektivwerte sind von der Signalform (z. B. Sinus) abhängig.

Einpfeifen: Methode zum Aufspüren von (Mikrofon-)Rückkopplungsfrequenzen in einem Beschallungssystem. Durch absichtliches Erhöhen der Lautstärke über Gebühr beginnt die Anlage zu koppeln. Die ersten zwei, drei dabei auftretenden Frequenzen werden jetzt mit Equalizern oder parametrischen Notchfiltern abgesenkt, so dass ein größerer Sicherheitsabstand zur Koppelgrenze entsteht.

ELA: Betuliches deutsches Kürzel für „Elektroakustische Anlagen". ELA-Anlagen sind die Vorläufer heutiger P.A.-Systeme für die Konzertbeschallung – sie dienen vornehmlich zur Sprachübermittlung in großen Gebäuden, Bürgerhäusern oder auf Sportplätzen. Auch wenn sich so mancher Hausmeister in der Ehre gekränkt fühlt – den Anforderungen der Konzertbeschaller sind diese festinstallierten Anlagen nicht gewachsen.

Elko: Elektrolytkondensator. Durch Einsatz eines flüssigen Elektrolyten innerhalb eines Kondensators können große Kapazitäten erreicht werden. Elkos dienen u.a. in Netzteilen zum Sieben von gleichgerichteter Wechselspannung.

Entzerren: Das Zurechtrücken eines „verbogenen" Frequenzgangs durch Filter (z. B. RIAA-Entzerrung von Plattenspielern mit Magnetsystemen).

EQ: Equalizer. Gerät zur Klangbearbeitung von Audiosignalen. Ein grafischer EQ besitzt in der Frequenz feststehende Filter, die oft im Oktavabstand nebeneinander angeordnet sind. Mit den Filtern können einzelne Frequenzbereiche angehoben bzw. abgesenkt werden. Beim Terz-Equalizer (31-Band-EQ) liegen die Filter entsprechend enger nebeneinander, dieser besitzt somit feinere Möglichkeiten der Filterung. Parametrische Equalizer erlauben stufenlose gezielte Auswahl der Filterfrequenz, die dann verstärkt oder abgesenkt werden kann. Auch die Filtergüte (Bandbreite) um die Filterfrequenz herum ist meistens einstellbar.

Equipment: Jegliche Art von Ausrüstung.

Expander: Das Gegenstück zum Kompressor. Expander strecken den Dynamikumfang eines Audiosignals durch Abregeln der Verstärkung auf einen Faktor <1, sobald das Signal einen einstellbaren Schwellwert unterschreitet. Leise Signale werden so noch leiser gemacht, und auch Störungen wie Rauschen wandern um denselben Betrag in den Hintergrund. Im Extremfall schließt der Expander den Signalweg völlig, dann hat man es mit einem Noisegate zu tun.

Fader: Mischpult-Schieberegler, mit denen die Pegel einzelner Kanäle, Subgruppen oder Summen geregelt werden.

Feedback: Rückkopplung, die sich durch unangenehme Pfeif- und Dröhngeräusche äußert. Feedback entsteht, wenn der von Lautsprechern abgestrahlte Schall von einer Signalquelle (Mikrofon, Instrument) erneut aufgenommen und dem System wieder zugeführt wird.

Feedback-Killer: Signalprozessor, welcher einen Signalweg auf Resonanzen im Frequenzgang überwacht, im Bedarfsfall die rückkoppelnde Frequenz ermittelt und automatisch ein digitales, in Güte und Absenkung angepasstes steilflankiges Notch-Filter an der entsprechenden Stelle platziert.

Ferrofluid: Kühlflüssigkeit für Lautsprecherschwingspulen.

FI-Schutzschalter: Kürzel für „Fehlerstrominduktionsschutzschalter". Durch Vergleich der Stromstärken auf dem Hin- und Rückleiter eines Stromkreises kann auf einen Erdungsdefekt der angeschlossenen Geräte geschlossen werden. Ähnlich wie ein Sicherungsautomat bei Überlast unterbricht ein FI-Schutzschalter beim Auftreten eines Fehlerstroms den Stromkreis.

Filtergüte: Die Filtergüte (Q) bestimmt, inwieweit die EQ-Bearbeitung mit einem Glockenfilter die Nachbarfrequenzen links und rechts der Mittenfrequenz mitbeeinflusst. Hohe Güte (>40) bedeutet schmalbandige Filterung (z. B. Notchfilter), bei geringer Güte (<1) wird ein entsprechend breiterer Frequenzbereich um die Mittenfrequenz herum mitbearbeitet (z. B. normale Klangregelung).

Fliegen: Der besseren Schallverteilung wegen, und auch um das gute Absorptionsverhalten einer dicht stehenden Menschenmenge auszunutzen, werden in großen Hallen die Mitten- und Hochtonboxen vorzugsweise an der Decke aufgehängt, sprich „geflogen". Ansonsten: schnelle Reisemethode, lästige Insekten.

Floating: Erdfrei-symmetrische Verbindung zwischen Signalquelle und Verbraucher. Das Audiosignal bezieht sich dabei nicht auf das stabile Bezugspotential der Abschirmung (0V), sondern auf das „bewegliche" gegenphasige Pendant des zweiten Leiters.

Flugschiene: An Lautsprecherboxen montierte Vorrichtung aus Metall zum Hängen der Boxen mit Hilfe von Ketten.

F.o.H.: „Front of the House", Frontplatz. Standort des Hauptmixers, auf dem der Saalsound gemixt wird.

Frequenzgang: Das Verhältnis der Frequenzspektren von Ausgangs- und Eingangssignal eines Mikrofons, Verstärkers, Lautsprechers usw. Werden alle Frequenzen gleichmäßig erzeugt, verarbeitet oder wiedergegeben, ist der Frequenzgang des betroffenen Geräts linear.

Frontmann/frau: Mann/Frau am Mischpult.

Fullrange-Betrieb: Das Audiosignal wird nicht durch Frequenzweichen aufgetrennt, sondern in vollem Umfang auf die Lautsprecher gegeben.

Fuse: Sicherung, die einen Stromkreis bei Überschreitung der Maximalstromstärke unterbricht.

Gaffa-Tape: Robustes, universell verwendbares Klebeband, kurz „Gaffa" genannt. Der Begriff ist eine Verballhornung des englischen Worts „gaffer", was soviel wie „Helfer" bedeutet.

Gain: Eingangsverstärkung eines Mischpultkanals. Mit den Gain-Reglern werden unterschiedliche Eingangspegel auf gleiches Niveau gebracht – mit den Fadern dann die Lautstärkenverhältnisse geregelt.

Gardena: Slangausdruck für Speakon-Stecker.

Gate: Elektronischer Schalter, der einen Signalweg bei Unterschreitung eines

Mindestpegels stummschaltet. Auf diese Weise werden Störungen wie Rauschen, Brummen und andere nicht erwünschte Signale während Spielpausen unterdrückt.

Ground: Masse, Erdung.

Ground-Support: Standelemente eines Traversensystems mit beweglichen Schlitten („Roll Corners") zum Herauf- und Herabfahren der Traversen-Querelemente.

Hard-Bypass: Signalumleitungen z. B. im Inneren eines Equalizers mittels mechanischer Relais. Dabei werden die Ausgänge direkt auf die Eingänge geschaltet. Vorteil: Im Bypass-Mode durchläuft das Signal keinerlei Elektronik, was Verfälschungen durch zusätzliches Rauschen verhindert. Außerdem entsteht bei einem Stromausfall keine Unterbrechung, wie auch das Gerät im ausgeschalteten Zustand im Signalweg belassen werden kann.

Harting-Stecker: Stabiles 20-, 40-, 64-, oder 108-poliges Steckverbindungssystem, das zum Ankoppeln von Multicore-Kabeln am Mischpult, Effektrack und Stagebox eingesetzt wird.

Headroom: Aussteuerungsreserve von Mischpultkanälen, Tonbändern, usw. oberhalb 0 dB.

Highpass-Filter: Hochpassfilter. Aus der Bezeichnung lässt sich prima die Funktion ableiten: Die Frequenzanteile oberhalb der Grenzfrequenz lässt ein Hochpassfilter passieren, unterhalb der Grenzfrequenz erweist es sich als Sperre.

Horn: Schalltrichter, der einem Lautsprecher Richtwirkung verleiht, indem er die erzeugten Schallwellen bündelt.

Hum: „Brumm".

IEM: Kürzel für „In Ear Monitoring".

Impedanz: Wechselstromwiderstand, Bezeichnung für die Innenwiderstände von Signalquellen und Signaleingängen. Bei Lautsprechern, Mikrofonen und Tonabnehmern ergibt sich die Impedanz aus der geometrischen Addition des ohmschen Spulenwiderstands und zusätzlichen induktiven und kapazitiven Komponenten. Die Impedanz ist daher frequenzabhängig, angegebene Werte gelten meist für eine Bezugsfrequenz von 1 kHz.

In-Ear-Monitoring: Anstelle über Monitorboxen wird der Monitormix via

Ohrhörer den Musikern direkt „auf die Ohren" gegeben. Vorteile: ortsunabhängiger, stets gleicher Sound, leisere Bühne, besserer Frontsound, geringerer P.A.-Transportaufwand, da Monitorboxen und -endstufen entfallen.

Infraschall: Schallwellen unterhalb der menschlichen Hörschwelle von ca. 20 Hz. Infraschall ist akustisch wertlos, verbraucht im Bassbereich viel Endstufenleistung und veranlasst die Membranen der Lautsprecher zu ungesunden Auslenkungen, so dass diese tieffrequenten Anteile mit entsprechenden Filtern (Trittschallfilter, Low-Cut) entfernt werden sollten.

Insert: Einschleifmöglichkeit von externen Signalverarbeitern in einen Mischpultkanal, einen Monitorweg, eine Subgruppe oder direkt in die Summe. Ein Insert trennt den Signalweg auf: Das Signal verlässt das Pult komplett, wird bearbeitet und an gleicher Stelle wieder eingespeist.

Intercom: Für den Saal unhörbare Sprechverbindung über Mikrofonkopfhörer zwischen dem Frontplatz und der Bühne bzw. dem Monitorpult.

Intermodulation: Werden mehrere Sender auf engem Raum (= Bühne) parallel betrieben, wirken alle Sendeantennen gleichzeitig auch als Empfänger. Dabei modulieren sich die unterschiedlichen Trägerfrequenzen gegenseitig, so dass abhängig vom Frequenzabstand weitere Träger auf anderen Frequenzen entstehen, die für den eigentlichen Betrieb dann nicht mehr zur Verfügung stehen. Je mehr Sendestrecken benutzt werden, um so sorgfältiger muss deshalb die Frequenzverteilung erfolgen. In diesem Zusammenhang erweisen sich programmierbare und in kleinen Frequenzschritten fein abstimmbare Sender und Empfänger als vorteilhaft.

Jack: Klinkenstecker.

Klirrfaktor: Maßzahl für den Anteil nicht linearer Verzerrungen, die einem sinusförmigen Signal durch einen Verstärker, einen Lautsprecher usw. hinzugefügt werden.

Kabelbox: Zum Mischpultcase gehörende Holzverkleidung mit Deckel, die das Buchsenfeld des Pults verdeckt und Kabelbäume, Multipin-XLR-Auflösungen u.v.m aufnimmt.

Kompander: Kombination aus Kompressor und Expander. Bei Unterschreitung einer einstellbaren Signalschwelle („Threshold") erhöht ein Kompander seine Signalverstärkung, bei Überschreitung geschieht das Gegenteil. Der Signalpegel wird dadurch ständig auf konstantem Niveau gehalten. Kompander „strecken" bei geringen Pegeln durch Heraufregeln scheinbar den Dynamikumfang, bei hoher Verstärkung wird jedoch das Grundrauschen hörbar mit angehoben. Bei schlechter Einstellung der „Attack"- und „Release"-Zeiten produziert ein Kompander Rauschfahnen, die Regelvorgänge sind als „Pumpen" hörbar. Kompander werden oft mit Kompressoren verwechselt, sie sind besonders bei Gitarristen als Effektgeräte beliebt, da ein abklingender Gitarrenton durch entsprechend ansteigende Verstärkung scheinbar mehr Sustain erhält.

Kompressor: Regelverstärker, der seine Verstärkung bei Überschreitung eines Signalschwellenwertes um das Kompressionsverhältnis reduziert. Schwellenwert („Threshold"), Kompressionsverhältnis („Ratio"), Ansprechzeit („Attack") und Freigabezeit („Release") sind einstellbar. Ein Kompressor fängt extreme Pegelsprünge eines Audiosignals ab, der Dynamikumfang wird somit reduziert.

Kuhschwanz: Einfache Bässe/Höhen-Klangregelung, die meist passiv und jenseits der Grenzfrequenz breitbandig arbeitet. Kuhschwanzregler sind oft in Gitarrenamps und alten Powermischern zu finden. In modernen Mixern kombiniert man aktive Varianten mit parametrischen Mittenfiltern.

LED: Lichtemittierende Diode. Neben ihren Eigenschaften als Dioden werden LEDs hauptsächlich für optische Anzeigen verwendet, sie sind gegenüber Glühbirnchen günstiger in der Herstellung, schneller in der Ansprache, robuster, kleiner in den Abmessungen, haben längere Lebensdauer und verbrauchen weniger Strom.

Limiter: Hart einsetzender Kompressor mit sehr großem, „unendlichem" Kompressionsverhältnis. Bei Überschreitung einer einstellbaren Schwelle wird die Verstärkung derart reduziert, dass der Ausgangspegel den Schwellenwert nicht überschreitet. Limiter dienen meist zum Schutz von Geräten, durch deren Übersteuerung Schäden am gesamten System entstehen könnten.

Line: Pegelniveaubezeichnung für 0 dB, Arbeitspegel des Mischpults.

LS: Abkürzung für Lautsprecherkabel.

Low Z: Niedriger Innenwiderstand, niederohmig.

Master: „Endstation" für sämtliche Mischpultsignale. Mit den Master-Fadern regelt man für gewöhnlich die Gesamtlautstärke einer P.A.

Matrix: Sofern vorhanden, befindet sich die Matrix eines Mischpults hinter den Subgruppen und dem Master. Aus deren Signalen entstehen mehrere unterschiedliche Summen z. B. zum Ansteuern von zusätzlichen P.A.-Stützlautsprechern, Center-Clustern oder Delay-Lines. Eine „11 in 4"-Matrix kann z. B. vier individuelle Mono-Mischungen aus 11 Eingangssignalen (acht Subgruppen, Master L/R und Mono-Bus) erstellen. Abgeleitet ist dieser Begriff von der matrixartigen Anordnung der entsprechenden Potis auf der Pultoberfläche.

MIDI: „Musical Instruments Digital Interface", genormte serielle Schnittstelle, über die Keyboards, Sequenzer, Sampler usw. zusammen gekoppelt werden können. Auch Mischpult-Automationen und Szenespeicher lassen sich via MIDI-Daten fernsteuern bzw. abrufen.

Mittenfrequenz: Einstellbare Filterfrequenz eines parametrischen Filters. Die Bezeichnung hat nur indirekt etwas mit dem mittleren Audiofrequenzbereich zu tun, denn tiefe und hohe Frequenzen lassen sich genauso parametrisch filtern. Der Name rührt vielmehr daher, dass sich die Mittenfrequenz stets in der Mitte der symmetrischen Filterkurve befindet.

Modulation: Multiplikative Überlagerung von Signalen an einer nichtlinearen Kennlinie (ach so!). Durch Modulation wird z. B. ein NF-Nutzsignal auf einen Hochfrequenzträger „gepackt" und als Funksignal ausgestrahlt. Ein Demodulator besorgt empfängerseitig die Rückgewinnung des Nutzsignals durch Abtrennen des Hochfrequenzanteils.

Molton: Schwer entflammbarer, meist schwarzer Deko-Stoff von der Rolle zum Abhängen und Verkleiden von Bühnenelementen, Wänden usw.

Monitorsystem: Lautsprechersystem nur zur Bühnenbeschallung, dieses wird bei professionellen Produktionen durch ein zusätzliches Mischpult von der Bühnenseite aus gesteuert.

Multicore: Vieladriges Verbindungskabel zwischen Bühne und Mixer, über das sämtliche Audiosignale und gelegentlich auch digitale MIDI- oder DMX-Daten laufen.

Mute: Stumm schalten.

NF: Niederfrequenzbereich.

Noise: Rauschen, Brummen, Zirpen und ähnliche Störgeräusche, die dem geplagten P.A.-Personal immer wieder das Leben schwer machen.

Notch-Filter: Sehr steilflankiges Kerbfilter mit hoher Güte, das kritische Resonanzen (Pfeifen, Dröhnen) im Klangbild bedämpft und dem Frontmann viel Fingerspitzengefühl abverlangt. Bei maßvollem Einsatz fällt ein solches Filter im Gesamtsound kaum auf.

Overload: Überlastung, Übersteuerung.

Parameter: Veränderbare Größe eines technischen Systems.

Patch-Box: Leicht zugängliches XLR-Steckfeld am Mischpult, das bei mehreren Sub-Multicores deren XLR-Auflösungen aufnimmt. Vorteil: Änderungen in den Kanalbelegungen (z. B. bei Festivals) sind einfach durchzuführen, ohne dass ständig in der Kabelbox des Mischpults herumgewühlt werden muss.

Peak: Kurzzeitiger Spitzenwert eines Signals.

Peripherie: Um ein zentral arbeitendes Gerät (Computer, Mischpult) herum angeordnete, zusätzliche Gerätschaften (Drucker, Effektgeräte), die das zentrale Gerät durch Sonderfunktionen ergänzen.

PFL: „Pre Fade Listening". Durch Betätigen der „PFL"-Taste gelangt das Signal des zugehörigen Kanals isoliert und unabhängig von der Stellung des Faders auf die Kopfhörerbuchse und die Pegelanzeige des Mischpults. Sehr nützlich zum Kanalcheck, zum Einpegeln und zur Kontrolle der Mikrofonpositionen.

Phantompower: Spannungsversorgung von Kondensatormikrofonen. Diese erfolgt durch spezielle Speisegeräte oder vom Mischpult aus über die symmetrischen Tonleitungen. Der Betrieb von dynamischen Mikrofonen wird durch anliegende Phantomspannung nicht beeinträchtigt, daher die Bezeichnung.

Phase: Der spannungsführende („heiße") Leiter eines Strom- oder Signalkabels.

Pick: Kabelübergang bzw. -trennstelle, z. B. zwischen zwei unabhängig beweglichen Traversenelementen.

Pilz: Leichte, meist wetterfeste Stromverteilungsbox aus Kunststoff, die Drehstrom weiter verteilt, die Steckergröße reduziert (z. B. 32 A auf 16 A mit Absicherung) und die einzelnen Phasen auf Schuko-Steckdosen auflöst.

Pink Noise: Auf den Audiobereich von 20 – 20000 Hz bandbegrenztes und in Terzabständen pegelabgestuftes Rauschen, das in Verbindung mit einem Analyser oder einem Messcomputer zum Einmessen von P.A.-Systemen verwendet wird.

Plug: Stecker.

Plug-Box: siehe „Stagebox".

Polung: Strom, bzw. Spannungsrichtung einer Batterie, eines Netzteils usw.

Poweramp: Leistungsverstärker, der das vom Mischpult kommende Signal derart verstärkt, dass Lautsprecher damit betrieben werden können.

Powercon: Geräteseitige Steckverbindung für 230 V-Stromversorgung. Als Alternative zum einfachen IEC-Kaltgerätestecker besitzt der Powercon-Stecker eine Verriegelung.

Power-Conditioner: Vorschaltgerät zur Überwachung und Filterung der Stromversorgung, vorzugsweise für das Effektrack mit seinen empfindlichen Signalprozessoren. Hochfrequente Störungen, Überspannung und Spannungsschwankungen aus dem Stromnetz sind damit (fast) kein Thema mehr.

Power-Fail: Havarieschaltung, die bei Ausfall des Mischpult-Netzteils bzw. der speisenden Drehstromphase automatisch auf eine zweite, an einer anderen Phase parallel betriebenen Stromversorgung umschaltet.

Protection: Schutzschaltung, meistens für Lautsprecher.

Prozessor: Digitales Rechenwerk, das mit enormer Geschwindigkeit binäre Additionen durchführt. Prozessoren sind die Herzstücke von Computern bzw. digitalen Signalverarbeitern.

PSU: „Power Supply Unit", die meist in einem externen 19"-Gehäuse untergebrachte Stromversorgung des Mischpults.

PWM: Abkürzung für „Pulsweitenmodulation". Ein Pulsweitenmodulator stellt mit Hilfe eines rechteckförmigen HF-Trägers die in einem analogen Eingangssignal durch unterschiedlich hohe Spannungspegel enthaltenen Informationen als unterschiedlich breite (weite) Rechtecksignale bzw. Pulse dar. Siehe auch „Digitale Endstufe".

Q-Faktor: Wert für die Güte eines Filters, der sich aus der Division der Mittenfrequenz durch die Filterbandbreite ergibt. Siehe auch „Filtergüte".

Quick Locks: Stativ-Aufsteckelemente mit Bajonettverschluss zum schnellen Montieren und Wechseln von Mikrofonklammern bzw. Mikrofonen. Auch: Stifte mit Selbstsicherung zum Verkoppeln von Line-Array-Boxenelementen.

Rack: Genormter 19"-Schrank, in dem Netzteile, Effektgeräte, Noise-Gates usw. zwecks sicherer Unterbringung in beliebiger Anordnung montiert werden können.

Rectifier: Gleichrichter, ein aus vier Dioden bestehendes Bauteil, das Wechselspannung in pulsierende Gleichspannung umwandelt.

Rig: Traversensystem.

Rigger: Fachpersonal, das für Traversensysteme und das Fliegen (Aufhängen) von Scheinwerfern und auch Boxen zuständig ist.

Riser: Bühnenpodest.

RF-Bereich: Hochfrequenzbereich.

RMS: „Root Mean Square", sprich „Quadratischer Mittelwert".

Rosa Rauschen: siehe „Pink Noise".

Routing: Verlauf der Signalwege, innerhalb und außerhalb des Mischpults.

Select: Die Schlüsselfunktion bei digitalen Mischpulten. Durch Betätigen der „Select"-Taste gelangen die Parametereinstellungen des jeweiligen Kanals auf die Anzeigen oder den Monitor und werden den Bedienelementen – meist Endlospotis und Motorfader – zum Verändern zugewiesen.

Sensitivity: „Empfindlichkeit", auch „Wirkungsgrad".

Sex Changer: XLR-Koppelstück zum „Umdrehen" des Steckerformats.

Side-Fills: Kleine, zur Monitoranlage gehörende P.A.-Stacks oder Stativboxen, welche die Bühne von der Seite her beschallen.

Side-Rack: 19"-Rack, das die zum Mischen notwendigen Equalizer und Effektgeräte beherbergt und meistens seitlich des Mischpults platziert wird.

Snake: Kleine kurze Multicore-Unterverteilung, welche auf großen Bühnen die Instrumentenpodeste (Schlagzeug, Keyboards, usw.) mit der Haupt-Stagebox verbindet.

S/N: „Signal to Noise Ratio", sprich „Signal-Rauschabstand".

Solo: Mischpultfunktion, die einzelne Kanalsignale hinter Fader und Panoramaregler abgreift und vom Rest isoliert in Stereo auf die Kopfhörerbuchse bzw. den Monitor-Out routet. Wird vornehmlich im Studio und unter Verwendung zusätzlicher Nearfield-Monitore auch am F.o.H.-Platz benutzt. Meistens gibt es einen „Solo/PFL"-Umschalter, so dass in entsprechender Stellung der PFL-Knopf dann die Funktion „Solo" bereitstellt.

S/PDIF: „Sony/Philips Digital Interface", eine vornehmlich bei Consumer-DAT-, CD- und MD-Playern und PC-Soundkarten verbreitete Digitalschnittstelle für Audiodaten. Die Übertragung erfolgt seriell über eine Koaxialleitung oder via optisches Kabel.

Speaker: Lautsprecher.

Speakon-Stecker: Steckverbindung für Lautsprecheranschlüsse. Speakon-Stecker bieten gegenüber XLR-Steckern völligen Berührungsschutz der Kontakte, sowie hohe Kontaktsicherheit. Im Zeitalter der Hochleistungsendstufen eine notwendige Sache. Speakons gibt es in zwei-, vier- und achtkontaktiger Ausführung (NL-2, NL-4, NL-8).

Spektrum: Frequenz-Zusammensetzung eines Signals.

Spinne: Gummigefederte Mikrofonhalterung.

Squelch: Rauschunterdrückung in einem Wireless-Empfänger, die mit regelbarer Ansprechschwelle wie ein Expander/Noisegate arbeitet. Setzt der gesendete HF-Träger aus, sperrt die Squelch-Funktion den NF-Ausgang, um störendes Rauschen auszublenden.

Stack: Aufeinander getürmte Boxen.

Stagebox: Sammelkasten am Anfang des Multicores, in dem alle Bühnentonleitungen zusammenlaufen.

Subgruppe: Sammelschiene für einzelne Mischpultkanäle, die vor dem Master angeordnet ist. Eine Subgruppe stellt quasi ein „Mischpult im Mischpult" dar; Instrumentengruppen können zusammengefasst im Gesamtpegel geregelt, mit Effekten bearbeitet und auch ausgespielt werden.

Subsnake: siehe „Snake".

Subsonic-Schall: siehe „Infraschall".

Subsonic-Shaker: Elektromagnet mit beweglicher Schwungmasse, der am Hocker des Schlagzeugers montiert wird und diesen vorzugsweise beim Betätigen der Bassdrum in Vibrationen versetzt. Mit zusätzlichem In-Ear-Monitoring erhält der Drummer auf diese Weise „15"-Monitor-Feeling", ohne dass tatsächlich eine laute Box benutzt werden muss. Der Subsonic-Shaker wird vom Monitorpult aus über eine Endstufe (50 – 100 Watt) angesteuert. Verwendung findet dies vornehmlich bei Produktionen, die komplett mit In-Ear-Monitoring gefahren werden und wo ein geringer Bühnenpegel Pflicht ist.

Subwoofer: Lautsprecherboxen, die für die Wiedergabe von Tiefstfrequenzen im Bereich von 20 bis ca. 120 Hz zuständig sind.

Summe: Sammelschiene für alle Subgruppen und Effektwege. Auf der Summe liegt das fertig gemischte Signal an.

Symmetrierung: Um eine störungsfreie Übertragung über lange Kabelstrecken zu gewährleisten, müssen Audiosignale symmetriert werden. Zu diesem Zweck erzeugt man aus dem eigentlichen Signal ein gegenphasiges Pendant, das über eine zweite Tonader läuft. Am Ziel wird aus den gegenphasigen Signalen ein Nutzsignal gewonnen, unterwegs eingestreute, gleichphasige Störungen löschen sich gegeneinander aus.

Talkback: Sprechweg vom Frontmischpult, vorzugsweise in das Monitorsystem auf der Bühne.

TEF: Ausgeklügelte Software, die in Verbindung mit einem Messmikrofon, einem PC und weiterer Hardware Frequenzgänge, Impulsantworten usw. misst und grafisch darstellt.

Tiefpassfilter: Das genaue Gegenstück zum Hochpassfilter. Unterhalb der Grenzfrequenz können die Signalanteile passieren, oberhalb wirkt das Filter als Sperre.

Tigerente: Schwarz-gelbes Gaffa- oder Absperrband zur Kennzeichnung von Gefahrbereichen aller Art, die der erhöhten Aufmersamkeit bedürfen, wie z. B. Bühnentreppen.

Transducer: Kontakttonabnehmer, der nur auf Körperschall reagiert und daher am Instrument (Steg) befestigt werden muss. Auch: Kontaktlautsprecher ohne Boxengehäuse.

Transformator: Vorrichtung zum Herauf- und Herabsetzen von Wechselspannung.

Treble: „Höhen".

Tri-Pod: Dreibein-Boxenstativ.

Trittschall: störende Tiefstfrequenzen, die durch mechanische Schwingungen (z. B. Bühnenbretter) erzeugt und über mitschwingende Mikrofone in die Signalwege gelangen. Trittschall kann mit entsprechenden Trittschallfiltern und durch überlegte Mikrofonaufstellung eliminiert werden (siehe auch „Infraschall").

Truss: Traversensystem aus zusammengesetzten Aluminiumelementen, das Scheinwerfer, Projektoren, Leinwände, Lautsprecherboxen u.v.m. trägt.

UHF: Abkürzung für „Ultra **H**igh **F**requencies". Gemeint sind Frequenzen von 470 MHz an aufwärts. Der Begriff stammt aus der Frühzeit der Funktechnik, in der das Erzeugen solch hochfrequenter Trägerschwingungen noch als echte technische Sensation galt.

Ultraschall: Frequenzbereich von 20 bis ca. 40 kHz, der vom menschlichen Gehör nicht mehr wahrgenommen werden kann.

Übertrager: Spezieller Transformator für Audiosignale, der Signalkreise galvanisch trennt und auf diese Weise Brummschleifen unterbricht. Übertrager werden auch zur Impedanztransformation (z. B. hochohmige Mikrofonspule auf niederohmigen Mischpulteingang) und zur Leistungsanpassung (z. B. Röhrenverstärker; hochohmiger Endstufenausgang auf niederohmige Lautsprecherlast) verwendet. Auszeichnen sollte sich ein guter Übertrager durch linearen Frequenzgang im hörbaren Bereich, sowie durch geringe Transformationsverluste.

VCA: „Voltage Controlled Amplifier", zu deutsch „Spannungsgesteuerter Verstärker". VCAs ändern ihre Verstärkung in Abhängigkeit eines zugeführten Steuersignals. Bevorzugte Anwendungen: Kompressoren, Noisegates, Synthesizer. Große F.o.H.-Pulte bieten VCA-Gruppen, um identische Regelbewegungen einzelner, räumlich weit auseinander liegender Kanäle bequem einem einzelnen VCA-Fader zuweisen zu können. Dieser erzeugt eine positionsabhängige Steuerspannung, die an die jeweiligen Kanäle weitergeleitet wird und dort entsprechende Pegeländerungen vornimmt.

VHF: Abkürzung für „Very **H**igh **F**requencies". Gemeint ist der Frequenzbereich von 173 – 233 MHz, der Begriff stammt aus der Frühzeit der Funktechnik, in der hauptsächlich mit Lang-, Mittel- und Kurzwelle (bis ca. 30 MHz) gearbeitet wurde.

Wedge: Abgeschrägter Bodenmonitor.

Weißes Rauschen: Natürlicher Rauschvorgang in der Natur. Weißes Rauschen besitzt im gesamten Frequenzbereich gleiche Signalamplituden, in Terzen nach oben abgestufte, künstliche Bedämpfung wie beim Rosa Rauschen ist nicht vorhanden. Erst bei ca. 600 Gigahertz nehmen die Amplituden aus physikalischen Gründen ab.

Wireless: Drahtlose Übermittlung von Audiosignalen über Funk.

Wirkungsgrad: Beschreibt bei einer Maschine, bei einem elektrischen Verbraucher oder einem sonstigen System das Verhältnis von umgesetzter und zugeführter Leistung. Der Wirkungsgrad wird in Prozent angegeben. Da jedes technische System mit Verlusten arbeitet, ist die zugeführte Leistung immer größer als die Ausgangsleistung, so dass der Wirkungsgrad stets kleiner als 100% ausfällt. Bei Lautsprechern und Lautsprecherboxen wird der Referenzschalldruck, also der Schalldruck, der bei einem Watt zugeführter Leistung in einem Meter Abstand entsteht, ebenfalls häufig als „Wirkungsgrad" bezeichnet.

XLR-Stecker: Professionelle, drei- bis fünfpolige Steckverbinder für Audiosignale, die sich in der Studio- und P.A.-Szene aufgrund ihrer Robustheit und Zuverlässigkeit durchgesetzt haben.

X-Over: Frequenzweiche.

Zumbel-Tape: Leichtes PVC-Klebeband zum Zusammenfassen und Befestigen von Kabeln an Traversen, Boxenstativen usw. Vorteil: Zumbel lässt sich leichter entfernen als Gaffa-Tape.

Anhang C: Literaturhinweise

Bücher zu P.A. und Beschallung
Handbuch der PA-Technik; Michael Ebner, Elektor Verlag
Elektronik für Veranstaltungstechnik; Michael Ebner, Elektor Verlag

Weiterführende Literatur:
Das Praxisbuch der Lichttechnik; Rainer Bewer/Kai Steckmann,
    GC Gunther Carstensen Verlag
Keyboards, Midi, Homerecording; Peter Gorges/Alex Merck/Stephan Haewß,
    GC Gunther Carstensen Verlag
Das Mikrofonbuch; Andreas Eder, GC Gunther Carstensen Verlag
Mikrofone in Theorie und Praxis; Thomas Görne, Elektor Verlag
Elektrogitarren – Technik + Sound; Helmuth Lemme, Elektor Verlag
Gitarrenverstärker; Helmuth Lemme, Pflaum-Verlag
Sound System Engineering; Carolyn & Don Davis
Das Tonstudio-Handbuch; Hubert Henle, GC Gunther Carstensen Verlag
Tonstudiotechnik; Johannes Webers, Franzis-Verlag
Handbuch der Tonstudiotechnik Bd 1 & Bd 2; Michael Dickreiter,
    K.G. Saur-Verlag
Das Homerecording Handbuch; Roland Enders, GC Gunther Carstensen Verlag
Das Effekte Praxisbuch; Frank Pieper, GC Gunther Carstensen Verlag
Das Rock- und Pop-Business; Manfred Hilberger, Voggenreiter Verlag
Der Musiker im Steuerrecht; Sören Bischof, Voggenreiter Verlag

Fachzeitschriften:
Production Partner - Professionelle Studio- und Bühnentechnik;
    Musik Media-Verlag
Prosound - Beschallungstechnik, ELA, PA, Audiogrundlagen;
    Michel & Wedell Gbr

Internet:
www.pa-forum.de

Stichwortverzeichnis